大學 리더십

수신제가치국평천하 리더십

이강옥

도서출판 청람

시작하면서

캄캄한 밤에 길을 잃어 당황해 본 적이 있으신지요? 다행히도 정북향을 찾을 수 있다면 가야 할 방향을 쉽게 정할 수 있었을 것입니다. 현재 우리는 엄청난 변화의 속도에 압도당해 길을 잃고 안절부절하고 있습니다. 과연 우리의 인생에서 가정에서 그리고 조직에서 정북향은 어디일까요?

리더십은 변화에 대한 것입니다. 그것은 사람들이 현재 있는 곳에서 그들이 있어야 할 곳으로 옮기는 것입니다. 그래서 리더십은 옳은 방향을 찾아 그 길을 함께 갈 수 있도록 영향력을 행사하는 것입니다. 즉, 리더십의 본질은 'Do right thing' 입니다. 이는 나침반의 중요성을 생각하게 합니다.

이 글을 읽는 당신은 성공한 사람들 속에 있거나 성공을 바라는 사람들 속에 있으며 또는 지도자로서 살아가거나 지도자로 살아가기를 원하고 있습니다.

잠시

나의 성공의 요인은 무엇인지?

나는 나의 성공을 다른 사람들에게 강요하지는 않았는지?

나는 나의 인생 길에 올바른 정북향은 찾았는지?

그리고 다른 사람들과 함께 갈 수 있도록 영향력을 행사하고 있는지?

생각해 볼 때가 지금이 아닌가 합니다.

사회적으로 성공했다는 지도자들이 하루아침에 무너지는 모습을 봅니다. 그리고 은행이 파산하고, 대기업들이 도산하고, 국내 최고의 기업이 흔들리는 모습과 우리나라가 IMF의 지배를 받게 되는 것을 보면서 리더십의 중요성을 더욱 절실히 느꼈습니다.

아마 우리는 리더십을 중요하게 생각하지 못했거나 잘못 이해하고 있었는지 모릅니다. 지금까지 능력 있는 개인들이 단기적으로 돈을 벌고 기업들이 단기적인 성과를 내면 리더십을 가졌다고 생각해 왔습니다.

이제 우리에게는 진정한 리더십을 갖춘 리더와 리더십이 있는 조직이 필요한 때가 왔습니다.

리더는 태어나는 것이 아니라 만들어집니다. 리더십 역시 마찬가지로 태어날 때 가지고 나온 것이 아니라 양성되어집니다. 조금 진부하게 들릴지 모르지만 "태어나는 것이 아니다. 만들어진다(made, not born)"라는 표현은 지도자를 묘사할 때마다 늘 사용해 왔습니다. 그리고 이 말은 우리의 현실에서는 더욱 중요한 뜻을 가지고 있습니다.

이제 우리도 대기업의 후계자(leader success) 문제나 국가의 지도자 후계구도를 생각해 보게 합니다. 왜냐하면 우리가 지금까지 성공적으로 살았다고 하지만 사실 부부관계나 부모의 역할이 무엇인지? 어떻게 살아야 하는지?에 대해 공부한 바 없이 살아왔습니다. 이는 기업에서나 국가에서도 마찬가지 관계에 있었다고 봅니다.

이제 세계는 21세기를 도전하고 있습니다. 우리도 각자의 위치에서 해야 할 일과 나아갈 방향을 정확하게 찾아야 하지 않을까 생각합니다.

물줄기는 갈라지는 곳에서 더욱 빨라진다고 합니다. 우리도 이 변화의 시점에서 나로부터 변화되어 사회와 국가를 변화시켜야 할 리더로서 리더십을 발휘해야 할 때입니다.

나 역시 그 동안 결혼하고 무엇이 참 부부관계인지에 대한 공부할 여유도 없이 10년을 살아오다가 1981년 ME(Marriage Encounter)교육을 받고 많은 것을 느끼고 배웠습니다. 그리고 내가 몇 년만 더 먼저 이 교육을 받았으면 얼마나 좋았을까?를 생각했습니다. 세 딸을 키우고 막내아들을 키우면서 PET(Parents Educational Training)교육을 받고 참부모가 무엇인지에 대해 배우고 딸들에게 정말로 미안한 생각을 금치 못하였습니다. 그러나 그때는 세 딸이 모두 외국에 있었습니다. 역시 내가 몇 년만 더 먼저 이 교육을 받았다면 세 딸들이 얼마나 행복했을까 생각되어 더욱 아쉬웠습니다. 50이 훨씬 넘어서 Stephen Covey의 '성공하는 사람들의 7가지 습관' 워크숍을 마치고 리더에 대해 더욱 깊이 생각하게 되었고, 특히 사람 사는 법을 배우고 인생의 새로운 설계를 할 수 있었습니다. 마찬가지로 내가 조금 더 빨리 Covey 박사를 만났으면 얼마나 좋았을까 생각했습니다. 늦었다고 생각할 때가 빠르다는 말을 실감하면서 유시화의 시집 「지금 알고 있는 것을 그때 알았더라면」을 우리 배움에 길잡이로 생각합니다.

리더십 강의를 한 지도 20여 년이 지났습니다. 50이 되어서 공자님의 지천명(知天命)을 깊이 음미하면서 내가 해야 할 일에 소중한 것을 발견하고 생활 속에서 실천하고자 노력하고 있습니다. 학문에서는 가장 중요한 분야를 리더십으로 정하고 그동안의 강의와 연구를 되돌아보면서 서양에서 도입된 리더십의 정의와 리더십이론에 젖어 있었지 않았나 반성하면서 大學(대학) 리더십을 집필하게 되었습니다.

리더십에는 리더의 사람됨됨이(Leader is)와 리더의 행동(Leader does)으로 나누어집니다. 지금까지는 Leader does에 치중해 왔습니다. 그러나 21세기를 준비하면서 Leader is의 중요성이 강조되고 있습니다.

수많은 학자들이 21세기 리더십의 새로운 Paradigm을 정리하고 있습니다. 그러나 21세기 리더십의 진정한 모델은 아직 존재하지 않습니다. 그 징후들은 수평선 위에 나타나고 있지만 경영대학에서의 강의나 학회의 세미나 등을 통해 사례가 분해되고 비판을 받은 뒤에 그 모델은 정해지리라 믿습니다. 그런 의미에서 나는 동양사상의 수기치인(修己治人)을 가치 있게 받아들여 수신제가치국평천하를 리더십의 새로운 Paradigm으로 설정하였습니다.

지금까지 大學(대학)의 수신제가치국평천하(修身齊家治國平天下)는 너무 익숙한 단어지만 대학에서는 방법론에 대해 구체적으로 제시되지는 않았습니다. 그래서인지 치국평천하한다는 지도자들이 수신(修身)하지 못함은 물론 제가(齊家)하지 못하여 공든 탑이 무너지는 것을 역사 속에서 자주 보게 되는 안타까움이 있습니다. 그래서 Leader is에는 수신(修身), 즉 수기(修己)를, Leader does에는 제가(齊家) 치국평천하(治國平天下), 즉 치인(治人)의 내용으로 구성하여 리더십의 패러다임으로 하였습니다.

본서에서는 제 자신이 학습하고 경험한 ME, PET, The 7Habits of Highly Effective People워크숍과 20여년간의 리더십교육을 바탕으로 수신제가치국평천하의 구체적인 방법론을 현대적 시각에서 제시하고자 합니다.

리더십과 동양사상인 수기치인(修己治人)을 접목시키는 데는 많은 고뇌와 어려움이 따랐습니다. 전반적인 Concept에 도움을 주신 박사학위 지도교수이신 한양대학교 손태원 교수님께 감사드립니다. 그리고 학부에서 박사학위까지 제자로서 학문의 길을 같이 해온 노언필 박사와 동신대학교 송경용 교수 그리고 조선대학교 초빙 객원교수 이승일 박사와 마지막 원고정리까지 수고해준 아들 이성민 문학박사 그리고 고려대학교 대학원 석사과정을 수료하고 미국 유학 중인 김시현 양의 도움에 감사드리며, 강의 자료를 준비해 주신 '(주)건강을 지키는 사람들' 양승민 상무이사와 '(주)위켄(We Can)'의 박명래 사장님 그리고 동의대학교 최해진 교수님의 도움에 감사의 뜻을 전합니다. 또한 「대학 · 중용」을 역해해 주신 김시준 선생님의 덕택으로 대학지도의 어려운 뜻을 쉽게 정리할 수 있었음에 감사드립니다. 그리고 다산연구회 박석무 전 국회의원의 다산 사상에 대한 해박한 지식을 받아 전함을 밝혀 드립니다. 그리고 이 책의 출판을 자청해 주신 도서출판 청람의 이수영 사장님을 비롯하여 출판사직원의 노고에 감사드립니다.

지금을 리더의 빈곤시대라고 하고 존경의 대상이 없는 세상이라고들 합니다. 이제 진정한 리더 그리고 진정으로 존경할 대상에 대해 잠시 생각해 보는 시간을 갖기를 제안하면서 아무쪼록 우리 다 함께 성공하는 인생을 위해 열심히 노력하고 그 과정에서 본서가 도움이 되길 기도하겠습니다.

2011년 7월 창평한옥에서…

저자 이강옥

차례

PART 1 大學과 리더십

PART 2 修身(수신)

PART 6 인물탐구

PART 1

大學(대학)과 리더십

1. 大學之道(대학지도)
2. 리더십
3. 大學之道(대학지도)와 리더십

大學의 가르침

대학(University)에서 大學을 배운다?!

존 맨스필드 계관시인은 "대학(University)은 지상에 존재하는 가장 아름다운 것이다"라고 했다.

대학(University)은 무지(無知)를 미워하고 사람이 지식(知識)을 추구하는 곳, 허위(虛僞)와 편견(偏見)과 독단(獨斷)을 증오(憎惡)하는 젊은 생명들이 진실(眞實)과 공정(公正)과 비판 정신을 배우는 곳, 민족의 성실(誠實)과 유능(有能)한 인재(人材)를 기르는 곳, 비전과 꿈을 키우고 진지한 대화를 나누는 인간형성의 전당(殿堂)이다.

청년들의 눈동자와 양심을 보면 그 나라의 앞날을 점칠 수 있다. 젊은이들의 눈동자가 맑고 영롱하면 그 나라는 밝은 희망이 있다. 젊은이의 양심이 깨끗하고 순수하면 그 나라는 미래가 있다.

20대는 인생의 큰 위기(危機)이다. 모든 것이 크게 변혁하는 시기이다. 마치 뱀이 허물을 벗듯... 정신적 자기탈피의 시기다. 이 중요한 시기를 대학생으로 大學(대학), 즉 글자 그대로 큰 것을 배운다는 것이 大學(대학)이다. 우리는 지금 University(대학)에서 大學(대학)을 배우는 것이다.

大學(대학)은 수신(修身)·제가(齊家)·치국(治國)·평천하(平天下)의 내용으로 구성되어 있다. 즉, 수신 이후 제가하고 제가 이후 치국하고 치국 이후 평천하하라는 것이다. 그 중에서도 대학은 수신을 근본으로 한다. 고로 가장 큰 배움이 수신(修身)이다.

대학지도(大學之道)는 재명명덕(在明明德)·재친민(在親民)·재지어지선(在止於至善)이다. 재명명덕, 즉 명덕에 있다함은 명덕을 밝힌다(明)는 뜻이다. 명덕은 하늘로부터 타고난 것으로 이 명덕을 내 힘을 다하여 마음을 다하여 더 밝고 가치 있게 하여야 함을 뜻한다. 명명덕은 격물(格物)·치지(致知)·성의(誠意)·정심(正心)을 통해 일신을 수양(수신)하는 일이다. 재친민, 즉 친민에 있다함은 백성을 친하게 다스려 새롭게 한다는 뜻이다. 재지어지선 즉 지어지선에 있다함은 마음을 지극히 선한 곳에 두라는 뜻이다.

대학의 도덕사상은 수기치인(修己治人)이다. 즉 자기 자신을 먼저 닦고 다른 사람을 다스린다는 것이다. 그러나 이는 대학의 강령(綱領)일 뿐 그 방법론을 구체적으로 제시하지는 않았다. 그 방법으로는 격물(格物), 치지(致知), 성의(誠意) 정심(正心) · 수신(修身) · 제가(齊家) · 치국(治國) 평천하(平天下)로 정의하고 있다.

본서는 동양사상인 수기치인을 리더십에 접목시켜 고전을 통해 현대를 살아가는 지침을 삼고자 한다. 이것이 대학(University)에서 大學(대학)을 배우는 이유이다.

1. 大學之道(대학지도)

우리는 21세기에 왜 大學 : 수신제가치국평천하를 배워야 하는가?

大學, 즉 가장 큰 배움이란 무엇인가? 공자는 수신(修身)이라고 하였다(自天子以至於庶人 壹足皆修身爲本). 대학지도(大學之道)를 리더십의 근원으로 하려는 것도 리더십의 근본이 수기치인(修己治人)에 있기 때문이다.

대학의 내용인 수기(修己)에 대해서는 주자와 왕자가 주석을 달아 우리에게 많은 도움을 주었고, 치인(治人)에 대해서는 대학(大學)의 제가 · 치국평천하와 예수의 섬김의 자세 그리고 퇴계 이황의 성학십도(聖學十圖)에서 근본정신을 밝혀주었다. 즉, 수기의 근본인 수신에 대해서는 격물(格物) · 치지(致知) · 성의(誠意) · 정심(正心)의 내용으로 잘 정리하였고, 치인(治人)에 대해서는 욕치기국자 선제기가(欲治其國者 先齊其家)라 하였고, 제가의 실현을 위해서는 수신을 근본으로 하여 혈구의 도(絜矩之道)에 의거 인(仁) · 효(孝) · 제(弟) · 자(慈)를 본으로 하고 있다. 다음으로 치국(治國)의 요는 제가에 있다 하였으며 가인이후국치(家仁而後國治)라고 하여 치국의 요가 제가에 있음을 밝히고 있다. 그리하여 결과적으로 평천하(平天下)에 이르게 함에 있다. 그러나 대학은 수기(修己)와 치인(治人)에 대한 실천 · 실행방법에는 미흡하다는 평이다. 그리하여 고전과 현대 학문을 활용하여 그 핵심이론과 실천방법을 제시하여 리더십에 응용하고자 한다.

격물(格物)에서 물(物)은 사물이니 나의 의지 있는 것이 곧 물(物)이다. 나의 뜻이 가치를 어디에 두느냐가 중요하다는 의미이며, 격(格)은 뜻이 있는 바의 물(物)에 대하여 부정한 마음을 바르게 갖는 것이다.

치지(致知)에서 치(致)란 추구함이요, 지(知)란 지식을 말한다. 자신의 지식을 끝까지 탐구하여 한없이 넓고 깊게 해서 천하일체의 사물에 대해 모르는 것이 없다 함이다. 또한 자기 자신의 내부에 구비하고 있는 선천양지(先天良知)에 도달하여 사물을 바로 하려는 것이다.

성의(誠意)에서 의(意)란 사려 · 정서 · 욕망 등의 총칭이며 성(誠)은 참된 것, 즉 스스로를 속이지 않는 것뿐만 아니라 스스로 마음에 흡족함을 보이는 반면 언행일치하는 성실함이다.

정심(正心)은 심정의 정상으로 돌아가는 것으로 성(誠)하게 되면 정심(正心)이 생기게 된다. 정심이란 심정의 정상으로 돌아가는 것을 말한다.

1) 大學에 얽힌 이야기

정자(程子)가 말하기를 "대학은 공자께서 남겨주신 글인데, 초학자들이 덕(德)에 나아가는 입문서이다"

子程子曰 大學 孔氏之遺書 而初學者入德之文也

자정자왈 대학 공씨지유서 이초학자입덕지문야

(1) 大學의 유래

대학(大學)은 원래 예기(禮記) 49편 중 제42편에 수록되어 있을 뿐 하나의 단본으로 된 것은 아니었다. 그러나 대학의 내용은 성인의 도를 통론(通論)한 것으로 제도(制度) · 곡례(曲禮) 등의 다른 편과는 다른 바가 있다고 생각하여, 유향(劉向)은 이것을 통론이라 하여 따로 취급하였다. 그 뒤로 대학은 유가(儒家)경전으로 특별히 존중되었는데 한유(韓愈)는 원도(原道)에 있어서 대학을 이끌어 도덕의 기본으로 삼고 있다. 그러나 대학이 하나의 단권본으로 된 것은 사마광(司馬光)의 대학광의(大學廣義)가 그 처음이다.

인종(仁宗)은 대학을 존중하여 천성(天聖) 8년, 과거에 급제한 왕공진(王供辰) 등에게 내려 준 일이 있고, 이정자(二程子)는 초학입덕문서(初學入德門書)로서 논어(論語) · 맹자(孟子) · 중용(中庸)과 함께 사서(四書)에 배(配)하였다.

(2) 大學의 제명

왜 대학(大學)이라 하였는가? 그 명칭에 대하여 고래로 몇 가지 이설이 있으나 크게 두 가지로 종합할 수가 있다. 그 하나는 대학을 치자(治者)의 학(學)이라 보았고, 다른 하나는 대학은 대인(大人)의 학(學)이라고 보았다. 경전석문(經典釋文)

에 의하면 정현(鄭玄)은 대학의 명의(名義)에 관해서 "대학은 그 기록함이 박대(博大)하여 이것을 배우면 가히 정치를 할 수 있다(名曰大學者, 以其記博, 學可以爲政也)"하였으니 이는 대학을 치자(治者)의 학(學)이라 본 경우이다. 또 사마광(司馬光)이, "대학은 그 기술하는 바가 훈고의 학(學)에 비해서 그 범위가 크다. 그래서 대학이라 한다"라고 한 것도 대체로 정현의 의견과 비슷한 것으로 볼 수 있다.

여기에 반해서 주자는, '대구음태(大舊音泰), 금독여자(今讀如字)' 라고 하였다. 즉, 대학의 본래의 뜻에 따른다고 하는 것은 어린이가 아닌 대인의 학이라고 말하고 있다. 또 말하기를 "대학은 인간을 교육하는 도를 해설한 것이다"라고 하였다. 이것은 대학이 즉 '대학의 교과서' 라는 느낌을 준다.

그러면 과연 대학의 본뜻은 어느 것이 타당할 것인가. 대학은 한 마디로 말해서 수기치인(修己治人)의 대도지요체(大道之要體)를 적은 책이다. 인간이 사회생활에서 수기치인지도(修己治人之道)를 한 순간 한 치인들 벗어날 수 있겠는가? 그렇다면 먼저 자기 일신을 닦고 나아가서 남을 다스리는 도리를 말하고 있는 대학이야말로, 바로 대인지학(大人之學)이요 치자지학(治者之學)인 동시에, 더 나아가면 바로 인간지학(人間之學)이라고 보아야 마땅할 것이다.

(3) 大學의 저자

대학(大學)을 누가 지었는가에 대해서는 고래로 아직 정설이 없다. 정자(程子)는 대학이 공자의 유서라고만 했을 뿐 작자에 대해서 확실한 언급은 하지 않았다. 주자(朱子)는 이에 대하여 경(經) 1장은 공자의 말을 증자(曾子)가 기록한 것이고 전(傳) 10장은 증자의 말을 그 제자들이 기록한 것이라고 한다.

대학의 저자에 대하여 여러 가지 주장이 있으나 대학이 유교의 경전을 가장 조직적으로 기술하였고 증자의 말을 가장 많이 인용한 점으로 볼 때, 증자 이후 공문의 제자에 의해서 이루어진 것으로 봄이 타당할 것이다.

2) 大學經文(대학경문)

대학의 도는 명덕을 밝히는 데 있으며, 백성을 새롭게 하는 데 있으며 지극히 선에 머무르는 데 있다.

머무름을 안 뒤에야 정함이 있고, 정해진 뒤에야 고요할 수 있고, 고요한 뒤에야 편안할 수 있고, 편안한 뒤에야 생각할 수 있고, 생각한 뒤에야 얻을 수 있다.

물건엔 근본과 말단이 있고, 일에는 끝과 시작이 있으니 먼저 하고 후에 할 바를 알면 곧 도에 가까운 것이다.

옛날에 밝은 덕을 천하에 밝히려던 사람은 먼저 자기의 나라를 다스렸고, 자기의 나라를 다스리려는 사람은 먼저 자기의 집안을 가지런히 하였고, 자기의 집안을 가지런히 하려는 사람은 먼저 자기의 몸을 닦았고, 자기의 몸을 닦으려는 사람은 먼저 자기의 마음을 바르게 하였고, 자기의 마음을 바르게 하려는 사람은 먼저 자기의 뜻을 진실하게 하였고, 자기의 뜻을 진실하게 하려는 사람은 먼저 그 앎에 이르게 하였나니, 앎에 이르게 됨은 사물을 구명함에 있다.

사물을 구명한 뒤에야 앎에 이르고, 앎에 이른 뒤에야 뜻이 진실하게 되고, 뜻이 진실하게 된 뒤에야 마음이 바르게 되고, 마음이 바르게 된 뒤에야 몸이 닦아지고 몸이 닦아진 뒤에야 집안이 가지런해지고, 집안이 가지런해진 뒤에야 나라가 다스려지고, 나라가 다스려진 뒤에야 천하가 화평하게 된다. 천자로부터 서민에 이르기까지 한결같이 모두 몸을 닦는 것으로써 근본을 삼는다. 근본이 어지럽고도 끝이 다스려지는 일은 없으며, 두터이 할 데에 엷게 하고 엷게 할 데에 두터이 해도 되는 일은 없다.

위에 말한 것은 경문(經文) 1장이다. 공자께서 말씀하신 것을 증자께서 기술한 것이다(모두 2백 5자로 되어 있다). 다음 전문(傳文)은 10장으로 이루어졌는데 증자의 뜻을 그 문인들이 기술한 것이다. 구본에는 착간(錯簡)이 있어서 새로 정자가 정해 놓은 것을 따르고 또 경문을 참고하여, 따로 다음과 같이 차서를 바로 잡았다(전문은 모두 1천 5백 4십 6자로 되어 있다).

대학의 도는 저마다 타고난 명덕을 계발하는 데 있고, 나아가 백성을 새롭게 다스리는 데 있고, 어떠한 경우라도 지극히 높은 선에 머무르는 데 있다. 선의 상태에 머물 줄 알게 되면 일정한 마음을 지니게 되고 일정한 마음을 지니게 되면 마음이 안정되고 마음이 안정되면 편안해지고 마음 편히 안존해지면 사물의 이치를 올바로 인식하게 되고 사물의 이치를 올바로 인식하게 되면 모든 일을 올바르게 처리할 수 있다. 사물에는 순서가 있으니 먼저 할 일 뒤에 할 일 가릴지 알면 도에 접근하게 된다.

大學之道 在明明德 在親民 在止於至善
知止而后有定 定而后能靜 靜而后能安 安而后能慮 慮而后能得
物有本末 事有終始 知所先後 則近道矣

대학지도는 재명명덕하며 재친민하며 재지어지선이니라.
지지이후유정이오 정이후능정이오 정이후능안이오 안이후능려요 여이후능독이니라.
물유본말하고 사유종시하니 지소선후면 즉근도의니라.

옛말에 명덕을 천하에 밝히려는 사람은, 먼저 자기 나라를 다스렸고 자기 나라를 다스리려는 사람은 먼저 그 가정을 가지런히 하였고 그 집안을 가지런히 하려는 자는 먼저 자기 몸을 닦았고 자기 몸을 닦으려는 자는 먼저 자기 마음을 바르게 하였고 자기 마음을 바르게 하려는 자는 먼저 자기 뜻을 진실하게 하였고 자기 뜻을 진실하게 하려는 자는 먼저 지식을 탐구하였고 지식에 이르게 됨은 사물을 바르게 함에 있다.

古之欲明明德於天下者 先治其國 欲治其國者 先齊其家
欲齊其家者 先修其身 欲修其身者 先正其心 欲正其心者 先誠其意
欲誠其意者 先致其知 致知 在格物

고지욕명명덕어천하자는 선치기국하고 욕치기국자는 선제기가하고
욕제기가자는 선수기신하고 욕수기신자는 선정기심하고 욕정기심자는 선성기의하고
욕성기의자는 선치기지하니 치지는 재격물하니라.

사물을 규명한 후에야 앎에 이르게 되고 앎에 이른 후에야 뜻이 진실하게 되고 뜻이 진실한 후에야 마음이 바르게 되고 마음이 바르게 된 후에야 몸이 닦아지게 된다. 몸이 닦아진 후에야 집안이 가지런해지고 집안이 가지런해진 후에야 나라가 다스려지고 나라가 다스려진 후에야 천하가 화평케 된다.

物格而后 知致 知致而后 意誠 意誠而后 心正 心正而后
身修 身修而后 家齊 家齊而后 國治 國治而后 天下平

물격이후에 지치하고 지치이후에 의성하고 의성이후에 심정하고 심정이후에
신수하고 신수이후에 가제하고 가제이후에 국치하고 국치이후에 천하평하니라.

천자로부터 시민에 이르기까지 한결 같이 모두 수신을 근본으로 삼았다. 근본이 어지러운데 끝이 다스려지는 일은 없으며 두텁게 할 때 얇게 하고 얇게 할 때 두텁게 해서는 되는 일이 없다.

自天子以至於庶人 壹是皆以修身爲本 其本亂而末治者 否矣
其所厚者薄而其所薄者厚未之有也

자천자이지어서인이 일시개이수신위본이니라. 기본란이말치자는 부의며
기소후자박이기소박자후는 미지유야니라.

3) 大學의 근본사상

대학은 유학의 요지를 완전히 조직적으로 천명하고 있는 경전이다. 따라서, 그 근본사상은 유교가 목적으로 하는 수기치인(修己治人) 바로 그것이다. 수기란 나의 지덕을 닦는 일이고, 치인이란 백성을 다스리는 일이다. 즉, 대학의 근본사상은 먼저 스스로의 의무와 수양을 다하고, 나아가서 이것을 기초로 하여 천하 국가사에 미치고자 하는 것이다. 그 내용은 대학의 삼강령 중에 잘 나타나 있다.

대학(大學)의 삼강령(三綱領)은 대학지도는 재명명덕이요 재친민이요 재지어지선이니라이다.

大學之道 在明明德 在親民 在止於至善
대학지도 재명명덕 재친민 재지어지선

즉, 명명덕(明明德) · 친민(親民) · 지어지선(止於至善)의 세 가지를 이르는 말이다. 명명덕은 명덕(明德)을 밝힌다는 뜻이다. 앞의 명(明)은 타동사로써 뒤의 명덕(明德)을 수식하고 있다. 이는 누구나 하느님으로부터 명덕(달란트)을 타고난다는 것으로 이 명덕을 내 힘을 다하고 마음을 다하여 더 밝게 하여야 함을 뜻한다. 다시 말해서 명명덕은 격물 · 치지 · 성의 · 정심을 통해 일신을 수양(수신)하는 일이다.

친민(親民), 백성을 친하게 한다함은 자기가 명덕을 밝혀서 천하국가의 백성을 새롭게 해 나가는 일을 말한다.

지어지선(止於至善)은 마음을 지극히 선(善)한 곳에 둔다는 것으로 마지막 귀착점을 말한다고 할 수 있다.

(1) 명명덕(明明德)

명덕(明德)이란 무엇인가? 주자(朱子)는 명덕을 "인간이 본래 갖추고 있는 선(善)"이라고 하였다. 그럼 본래 갖추고 있다함은 무슨 말일까? 중용(中庸)에서는 천명지위성(天命之謂性)이요 솔성지위도(率性之謂道)요 수도지위교(修道之謂教)라고 하였다. 즉, 천명(天命)이 바로 성(性)이라는 것이다.

사람은 누구나 하느님으로부터 특별한 달란트를 부여받았다. 이 천명이 본래의 나(性)인 것이다. 인생(人生)의 궁극적 목적도 이 천명을 알아내는 것이다. 어쩌면 이것이 교육의 목표인지도 모른다. 그리고 이 "성을 따르는(率性) 것"이 바로 도(道)이다. 또한 이 "도를 닦는(修道) 것"이 교(教) 즉 가르침이다. 공부인 것이다. 여기서 우리는 공부는 왜 하는가?에 대해 잠시 생각해 보아야 한다.

"명덕(明德)이란 사람이 하늘로부터 받은 것을 말한다. 그래서 허(虛)하고 영(靈)하여 항시 빛난다. 중리를 갖추고 있다면 만사에 합당하게 적응하는 덕이다. 단지 기품에 구애가 되고 욕망에 가려지면 때로는 어두워지기도 한다. 그러나 그 본체는 항시 빛나고 있어 한시도 쉬는 일이 없다. 그러므로 배우는 자들이 때묻지 않게 하고 늘 밝게 닦아서 원래 하늘에서 타고난 대로 유지하는 것이다"고 대학은 가르치고 있다.

明德者, 人之所得乎天. 而虛靈不昧. 以具衆理而應萬事子也 · 但爲氣稟所拘, 人欲所蔽,
則有時而昏. 然其本體之明, 則有未嘗息者. 故學者當因其所發, 而遂明之, 以復其初也
명덕자, 인지소득호천, 이허영불매. 이구중리이응만사자야 · 단위기품소구, 인욕소폐, 측유시이혼. 연기본체지명, 측유미상식자. 고학자당인기소발, 이수명지, 이복기초야

대학(大學)사상이 원래 천하국가의 전반에 관한 것이지만 근본적으로는 개인적 수신(修身)의 방향에서 논하는 것이라고 볼 수 있다. 대학의 사상에서 천하국가의 단위는 바로 개인이며, 그래서 개개인이 도덕적으로 무장되지 않고서는 도저히 명덕(明德)이 천하에 밝혀질 수 없다는 생각에서이다. 그에 뒷받침하는 내용은 "천자로부터 서인에 이르기까지 모두가 하나같이 수신(修身)으로 근본을 삼아야 한다. 근본이 어지럽고서 말단이 잘 다스려 질 수는 없는 일이니라(自天子以至於庶人, 壹是皆以修身爲本, 其本亂而末治者否矣)"라고 한 구절은 분명히 대학의 근본이 개인적 수신에서부터 시작함을 말해 주고 있다.

(2) 친민(親民)

이 말은 본래의 고주(古註)와 정주(程朱)의 새로운 신주(新註) 사이에 차이가 있다. 왕양명계통의 고주(古註)에 의하면 친민(親民)이란 친하다는 뜻으로 천하의 모든 사람과 친하다는 것을 말한다. 여기에 비해서 정자(程子)는 신민(新民)이라고 하여 백성을 새롭게 하는 것이라고 말한다. 주자(朱子)는 이 설(說)을 계승하여

새롭다는 말은 그 옛것을 바꾸는 일이다. 말하자면 스스로의 명덕을 밝힌 연후에는 마땅히 이웃도 그렇게 되도록 영향을 미쳐서 이웃으로 하여금 역시 묵은 때를 제거할 수 있도록 해야 할 것이다.

新者革其舊之謂也, 言卽自其明明德, 又當推以及人, 使亦有以法其舊染之汗也
신자혁기구지위야, 언즉자기명명덕, 차당추이급인, 사역유이법기구염지한야

친민(親民)과 신민(新民) 두 가지 견해는 어느 것이 옳고 어느 것이 그르다고 단정하기는 어려우나 많은 학자들은 주자(朱子)의 의견을 따르는 경향이다. 고주(古註)와 같이 친민(親民)의 뜻으로는 대학(大學)의 목적인 치인(治人)의 의미를 천하국가의 정치를 도덕화하여 지선의 경지에 머물도록 하는 것을 말함이니 그러기에는 오직 백성을 친애하는 것에 그쳐서는 안되고 날로 새롭게 하는 적극성이 있어야 한다라고 보기 때문이다. 그러나 한편 공자님께서 친민(親民)이라고 하신 것은 사람을 교화시켜 새롭게 하는 데 가장 좋은 방법으로 백성을 친애하는 것이라고 보았기 때문이라고 본다. 그런 의미에서 왕양명의 뜻을 좇아 친민(親民)이 옳다고 하는 측의 견해는 친민(親民)은 대학 삼강령의 하나로 그 첫머리에 나오는 중요한 부분인데 선현이 이것을 조금이라도 소홀히 해서 틀릴 리가 있겠는가 라고 하고 있다.

어쨌든 명명덕(明明德)과 친민(親民) 신민(新民)은 불가분의 관계에 있다고 본다.

명덕을 밝히고 양심과 품성을 연마하고 확립하는 일은 그 자체로는 단지 명덕의 발휘, 즉 도덕적 품성의 수립에 지나지 않으나, 이것을 사회적으로 객관적으로 고찰하면, 인격적 확충성의 원칙에 따라 사회와 국가가 또한 그 영향을 받아 일반적으로 선화(善化)되게 마련이다. 하나의 큰 위인이 배출될 때, 그 밑에 자연히 많은 인재가 생기고 필연적으로 사회 전체의 수준이 오르게 되는 것과 같은 이치라고 생각한다. 하물며 정주의 설과 같이 자기완성을 기초로 나아가서는 백성을 새롭게 함에 있어서는 더 말할 나위도 없는 일이다. 따라서 여기에 중국 사상의 근본인 정교일치(政敎一致)가 가능케 되는 소이가 있는 것이다.

(3) 지어지선(止於至善)

지어지선(止於至善), 지극한 선(善)에 머문다는 말은 각자가 마땅히 해야 할 바를

행함에 있어 조그만한 동요도 없이 도덕적 근본주의에 안주함을 말하는 것이다.

고주(古註)에 의하면 지어지선은 선을 향해서 미처 지극한데 이르지 못하면 백성을 다루기 부족하므로 지극한 선(善)에 머물러야 한다는 것이고, 주주(朱註)에 의하면 지극한 선(善)은 사리의 당연한 극치이므로 밝은 것을 밝히고 백성을 새롭게 하는 것은 다 지극히 선한 데에 머물러 변함이 없음을 말한다. 즉, 천성(天性)의 극을 다하고 한치의 사욕도 없는 그런 경치를 말한다고 한다.

대학(大學)의 근본사상을 총괄적으로 보면, 대학(大學)교육의 도는 개인적으로는 타고난 명덕(明德)을 밝혀서 성품을 수립하고, 사회적으로는 이웃을 새롭게 하여 천하국가를 도덕화하는 것이고, 이에 지선(至善)의 경지에 안주하는 일이라고 할 수 있다.

4) 大學의 도덕사상

수기치인(修己治人)은 유교의 목적인 동시에 대학(大學)의 근본사상이다. 그러나 이는 대학의 강령(綱領)을 나타낼 뿐 그 방법론을 제시하지는 않았다. 그 방법론으로는 평천하(平天下) · 치국(治國) · 제가(齊家) · 수신(修身) · 정심(正心) · 성의(誠意) · 치지(致知) · 격물(格物)로 조리 정연하게 설명하고 있다. 이를 팔조목이라고 한다. 이 중에서 평천하 · 치국 · 제가의 삼조목은 주로 치인(治人), 즉 정치에 관계되고, 수신 · 정심 · 성의 · 치지 · 격물의 오조목은 수기(修己), 즉 윤리적 도덕에 관계된다.

수신(修身)은 제가(齊家) · 치국(治國) · 평천하(平天下)에 대한 기본이 되고 있다. 즉, 명덕을 천하에 밝히고자 하는 자는 먼저 그 나라를 다스리고, 그 나라를 다스리고자 하는 자는 먼저 그 집안을 다스려야 하며 그 집안을 다스리고자 하는 자는 수신 · 정심 · 성의 · 치지 · 격물을 필요로 하기 때문이다. 정치인들이나 기업가들이 이러한 도덕사상을 새겨들어야 할 것이다.

5) 大學의 정치사상

대학(大學)의 정치사상이라 함은 치인(治人)에 관한 사상을 말한다. 대학에서 다루는 치인(治人), 즉 정치사상의 대상은 제가((齊家) · 치국(治國) · 평천하(平天下)의 세 가지이다. 대학의 사상에서는 천하의 요소는 국가요, 국가의 요소는 가정에 있다고 하고 있다.

대학에서 말하는 치인지도(治人之道), 즉 정치사상은 그 근본이 덕치주의(德治主義)에 있다. 도덕을 목적으로 하며 도덕을 수단으로 이룩되는 정치다. 정치의 근본이 수신에 있다함은

몸이 닦아진 뒤에야 집안이 가지런해지고, 집안이 가지런해진 뒤에야 나라가 다스려지고, 나라가 다스려진 뒤에야 천하가 화평하게 된다.

修身而後家齊 家齊而後國治 國治而後天下平

수신이후가제 가제이후국치 국치이후천하평

이렇게 나를 확대시켜 남에게 미치는 길을 혈구지도(絜矩之道)라고 한다. 덕치주의의 진수라고 할 수 있는 혈구(絜矩)의 도(道)는 공자의 이른바 충서(忠恕)를 말한다고 할 수 있다. 자신의 덕을 바탕으로 하고 동정을 기초로 해서 차차 남에게 미치는 혈구지도나, 공자께서 인정(仁政)의 기본으로 내세운 충성의 길은 내용상 같다고 보기 때문이다.

그러므로 대학(大學)에서는 다음과 같이 말하고 있다.

자기 윗사람이 싫어하는 방법을 자기 아랫사람에게 쓰지 말 것이며, 아랫사람이 싫어하는 것으로 윗사람을 섬기지 말라. 앞사람이 싫어하는 태도를 뒷사람에게 먼저 하지 말 것이며, 뒷사람이 싫어하는 태도로 앞사람과 상종하지 말 것이며, 오른쪽 사람이 싫어한 태도로 왼쪽 사람과 사귀지 말 것이며, 왼쪽 사람이 싫어하는 태도로 오른쪽 사람과 사귀지 말 것이다. 이런 것을 두고 혈구지도하고 하는 것이다.

所惡於上毋以使下, 所惡於下毋以事上, 所惡於前毋以先後, 所惡於後毋以從前, 所惡於右毋以交於左, 所惡於左毋以交於右, 此之謂絜矩之道

소오어상무이사하, 소오어하무이사상, 소오어전무이선후, 소오어후무이종전, 소오어우무이교어좌, 소오어좌무이교어우, 차지위혈구지도

우리가 21세기에 BC 551년에 태어난 공자님의 말씀 중에 대학(大學)을 공부하는 것은 바로 오늘날 우리가 어떻게 살아야 함을 바르게 가르침 받고자함에 있다. 특히 정치사상에서 오늘의 정치인에게 수신(修身)을 강조하신 말씀은 귀감이 되리라 본다. 현대의 복잡다난한 정치에 대학의 정신이 여하히 적용되어야 할 것인가는 현대에 주어진 중대한 과제가 아닌가 생각해본다.

6) 학문은 왜 하는가?

대학사상(大學思想)은 인간생활에서 가장 근본적인 문제가 무엇인가를 다루고 있다. 대학(大學) 리더십을 세상에 내놓으면서 학생은 물론 모든 사람에게 반드시 간직하기를 바라는 마음에서 다음 글을 전한다.

이 세상 만물에는 근본과 말단적인 것이 있으니 말세적인 것에 혹하지 말고 근본되는 것에 정성을 다하고, 세상사는 시작과 끝이 있으니 시작할 때 항상 끝을 생각하는 지혜를 가져야 하고, 어떤 일을 하든지 순서가 있으니 어떤 장소에서든지 먼저 할 일 뒤에 할 일을 분별할 줄 아는 치밀함을 갖추어야 한다. 이것이 도(道)에 이르게 한다.

物有本末 事有終始 知所先後 則近道矣

물유본말 사유종시 지소선후 즉근도의

그럼 학문은 왜 하는가? 이에 대한 공자의 가르침을 살펴보자.

사람은 집안에서는 효도를 하고, 밖에 나가면 모든 사람을 형제처럼 대하고, 말을 아낌으로써 믿음을 얻고 모든 사람을 사랑하되 어진 사람과 친하게 지내야 한다. 그러고도 남는 힘이 있으면 비로소 학문을 하는 것이다.

入則孝 出則弟 謹而信 汎愛衆而親仁 行有餘力 則以學文

입즉효 출즉제 근이신 범애중이친인 행유여력 즉이학문

논어에 나오는 문구이다.

이 말은 학문을 했다고 하는 사람이 집안에서 직장에서 웃어른을 몰라보고 사람들과는 우애하지 못하고 어진 사람과 가까이하지 못하고 세파에 어울려 타협하고 살아가면 학문을 욕하게 한다는 교훈이다.

학문을 한다는 사람에게는 주는 교훈으로 우리 마음속에 심어 행동에 유념할 수 있길 바라는 마음에서 같이 나누고자 한다.

다음은 학문은 어떻게 하여야 하는가에 대한 공자의 말씀은 다음과 같다.

> 학문을 하되 생각이 없이하면 바로 어리석게 되고 생각은 있으나 학문을 하지 않다면 바로 위태롭게 된다.
>
> 學而不思則罔, 思而不學則殆
>
> 학이불사즉망 사이불학즉태

전자는 자연계나 이공계 그리고 의 · 치 · 약계에서 공부는 많이 하되 왜 하는지에 대한 사고가 없으면 많이 한 학문이 가치가 없어 어리석은 인간이 되기 쉬운 것을 지적하고 있다. 그리고 후자는 사회계열에서 특히 정치 · 경제계 사람들이 생각은 많으나 뒷받침이 되는 학문이 부족하기 쉬운 것을 지적하여 세상을 어지럽고 위태롭게 할 수 있음을 간파한 것이다.

2. 리더십

1) 리더십의 기본개념

리더십이 인간의 큰 관심사가 되어온 이유가 무엇일까? 그것은 인간이 조직생활을 시작하면서부터이다.

"강한 장수 밑에 약한 졸개 없다", "난세에 영웅이 나온다"는 말은 조직구성원이 리더의 행동에 따라 큰 영향을 받는다는 것을 단적으로 말해 주는 격언이다. 조직의 목표달성을 위해 구성원의 특성을 잘 살피고 이들을 통합하여 시너지효과를 이끌어내는 리더의 역할이 중요하다는 것은 많은 역사적 사건들과 월드컵 4강의 신화가 증명하고 있다. 구약시대 출애굽에서 모세의 역할이 바로 리더십이라고 말할 수 있다. 만일 모세의 리더십이 없었다면 이집트에서 시나이반도를 지나 가나안땅으로 이끌지 못했을 것이다. 또한 이순신 장군이 명량해전에서 거북선 12척만을 이끌고 수적으로 우세했던 왜군을 무찌름으로써 수세에 몰려 있던 전황을 완전히 뒤바꿔 놓은 것은 이순신 장군의 리더십을 알지 못하고서는 설명할 수 없는 사건일 것이다. 히딩크 감독이 없었다면 2002년 월드컵 4강의 신화는 불가능했을 것이다.

리더십은 조직의 목표를 달성하는 데 매우 중요한 변수가 되고 있다. 또한 리더십은 조직의 성공뿐만 아니라 가정과 개인의 성공을 위해서도 중요하다. 리더십은 목표와 방향을 스스로 설정하고 시간관리와 인간관계를 원활하게 하여 개인은 물론 조직의 뜻을 이루게 하기 때문이다.

"강한 장수 밑에 약한 졸개 없다." "난세에 영웅이 나온다."
「거북선 – 이순신」
「Chrysler – Lee lacocca」
「현대의 신화 – 정주영 회장」
「월드컵 4강의 신화 – 히딩크」

(1) 리더십의 영향력

오늘날 많은 기업은 조직이 활성화되지 못하고, 구성원은 직무만족을 느끼지 못하며, 시장점유율과 성과지표가 저하되어 조직이 침몰하는 현상이 만연되어 있다. 이러한 문제들의 핵심원인은 리더십의 결여에서 찾을 수 있는 경우가 많다. 공직사회의 이른바 복지부동(伏地不動) 현상도 결국은 리더십의 결여가 근본적 원인이라고 할 수 있다.

리더십이란 무엇인가? 리더십을 "조직의 목적을 달성하는 데 구성원에게 영향력을 행사하는 과정"이라고 정의할 때 무엇이 리더십의 영향력인가? 는 가장 기본적이면서도 가장 핵심이 되는 이슈이지만 리더십의 영향력의 결과는 [그림 1-1]처럼 표시할 수 있다. 즉, 리더십이 가정이나 조직 그리고 기업에 투입(input)되면 변화(transform)가 일어나고 새로워(renew)지고 에너지가 충만(energize)되고 고무적(inspire)이 된다는 것이다.

그림 1-1 리더십의 영향력[1)]

(2) 리더십 과정

현대 조직에 있어서 리더십의 중요성이 더해 가는 이유는 무엇인가?

리더십은 가정이나 조직 그리고 기업의 국면전환, 선회전략(turnaround strategy)에 있어서 매우 중요한 요소이며 리더십은 그 가정이나 조직 그리고 기업의 변환과정에서 효과성을 나타내는 중요한 지표가 된다. [그림 1-2]의 리더십 과정에서 보는 바와 같이 똑같은 인적 · 물적 자원이 투입되어도 리더십이 작용하면 고품질 · 서비스향상 그리고 고객만족이 이루어진다. 이는 리더십이 구성원을

1) 김성국, 조직과 인간행동, 명경사, 1999, p.312.

그림 1-2 리더십과정

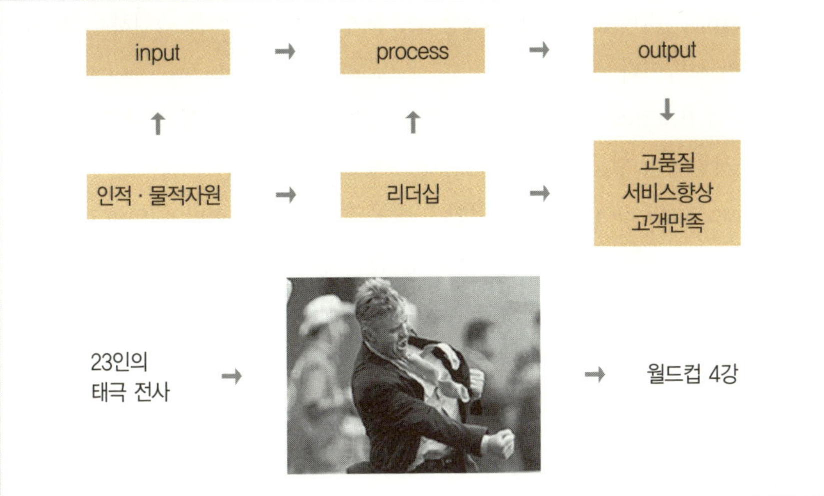

한 방향으로 모아주는 나침반이나 자석과 같은 역할을 하기 때문이다.

(3) 리더십의 정의

우리는 흔히 한 조직의 성패를 효과적인 리더십의 발휘 여부와 관련지어 생각하기도 한다. 또한 사회의 전반적인 사고가 인간을 중심으로 전개되고 있고, 경영활동이 이러한 인간을 통하여 목표를 달성하는 과정으로 이해되는 현대적 경영의 관점에서는 리더십의 중요성은 더욱 크게 부각된다.

리더십은 우리말로 지도, 지휘, 지도력, 지도의 과정, 지도자의 정신, 지도자의 역할 등으로 표현되고 있으나 리더십에 관한 정의는 많은 학자들에 의하여 매우 다양하게 개념화되고 있다. 이를 소개하면 다음과 같다.

- Cattell(1951) : 리더십은 집단활동의 변화를 가장 효율적으로 창출하는 사람이다.
- Cowley(1938) : 리더십은 다른 사람들이 자기를 따르게 하는 데 성공하는 사람이다.
- Dubin : 리더십은 권한을 행사하고 의사결정을 하는 것이다.
- Hemphill : 리더십은 공동의 문제를 해결하는 데 집단활동이 일관성 있게

지향되도록 하는 행동을 솔선하는 것이다.

- Homano : 리더십은 집단이 가장 소중하게 여기는 규범을 실현하는 데 제일 적합한 사람이다.
- Huse & Bouditch : 리더십은 조직의 목적, 개인의 목적 등을 달성하기 위해 다른 사람들이 행동을 변화시키거나 그에 영향을 미치는 노력이다.
- Koontz & O' Donnell : 리더십은 공동의 목적을 성취함에 있어서 리더를 추종하도록 사람들에게 영향을 미치는 활동이다.
- Kotter : 리더십이란 바람직한 목표를 성취시키기 위하여 다른 사람들을 동기부여하고 지휘하며 영향력을 행사하는 능력
- Shetty : 리더십의 관리적 기능은 개인적 욕구를 충족시키면서 조직의 목적을 성취시키도록 조직성원의 동기를 유발하는 데 도움이 되는 환경을 조성하는 과정이다.
- Stogdill : 리더십은 집단이 목적을 설정하고 그것을 성취하도록 하기 위하여 집단활동에 영향을 미치는 과정이다.
- Terry : 리더십은 집단의 목적을 위해 자발적으로 노력하도록 사람들에게 영향을 미치는 활동이다.
- Drucker : 리더십의 본질은 그 성과에 달려 있다. 리더십은 그 자체로는 좋은 것도 바람직한 것도 아니다. 그것은 하나의 수단이다. 그러므로 어떤 목적을 위한 리더십인가? 하는 것이 핵심문제이다.

  첫째, 리더십은 일(work)이라는 것이다. 효과적인 리더십의 기초는 조직의 사명(mission)을 깊이 생각하고 그것을 규정하고 또 그것을 명확하고도 뚜렷하게 설정한다.

  둘째, 효과적인 리더십 발휘에 필요한 사항은 리더는 리더십을 계급과 특전으로 보는 것이 아니라 책임으로 본다는 것이다.

  셋째, 효과적인 리더십을 발휘하려면 신뢰를 확보해야 한다. 그렇지 않으면 뒤따르는 사람이 없을 것이다. 리더에 대한 확실한 정의는 "추종자를 거느린 사람이다"라는 것이다.

이러한 리더십에 관한 여러 학자의 정의를 종합하여 보면 결국 리더십이란 어떤 상황에서 목표달성을 위해 어떤 개인이 다른 개인이나 집단의 행위에 영향력

그림 1-3 리더십의 함수관계

리더십 = f(리더의 특성, 상황, 추종자) L = f(l, s, f)
(L=leadership, S=situation, f=follower)

을 행사하는 과정이다. 리더십에 관한 이와 같은 정의에서 필연적으로 나오는 귀결은 리더십 과정이란 리더(leader) · 부하(follower) 및 기타 다른 상황요인(situational variables)들의 함수관계, 즉 L=f(l, f, s)라는 것이다.

토 | 의 | 과 | 제

1. 가장 멋있는 Leader와 Follower의 모습을 역사 속의 인물이나 우리 주변에서의 경험을 통해 기술하고 그림으로 그려 보라.
2. 리더십의 영향력에 대해 토의해 보라. 진정한 영향력이란 무엇이며, 그 사례를 들어 보라.

2) 리더십이론의 발전

(1) 전통적 리더십

① 리더십 특성이론

어떤 특성을 갖는 사람이 리더가 되는가의 문제는 인간의 문명화와 더불어 오랜 과제였다. 시인은 시를 통하여 위대한 리더의 업적을 노래하였고 다른 작가들은 수필이며 우화, 그리고 각종의 전기를 통하여 교훈이 될 만한 리더나 영웅들의 이야기를 기록하고 있다.

리더십의 초기 이론들은 리더십의 효과를 리더의 특성과 관련지어 설명하였다.

즉, 특성이론(traits theory)은 리더의 개인적 자질에 초점을 맞추고 이러한 자질들이 리더의 유효성에 어떤 영향을 미치는지 연구하였다.

특성이론에서는 리더는 태어나는 것이지 만들어지는 것이 아니라고 주장하고 있으며 리더의 자질을 갖고 태어난 사람들은 어떤 시대나 어떤 상황에서도 사람들을 위대하게 이끄는 특별한 능력을 가지고 있다고 믿었다. 다시 말해서 특성이론은 성공적인 리더들이 가지고 있는 공통된 특성(traits)을 연구하여 개념화한 이론이다. 1940년대에서 1950년대에 걸쳐 조사된 연구에서는 주로 성공한 리더와 성공하지 못한 리더간의 차이, 즉 리더 개인의 특성이나 특질(characteristics)을 규명하고자 하였다. 여러 가지 연구가 있었으나 여기서는 바스(B. Bass)와 스톡딜(R.M. Stogdill)의 1948년과 1970년 두 차례에 걸친 연구를 중심으로 리더의 특성을 구분해 보고자 한다.

어떤 특성이 과연 리더와 리더가 아닌 사람을 구분짓는 기준이 되는 것일까? 이 물음에 대한 대답은 천차만별이다. 스톡딜은 리더의 특성을 신체적 특성, 사회적 배경, 지능과 능력, 성격, 과업특성, 사회적 특성의 6가지로 크게 분류하였다. 그 내용을 살펴보면 다음과 같다.[2)]

1 신체적 특성

신체적 특성(physical characteristics)의 구성요인에는 리더의 활동성, 에너지, 연령, 신장, 체중, 외모 등이 있다. 이들 신체적 특성은 리더십 기능을 발휘할 수 있는 능력과 밀접한 관계가 있다고 본다.

그러나 리더의 신체적 특성과 효과적인 리더십관계에 대한 연구에서 신체적으로 우위에 있는 사람들이 보통 사람들보다 리더의 지위를 얻는 데 별다른 이익을 보지 못한 것으로 나타났다. 대표적인 예로 트루만(Truman), 간디 (Gandhi), 나폴레옹(Napoleon), 스탈린(Stalin)과 같은 사람은 왜소한 체구와 보잘 것 없는 외모에도 불구하고 강력한 리더십을 발휘할 수 있었다.

2 사회적 배경

사회적 배경(social background)의 요인에는 사회적 신분, 교육, 이동성(mobility)을 들고 있는데 , 바스는 사회적 배경에 대한 많은 연구결과를 종합하여

2) 김성국, 조직과 인간행동, 명경사, 1999, p.314.

다음과 같은 결론을 도출하였다. 첫째, 일반적으로 높은 사회 · 경제적 신분은 리더십의 지위를 유지하는 데 유익하다. 둘째, 산업체에서 고위직에 승진한 리더는 사회적 신분이 낮은 계층(흑인, 여성, 소수민족 등)에서도 과거보다 많이 배출되고 있다. 셋째, 관리직에 대해서는 MBA 등과 같은 석사학위의 요구가 증가하고 있다는 점이다.

3 지능과 능력(intelligence and ability)

1948년부터 1970년 사이에 발간된 25개의 연구보고서에 의하면 리더십은 지능, 능력과 정(正)의 상관관계를 갖는 것으로 나타났다. 여러 가지 연구 결과들은 리더가 부하보다 판단력, 결정력, 지식, 지능, 화술(fluency of speech) 등이 일반적으로 훨씬 뛰어나다고 지적하고 있다. 그러나 리더의 지능과 능력이 부하와 차이가 너무 많으면 극도로 자기 본위적(self-preoccupation)이기 쉬우며, 너무 진일보한 리더의 생각은 부하가 받아들이기 어렵게 만드는 등 리더와 부하 사이의 사고방식, 지각, 의시소통 등에 많은 문제가 발생할 수 있다.

4 성격(personality)

한 개인의 특성인 성격(personality)은 리더십과 밀접한 관계를 가지고 있으며 리더십 유효성에 많은 영향을 미치고 있다. 성공적인 리더가 가지는 성격적 특성으로는 적응성, 강한 신념, 공격성, 독립성, 객관성, 판단력, 자신감, 시배성, 창조성, 기민성, 조정력, 추진력, 열성, 외향성, 신장에 내한 지구력 등 이주 많은 특성 요인들이 있다. 그러나 리더의 성격 특성은 조직 환경이나 부하의 특성 등에 따라 리더십에 미치는 유효성이 각각 다르며 모든 특성을 포함한 리더는 찾기도 어려울 뿐만 아니라 성격상의 특성을 정확하게 측정할 수도 없다.

5 과업특성(task-related characteristics)

리더의 과업에 대한 성취욕구 및 책임감 등은 중요한 리더십 요인이다. 유능한 리더는 높은 성취욕구와 책임감을 가지고 있다. 과업 지향적이며 장애에 부딪쳤을 때 좌절하지 않고 목표를 추구하는 끈기가 있다. 이러한 특성을 가지고 있는 리더는 일반적으로 업무 추진력과 함께 강한 동기와 직무에 대한 집요함을 갖추고 있기 때문에 리더십 유효성이 증가하게 된다.

6 사회적 특성(Social characteristics)

리더는 다양한 성격의 사람들과 잘 어울려야 하고 제반 환경에도 적극적으로 참여해야 한다. 그러므로 훌륭한 리더는 타인과 쉽게 친해질 수 있는 능력을 가지고 있다. 이러한 성격은 다른 사람들로부터 협동심을 불러일으키게 할 뿐만 아니라 조직목표 달성을 위해 적극적인 참여유도 능력을 발휘함으로써 리더십의 유효성을 증대시킬 수 있다. 이 밖에도 리더의 사회적 특성으로는 매력적이고 인기가 있으며 부하들을 잘 보살피는 능력 등이 있다.

② 리더십 행동이론

리더십을 특성이 아니라 행위나 스타일로 보기 시작한 것은 커다란 발전이었다. 특성은 타고나는 측면이 강한 반면, 행위나 스타일은 후천적으로 교육과 개발이 가능하다는 이유 때문이다. 행위는 하나의 기술이다. 그러므로 리더의 자질은 타고난다는 유전적 요인이 중요한 것이 아니라 리더로서의 기술을 습득하였느냐 하는 것이 중요시되는 것이다. 누구나 적절한 훈련을 통해서 리더가 될 수 있다는 것은 무척 반가운 소식이다. 이제 리더십의 관점은 리더가 어떤 성격과 특성을 갖고 있느냐가 아니라 그(녀)가 무엇을 하며 어떻게 행동하느냐의 문제에 초점이 두어지게 되었다.

1 미시간 대학의 리더십 연구

1940년대 후반부터 1950년대 초까지 미시간 대학의 연구자들은 리더십 연구를 실시하였다. 이 연구는 어떤 리더십 유형이 집단의 성과를 증진시키는지 알아내기 위해 리더의 행동(Leader behavior), 집단과정(group process), 집단성과(group performance)간의 관계를 중점적으로 연구하였다.

연구결과 두 가지의 리더십 스타일을 개발하였다. 즉, 서로 관련이 있어 보이는 특징들의 집단을 찾아서 유효성을 알아내려는 방식으로 접근한 결과 직무중심적 리더십 스타일과 종업원 중심적 리더십 스타일이라는 두 가지 개념을 정립하였다.

직무중심적 리더십 스타일은 밀접한 감독, 합법적이고 강압적인 권력, 작업성취도의 평가에 초점을 두게 된다. 그리고 종업원 중심적 리더십 스타일은 책임의 위양, 종업원의 복지에 대한 관심, 욕구, 발전, 개인적 성장을 강조하는 인간지향적 스타일이다.

2 오하이오 주립대학 연구(The Ohio State University Studies)[3]

1940년대 후반 오하이오 주립대학의 플레이쉬맨(E. Fleishman) 등에 의한 리더십 연구가 있었다. 이 연구결과로 구조주도(initiating structure)와 배려(consideration)로 대표되는 리더십의 2요인 이론이 개발되었다. 구조주도는 리더가 부하들의 역할을 명확히 정해주고 그들에게 기대하는 것이 무엇인지 알려주는 행동을 말하고, 배려는 리더가 부하들의 복지와 안녕, 지위, 공헌 등에 관심을 가져주는 행동을 말한다. 그러므로 구조주도가 높은 리더는 일 중심의 성향을 보이며, 과업에 의해 부하를 평가하고 성과수준을 정한다. 반면에 배려가 높은 리더는 부하의 의견을 존중하고 자유로운 대화와 참여를 지원한다.

그림 1-4 리더십 유형

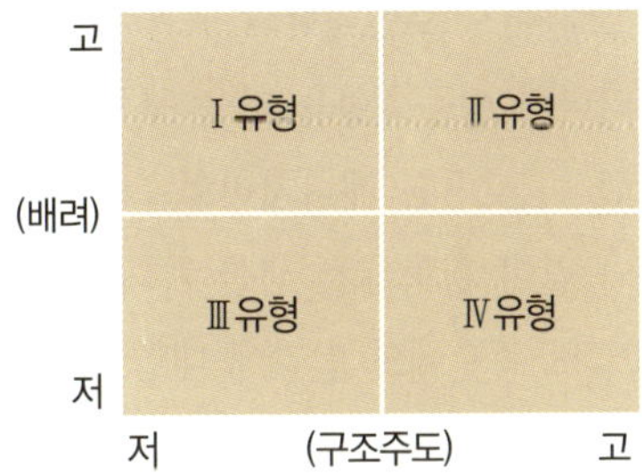

이 그림을 통하여 4가지 리더십 유형으로 구분할 수 있다.

Ⅰ유형 : 고 배려, 저 구조주도
Ⅱ유형 : 고 배려, 고 구조주도
Ⅲ유형 : 저 배려, 저 구조주도
Ⅳ유형 : 저 배려, 고 구조주도

이들의 연구에서 특별한 것은 배려와 구조주도라는 것이 별개의 독특한 차원이라는 것을 알아냈다는 것이다. 종전의 리더십 연구에서는 리더십 스타일을 양극

3) Stephen P. Robbins, Organizational Behavior : Concept, Controversies and Applications (Englewood wood Cliffs, New Jersey : Prentice-Hall, Inc., 1983), p.289.

단으로 나누어 생각하는 것이 상례였는데 오하이오 주립대학의 연구에서는 처음으로 리더의 행위를 단일선상이 아닌 두 개의 다른 축 위에서 표시하였다.

이 연구는 배려와 구조주도의 여러 가지 배합을 보여주기 위해 [그림 1-4]와 같은 4분면을 개발하였다.

이러한 연구결과는 고구조주도, 고배려의 스타일이 가장 효과적인 리더십 스타일임을 보여주는 것이다. 오하이오 대학의 연구는 비판을 많이 받고 있지만 한편 리더의 행위를 정의하고 설명함에 있어 상당히 체계적이고 상세한 노력을 하고 있다. 그런 점에서 리더십의 이론적 기초를 마련하는 데 공헌하고 있으며, 현재의 연구에 토대가 되고 있다는 점에서 인정을 받고 있는 것이다.

3 매니지리얼 그리드이론[4)]

매니지리얼 그리드(管理格子, managerial grid)이론은 블레이크와 모우톤(R.R. Blake and J.S. Mouton)이 오하이오 주립대학의 구조주도적 리더십과 배려적 리더십의 연구개념을 기초로 리더의 행동유형을 더욱 구체화하고 효과적인 리더십 행동을 배양하기 위해 개발한 이론이다. 매니지리얼 그리드 이론은 리더의 행동을 [그림 1-5]에서 보는 바와 같이 횡축에는 생산에 대한 관심의 정도를 파악할 수 있도록 9등급으로 나누고, 또 종축에도 인간에 대한 관심의 정도를 파악할 수 있도록 역시 9개의 등급으로 나누고 있다. 따라서 이론적으로는 81가지의 리더유형이 있는 것으로 이해할 수 있는데, 이 중에서 기본적인 리더유형으로서 다섯 가지를 들 수 있다.

■ 무관심형(impoverished : 1 · 1형)

리더의 생산과 인간에 대한 관심이 모두 낮아서 리더는 조직구성원으로서 자리를 유지하기 위해 필요한 최소한의 노력만 한다.

■ 인기형(country club : 1 · 9형)

리더는 인간에 대한 관심은 매우 높으나 생산에 대한 관심은 매우 낮다. 리더는 부하와의 만족한 관계를 위하여 부하의 욕구에 관심을 갖고, 편안하고 우호적인 분위기로 이끈다.

---

4) R.R. Blake and J.S. Mouton, Corporate Excellence through Grid Organizational Development(Houston; Gulf Publishing, 1968).

그림 1-5 관리격자와 리더의 행동 유형

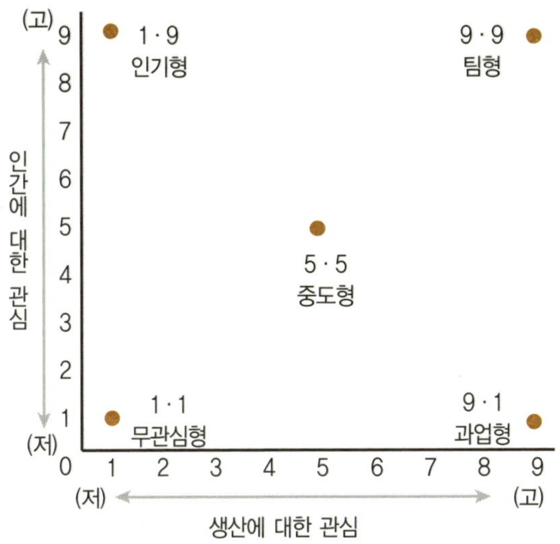

■ 과업형(task or authority–obedience : 9 · 1형)

리더는 생산에 대한 관심이 매우 높으나 인간에 대한 관심은 매우 낮다. 리더는 일의 효율성을 높이기 위해 인간적 요소를 최소화하도록 작업 조건을 정비하고 과업수행능력을 가장 중요하게 생각한다.

■ 중도형(middle of the road or organization man : 5 · 5형)

리더는 생산과 인간에 대해 적당히 관심을 갖는다. 그러므로 리더는 과업의 능률과 인간적 요소를 절충하여 적당한 수준에서 성과를 추구한다.

■ 팀형(team : 9 · 9형)

인간과 과업 모두에 대한 관심이 매우 높다. 리더는 구성원과 조직의 공동목표 및 상호의존 관계를 강조하고, 상호 신뢰적이고 존경적인 관계와 구성원의 몰입을 통하여 과업을 달성한다.

리더십의 행동이론(미시간 대학의 리더십연구, 오하이오 주립대학의 리더십 연구, 매니지리얼 그리드이론)에서 우리는 최고의 리더십 스타일에 대한 질문(Is there a best leadership style?)에 고 배려, 고 구조주도와 팀형임을 발견하게 될 것이다.

③ 리더십 상황이론

효과적인 리더십은 리더에 달렸다(Good Leadership=f(Leader))는 리더십특성이론과 행동이론과는 달리 리더십의 상황이론은 리더와 상황이 잘 맞아떨어져야 성과가 높다(Good Leadership=f(Leader)×Situation))는 관점에서 리더십을 다룬다.

이상적 리더의 유형이 독립적으로 존재하는 것이 아니라 상황에 알맞은 것이라면 독재적 리더십도, 방임형 리더십도, 과업중심 리더십도 높은 성과를 올릴 수 있다는 설명이다. 즉, 복종에만 익숙한 아프리카의 오지의 부족에게는 민주적인 족장은 좋은 업적을 못낼 것이라는 뜻이다. 그렇다면 리더십에서의 상황이란 무엇인가?

리더십 상황이론은 리더가 갖고 있는 진단능력의 중요성을 강조한다.

세인(Edgar H. Schein, 1986)은 이 점에 대해서 다음과 같이 잘 표현하고 있다. "우수한 관리자라고 하면 훌륭한 진단사이어야 하고 탐구정신을 높이 평가하는 사람이어야 한다. 부하들의 능력이나 동인(motive)이 다양하기 때문에 리더는 그들의 차이를 감지하고 적절히 평가할 수 있는 예민성과 진단능력을 구비하고 있지 않으면 안 된다." 즉, 관리자는 환경내의 여러 가지 문제점을 해결해 가는 실마리를 분명하게 밝혀낼 수 있어야 한다는 말이다. 그러나 훌륭한 진단기술을 가지고 있는 관리자라 하더라도 그들의 리더십 유형을 환경의 요구에 맞추어 나가지 않으면 효과적이 될 수가 없다. 그래서 "관리자는 자신의 행동을 바꿀 만한 개인적 유연성은 물론 부하들의 행동을 변화시키기 위한 다양한 기법을 가지고 있지 않으면 안 된다. 왜냐하면 부하들의 욕구와 동인이 서로 다르기 때문에 이에 따라 부하들도 각각 다르게 다루어져야 하기 때문이다."

코먼(Korman)은 오하이오 주립대학의 '조직편성'과 '배려'의 개념을 검증한 몇 개의 연구들을 광범하게 검토하고 나서 다음과 같은 결론을 내리고 있다.

"앞으로의 연구에서 필요한 것은 단지 '상황적 결정요인'이 있다는 것을 인정하는 데 그칠 것이 아니라 상황변인들을 리더십행동(조직편성 및 배려)과 관련지어 체계적으로 개념화하는 일이다."

코먼은 이 같은 결론을 기술하는 가운데, 조직편성(과업행동), 배려(관계성행동) 및 기타 다른 변인들 간의 관계는 단순한 직선적 관계가 아니라 오히려 곡선적 관계가 될 것임을 시사하고 있다. 3차원 리더유효성 모델의 부산물인 리더십상황이론은 과업행동, 관계성 행동 및 성숙도간의 곡선적 관계에 기초를 두고 있다. 이 이론에서는 효과적인 리더십 유형과 부하들의 성숙도와의 관계에 대한 이해를 주려고 시도하였다.

그래서 상황변인들(리더, 부하들, 상사, 동료, 조직 및 직무의 요구, 그리고 시간적 여유 등)이 모두 중요하기는 하지만 '리더십상황이론' 에서의 강조점은 부하들과 관련된 리더의 행동에 두어지고 있는 것이다. 샌포드(Fillmore H. Sanford)가 지적한 바와 같이 "리더십상황 중에서 부하들을 가장 중요한 요인"으로 보고 있는 데에는 일종의 정당성이 있다. 어떤 상황에서나 부하들은 매우 중대한 변인이라고 보는 것은 부하들이 개인적으로 리더를 받아들이거나 거절할 뿐만 아니라 집단으로서 리더가 어떠한 개인권력을 가지고 있더라도 실제로 그것을 결정하는 것은 부하들이 하기 때문이다.

Ⅰ 리더십 상황이론의 기본적 개념

리더십상황이론에 의하면 부하들의 성숙도의 수준이 특정한 과업의 수행에서 계속 증가하게 되면 이에 따라 리더는 과업행동을 줄이고 관계성 행동을 증가하기 시작하여 개인이나 집단이 바람직한 수준의 성숙도에 이르도록 하여야 한다. 그리고 개인이나 집단이 성숙도가 평균 이상의 수준에 와 있으면 이때 리더는 과업행동뿐 아니라 관계성 행동도 줄이는 것이 적절한 것이다. 이렇게 되면, 개인이나 집단은 과업의 수행에 있어서의 성숙뿐만 아니라 심리적으로도 성숙하게 된다.

그리고 이 같은 경우에는 개인이나 집단이 자기 나름대로의 업무수행과 심리적 강화를 스스로 마련 · 조달할 수 있기 때문에 리더로부터의 많은 사회 · 정서적 지원을 더 이상 필요로 하지 않는다. 이 같은 수준의 성숙도에 도달한 개인과 집단은 리더에 의한 엄격한 감독의 감소나 권한위양의 증가를 신뢰와 신임의 표시로 받아들이게 된다. 이같이 상황이론에서는 부하들의 '과업-관련성숙도' 에 따르는 리더십 유형의 유효성 및 적절성에 초점을 두고 있는 것이다. [그림 1-6]에서와 같이 이와 같은 상황이론의 내용을 '3차원 리더유효성' 모델의 사분면에 걸쳐 있는 종모양의 곡선(bell-shaped curve)으로 표시된 하나의 사이클(cycle)로 나타낼 수 있다.[5)]

5) Paul Hersey, Kenneth H. Blanchard, Management of Organizational Behavior, Prentice-Hall, Inc., Englewood Cliffs, New Jersey, p.164, 1977.

그림 1-6 리더십상황이론

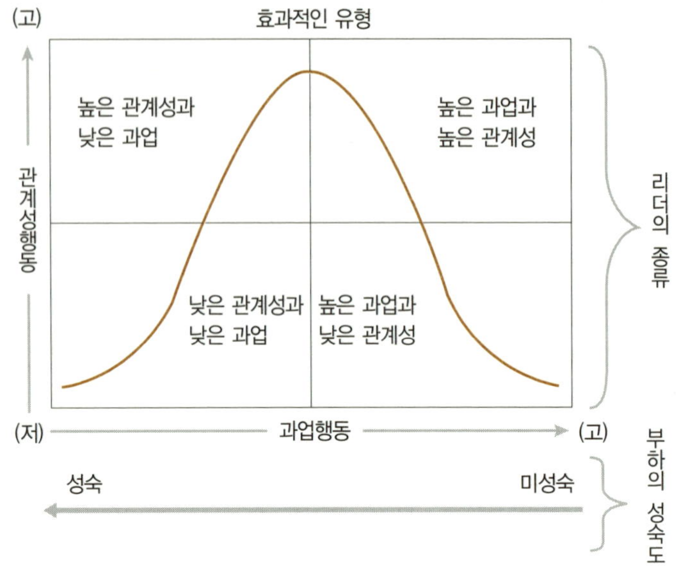

2 부하의 성숙도

리더십 상황이론에서는 다음과 같이 성숙(maturity)의 정의를 내리고 있다. 즉, 높지만 달성가능한 목표를 설정하는 능력(성취동기), 기꺼이 책임을 맡거나 책임을 맡을 수 있는 능력 및 개인이나 집단의 교육수준 혹은 경험 등으로 정의하고 있다. 이들 성숙변인들은 수행해야 할 구체적인 과업과의 관련하에서만 고려되어야 한다. 말하자면 개인이나 집단은 구체적이 아닌 총체적인 의미에서는 성숙하다거나 미성숙하다거나 할 수 없다는 말이다. 리더가 사람들의 노력을 통해서 달성하려고 하는 구체적인 과업이나 기능 및 목적과의 관련하에서만 모든 사람들이 다소간 성숙하다거나 성숙하지 못하다거나 하는 것이다.

집단내의 각 개인의 성숙도를 측정하는 일 이외에도 리더는 한 단위 그룹으로서의 그 집단의 성숙수준을 측정 · 평가할 수 있어야 한다. 특히 학급내에서의 학생들의 경우처럼 그 집단이 같은 분야의 작업을 하는 가운데 상호작용하는 빈도가 많을 경우에는 더욱 그것이 필요하다. 그래서 교사도 집단으로서의 학급의 성숙수준과 학급내의 개인으로서의 성숙수준은 서로 다르다는 것을 알게 되고 학생한 사람 한 사람을 지도할 때와 집단으로서의 학급을 지도할 때 교사는 각각의 경우에 있어서 아주 다르게 행동하지 않으면 안 된다. 실제로 많은 학생들이 저마다 다른 성숙수준에 있는 것을 교사는 쉽게 알 수 있게 된다.

"위대한 리더 밑에는 훌륭한 부하들이 있었다"라는 말이 있었지만 비로소 최근에야 훌륭한 리더십에 필요한 부하의 조건이 무엇인가에 관심을 가지기 시작했다.

성공하는 조직은 리드할 만한 리더가 있어야 하지만 따라줄 만한 부하가 있어야 한다고 한다. 사실 어느 조직이나 리더보다 부하의 수가 훨씬 많기 때문에 못난 리더가 있는 조직보다 못난 부하가 있는 조직이 더 빨리 망할 수 있다는 말이다. 켈리(R.E. Kelley)가 말하는 훌륭한 부하의 조건은 다음과 같다.

- 리더가 일일이 통제하지 않아도 자기관리를 잘 하면서 스스로 계획하고 실천해 나갈 줄 아는 부하
- 자신의 이익이나 자신이 맡은 일만을 위해서 행동하는 것이 아니라 동료나 타부서 사람들과 협조를 잘 하는 부하
- 조직에 필요한 기술과 실력을 갈고 닦아서 조직에 노력을 경주하는 부하
- 도전적이고 정직하고 믿을 만하고 실수를 두려워하지 않으며 남에게 의존적이지 않은 부하

3 적절한 리더십 유형의 결정

이 모델에서 네 개의 상한으로 표시된 네 개의 리더십 유형에 걸쳐 있는 종모양의 곡선은 무엇을 뜻하고 있는 것인가? 그것은 부하들의 성숙수준이 연속체를 따라서 미성숙에서 성숙으로 진보해감에 따라 거기에 알맞은 적절한 리더십 유형도 그 곡선의 방향을 따라 움직여가야 한다는 것을 뜻한다.

그러므로 주어진 상황에서 어떠한 리더십 유형이 가장 적절한가를 결정하기 위해서는 우선 먼저 리더가 부하들의 노력을 통해서 달성하려고 시도하는 특정한 과업과 관련된 '개인 혹은 집단의 성숙수준'이 어느 정도인가를 측정하지 않으면 안 된다.

이렇게 하여 일단 부하들의 성숙수준이 측정 · 확인되면 적절한 리더십 유형의 결정은 다음과 같이 할 수가 있다. 즉, 부하들의 성숙도를 나타내고 있는 연속체상의 한 점에서부터 위쪽으로 90도 각도의 직선을 그으면 유효성 모델의 곡선상의 어느 한 점과 교차하게 되는데 바로 그 교차가 일어나고 있는 그 상한에 표시된 리더십 유형이 그 정도의 성숙수준을 가지고 있는 부하들과의 상황에서 리더

가 사용할 수 있는 가장 적절한 리더십 유형이 된다는 것을 말해주고 있다.

아래의 [그림 1-8]에서도 볼 수 있는 바와 같이 적절한 리더십 유형을 결정하기 위한 성숙수준점은 성숙도의 연속체를 네 단계의 성숙수준으로 분할하여 얻을 수 있다. 즉 '과업-관련성숙도'의 낮은 수준을 '성숙수준' M1이라고 하고, 낮은 수준에서 중간까지를 '성숙수준' M2, 중간에서 좀 높은 수준까지를 '성숙수준' M3, 그리고 '과업-관련성숙도'의 높은 수준을 "성숙수준' M4라는 명칭을 붙여 그 성숙수준점을 결정할 수가 있다.

리더십 상황이론은 여러 가지 성숙수준에 대등한 가장 높은 확률의 리더십 유형을 제시하고 있을 뿐만 아니라 리더가 '요구되는' 최적의 리더십 유형을 사용할 수 없을 경우 나머지 다른 리더십 유형들의 성공확률에 대한 서열을 나타내주고 있다.

네 단계의 성숙수준에 따른 각 리더십 유형의 성공확률은 그 리더십 유형이 '곡선상의 교차점'이 놓여진 그 상한의 리더십 유형, 즉 가장 높은 확률의 리더십 유형에서 어느 정도 멀리 떨어져 있느냐에 달려 있는 것이다.

그림 1-8 리더십 유형과 부하의 성숙도에 대한 편리한 명칭

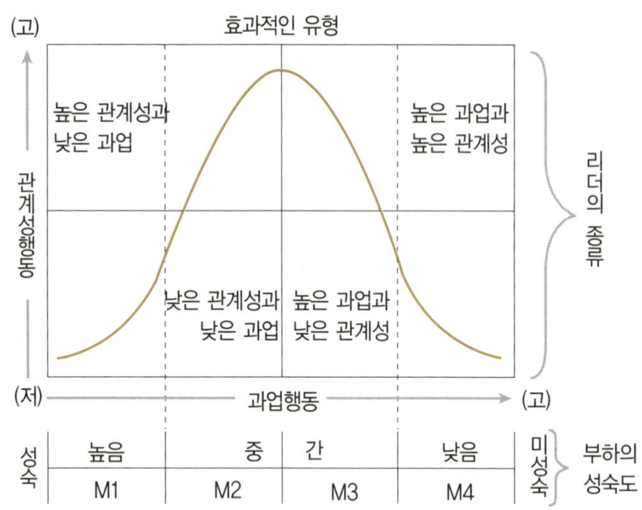

(2) 섬기는 리더십

① 섬기는 리더십의 개념

섬기는 리더십(servant leadership)은 종(servant)과 리더(leader)가 합쳐진 개념이다. 종과 리더는 서로 반대되는 개념이라고 볼 수 있으므로 servant leadership은 역설적이라고 할 수 있다.

> "너희 중에 누구든지 크게 되고 싶은 사람은 남을 섬기는 사람이 되어야 하고 으뜸이 되고 싶은 사람은 모든 사람의 종이 되어야 한다. 나는 섬김을 받으러 온 것이 아니라 섬기러 왔으며 많은 사람의 죄값을 치르기 위해 내 생명마저 주려고 왔다"
>
> – 예수그리스도(마가복음 10:44~45) –

종래의 리더십이 전제적이고 수직적인데 반해 섬기는 리더십은 추종자의 성장을 도우며 팀워크와 공동체를 형성하는 리더십이라고 할 수 있다. 섬기는 리더십을 이론으로 정립한 사람은 그린리프(Robert K. Greenleaf)인데 그는 1970년 「The Servant as Leader(섬기는 리더)」라는 책을 출간하면서 섬기는 리더십을 학문적으로 정립시켰다. 그는 헤세(Herman Hesse)의 작품 「Journey to the East(동방여행)」에서 섬기는 리더십의 영감을 얻었다. 즉, 위대한 리더는 먼저 종이 되어야 한다. 다시 말하면 남을 돕는 일을 먼저 해야 한다는 것이다.

② 섬기는 리더의 특징

섬기는 리더십은 안과 밖이 구분되지 않는 섬김(servanthood)과 리더십(leadership)이 부단하게 이루어지는 현상을 의미한다.

그림 1-9 뫼비우스 띠

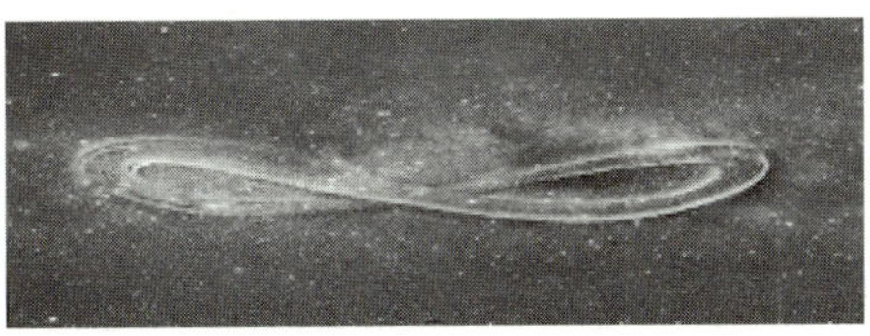

다음은 스피어스(Spears, 1995)가 제시한 시종-리더의 10가지 주요 특징이다.

- 경청(listening) : 리더들은 상대방이 얘기하고 있는 것은 물론 말로 표현하지 않는 이면의 사항까지도 제대로 파악하기 위해 다른 사람의 이야기를 주의깊게 경청할 자세가 되어 있어야 한다. 이럴 경우, 리더들은 팀의 의지를 인식하고 명확히 할 수 있게 된다.
- 감정이입(empathy) : 직원들은 자신의 고유하고 독특한 특성이 인정받기를 원한다. 리더들은 동료나 부하 직원들이 선의를 갖고 행동하고 있음을 믿어야 하며, 그들의 행위나 업무성과를 비판해야 할 경우라도 사람 자체를 비판해서는 안 된다.
- 치유(healing) : 많은 사람들이 정신적인 고통을 받고 있으며, 감정적으로 많은 아픔을 겪고 있다. 시종-리더는 그들이 만나는 사람들의 모든 아픔이 치유되도록 도와야 한다.
- 인식(awareness) : 리더는 자신의 필요는 물론 다른 사람의 필요도 충분히 인식할 수 있어야 한다. 여기에는 윤리나 가치의 문제가 내재되어 있다.
- 설득(persuasion) : 시종-리더는 강요가 아니라 설득을 통해 일을 진행시킬 수 있어야 한다. 그룹 내에서 협의를 이끌어 낼 수 있는 능력이 있어야 하며, 전략 결정과정의 민주화가 꼭 필요하다는 것을 인식하고 있어야 한다.
- 개념화(conceptualization) : 리더는 원대한 꿈을 꿀 수 있어야 한다. 일상적인 현실 그 이상의 일을 생각하기 위해서는 훈련과 연습이 필수적이다. 시종-리더는 자신의 사고를 보다 광범위한 개념적 사고로 넓혀 나가야 한다.
- 예측(foresight) : 상황에 대한 결과물이나, 어떤 결정이 미래에 초래할 결과를 예측하기 위해서는 뛰어난 직관력을 지닌 사람이 필요하다.
- 집사정신(stewardship) : 시종-리더들은 사회의 발전을 위해 일정기간 동안 조직의 경영을 위탁받았을 뿐이라는 생각을 지녀야 한다.
- 인간 성장에 대한 의지(commitment to the group of people) : 시종-리더들은 각 개인이 직원으로서 공헌하고 있는 바를 떠나, 사람 자체의 본질적인 가치를 중시한다. 따라서 시종-리더들은 각 개인의 개인적 · 직업적 · 정신적 성장을 매우 중요하게 생각한다.
- 공동체의 구축(building a community) : 시종-리더들은 조직의 내부나 외부에서 봉사하는 사람들로 구성된 공동체를 구축한다.

③ 섬기는 리더의 의의

영국 캠브리지 대학 역사학 교수였던 액튼경(Lord Acton)은 "권력은 부패하기 쉽다. 절대적 권력은 절대적으로 부패한다(power tends to corrupt and absolute power corrupts absolutely)"라는 유명한 말을 하였다. 권력을 휘두르는 것(wielding power)은 리더십이 아니다. 위대한 리더 중에 권력을 휘두르는 것을 일반인이 거의 느끼지 못한 사람들이 더러 있다. 예를 들어, 미국의 Abraham Lincoln 대통령이나 교황 요한 23세를 들 수 있다. 반면에 권력을 휘두르기에 급급했던 사람은 Joseph McCarthy와 Adolf Hitler 등이다. 특히 Hitler는 공포정치를 통해 사람들의 복종을 강요하였다.

스톡딜(R.M. Stogdill)은 "리더십은 인기나 권력, 쇼맨십이 아니다. 또한 장기계획 수립을 위한 지혜로움도 아니다. 리더십은 그저 다른 사람들의 도움을 받아 일을 처리하는 것이다"라고 설명하였다. 이것이 바로 servant leadership의 진수이다.

④ 섬기는 리더십의 내용(5-Point Star모형)

그림 **1-10** 5-Point Star모형

I : Inspire(영감 : 다른 사람에게 영감과 감하를 준다)
S : Support(지원 : 정서적 · 물질적 · 정신적 지원)
T : Train(훈련 : 앞선 기술, 핵심능력, 최선의 업무수행방법, 질적 서비스, 고객중심 등을 훈련)
A : Acknowledge(인정 : 개인과 팀의 노력과 결과를 인정)
R : Reward(보상 : 유형의 보상과 기쁨, 자긍심, 팀정신 같은 무형의 보상)

「손자병법」을 보면 '격양가(擊壤歌)' 라는 노래가 나온다. "해 뜨면 일하고 해 지면 쉬고 우물 파 물 마시고 밭 갈아 내 먹으니 임금의 혜택이 내게 무엇이 있다더냐." 지금으로부터 4,300여년 전 중국의 요순시대에 불린 노래로서 내용을 자세히 음미해 보면 과연 그 시기가 태평성대의 시대였음을 알 수 있는 내용이다.

사기에는 요임금의 행적에 대해 "임금은 백성들과 똑같은 초가에 살면서 방안도 꾸며 놓지 않았다. 마음을 항상 백성들에게만 두어서, 굶는 사람이 있으면 자기도 끼니를 걸렀고, 추위에 떠는 사람이 있으면 자기도 같이 떨었고, 죄지은 사람이 있으면 자기도 죄인처럼 괴로워 하였다"고 말한다. 말하자면 임금이 백성들과 함께 하나가 되는 모습을 보여주었다.

요임금에게 제위를 물려받은 순임금도 "새벽같이 밭에 나가 농사를 지었고, 물에 가서는 물고기를 열심히 낚았음으로, 평소에 게으름을 피우던 백성들도 모두 임금을 본받아 부지런하게 되었다"고 전한다.

요임금이나 순임금의 삶의 모습을 보면 그리스도 왕도 너무도 비슷한 모습이 아닌가 하는 생각이 든다. 예수님의 나라도 또한 권력이나 힘으로서가 아니라 사랑과 봉사로 다스려지는 나라다. 그래서 가장 많이 사랑하고 가장 많이 봉사하는 사람이 왕이 된다.

예수님은 당신 스스로 낮아지셔서 사람들을 위해 봉사하심으로써 '왕 중의 왕'의 모습을 보여주셨다. 그리고 마지막에는 제자들의 발을 씻겨 주시면서 제자들에게도 이처럼 봉사할 것을 부탁하셨다. 바로 요임금이나 순임금 그리고 그리스도 왕은 섬기는 리더십의 창시자요 실천자이다.

⑤ 전제적 리더십과 섬기는 리더십

섬기는 리더십과 전제적 리더십은 다음 [표 1-1]에서 보는 바와 같이 정반대의 리더십이라고 할 수 있다.

섬기는 리더십은 현대 지도자에게 적합한 리더십이라고 볼 수 있다. 드러커(Peter Drucker)는 오늘날 기업의 최고경영자(CEO)는 대학총장이나 병원장 또는 오케스트라 지휘자와 같은 자세로 일하는 것이 필요하다고 하였다.

현대조직에서는 모든 작업이 상호연결 및 통합과정을 통해 중간 조정자의 역할

| 표 1-1 | 전제적 리더십과 섬기는 리더십의 비교

전제적 리더십	섬기는 리더십
• 명령계통에 따라 지시하달 • 사람을 목적달성을 위한 수단으로 인식 • 수직계통 중시 • 복종하고 수동적인 추종자 • 첫출발 : 사람들을 리드하는 것	• 상호작용을 통한 이해증진 • 사람을 목적으로 인식 • 수직계통의 붕괴 • 추종자의 자기성장, 만족, 창의력 • 첫출발 : 사람들을 섬기는 것

이 줄어들고 있으며 수직적이고 복잡한 피라미드 조직(tall 조직)이 평평한 조직(flat 조직)이 되면서 사람들을 '권한부여(empowerment)' 시키는 섬기는 리더가 가장 훌륭한 리더가 된다.

섬기는 리더의 중요성에 대해서 이미 노자(老子)는 그의 저서 「도덕경(道德經)」에서 다음과 같이 설파하고 있다.

> 사람들이 그의 존재를 느끼지 못할 때 그는 가장 훌륭한 리더라고 할 수 있다.
> 사람들이 그에게 복종하고 갈채를 보낼 때 그는 훌륭한 리더에서부터 멀어지기 시작한다.
> 진정 훌륭한 리더는 가급적 말을 적게 하면서 조용한 가운데 목표에 도달함으로써 그의 임무를 다하는 사람이다.
> 목표가 달성되었을 때 사람들은 말한다.
> "우리 모두가 이 일을 해냈다"고
> 사람을 이렇게 이끄는 리더야말로 진정한 리더이다.
>
> – 노자(老子) –

(3) 임파워링 리더십

임파워먼트는 현대적 리더십이론으로 간주되는 'Super Leadership' 또는 'Self Leadership' 과 일맥상통하는 것이다.

킬만(R.H. Kilmann)은 모름지기 경영자는 empowering leader가 되어야 한다고 강조했다.

① Self Leadership

셀프 리더십이란 스스로 자기 자신에게 영향을 미치기 위해, 즉 자기 영향력(self-influence)을 행사하기 위해 사용되는 사고 및 행동전략을 통틀어 일컫는다.

다시 말해 리더가 상대방에게 영향을 미치는 것에 관련된 일반적 리더십과는 달리 한 개인이 자기 자신에게 스스로 영향을 미치며 리드하기 위해 취하는 행동으로서, 책임 있는 행동이라고도 할 수 있다. 즉, 자율과 책임이 주어질 때 '셀프 리더' 가 될 사람들이 스스로 책임지고 행하는 독특한 행동이 바로 셀프 리더십인 것이다.

중요한 사실은, 셀프 리더는 자기 자신의 제반(정신적, 신체적, 사회적) 능력증진을 통해 스스로를 성과지향적인 사람으로 키우기 위해 자신이 자율적으로 목표와 평가, 보상 등의 요소를 설정한다.

| 표 1-2 | 셀프 리더십의 행동전략

행동	전략
자기 설정목표	자기 일의 목표를 스스로 설정한다.
단서에 의한 관리	자신이 하고자 하는 행동을 용이하게 하기 위해서 단서가 될 만한 것들을 작업장 주위에 설치하거나 작업장을 변경한다.
리허설	실제로 업무를 수행하기 전에 신체적으로, 혹은 정신적으로 예행연습을 한다.
자기관찰	자기가 바꾸고자 하는 행동을 관찰하고 이에 관한 정보를 수집한다.
자기보상	바람직한 행동을 했을 때 스스로 가치있다고 느껴지는 보상을 자신에게 제공한다.
자기징계	바람직하지 않은 행동을 했을 때 자신에게 일정한 제재를 가한다. (단, 이 전략은 일반적으로 그다지 효과적이지 못하다)

② Super Leadership

수퍼 리더십은 리더십에 대한 전통적인 개념과 근본적으로 다르며, 셀프 리더십의 배양과 실행을 자극하고 활성화하는 데에 주요 목표가 있으며, 외부 영향력은 셀프 리더십을 이끌어 내기 위해 과정상 필요한 것으로 본다. 자기 영향력을 외부 통제와 권위에 대한 위협이 아니라 높은 성과를 내기 위한 중요한 능력으로 간주하는 리더십이다.

> Super Leader가 되기 위해서는 리더 자신이 우선 Self Leader가 되어야 한다. 따라서 비록 개념상으로는 'Empowering Leader=Self Leader+Super Leader' 이지만 실제상 내용으로는 'Empowering Leader=Super Leader' 이다.

리더는 부하직원들이 더욱 높은 실적을 올리도록 하고 싶으면 직원들 스스로가 더 많은 업무를 수행할 수 있도록 자율성과 책임을 부여해야 한다.

수퍼 리더십은 평범한 자기 부하를 Self Leader(인재)로 키우는 리더이다. 자율관리능력(스스로 문제를 파악하고 해결할 수 있는 능력)을 배양해 주는 리더이다.

부하직원의 잠재능력이 최대한 발휘될 수 있도록 자극을 주고 스스로 모범을 보이며, 궁극에는 관리가 필요없는 그러한 수준으로까지 조직의 힘을 키우는 리더이다.

Empowering Leader

- 기존에 나온 self leadership과 super leadership을 합친(통합시킨) 개념
- 개인(leader자신과 follower)과 조직의 육성 및 발전을 같이 추구하는 것

  Empowering Leadership = Self Leadership + Super Leadership

Self Leadership

리더가 추종자에게 영향을 미치는 것에 관련된 일반적 리더십과는 달리, 한 개인이 자기 자신에게 스스로 영향을 미치는 과정. 즉, 자기 자신의 제반(정신적, 신체적, 사회적) 능력증진을 통해 스스로를 성과지향적인 사람으로 키우는 것

Super Leadership

- 자기 부하(평범한 사람)를 self-leader(인재)로 키우는 리더
- 자율관리능력(스스로 문제를 파악하고 해결할 수 있는 능력)을 배양해 주는 리더, 부하직원의 잠재능력을 최대한 발휘될 수 있도록 자극을 주고 스스로 모범을 보이며 궁극에는 필요없는 그러한 수준으로까지 조직의 힘을 키우는 리더

토 | 의 | 과 | 제

1. 나는 임파워링 리더인가? 왜?
2. 셀프 리더십과 수퍼 리더십을 위해 나는 어떠한 노력을 해 왔고, 또 하고 있는가?

3) 리더십의 결정요인

■ 이론 1 : 리더의 특성

리더가 가지고 있는 신체적 · 성격적 · 심리적 특성이 결정된다고 본다.

■ 이론 2 : 리더의 특성에 대한 부하의 인식

리더의 특성이 무엇이든 간에 부하들의 머리 속에 박혀있는 리더에 대한 이미지가 리더십을 결정한다고 본다.

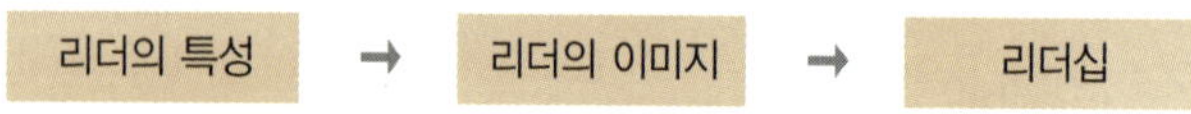

■ 이론 3 : 리더의 행동

리더의 성격이나 가치관이 어떠하든 부하에게 비춰지는 것은 리더의 '드러난' 행동이므로 리더십을 결정하는 것은 그 행동이라고 본다.

■ 이론 4 : 상황

리더의 특성이나 상황이 리더의 행동에 적합하느냐의 여부에 따라 결정된다고 본다.

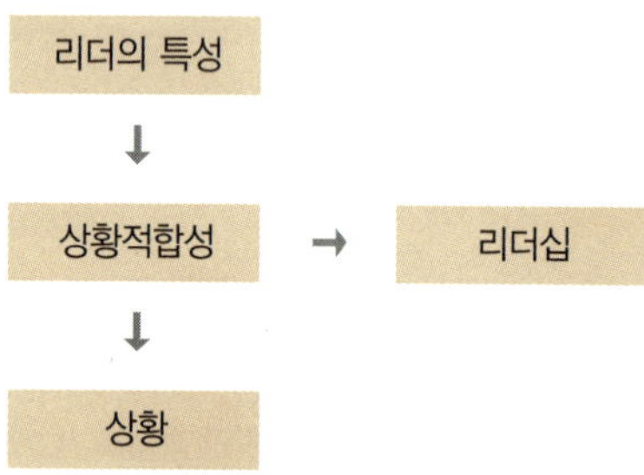

■ 이론 5 : 리더-부하의 상호작용

리더와 부하가 상호 관계를 어떻게 유지하며 발전시키느냐에 따라 리더십이 좌우된다고 본다.

4) 리더

(1) 리더란?

리더는 타고난다고 하는 이론은 전통적 리더십이론인 리더의 특성론을 들 수 있다. 여기에서 주장하는 바는 리더의 자질이 유전인자에 의해 이미 결정된다는 주장이다. 속담에 왕대밭에 왕대나고 콩심은 데 콩난다는 것과 같이 리더의 자질은 태어날 때 이미 정해진다는 것이다. 그 다음으로는 사회적 지위에 의해 이미 그 자격이 부여된다는 것이다. 가문이 좋은 데서 태어나면서 그리고 시골보다는 도시에 태어나면서 이미 리더는 타고나는 것이라고 보는 것이다.

리더는 양성된다고 하는 이론은 2절에서 살펴본 리더의 행동론과 상황이론에 근거하여 리더십은 후천적으로 습득할 수 있다는 관점이다. 리더는 혼자서는 아무것도 아닌 것이다. 리더(leader)는 반드시 추종자(follower)가 존재할 때만이 의미가 있는 것이다. 그런 의미에서 왜 추종자가 존재하게 되는가에 대해 분석해 보아야 한다. 사람들은 누군가가 자기의 모델(model)이 될 때 따르게 된다는 것이다. 모델이 된다는 것은 모범이 된다는 말로 설명할 수 있다. 그럼 누가 나의 모델인가? 그럼 왜 무엇이 모델이 되게 하는가?를 생각해 보아야 하겠다. 이상의 질문에 답할 수 있을 때 나도 다른 사람의 모델이 되어 리더가 될 수 있게 된다.

Leader에 대한 철자(spelling)를 풀어서 그 의미를 새겨 보면서 리더되기 공부의 본질을 파악하고자 한다.

LEADER IS

Leader is	Love
	Enthusiasm
	Affiliation
	Donation
	Embracement
	Responsibility

첫째는, love(사랑)이다.

사랑은 사랑받고 있다고 느낄 때만이 사랑의 가치가 존재한다. 청소년 교육에 평생을 바친 돈 보스코는 "청소년에게 사랑받고 있다고 느끼게 해라"라고 가르친다. 이는 누구에게나 마찬가지이다. 부부관계도 사랑받고 있다고 느끼게 해주는 것이 곧 사랑의 열매를 맺게 한다. 사랑받고 있다고 느끼지 않는 사람에게는 사랑한다는 말은 불신과 의심을 갖게 할 뿐이다.

왜 요즘 초등학생들, 중등학생들이 옛날에 비하면 아무 것도 아닌 몇 대의 매를 맞고 선생님을 고소하는 사태가 일어나는가? 물론 세상이 변했다는 것은 부인하지는 않는다. 그렇지만 중요한 것은 그들이 사랑받고 있다고 느끼지 않는다는 것이다. 이것이 문제이다. 그래서 리더가 되기 위해서는 사랑이 문제인데 사랑한다고 하지말고 사랑받고 있다고 느끼게 해 주어야 한다.

사랑은 사랑한다는 동사의 결과이다. 사랑한다는 행동이 있을 뿐 사랑 자체는 아무 것도 아닌 것이다. 그래서 사랑은 동사라고 말하는 스티븐 코비 박사의 '사랑은 동사'를 소개하고자 한다.[6)]

"사랑은 동사입니다. 사랑의 감정은 사랑이라는 동사의 한 가지 열매에 불과합니다. 그러니까 아내를 사랑하십시오. 아내를 위해 희생하십시오. 아내의 말에 귀를 기울이십시오. 아내에게 공감하십시오. 감사하십시오. 긍정하십시오. 이런 일을 기꺼이 하시겠습니까?" 이러한 동사의 열매가 사랑이다. 그런데 헐리우드 영화는 우리에게 사랑은 순간적인 감정이라고 믿도록 만들어 버렸다. 달면 삼키고

---

6) 스티븐 코비, 성공하는 사람들의 7가지 습관, 김영사, 2000, pp.61~62.

쓰면 뱉는 일시적 인간관계로 왜곡시켜 온 것이다. 결혼과 가족은 헌신과 성실성에 기초한 관계가 아니라 편의적인 계약에 의한 관계로 전락해 버렸다.

스코트 펙(M. Scott Peck)은 이렇게 말했다.

억지로 사랑할 수는 없다. 사랑하기로 선택하는 것이다.

사랑하고자 하는 욕망이 사랑 자체는 아니다. 사랑은 의지의 행동이다. 즉, 사랑은 의지이자 동시에 행동이다. 의지라는 말에는 당연히 선택이 포함된다. 억지로 사랑할 수는 없다. 사랑하기로 선택하는 것이다.

스티븐 코비(Stephen Covey) 박사는 이렇게 말한다.

내가 아는 한 친구는 퇴근해 집으로 돌아올 때마다 집앞 진입로에 차를 세우고 잠시 차안에 앉아 정지버튼을 누른다. 말 그대로 자기 생활을 잠시 정지시키는 것이다. 그 시간에 그는 가족을 생각한다. 지금 집안에서 무엇을 하고들 있을까 추측해 보고, 또 문을 열고 집에 들어간 후에 자기가 집안 분위기를 어떻게 유도할지 생각해 본다. 그때마다 그는 스스로에게 이렇게 말하곤 한다.

"가족은 내 삶에서 가장 즐겁고 유쾌하고 중요한 부분이다. 나는 이세 집에 들어가서 가족에게 내 사랑을 느끼게 해주고 싶다."

집에 들어가면 그는 가족의 잘못을 꼬집어 비판하거나 그냥 쉬려고 늘어지지 않고 먼저 이렇게 외친다. "자, 아빠 왔다! 아빠한테 뽀뽀해 줄 사람?"

그러고는 집안 구석구석을 다니면서 아내에게 키스하고, 아이들과 방바닥을 뒹굴며 논다. 쓰레기를 내다 버리는 일이든, 다른 가족을 돕는 일이든, 가족의 말을 열심히 들어주는 일이든, 집안에 유쾌함과 행복을 주기 위해 노력한다. 이렇게 함으로써 그는 직장에서 시달렸던 피로와 패배감을 떨쳐 버리고 다른 사람을 흠잡거나 집안일 때문에 걱정하던 마음을 이겨낼 수 있었다. 그는 의식적으로 긍정적인 가족문화를 가꾸어 나갔던 것이다.

순간순간 그가 행하는 주도적인 선택을 생각해 보자. 그리고 그 선택이 가족에게 어떤 영향을 미칠 것인지 생각해 보자. 그가 쌓아 가는 가족 간의 유대가 가족이 살아가는 동안, 혹은 다음 세대까지 어떤 영향을 미칠 것인지 생각해 보자.

성공적인 결혼생활을 영위하고 성공적인 가족을 만들기 위해서는 노력이 필요하다. 저절로 이루어지지는 않는 일이다. 그 일은 노력하며 성취해야 하는 일이며 희생이 뒤따르는 일이다. 그러므로 "부유할 때나 가난할 때나, 살아있는 한 언제든지" 사랑은 동사라는 사실을 명심해야 하는 것이다.

둘째는, enthusiasm(열정)이다.

열정은 내면으로부터 나오는 느낌이다. 열정은 흥분과는 구별된다. 열정은 전염성이 있어 사람들에게 반응을 불러일으킨다. 교실에서나 회의실에서나 캠페인할 때나 작업장에서나 운동할 때나 진실인 것이다. 우리 모두는 1999년 박세리가 LPGA 우승할 때 맨발로 물 속에 들어가 볼을 치는 모습을 보고 모두 박수를 보냈다. 이러한 모습이 열정 바로 그 자체이다. 독일 노동자들의 "자기일에 열심히 하는 얼굴은 아름답다"는 슬로건은 정말 멋진 열정을 표현한 것이다.

열정을 얻는 방법은 여러분 자신과 여러분이 하고 있는 일을 믿고 어떤 일을 분명히 이루겠다고 원하는 것이다. 이렇게 되면 밤이 지나면 태양이 솟아오르듯이 열정은 저절로 생긴다. 힘있는 자석에 붙는 쇠붙이처럼 열정적인 모습을 보고 추종자들이 따르게 될 때 진정한 리더가 된다.

"오늘날의 조직에서는 그 어느 때보다도 열정적인 리더십이 필요하다"고 칠레손다사의 안드레나 바로는 말한다.

일상적인 목표를 위해서 다른 사람에게 열정을 불어넣는 능력이 바로 리더십의 정의라고 할 수 있다. 여러분이 오늘 또는 내일 조직의 사람들에게 열정을 불러일으켜서 프로젝트를 성공하기를 원한다면 여러분 자신이 먼저 열정적으로 되어야 한다. 그러면 내일부터 모든 사람은 많은 열정을 갖게 될 것이다.

셋째는, affiliation(협력관계)이다.

협력만이 최상의 결과를 이끌어 낸다는 것은 너무나 평범한 진리이다. 극단적인 표현으로 CEO가 바쁘면 회사가 망한다고 한다. CEO가 바쁠 때는 협력을 얻어내지 못하기 때문이다. 시시콜콜 작은 일에서부터 혼자서 해결하려고 한다. 왜냐하면 구성원을 믿을 수 없기 때문이다.

리더는 방향을 정확하게 잡고 그 길을 향해 신념을 가지고 걸어가는 사람이다. 그리고 모두 함께 갈 수 있도록 영향력을 행사하는 사람이다.

우리 속담에 백지장도 맞들면 가볍다든지, 이 세상에 독불장군은 없다는 등이 모두 협력 없이는 최상의 결과는 없다는 뜻이다.

우리나라의 경우 정치는 여당과 야당이 협력하지 못하고, 행정은 부서간에 긴밀한 협력관계가 부족하다. 만일 가정이 이러한 모습이라면 어떻게 되겠는가?

넷째는, donation(나눔의 실천)이다.

기부행위는 우리 정서에서는 좀 어색한 단어이다. 서양에서는 지극히 자연스러운 나눔의 실천으로 어색하게 느끼지 않는다. 그러나 우리 정서에서는 대단한 것을 기부하였을 때나 쓰는 용어로 받아들이기 때문이다. donation 안에는 몫에 의미가 들어있다. 이 세상 모든 것에는 내 몫과 남의 몫 그리고 사회의 몫이 있다. 그래서 이 몫을 알아서 행동하는 것을 보고 분수(分數)를 안다고 한다. 분수를 아는 사람의 분수(分數)나 내 몫과 네 몫을 말하는 몇 분의 몇 할 때의 분수(分數)가 한자가 똑같은 것도 우연이 아니다.

우리나라 친족상속법이 바뀌어서 남편이 사망하면 아내는 1.5, 자식들은 남·녀, 그리고 기혼·미혼 모두 1.0의 몫이다. 그런데 이 몫을 더 가지려고 형제간에 재판하는 것을 보면 분수를 모르기 때문이다. 노사문제도 노동자의 몫과 사용자의 몫에 대한 인식이 다르기 때문에 분수를 모르는 행동을 하게 된다. 서양에서는 기업인들이 기부(donation)를 많이 한다. 이는 돈을 벌게 된 것에는 사회의 몫이 있다고 믿고 사회의 몫을 환원한다는 철학이다.

우리는 이 몫에 대해 깊은 성찰이 필요하다고 본다. 이 사회는 더불어 살아가야 한다. 그래서 내 몫을 다른 사람에게 나누는 나눔의 실천이 donation이다. 그런데 우리말에는 준다는 말이 많이 쓰이고 있다. "~해 준다", "~해 줄게" 등 심부름해 주고, 청소해 주고, 놀아주고, 이야기해 주고… 수없이 많이 준다는 말을 사용한다. 진정한 나눔의 실천은 시간을 나누는 것이다. 24시간은 내 몫이기 때문이다. 그러나 다른 사람에게 내 몫의 시간을 나누어주는 것 이것이 진정 가치 있는 나눔의 실천이다. 물질적으로 나눌 것이 없다는 이유로 빈곤의 심리를 갖지 말고 생각을 바꾸어 나눌 것이 많다는 풍요의 심리를 가질 때 나눔의 실천이 이루어진다. 리더가 가져야 할 중요한 성품이 다고 본다.

다섯째는, embracement(포용력)이다.

embracement의 원뜻은 껴안다 또는 의견을 기꺼이 받아들이다는 동사에서 나왔다. 그러나 리더십에서의 embracement는 좀 다른 접근을 한다. 우리가 포용력이 있다는 말에는 어떤 의미가 갖추어 있는가? 여기에는 나와 다른 것을 배척하지 않고 기꺼이 받아들인다는 의미가 내포되어 있다. 리더가 가진 특성의 총체적 표현은 포용력일 것이다.

우리는 같은 것들끼리만 좋아하고 다른 것은 싫어하는 풍토 속에서 보고 배웠다. 지역감정도 그러한 맥락에서 나온 산물이다.

리더십에서 포용력은 약자를 감싸준다는 의미가 내포되었음을 알 수 있다. 진정으로 우리가 감동되고 멋지다고 느낄 때는 약자를 마음으로 감싸주고 얼싸안아 주는 모습일 것이다. 그리고 내가 어려울 때도 약자를 도와줄 것이라는 생각을 갖게 한다. 그래서 따르지 않을 수 없게 되는 것이다. 이것이 진정 리더와 추종자의 모습이다.

여섯 번째는, responsibility(책임)이다.

직장에서 어려운 일이 있을 때 빛나는 사람은 또 똑똑해 보이는 리더는 책임질 줄 아는 사람이다. 윗사람이 책임을 질 수 있을 때 구성원들은 힘이 솟아오른다. 리더가 책임진다고 할 때 잘 되었다고 하며 나태하고 책임 회피하는 사람은 거의 없다.

이상의 Love, Enthusiasm, Affiliation, Donation, Embracement, Responsibility는 영어 단어를 공부하자는 뜻이 아니다. 우리가 리더로서 나는 무엇이 얼마나 왜 부족한가를 분석하고 정리하도록 하기 위해서이다.

토 | 의 | 과 | 제

Leader의 철자가 주는 의미와 나의 생활과 관계에서 무엇이 왜 얼마나 부족한가? 그리고 어떻게 채울 것인가에 대해 기록하도록 한다.
가능하면 5 ~ 6명씩 그리고 친한 친구와 1 : 1로 토의해 보기로 한다.

(2) 미래의 리더가 갖추어야 할 성품

미래의 리더는 내면으로부터의 변화를 거친 사람이어야 한다. 그렇다면 리더들로 하여금 좀더 원칙중심으로 변화하도록 하는 원동력은 어디에서 나오는 것인가?

스티븐 코비는 개인적 변화의 주된 원인은 고통이라고 생각한다. 이 고통은 실망, 실패, 죽음, 잘못된 가족이나 친구관계, 신뢰의 상실, 개인적 약점, 무료함, 불만족, 좋지 않은 건강, 잘못된 결정으로 인한 결과, 외로움, 두려움, 재정적인 스트레스, 직업의 불안정성, 인생의 불균형 등에서 기인될 수 있다. 고통을 느끼고 있지 않다면 변화를 시도할 동기가 충분치 않은 것이다. 개인적인 고통 없이는 사람들은 자기 자신에 너무나 몰두한 나머지 직장에서나 집에서나 자신의 이익에만 집착하게 된다. 고통을 겪고 있을 때에야 비로소 사람들은 내면으로부터의 변화, 그리고 원칙중심의 변화로 이끌어 갈 새로운 생활모델에 좀더 개방적이 되는 것이다.

조직변화의 주된 요인은 바로 경제의 세계화, 즉 지구촌 경제이다. 소비자들이 원하는 수준은 이제 너무나 높아져서, 어떠한 분야에 속해 있든 상관없이 권한 위임된 인적 자원과 파트너십 정신이 없이는 경쟁하기 힘들다.

만약 환경친화적인 사고와 상호의존에 익숙한 경쟁자를 만난다면, 우리는 결국 상황의 변화에 대처하지 못해 패배하게 될 것이다. 이것이 바로 품질, 학습, 프로세스 리엔지니어링, 기타 다른 선진적 개선을 추구하게 만드는 원동력이다. 하지만 이러한 개선방안만으로는 충분하지 않으며, 또 사고의 전환만으로도 되지 않는다. 모든 이해 관계자들의 이익이 조화된 방식으로 다루어질 수 있어야 한다.

우리는 상황에 의해 강제적으로 비하되거나, 아니면 궁극적으로 원칙이 지배한다는 것을 스스로 깨달을 때 겸손해질 수 있다. 이유야 어떻든 겸손해지는 것은 좋은 일이다. 하지만 상황에 의한 강제적인 겸손보다는 자발적 의식에 의한 변화가 더 나은 건 분명하다.[7)]

집안이 인자하면 온 나라에 인자한 기풍이 일어나고 한 집단이 겸양하면 온 나라에 겸양의 기운이 일어난다고 대학은 이르고 있다.

一家仁, 一國興仁, 一家謙, 一國興謙
일가인, 일국흥인, 일가겸, 일국흥겸

① 겸손과 용기

겸손이란 "내가 통제하는 것이 아니라 원칙이 궁극적으로 지배하고 통제한다"고 말하는 것이다. 선택은 내가 하지만 결과는 원칙이 결정한다. 그것은 장기적 안목에서 성공의 열쇠는 '진정한 이상향'의 원칙을 수용하는 것임을 깨닫는 것이다. 기존의 정신자세는 "내가 통제한다. 나의 운명은 내 손에 달려 있다"이기 때문에, 겸손함이 필요한 것이다. 이런 정신자세는 우리를 교만하게 만든다. 즉, 추락

7) 스티븐 코비, 2000년 새로운 리더, 혜윰, 1999, pp.197~209.

하기 전에 나타나는 일종의 자만심이다.

미래의 리더들은 원칙에 방향을 맞추고 기존의 전제와 패러다임을 거부하는 용기를 가진다. "나는 나의 개인적 가치체계와 생활방식, 방향 그리고 습관들을 영원불멸의 원칙에 근거하여 고쳐나갈 것이다"라고 이야기하는 데에는 엄청난 용기와 끈기가 필요하다. 용기는 모든 원칙의 자질을 결정적인 순간에 시험하게 해준다. 미덕이란 것은 결정적인 순간에 시험에 빠지기 쉬우며, 그래서 용기가 필요한 것이다. 누구든지 낡은 접근방식에 정면으로 도전해서 낡은 습관을 허물어 버리고 새로운 것으로 대체하는 데는 두려움을 느끼게 마련이다. 바로 이 때문에 용기가 필요하다.

사람에게 가장 어려운 일이 자신을 낮추는 일이다.

② 성실성

겸손과 용기를 결혼시키면 성실성이란 아이가 탄생한다. 우리는 모두 성실한 사람으로 알려지기를 바란다. 성실성을 갖춘다는 것은 우리가 원칙에 충실하다는 것을 의미한다. 그들은 지혜뿐만 아니라 기회는 모든 사람을 위해 똑같이 존재한다는 풍요의 심리를 늘려나간다. 이러한 성실성을 갖출 때 우리는 더 이상 자신을 다른 사람과 끊임없이 비교함으로써 괴로워하지 않아도 된다. 또한 더 이상 정치적 게임을 해야 할 필요를 느끼지도 않는다. 안정감은 자신의 내면으로부터 나오기 때문이다. 우리 스스로가 안정감의 원천을 바꾸어 주면 다른 모든 것은 거기에 따라 바뀌는 것이다. 그렇게 하여 안정감, 역량, 지혜, 지침은 점점 커지게 된다. 그것들을 적용할 때마다 이 원칙들의 강력한 힘을 계속해서 끌어낼 수 있기 때문이다.

3. 大學之道(대학지도)와 리더십

대학의 도(道)는 2000년 이상 우리의 정신문화에 영향을 주어왔다. 즉, 자기 자신의 내면의 세계와 다른 사람과의 관계에서 그리고 우리가 추구하는 인생목표에서 최상의 가치가 무엇인가를 알려주는 가르침이었다.

대학지도(大學之道)는 명명덕(明明德), 친민(親民), 지어지선(止於至善)으로 되어 있다. 이것을 주자(朱子)는 '삼강령' 이라 하였다.

명명덕(明明德)은 자기 자신을 관리하여 다른 사람의 모범이 되어야 진정한 리더가 될 수 있다는 내용으로 명덕을 밝힌다함은 스스로의 지덕을 닦아 일신을 수

그림 1-11 리더십의 새로운 패러다임

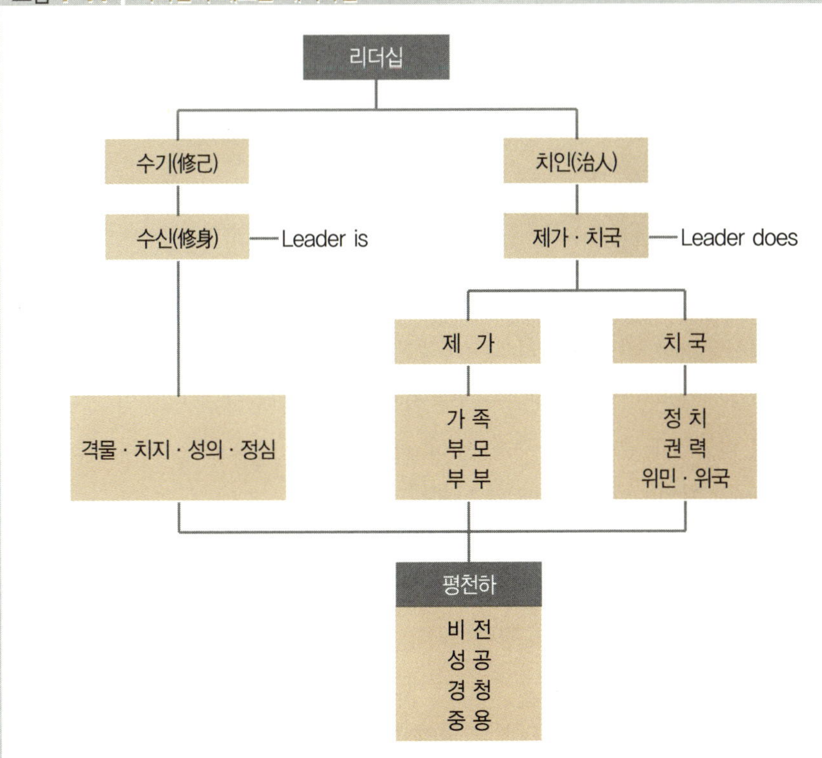

양하는 일로, 명명덕이란 양심을 계발하고 덕성을 함양하는 일을 말하는 것이다. 다시 말하면 도덕적 지(知) · 정(情) · 의(意)를 닦는 일이라고 하겠다. 명명덕(明明德)은 수신(修身)으로 이루어야 한다. 이 수신이야말로 리더십에서 말하는 리더의 사람 됨됨이(Leader is)이다. 친민(親民)은 모든 사람과의 관계를 새롭게 한다는 뜻이며 지어지선(止於至善)은 지극히 선(善)에 이르게 한다는 것이다. 여기에서 말하는 친민과 지어지선은 리더가 실천해야 할 리더의 행동(Leader does)을 상징적으로 표현한 것이다.

이런 의미에서 여기에서 말하는 대학(大學)은 유니버시티(university)의 의미가 아니라 글자 그대로 큰 것을 배운다는 의미이다. 그럼 무엇이 우리 인간에게 가장 큰 배움인가에 대한 설명은 수신제가치국평천하(修身齊家治國平天下)로 풀이하고 있다. 명명덕(明明德)은 수신(修身)에 해당되며, 친민(親民)은 제가(齊家) · 치국(治國)에 해당되며 지어지선(止於至善)은 평천하(平天下)에 해당된다.

진정한 리더의 양성을 위한 수업은 대학의 도(道)와 리더십과의 관계를 이해할 때만이 기본을 세울 수 있다고 할 수 있을 만큼 대학지도(大學之道)와 리더십은 깊은 관련을 가지고 있다.

1) 수기(修己) : Leader is

修己(수기)는 "리더가 어떤 존재이어야 하는가"에 대한 해답이다. 지금까지 우리는 리더십을 治人(치인), 즉 리더는 어떻게 행동하여야 하는가(Leader does)에 초점을 맞추어 왔다. 그러나 리더는 모름지기 자신을 관리할 수 있어야 한다. 그래야 다른 사람의 모델이 되어 추종자(follower)가 존재하게 된다. 그러므로 수기(Leader is)가 치인(Leader does)에 선행되어야 한다.

수기(修己)는 수신(修身)에 의해 이루어진다.

대학(大學)의 도(道)는 원래 천하국가의 전반에 관한 것임은 더 말할 것이 없으나 근본적으로는 개인적 수신의 방향에서 논하고 있다고 볼 수 있다. 왜냐하면 대학의 도(道)에 있어서 천하국가의 단위는 바로 개인이며 그 개인 각자가 도덕적으로 무장되어 있지 않고서는 도저히 명덕이 천하에 밝혀질 수 없는 것이기 때문이다.

수신(修身)의 요소는 격물(格物) · 치지(致知) · 성의(誠意) · 정심(正心)으로 되어 있다.

격물(格物)은 세상 물(物)을 바르게 하는 것이라고 하였다(王子). 격물이 수신(修身)의 첫 번째 요소로 등장하게 된 것은 수신을 위해서는 우선 물(物)에 대한 올바른 가치기준이 없이는 수신을 이룰 수 없다는 의미를 담고 있다고 볼 수 있다. 경제에 대해서도 이론이 아무리 밝아도 실물경제에 어두우면 그만큼 뒤지게 되는 것과 같다. 그러므로 수신을 위해서는 세상물정을 몸으로 부딪쳐서 이치를 깨우쳐야 한다는 의미이다. 종합해 보면 격물은 뜻이 있는 바의 물(物)에 대하여 부정한 마음을 바르게 갖는 것이다. 그리하여 현대적 학문으로는 성품과 가치관의 문제로 접근한다.

치지(致知)는 지식을 다하는 일로서 지식을 계발함을 뜻한다(朱子). 즉, 자기의 지식을 한없이 넓게 하고 깊게 해서 천하일체의 사물에 대하여 모르는 바가 없도록 한다는 것이다. 지식사회로 변화하고 있는 시대적 양상에서 지식을 넓고 깊게 하는 것이 수신을 위해 필요함은 두말할 여지가 없다고 본다. 현대적 학문으로는 지식계발의 주체인 자신의 정신적 창조를 중요시하여 나는 누구인가에 대한 물음을 통해 나의 비전을 이루도록 한다. 결국 나를 아는 것이 가장 중요한 지식이기 때문이다.

성의(誠意)는 뜻을 갖되 항상 참되게 가지라는 뜻이다. 성(誠)이란 참된 것이다. 사계절이 변함 없이 찾아오듯이 사람도 변해서는 안 된다는 것이다. 뜻(意)을 이루고자 하는 마음이 강해도 참되지 못하면 수신을 이룰 수 없다는 것이다. 어쩌면 수신의 요소 중에서 성의(誠意)가 가장 중요한 요소인지도 모른다.

> 참된 것은 하늘의 길(道)이요, 참되려고 하는 것은 인간의 길(道)이다. 만일 참됨(誠)이 없다면 아무 가치도 없는 것이다.
>
> **誠者 天之道也 誠之者 人之道也 不誠 無物**
>
> 성자, 천지도야 성지자, 인지도야 불성, 무물

대학에 이르기를 이른바 자기의 생각을 성실하게 한다는 것은 자기를 속이는 것이 없도록 한다는 것이다(所謂誠其者 毋自欺也).

그렇다면 스스로 속이는 것을 막고 마음에 흡족하게 되는 방법은 무엇인가? 대학(大學)은 여기에 대해 신독(愼獨=愼其獨也)을 말하고 있다. 신독이란 혼자 있을 때를 삼가는 일이다. 혼자 있을 때가 위험하다는 뜻이다.

목적을 위해 수단을 가리지 않고, 물질적 풍요를 위해 인륜 도덕이 무너진 이 시대를 살아가는 사람들에게 공자님 말씀이 무엇을 의미하는지 깊이 생각해 보아야 할 것이다. 이러한 성찰이 없이는 수신을 이룰 수 없다. 현대적 학문에서는 성격과 성품, 지성감천 그리고 피그말리온 효과 등의 내용으로 접근하고 있다.

정심(正心)이란 심정의 정상으로 돌아가는 것을 말한다. 뜻이 성(誠)하게 되면 정심(正心)이 생기게 된다. 수신의 마지막 요소로 정심을 정한 것은 수신이 얼마나 어려운 것인가를 말해준다.

사람의 마음에는 분노와 공포, 두려움과 즐거움 그리고 우환 등의 정서가 있어 때때로 정심(正心)을 잃게 하므로 항상 뜻을 지성으로 갖는 동시에 그 본체인 마음을 정한 위치에 두도록 무릇 힘써야 한다.

"심부재언 시이불견 청이불문 식이부지기미(心不在焉 視而不見 聽而不聞 食而不知其味)"의 상태란 "마음이 정서와 감정에 지배되어 그 정상을 잃을 때 보아도 보지 못하고 들어도 들리지 않으며 먹어도 그 맛을 분간치 못하게 된다"는 것이다. 정심의 중요한 이치가 바로 여기에 있다.

현대적 학문에서는 인간의 마음과 말의 힘에 대한 내용으로 접근하고 있다. 이상의 수신(修身)의 격물(格物) · 치지(致知) · 성의(誠意) · 정심(正心)과 리더십의 관계에 대한 내용은 'Part 2 수신(修身)' 에서 논의하기로 한다.

2) 치인(治人) : Leader does

治人(치인)에 대해서는 미시적 측면(micro)과 거시적(macro) 측면으로 나눌 수 있다. 미시적 측면이 친민(親民)이고 거시적 측면이 지어지선(止於至善)이다.

친민의 내용은 제가(齊家)와 치국(治國)으로 되어 있고 지어지선(止於至善)은 평천하(平天下)로 되어 있다. 좀더 이해를 돕고자 하면 대학(大學)의 친민과 지어지선의 내용인 제가(齊家) · 치국평천하(治國平天下)는 치인(治人), 즉 정치사상의 대상이다.

엄밀히 말하면 제가치국평천하는 수신(修身)과는 달리 대인관계에서 일어나는 기법(技法), 즉 기술적인 부분이다. 어떻게 하면 가정을 가지런히 하고 국가를 다스리고 세상을 평정하는가에 대한 테크닉과 관계가 있다고 말할 수 있다. 수신이 자기관리능력이라고 하면 제가치국평천하는 대인관계 능력으로 설명할 수 있다.

(1) 제가(齊家)

제가(齊家)는 가정을 가지런히 한다는 뜻이다. 대학(大學)에 욕치기국자 선제기가(欲治其國者 先齊其家)라 하였다.

대학의 도(道)는 스스로 자기 몸을 닦고 또 남을 다스리는 데 있다. 그리고 남을 다스리는 첫걸음은 나와 가까운 관계에 있는 기본적 집단인 가정(1차적 집단)을 다스리는 일이 될 것이다.

대학(大學)에서 말하는 제가(齊家)는 물론 가족적 생활의 도덕적 형성을 목적으로 하고 있다. 그러므로 그 내용은 주로 집을 다스리는 도덕적 방면에 입각하여 논술하고 있다. 그러나 리더가 되기 위해서는 리더는 물론 모든 사람은 가성이라고 하는 1차적 집단에서 사람과 더불어 살아가는 방법을 배우고 익혀서 사회적 · 국가적 차원에서 활용하여야 한다. 그래서 욕치기국자 선제기가(欲治其國者 先齊其家)와 신수이후가제(身修而後家齊)라는 것이 모두 그 때문이다.

가정교육의 중요성도 여기에 있다. 부모 형제는 이해관계집단이 아니다. 그런데 이 관계에서 원활하지 못하면서 이해관계집단에서는 어떻게 원활할 수 있겠는가를 생각해 볼 일이다.

제가(齊家)에서 눈여겨 보아야 할 글자는 제(齊)이다. 제(齊)란 가지런히 한다는 뜻이다. 그럼 가지런히 한다는 것은 무엇인가? 작게는 자기가 사용하는 물건을 정리하는 일에서부터 집안을 정리하는 것이다. 학생은 책상이 얼마나 잘 정돈되어 있는가에서부터 아침이면 잠자리에 이불을 잘 정리하는 것이 모두 제가(齊家)의 기본 학습이다. 자기책상과 잠자리의 이불하나를 가지런히 못하는 습관이 어떻게 사회에 나가 다른 사람의 모범이 될 수 있겠는가? 새도 자기가 놀고 간 흔적을 남기지 않는다는 말이 있다. 집안에 물건을 가지런히 하는 것이 직장이나 사회질서에도 중요한 영향을 가져오는 학습이다.

직장에서도 자기 자리를 가지런히 하는 사람은 벌써 앞서가는 사람이 된다. 좀

더 차원을 넓혀보면 자연환경을 생각해 볼 수 있다. 가정에서 가지런히 하는 생활 습관이 갖추어지지 않은 결과로 자연보호에까지 영향을 끼치고 있지 않는가? 금수강산(錦繡江山)이라는 말이 무색할 만큼 산천이 오염되고 쓰레기로 더럽혀져 있는 것은 가정에서 가지런히 하는 학습이 이루어지지 않은 결과이다.

이러한 결과는 경제질서 정치질서에까지 같은 현상으로 나타나게 된다. 그래서 제가(齊家)는 가정을 가지런히 하는 일이지만 사회적으로 국가적으로 영향을 미치게 되고 그렇기 때문에 제가이후치국(齊家而後治國)하라는 대학의 가르침은 시공을 초월해서 오늘날에도 중요한 가르침이 되고 있다. 한마디로 가(家), 즉 가정은 리더양성의 요람이다.

또한 가지런히 하는 것에 물건보다 중요한 것이 사람과의 관계를 가지런히 하는 것이다. 대학지도(大學之道)는 효(孝) · 제(弟) · 자(慈)를 중시한다. 바로 이 효(孝) · 제(弟) · 자(慈)가 인간관계의 질서, 즉 가지런히 하는 것이다. 가정에서 이 질서를 잘 배우고 실천할 때 직장에서나 사회에서나 국가를 다스리는 일에서나 가지런히 할 수 있는 역량을 갖추게 된다.

효(孝)는 임금을 섬기는 도리이고, 제(弟)의 우애는 어른을 섬기는 길이며, 자(慈)의 자애는 여러 사람을 부리는 길이다

孝者所以事君也, 弟者所以事長也, 慈者所以使衆也

효자소이사군야, 제자소이사장야, 자자소이사중야

대학의 효(孝) · 제(弟) · 자(慈)를 한마디로 정리하면 제가(齊家)에 있어서의 인양(仁讓)의 덕(德)을 필요로 함을 말하는 것으로서, 이것이 잘 행해질 때야 비로소 일국의 질서가 완전히 행해진다고 보는 것이다.

제가(齊家)에서 가지런히 하는 것에 가장 중요한 요건은 한쪽에 치우치지 않는 것이다. 가정에서 배워야 하는 것에서 가장 중요한 것이 편협을 없애는 것이다. 엄마편 아빠편 하고 편을 가른다면 그 집안은 어떻게 되겠는가? 국가도 지역감정이니 세대차이니 하는 것들이 이 나라를 위태롭게 하고 있지 않는가?

대학(大學)의 도(道)는 한쪽에 치우치는 것을 경계하고 있다. 즉, 편협한 행동을 경계하는 것이다.

이른바 자기 집을 가지런히 하는 것이 자가자신의 덕(德)을 닦는데 달렸다고 하는 것은, 사람이란 자기가 가까이하고 사랑하는 것에는 치우치게 마련이고, 자기가 두려워하고 공경하는 것에는 치우치게 되고, 자기가 슬프고 긍휼히 여기는 것에도 치우치게 되고, 자기가 오만하고 게으르게 다루는 것에도 치우치게 마련이다. 그러므로 좋아하면서도 그것에 나쁜 점을 알고, 미워하면서도 그것의 좋은 점을 아는 사람이란 세상 천하에 드물다.

所謂齊其家在修其身者, 人之其所親愛而辟焉, 之其所賤惡而辟焉,
之其所畏敬而辟焉, 之其所哀矜而辟焉, 之其所敖惰而辟焉,
故好而知其惡, 惡而知其美者, 天下鮮矣

소위제기가재수기신자, 인지기소친애이벽언, 지기소천오이벽언,
지기소외경이벽언, 시기소애긍이벽언, 지기소오타이벽언,
고호이지기악, 악이지기미자, 천하선의

제가(齊家)는 한 가정을 가지런히 하는 것에서 끝나는 것이 아니고, 수신(修身)을 실천하는 도장이고, 이 실천이 치국(治國) · 평천하(平天下)에 이어진다는 것이다. 다시 한번 제가(齊家)가 리더양성의 요람임을 새겨야 할 것이다.

그런 의미에서 지금까지 나는 주부대학 강의를 한번도 거절해 본 적이 없다. 사회학에서 "그 가정의 수준은 주부의 수준으로 결정된다"는 명언이 있다. "위대한 인물 뒤에는 항상 위대한 어머니가 있었다"는 것도 역사적 사실이다. 그래서 나는 주부대학 강의를 거절하지 못한다.

제가에 대한 실천에 대해서는 'Part 3' 에서 다룬다.

(2) 치국(治國)

치국의 핵심은 제가(齊家)에 있다고 하였다. 가인이후국치(家仁而後國治)가 바로 그것이다. 치국(治國)의 핵심요소가 제가(齊家)에 있는 이상 효(孝) · 제(弟) · 자(慈)등의 덕(德)이 치국에도 반드시 필요함은 두말할 여지가 없다고 하였다. 치국에는 제가의 이러한 덕(德)이 인(仁)으로 나타나서 지어지선(止於至善), 즉 평천하(平天下)로 결실을 맺게 된다. 인자무적(仁者無敵)이라는 말이 국가의 어려운 현실에서 많은 가르침을 준다.

치국에서 또 하나의 중요한 핵심요소는 법도(法道)이다. 제가(齊家)가 편협함이 없어야 하듯이 나라를 다스리는 데 있어서도 잣대(格)가 분명해야 한다. 그리고 누구에게나 똑같이 적용되어야 한다. 그러나 현실은 그렇지 못하고 있다. 그 결과로 법(法)을 어기는 것은 물론이고 승복하지 않는 현실이 엄연히 존재하고 있다. 이유는 법이라고 하는 잣대가 서로 적용이 다르기 때문에 승복할 수 없다는 것이다.

대학은 백성의 마음을 깊이 헤아려 치자(治者)의 마음으로 삼을 것을 다음과 같이 가르치고 있다.

임금이 백성의 부모라는 것은 백성이 좋아하는 것을 좋아하고 백성이 싫어하는 것을 내 또한 싫어하여 이것은 백성을 위주로 하는 부모의 마음이다.

君子民之父母, 民之所好好之, 民之所惡惡之, 此之謂民之父母
군자민지부모, 민지소호호지, 민지소오오지, 차지위민지부모

(3) 평천하(平天下)

대학(大學)에서의 천하(天下)란 방국에 대한 총국가(總國家)를 말하는 것이고, 평(平)이란 평안(平安)케 한다는 것이다. 즉, 통일국가를 태평케 함이라고 말한다. 그러나 평천하의 현대적 접근은 모든 세상이 모든 사람이 평안케 되는 것으로 의미를 부여한다. 즉, 올바른 세계화라든지, 인종차별이 없는 평등사회라든지, 노사분규 없는 노사문화라든지, 백의종군으로 충성한 이순신 장군의 모습이나 비폭력을 주장한 간디의 투쟁모습 그리고 인류를 위해 봉사한 밀림의 성자 슈바이처와 같은 모습의 차원을 평천하로 정의하고자 한다.

사실상 세계화나 인종문제 그리고 기업의 문제나 개인의 문제가 근본은 하나이기 때문이다. 세계화는 정말 멋진 말이다. 그러나 세계화는 강대국의 논리에 의해 지배되는 약육강식(弱肉强食)의 현장으로 바뀌어가고 있다. 세계의 인구 60억 이상에서 반 수는 먹을 것에 굶주리고 있고, 그 중에서 반 수는 굶어 죽어가고 있다니 얼마나 어처구니없는 현실인가? 나누어 먹으면 한 명도 굶어죽을 사람이 없도록 지구는 풍부한 자원을 가지고 있다고 한다. 인종문제는 물론이고 같은 인종에서도 빈부의 차이는 아무 것도 아니고 인도의 카스트제도 같은 것은 너무나 처참

한 현실이다. 인도는 8억 이상의 인구에 2억이 천민으로 동물 이하의 대우를 받고 있다니 21세기라는 말이 무색할 지경이다. 기업은 어떤가? 노사분규 없는 기업경영은 불가능한가?

그렇지만 세계화의 잘못을 바로 잡으려는 NGO들의 움직임, 다양한 인종이 함께 살면서도 질서를 잘 지키는 나라들, 인종차별을 무너뜨리기 위해 목숨을 바치는 위인들 그리고 분규 없는 다국적 기업들 그리고 재능과 재산을 사회에 환원하는 사람들이 있어 살맛을 내는 세상이 되어 가고 있다.

평천하(平天下)는 수신(修身)하고 제가(齊家)하여 치국(治國)하는 덕(德)으로 인(仁)을 행함으로서 지어지선(止於至善)을 이루어 인류로 하여금 안정을 얻게 하여 각자의 인생을 즐길 수 있도록 하자는 데 대학의 도(道)가 있다.

토 | 의 | 과 | 제

1. 리더십이론을 대학지도에서 찾는 이유를 토론하시오.
2. 평천하의 현대적 의미는?

PART 2

修 수 身 신

1. 격물
2. 치지
3. 성의
4. 정심

1. 격물 - 세상 바로 보기 -

大學의 가르침

격물(格物)은 수신(修身)에 있어 가장 근저를 이루는 조목인데 주자에 따르면 격물은 천하 사물의 이(理)에 궁극함을 말하고, 왕자는 격물이란 물(物)을 바르게 하는 것이라고 하였다.

주자에 의하면 천하사물은 각기 그 이(理)를 갖추고 있으니 이 이를 궁극해 나가면 천하사물의 표리와 정조(精粗)가 훤하게 관통된다는 것이다. 왕자에 의하면 물은 사물이니 나의 의지 있는 것이 곧 물이다. 나의 뜻이 사친(事親)에 있으면 사친이 곧 물(物)이요, 나의 뜻이 사군(事君)에 있으면 사군이 곧 물(物)이라고 하였다. 즉, 가치를 어디에 두느냐가 중요하다는 의미이다.

여기서 격(格)은 맹자의 이른바 '대인격군심지비(大人格君心之非)'의 격이다. 즉, 격물은 뜻이 있는 바의 물(物)에 대하여 부정한 마음을 바르게 갖는다는 것이다. 이것을 쉽게 정리해 보면 "돈자돈시(豚者豚視)요 불자불시(佛子佛視)로다"(무학대사), "배부른 돼지보다는 배고픈 소크라테스가 낫다"는 명구를 생각해 볼 수 있겠다.

내가 누구인지? 상대방이 누구인지? 세상문물이 어떻게 생겨났는지? 내 가치가 무엇인지? 내가 하는 일이 무엇인지? 그 중에서도 소중함을 아는 것? 그래서 세상을 바로 볼 줄 아는 것이 격물이다.

그럼 인간의 가치는 무엇인가? 그것은 물건의 가치가 품질(品質)로 결정되듯이 인간의 가치는 인품(인간의 품질)으로 결정된다. "인품이 좋다"에서 인품이란 인간의 품질은 성질(性質), 체질(體質), 자질(資質)로 구분하며, 이를 두고 "인격(人格)이 갖추어졌다"라고 하며 격물의 단계에 이르게 된다.

현대적 의미로 해석해 보면, 격물은 한마디로 세상 바로 보기라고 할 수 있다. 세상을 바로 보기 위해서는 자기 자신에 대한 명확한 가치관 정립이 무엇보다 우선이라고 본다.

1) 삶의 가치

삶은 살아있음의 명사이다. 살아있음이 삶이라면 삶은 축복이다. 그런데 살아있으면서도 정신적으로 이미 죽은 사람이 있다. 비전과 목표 그리고 희망을 통째로 잊어버린 사람이다.

우리가 온전한 삶을 살아서 인격을 갖추는 데 가장 먼저 배워야 할 것은 격물(格物)이다. 공자께서는 왜 그렇게 말씀하셨을까? 격물은 세상을 바로 보라는 뜻이다. 사람들은 세상을 있는 그대로 보지 못한다. 왜냐하면 자기 입장에서 보기 때문이다. 세상을 있는 그대로 볼 수 있다는 것은 세상을 올바르게 살아 갈 수 있는 가치를 발견하는 것이다.

격물(格物)의 격(格)은 바르다는 말이다. 그럼 바르다는 무슨 뜻일까? 옳고 그름, 진짜와 가짜, 진실과 거짓 그리고 가치를 있는 그대로 보는 것이다. 사람에게는 인격(人格)이라고 하고, 물건에는 가격(價格)이라고 하는 것이 바로 격(格)이다. 물(物)은 세상 모든 것이다. 사람도 물(物)에 들어간다. 그래서 사람을 알아보는 것도 격물의 범주에 들어간다.

우리가 살아가는 데 우리를 떠날 수 없는 절박한 질문들이 있다. 나는 누구인가? 나의 가치는 무엇인가? 어떻게 살아가야 하는가? 어떻게 사는 것이 올바르게 사는 것인가? 어떠한 삶이 행복한 삶인가? 정치인들의 상투적인 대답은 무엇이 되느냐 보다는 어떻게 사느냐가 더 중요하다고 하면서 정치논리를 펴는 것을 보아왔다. 세월이 지난 후에 보면 진짜 그 말의 뜻을 알고 한 말인지 의문이 가게끔 행동해 왔음을 우리는 알고 있다. 그래서 우리가 21세기에 수신제가치국평천하리더십을 배워야 하는 이유가 여기에 있다.

우리의 삶에는 선택의 가능성이 있으며 선택의 가능성은 인간의 자유의지를 전제로 한다. 각자 인간의 삶의 의미는 그가 선택한 가치에 의해서 정립된다. 우리가 인생의 가치를 어떻게 선택하느냐에 따라 우리의 일생이 완전히 바뀌기 때문이다. 한마디로 삶의 가치는 자유의지이다. 창세기에 아담과 이브의 에덴동산이야기는 삶의 가치가 자유의지에 있음을 가르쳐 준다. 금단의 사과는 현대적 표현으로는 노터치(no touch), "저 사과만 따먹지 말고 무엇이든지 다 먹어도 된다"이다. 그런데 이브는 금단의 사과를 따먹었고 낙원에서 지구로 삶이 바뀌는 것이다.

우리에게는 만사(萬事)에 두 가지 길이 있다. 하나는 감각적 쾌락을 추구하는 것으로 세속적이며 쉬운 길이며 다른 하나는 고행을 통해서 행복을 추구하는 것으로 고통스럽고 어려운 길이다. 붓다는 두 가지 길을 모두 시도해 보았으나 깨달음을 얻지 못하고 마침내 중도(中道)의 방법을 선택한 것이다. 중도는 여덟 가지 범주로 구성되므로 여덟 가지 올바른 길(八正道)이라고 부른다. 즉, 정견(正見), 정사유(正思惟), 정어(正語), 정업(正業), 정명(正命), 정정진(正精進), 정념(正念), 정정(正定)이다.

이와 같은 팔정도(八正道)는 불교의 수행에서 반드시 닦아야 하는 세 가지 배움(三學), 즉 행위와 언어에서 몸을 보호하는 계학(戒學), 미움의 동요를 그치고 평안한 경지에 이르는 정학(定學), 번뇌를 없애고 진리를 깨닫는 혜학(慧學)을 발전시키고 완성시키는 작용을 한다. 불교에서는 중도(中道)를, 유교에서는 중용(中庸)을 사람이 살아가야 할 도리와 가치로 하고 있다. 중용은 중간을 가라는 뜻이 아니고 "넘치지 마라(nothing excess)"는 의미이다. 넘침도 모자람도 나쁘다. 그러나 넘치게 되면 더 나쁘다는 그리스 정신과도 일맥상통한다.

그리스의 델피 아폴로신전에는 "Nothing Excess"라는 글이 새겨져 있다. 나는 그리스 여행에서 이 글씨를 보고 가슴이 벅차 올랐다. 내가 그렇게 찾던 중용(中庸)의 참뜻을 깨우치게 되었기 때문이다.

중도(中道)의 길과 중용(中庸)의 길은 내면적 가치의 중요성을 강조하는 삶을 일러주고 있다. 내면적 가치라 하면 그 가치의 실현이 그 사람 자신의 내적 요인에 의해 주로 결정되는 것을 말한다. 예를 들면 인격과 사상, 학문과 예술, 사랑과 우정, 생명과 건강 등에 담긴 가치를 들 수 있다.

이에 비해 부(富)와 권력, 지위 그리고 외모 등 외부에 있는 조건에 의해 주로 결정되는 가치를 외면적 가치라고 한다. 외면적 가치가 모두 나쁘다는 것은 아니다. 그런데 요즘은 너무 외면적 가치에 정신이 치우치는 경향이 있다. 외면적 가치보다는 내면적 가치가 더 소중하다는 것을 인식하고 부단히 내적 성장을 위한 노력이 있어야겠다.

삶이 그대를 속일지라도

삶이 그대를 속일지라도
슬퍼하거나 노하지 말아라

슬픈 날엔 참고 견디라
즐거운 날은 오고야 말리니

마음은 미래를 바라느니
현재는 한없이 우울한 것

모든 것 하염없이 사라지나
지나가 버린 것 그리움이 되리니

– 푸시킨 –

2) 가치관의 정립

(1) 가치관의 정의

로키치(Milton Rokeach)는 가치관(value)을 "다양한 상황에 대한 행동이나 결정을 이끌어 내는 신념이라 정의하고 가치 시스템에 있어서의 차이는 행동에 있어서의 개인차를 설명하는 데 역할을 한다"고 하였다. 즉, 가치관이란 어떤 구체적인 행동양식(mode of conduct)이나 존재양식(end-state of existence)이 그 반대의 행동이나 존재양식보다 개인적으로 혹은 사회적으로 더 바람직하다는 기본적 확신인 것이다.

가치관은 조직 내 개인의 행동과 신념에 영향을 준다. 가치관은 한 개인의 행동을 주도하는 중요한 그 어떤 것을 의미하기 때문에 가치관이 다르면 행동도 달라지게 된다.

그러면 가치관은 어떻게 형성되는가? 사람이 태어나면서부터 일련의 가치관을 갖게 되는 것은 아니다. 가치관은 사람이 성장하는 과정에서 학습에 의해 형성된다. 학자들의 연구에 의하면 가치관의 많은 부분이 만 4세까지 형성된다고 한다.

우리가 가치관을 형성하는 가장 중요한 방법 가운데 하나가 바로 모델링(modeling)이다. 이때 모델은 부모, 스승, 친구, 형제 · 자매, 그리고 위대한 인물일 수가 있다. 만일 우리가 특정한 인물을 모델로 설정하고 모델과 자신을 동일시하게 된다면 우리는 모델의 핵심 가치관을 우리의 것으로 수용할 가능성이 높다.

가치관은 종교나 주변 사람들과의 의사소통을 통해 형성되기도 한다. 가령, 기독교나 회교권에서 성장하는 사람은 자연스럽게 기독교나 회교의 교리를 가치관의 기초로 수용하게 된다. 그리고 가족이나 친구, 이웃 친지들과의 의사소통 가운데 외상으로 물건을 사는 것이 바람직하지 않다는 말을 많이 듣게 되면 그 사람은

| 표 2-1 | 가치관의 자기평가(self-assessment exercise of values)

평가요령 아래에 제시된 16개 항목에 대해 귀하께서 가장 중요한 가치라고 생각되는 곳에 1, 가장 중요하지 않은 가치라고 생각되는 곳에 16이라는 숫자를 빈칸에 순서에 맞게 기입해 주십시오.

______ 내가 살 집을 소유하는 것
______ 남이 하기 어려운, 질적으로 우수한 일을 수행하는 것
______ 한두 명의 자녀를 갖는 것
______ 흥미있는 직업을 갖고 경력을 쌓아나가는 것
______ 동료나 친구들과 좋은 관계를 맺는 것
______ 좋은 건강을 유지하는 것
______ 내가 좋아하는 TV프로를 시청하는 것
______ 스포츠나 취미, 여가활동을 하는 것
______ 단정하고 청결하며 정리정돈을 잘 하는 것
______ 내가 속한 전문분야에서 사교활동을 적극적으로 하는 것
______ 종교생활을 영위하는 것
______ 나보다 처지가 못한, 어려운 사람들을 돕고 사는 것
______ 남을 사랑하고 또 남으로부터 사랑을 받는 것
______ 평균수준 이상의 수입을 올리는 것
______ 지식과 정보를 많이 획득하는 것
______ 다른 사람으로부터 존경을 받고 사는 것

(1) 당신의 가치등급과 다른 사람의 등급을 비교해 보고 토론해 보시오.
(2) 반이나 집단의 평균을 구해 보시오. 그리고 당신의 등급과 집단의 평균등급을 비교하고 토론해 보시오.
(3) 귀하의 가치형성에 가장 영향을 준 사람은 누구인지 말해 보고 다른 사람과 비교해서 토론해 보시오.

자료 : A.J. DuBrin, *Fundamentals of Organizational Behavior : An Approach*, Cincinnatis South-Western College Publishing, 1997, p.46.

평생 외상거래를 바람직하지 못한 것으로 알고 가급적 빚을 지지 않고 사는 가치관이 형성되게 된다.

가치관을 중요하게 여기는 것은 무엇보다 가치관이 행동에 미치는 영향이 크기 때문이다.

(2) 가치관의 분류

마치 어떤 아이들은 초콜릿 아이스크림만을 먹고, 또 어떤 아이들은 바닐라 아이스크림만을 고집하듯이, 사람은 존재의 최종단계(end-state of existence)의 모습, 최종가치와 행동양식(mode of conduct)의 모습, 즉 수단적 가치에 있어서 강조점이 다르고 추구하는 바가 다르기 때문에 가치간의 차이에 따른 갈등이 야기될 수 있다. 이러한 가치의 차이는 개인과 조직간에 종종 갈등의 원인이 되고 있다. 그러나 유능한 관리자는 개인의 가치와 조직의 가치를 조화시키는 노력을 통해서 조직구성원을 '한 방향'으로 인도할 수 있다. 구성원의 가치가 다양한 가운데 한 방향으로 에너지가 모아지면 가치가 유사한, 동질적 인재로만 구성된 조직보다 오히려 더 엄청난 힘을 발휘할 수 있다.

미국을 흔히 인종의 용광로(multing pot)라고 한다. 미합중국은 피부색이 다른 다양한 인종과 종교, 출신국가가 상이한 사람들로 구성되어 있다. 이들의 다양한 사고와 아이디어, 지식이 한 방향으로 결집되면 엄청난 위력이 발휘되는 것을 역사를 통해 알고 있다. "다양성으로부터 하나(e pluribus unum)"야말로 다양한 가치관을 지닌 조직구성원을 이끌어 나가야 하는 현대 조직 경영자의 숙제이다.

로키치(M. Rokeach)는 [표 2-2]에서 보는 바와 같이 가치를 최종가치와 수단적 가치로 분류하였다.

| 표 2-2 | 최종가치와 수단적 가치

종류	개념	예
최종가치 (terminal value)	성취하고자 하는 '목적'에 대한 신념	안락한 생활, 자유, 평화, 행복, 가족의 안전, 국가안보, 우정, 자기성취, 사랑, 구원, 정의실현
수단적 가치 (instrumental value)	원하는 목표를 성취하기 위한 '수단'에 대한 신념	청렴결백, 정직, 관용, 신사도, 자기통제, 사랑의 실천, 책임성, 용기있는 행동, 약자를 도움

자료 : M. Rokeach, *The Nature of Human Values*, New York : Free Press, 1973.

최종가치와 수단적 가치에 대해 주지하고 싶은 것은 최종가치를 인정하기 위해서는 수단적 가치도 인정해야 한다는 것이다. 그런데 갈수록 수단적 가치를 무시하고 수단과 방법을 가리지 않고 최종가치만을 추구하는 풍조가 있다는 것이다.

올포트(Gordon Allport)는 가치관을 다음과 같이 여섯 가지 유형으로 구분하였는데 로키치의 가치 분류와는 달리 가치관의 겉으로 드러난 현상을 중심으로 분류한 것이다. 여섯 가지 가치는 직업에 따라 각각 초점이 달라지게 될 것이다. 가령, 성직자는 종교적 가치를 지고(至高)의 가치로 추구할 것이고, 과학자는 이론적 가치를, 사업가는 경제적 가치, 예술가는 심미적 가치, 헬렌 켈러(Helen Keller) 같은 사회사업가는 사회적 가치를, 정치인들은 정치적 가치에 초점을 두고 추구할 것이다.

- 이론적 가치(theoretical value) : 진리의 탐구
- 경제적 가치(economic value) : 부의 축적, 실용성 추구
- 심미적 가치(aesthetic value) : 아름다움, 형태, 균형의 추구
- 사회적 가치(social value) : 사람에 대한 애정, 인간관계 중시
- 정치적 가치(political value) : 권력의 획득, 영향력 행사 중시
- 종교적 가치(religious value) : 창조의 질서, 인간의 구원에 관심

토 | 의 | 과 | 제

당신 개인의 가치와 가정의 가치를 비교해 보아라.

(3) 가치관의 정립

가치관의 정립은 자기의 가치관을 바르게 세우는 것이다. 그럼 우리는 어떤 가치관을 가져야 하는가? 가치란 반드시 좋은 것인가?에 대한 의문에서 깊은 사고를 해보아야 한다. 자기의 가치를 가지고 행동하는 것이 항상 옳은가? 에 대한 의문에 우리는 대답을 강구해야 한다. 그래야만이 올바른 가치관을 정립할 수 있기 때문이다.

개인의 가치는 개인의 잣대가 되고 사회적 가치는 사회적 잣대가 된다. 그래서 그 잣대로 세상을 보고 측정하기 때문에 가치관은 중요한 것이다.

우리가 올바른 가치관을 정립하기 위해서는 가치가 원칙에 위배되어서는 안 된다. 좋은 예로 히틀러도 가치관은 뚜렷했다. 그러나 히틀러의 가치는 원칙에 위배되었기 때문에 비난을 받은 것이다. "행동은 선택할 수 있지만 그 행동의 결과는 원칙에 따른다"는 말은 가치관 정립에 좋은 가르침이다.

요즈음 젊은이들은 기다리면 손해본다는 가치관을 가지고 있다고 한다. 이는 우리가 앞에서 공부한 최종가치와 수단적 가치에서 수단적 가치의 중요성을 상실한 것이다. 반면에 배부른 돼지보다는 배고픈 소크라테스가 되고 싶다는 가치관은 수단적 가치의 중요성을 강조하는 가르침이다. 즉, 무엇이 되느냐 보다는 어떻게 사느냐를 중요하게 여기는 사회가 되어야 한다.

우리에게 올바른 가치관 정립을 위해 도움을 주는 내용들을 소개한다.

① 상도의 임상옥

상도(商道)에서 임상옥은 홍득주라는 상인을 통해 "장사란 이익을 남기는 것이 아니라 사람을 남기는 것이다"라는 가치관을 배우고 이를 실천하여 천민의 신분에서 정3품 벼슬에 오르게 되는 인물이다. 그는 홍경래라는 인물을 만나게 되는데, 홍경래는 임상옥에게 위장취업을 한다. 홍경래는 거사를 앞에 두고 임상옥에게 합세하기를 제의한다. 임상옥은 죽음을 앞에 두고 재상평여수(財上平如水) 인중직사형(人中直似衡)이라는 가치관을 홍경래에게 전한다.

> 돈의 높이는 물과 같이 평평하고 사람의 마음은 저울같이 곧아야 한다.
>
> 財上平如水 人中直似衡
>
> 재상평여수 인중직사형

결국 홍경래는 임상옥을 죽이지 못한다. 홍경래는 비록 천민 출신이나 그릇이 큰 인물이었기 때문에 임상옥의 가치관 앞에 굴복한 것이다. 역사는 승자의 편에서 쓰기 때문에 중죄인이 되었지만 홍경래는 역사적인 인물이었다.

② 도산 안창호

도산 안창호 선생의 가치관은, 첫째 정직(正直), 둘째 무실역행(務實力行), 셋째 절제(節制), 넷째 솔선궁행(率先躬行)으로 요약할 수 있다.

도산 안창호 선생의 "거짓말을 말자", "꿈에서라도 거짓말을 하지 말자", "나는 주인인가"는 우리가 배우고 지켜야 할 훌륭한 가치이다.

③ 공자의 혈구지도(絜矩之道)

대학에 나타난 치인지도(治人之道)의 근본은 덕치주의(德治主義)에 있다. 다시 말해서 도덕을 목적으로 하며 도덕을 수단으로 해서 이루는 것이다. 또한 대학의 덕치주의 내용의 근저는 수신에 있다. 신수이후가제, 가제이후국치, 국치이후천하평(身修而後家齊, 家齊而後國治, 國治而後天下平)이 바로 그것이다.

이는 나를 확대시켜 남에게 미치게 하는 길, 즉 남을 생각하고 살펴서 바른 길로 행하게 하는 도덕상의 규칙으로 이를 혈구지도(絜矩之道)라고 한다. 이것을 다른 말로 하면 인격주의와 같은 것이라 할 수 있다. 즉, 자기의 인격을 확립한 후 집을 다스리고 나라와 천하를 평안케 하는 실효를 거두자는 것이다.

대학에서는 다음과 같이 말하고 있다.

> 자기 윗사람이 싫어하는 방법을 자기 아랫사람에게 쓰지 말 것이며, 아랫사람이 싫어하는 것으로 윗사람을 섬기지 말라. 앞사람이 싫어하는 태도를 뒷사람에게 먼저 하지 말 것이며, 뒷사람이 싫어하는 태도로 앞사람과 상종하지 말 것이며, 왼쪽 사람이 싫어하는 태도로 오른쪽 사람과 사귀지 말 것이다. 이런 것을 두고 혈구지도라고 하는 것이다.
>
> 所惡於上毋以使下, 所惡於下毋以事上, 所惡於前毋以先後, 所惡於後毋以從前, 所惡於右毋以交於左, 所惡於左毋以交於右, 此之謂絜矩之道
>
> 소오어상무이사하, 소오어하무이사상, 소오어전무이선후, 소오어후무이종전
> 소오어우무이교어좌, 소오어좌무이교어우, 차지위혈구지도

④ 톨스토이 「이반의 바보」

톨스토이는 「이반의 바보」에서 올바른 가치관을 제시하고 이상사회의 질서를 그려 놓았다. 일을 부지런히 해서 손에 굳은살이 박힌 사람은 식탁의 제일 상좌에 앉아서 따뜻한 밥을 먼저 먹을 수 있지만, 아무 일도 하지 아니하고 빈둥빈둥 놀아서 손에 굳은살이 박히지 않은 사람은 식탁의 제일 하좌에 앉아서 남이 먹다 남은 찌꺼기와 찬밥을 맨 나중에 먹어야 한다. 이것이 이반이 사는 사회의 법률이요, 종교요, 도덕이요, 철학이다.

우리 사회에는 가치관이 올바르게 서 있지 않다. 권력에 붙어사는 사람, 한탕주의, 배신자가 승리하는 모습을 보며 젊은이들의 가치관이 흔들리고 있다.

사례

다양한 인간의 가치관

주왕조를 반대해서 산에 숨어살다가 죽은 백이가 있었다. 반면에 선왕조에 나아가 명제상의 칭호를 받은 이윤이 있었다. 자신의 포부를 실현하기 위해 여러 군왕을 찾아다녔던 공자가 있었다.

이들 세 사람의 삶의 태도를 비교한 맹자의 평가는 다양한 가치관의 필요성에 대해 소중한 일깨움을 주고 있다.

"백이는 적당한 군주를 섬기고 그럴 만한 백성이면 다스렸다. 태평한 세상에는 정치를 맡고 난세에는 피해서 은둔했다.

이윤은 누구를 섬기든지 군주는 군주, 누구를 지도하든지 백성은 백성이라고 분명하게 결론짓고, 태평한 세상이든 난세든 간에 정치를 맡았다.

공자는 섬길 만한 군주는 섬기고, 머물러야 할 때는 머물고, 그만 두어야 할 때는 미련 없이 떠났다.

이들 세 사람은 모두 성인이다. 그러나 가급적이면 공자를 본받고 싶다.

세 사람의 삶의 방식은 달랐지만, 인(仁)에 철저하고 의(義)를 지켰다는 공통점이 있었기에 성인으로 인정한 것이다. 현대인들이 새겨들어야 할 맹자의 가치판단에 대한 태도인 것이다.

경직된 사고, 즉 수직적 사고방식은 개인과 집단을 흑백논리의 함정으로 몰아넣는다. 우군 아니면 적군으로 분류되는 사회는 숨막히는 대립과 갈등구조를 빚어낸다. 그래서 多價値的 思考인 수평적 사고가 중요한 법이다.

동일한 사물이나 현상을 놓고 획일적인 가치판단이 강요되지 않고, 다양한 가치판단이 허용되는 집단이나 사회일 때 개인과 집단이 다같이 발전하는 법이다.

토 | 의 | 과 | 제

1. 우리 주변에서 일어나는, 전통적인 가치관에 반해 일어나는 현상이나 행동의 사례를 생각해 보시오(예 : 미혼모문제, 해외입양문제, 낙태문제, 여성의 사관학교 입교, 전업주부가 된 남편 등). 당신은 이러한 현상이나 행동에 대해 어떤 견해를 갖고 있는지 말해 보시오.
2. 신세대들이 가장 중요하게 여기는 가치관은 어떠한 것들이 있는가를 기술하라.
   사례에서 백이, 이윤, 공자 중에서 본받고 싶은 사람은 누구인가?
3. 가치관이 상이한 사람들과 만났을 때 어떻게 대응하는가를 기술하라.

3) 자아완성

인간은 자기 자신을 스스로 만들어 가는 존재이다.

자아완성은 자기 안에서 최고의 자기를 발견하고 이를 현실로 실현시키는 것이다.

자아완성의 핵심은 개인비전(personal vision)과 현실(current reality)에 대한 명확한 인식을 동시에 유지하도록 학습하는 데 있다. 이러한 학습을 통해 우리 자신 속에 '창조적 긴장(creative tension)' 이라는 힘이 생겨나고 이 긴장은 그 성질상 해소되어야만 한다. 이 긴장은 우리의 현실이 우리가 원하는 상태로 가까이 감으로써 자연스럽게 해소될 수 있는데, 이는 마치 미래 비전과 현재 상태라는 두 손에 의해 팽팽히 잡아당겨진 고무줄의 상태로 비유할 수 있다.

어떤 비전이나 목표의 중요성을 절감하며 그 상태를 달성하기 위해 자신의 인생을 주도해 나가는 사람은 내부로부터 강한 에너지가 솟아 나온다. 이들은 의식적인 수준에서뿐만 아니라 무의식적으로도 이 비전을 자신의 행동으로 실천하게 된다. 그들은 자기 자신과 외부 세계에 대하여 주도 면밀한 인내심을 갖고, 주변에서 일어나는 사태에 세심한 주의를 기울인다. 이들이 발휘하는 지속적인 열정과 에너지는 결국 어떤 가시적인 성과를 내게 되며, 이러한 성과는 다시 열정과 에너지를 더 강화해 준다.

이러한 마음 상태로 금방 전환될 수는 없을지라도 자아완성 수련을 통해 점차 그러한 상태로 자신이 바뀔 수 있을 것이다. 어떤 사람들은 자신들의 의지력 부족을 탓하며 비전을 세우는 것 자체를 포기하는가 하면, 어떤 사람들은 상황이 아주 나빠져 위기에 몰려야만 이를 벗어나기 위한 노력으로써 비전을 생각하게 된다. 그러나 자아완성이란 이러한 수동적 자세나 비전을 낮춰서는 이루어질 수 없고, 불가능해 보일지라도 높은 목표설정에서 오는 창조적 긴장의 유지에 의해서 가능하다. 역설적이지만 비전의 내용 그 자체는 중요하지 않으며, Robert Fritz가 얘기한 대로 "비전을 통해 할 수 있게 되는 것"이 중요하다.

반드시 그들이 처음 꿈꾸었던 것과 똑같지는 않지만 위대한 비전을 통해 놀라운 결과를 성취한 많은 사람들의 이야기를 우리는 알고 있다. 현실 그대로의 세상이 우리를 불편하게 할지라도 자아완성 수련을 통해 우리는 현실을 직시할 수 있게 된다. 사실 현재를 있는 그대로 직시한다는 것은 결코 쉬운 일이 아니며, 급박한 위기나 위협적인 상황에서는 더욱 그러할 것이다. 또한 자아완성 수련은 선택한다는 것의 의미를 우리에게 가르쳐 준다. 선택이란 상당한 용기를 필요로 하며, 우리의 운명을 결정지을 수도 있는 결과나 행동에 온몸을 던져야만 한다.

자아완성을 실천한다는 것은 자기 자신과 대화를 하는 과정이다.

대원군 시대에 박만순이라는 명창이 있었다. 그는 남원 출신으로 지리산을 무대로 판소리를 공부하고 있었다. 그때 당시에는 겨우 1년에 한 번 정도 서울(한양)에서 명창대회가 열렸다. 누가 뭐라고 해도 그 당시에도 박만순은 명창이었다. 어느 해 개나리 봇짐을 지고 명창대회에 참석차 한양으로 향했다. 어느 날 한양 근교에 다다른 그는 관훈장을 모시는 사당에 찾아가 관훈장에게 큰절을 하고 "안녕하셨습니까?" 하고 안부를 여쭈었다. "그래 어쩐 일로 왔느냐?" 하고 자신이 물었다. "예, 내일 명창대회에 나가기 위해 왔습니다. 그런데 제가 적벽가를 하는데 훈장님보다 더 잘하시는 분이 또 있겠습니까? 그래서 심사를 좀 부딕힙니다." 히고 대답했다. "그래, 적벽가에 대해 나보다 더 잘 아는 사람은 없지! 어디 한 번 해보아라." 하고 자신이 대답하고 드디어 완창을 했다. 그리고는 "어떻습니까?" 하고 여쭈었다. "그래 참 잘했다. 그런데 중간에 좀 부족한 데가 있다."고 대답하고 그는 낙향을 하여 다시 준비하고 또 하고 무려 나섯 차례나 똑같은 과정을 거쳤다. 마지막에 "정말 잘했다. 이제 완전하니 명창대회에 나가보아라" 하고 스스로 대답하고야 명창대회에 나갔다. 그 이상으로 완벽할 수는 없었다.

자기와의 대화를 통해 자아실현으로 이끈 예는 많다. 자기에 대해서 가장 잘 아는 사람은 자기 자신이기 때문이다. 우리가 반드시 유념해야 할 것은 나의 내면의 나와의 만남에 대한 것이다.

우리는 인생에는 세 개의 내가 있다. 아무도 범할 수 없는 나만의 세계이다. 여기에는 자유가 있고, 의지가 있고, 용기가 있다.

우리의 인생은 개인적인 인생(private life)과 공적인 인생(public life) 그리고 내면의 인생(deep inner life)이 있다. 여기에서 가장 중요한 것은 내면의 세계의 내 인생이다. 이 내면의 인생은 개인적 인생과 공적인 인생에 영향을 주기 때문이다.

인생이 무엇이냐고 묻는다면 창조적 자기표현이라고 대답하고 싶다.

산다는 것은 저마다 제 소리를 하고 제 노래를 부르고 제 빛을 드러내는 것이다.

생(生)은 자기표현으로 산다는 것은 나의 나다움을 드러내려는 노력이다.

우리는 자기표현을 하되 창조적으로 해야 한다. 만인으로 하여금 저마다 제 노래를 부르고 제 빛을 드러내고 제 개성과 천분(天分)을 발휘한다.

이것이 가장 행복한 사회요, 보람 있는 인생이다.

– 안병욱 「아름다운 창조」 중에서 –

토 | 의 | 과 | 제

1. 혈구지도(絜矩之道)의 본뜻을 토의해 보자.
2. 격물(格物)의 단계에 이르기 위해 우리는 어떻게 해야 하는가?

2. 치지 - 유능한 사람되기 -

大學의 가르침

주자에 의하면 치지(致知)란 지식을 다하는 일이다. "치(致)란 추극(推極)함이요, 지(知)란 지식을 말한다." 나의 지식을 끝까지 추구하여 알아야 하는 일이면 모르는 일이 없도록 하고자 함이다.

致推極也, 知猶識也, 推極吾之知識, 欲其所知無不盡也
치추극야 지유식야, 추극오지지식, 욕기소지무불진야

즉, 자기의 지식을 한없이 넓게 하고 깊게 해서 천하 일체의 사물에 대하여 모르는 바가 없도록 한다는 것이다.

여기에 반하여 왕양명은 치지라고 하는 것은 후세 유가들이 이르는 것과 같이 그 지식을 충광함을 이르는 것이 아니고 본래 타고난 내 마음의 양지에 이르는 것을 말할 뿐이다. 즉, 지(知)란 선천적으로 본래 구비하고 있는 양지(良知)를 말하는 것이고, 치(致)란 이 양지에 이르름을 말하는 것이다. 진정한 자아(自我)를 찾는 것이다. 즉, 나는 누구인가라는 화두(話頭)를 통해 선천양지(先天良知)를 이루게 함이다. 지식을 추극(推極)하여 외부적으로 발전하여 사사물물(事事物物)에 불통함이 없도록 한다는 것이고, 자기 자신의 내부에 구비하고 있는 선천양지(先天良知)에 도달케 하여 사물을 바로 하려는 것이다.

사사물물에 불통함이나 선천양지의 도달이란 정상(頂上)의 의미와 같다. 모든 것에는 정상이 있다. 산에 오르는 것도 정상에 오르면 내려오는 길을 마음대로 선택할 수 있다. 그러나 8부능선, 9부능선을 가도 그 길로 밖에는 내려올 수밖에 없는 것과 같다. 정상에 오르면 다 보인다. 선택할 수 있는 자유가 있다. 성적도 정상에 오르면 대학을 선택할 자유가 있다. 지글지글러 박사의 「See you at the top」이 이런 의미이다.

다시 음미해 보면 모름지기 리더가 되려면 "학이시습지 불역열호(學而時習之 不亦說呼)"라든지 "아는 것이 힘이다"라는 글귀처럼 배우고 익힘에

게을리 해서는 안 되는 것을 배워야 한다.

현대적 의미로 해석해 보면, 지식은 학습을 통하여 연마하는 것으로 학습을 통하여 정치 · 경제 · 사회 · 문화 · 정보에 대한 식견은 물론이고, 자기관련 분야에 대한 해박한 지식을 갖추어야 할 것이다. 즉, 실사구시(實事求是)의 중요성을 말하고 있다. 아는 것보다는 실천이 중요하다(知行一致). 현대인들은 아는 것은 너무 많다. 그러나 실천은 부족한 것이 문제이다.

1) 지식사회로의 전환

(1) 지식시대

만약 당신이 경영자로서 로열 더치 쉘 그룹의 연구결과들이나 콜린스와 포라스의 연구결과들을 진지하게 받아들인다면 아마도 양립하기 어려운 모순에 빠질 것이다. 경제학적인 언어들을 통해 보면 기업들은 이윤추구 활동이 가장 주된 목적으로 인식되고 있다. 그러나 연구결과들이 제시하는 것을 보면 이러한 이윤추구의 목적이 기업의 장기간 존속이나 기대수명과는 다른 상반된 인식을 유발시킬 수 있다는 점이다. 이와 같은 모순에 처하게 되면 경영자들은 가끔 한쪽을 포기한 채 가장 손쉬운 높은 투자회수의 방법을 택하게 되며, 이 선택이 기업의 생존과 자신들의 지위 유지에 최선이 된다는 생각을 갖게 된다. 실제로 쉘이나 다른 기업들의 많은 경영자들이 왜 단기적인 파산의 위험을 무릅쓰고 장기적으로 경영해야 하는지에 의문을 제기하곤 했다.

그 의문에 대한 답은 이러하다. 이윤과 기업 존속의 이분법은 잘못된 것이다. 양자택일은 더 이상 불필요한 일이다. 기업의 성공과 장수는 근본적으로 맞물려 있는 것이며, 오늘날에는 50년 전의 경제적 여건하에서 형성된 양자간의 관계와는 질적으로 전혀 다른 방식으로 나타난다. 이윤을 관리하고 투자자들의 가치를 극대화하는 이 쌍둥이 정책들은 다른 모든 목표들을 희생시켜 왔지만 결국 이제는 흔적만 남아 있는 경영의 구습으로 변모되어 버렸다.

이 정책들은 더 이상 우리가 살고 있는 이 시대의 절대적인 명제가 아니다. 이들은 부분 최적화에 지나지 않으며, 비록 사회 전체에게는 아닐지라도 이를 채택하고 있는 기업들에게는 아주 유해한 요소들이다.

전통적인 경영의 지혜로 각광을 받았던 자본집중과 이윤극대화에 대한 생각들이 50년이 지난 오늘의 기업 세계에서는 지식집약에 의한 경영으로 바뀌어 버렸다. 이러한 관심의 전환은 최근 몇 년 사이에 소개되고 있는 조직학습에 대한 관심으로도 설명될 수 있다. 경영자들은 자신의 기업들이 변화의 속도를 가속화하지 못할 경우 자본 증식은 정체될 것이며 경쟁에서 떨어져 나갈 것이라는 점을 잘 인식하고 있다.

세상은 지식사회로 전환되고 있다.

경제학의 기초 이론에서는 부(副)의 3대 요소로 토지와 천연자원, 자본(축적된 그리고 재투자된 몫을 포함), 그리고 노동을 꼽고 있다. 세 요소의 결합을 통해 사회가 필요로 하는 재화와 용역을 창출한다. 인류역사의 상당기간 동안 토지가 가장 핵심적인 경제적 성공의 요인으로 작용한 바 있다. 토지소유자들이 부의 창출을 통제할 수 있었다. 따라서 토지소유자들은 풍요로웠고 소유하지 못한 자들은 가난할 수밖에 없었다.

그 후 브라우델과 피레네의 연구처럼 중세로부터 20세기 초기까지 극적인 변화가 일어났다. 즉, 부를 창출하는 핵심 요소가 토지로부터 자본으로 이동한 것이다. 물질적 부를 창출하는 과정에 더욱 많은 자본을 투여함으로써 기술적, 상업적 활동의 효과성과 효율성을 현저하게 재고시킬 수 있었다. 배는 더욱 커지고 더욱 멀리 항해할 수 있게 되었으며, 기계들은 더욱 높은 성능을 발휘하였다. 중세기 말엽 서구 유럽에서는 이러한 목적들을 위해 더욱 많은 돈이 축적되었다. 이러한 자본의 축적이 광산, 해운, 방직 등 현대기업들의 모태가 된 상업적 벤처들을 성장케 하는 데 기여하였다. 즉, 현대기업의 출발은 중세 상인들이 부를 창출하는 과정에서 필요한 자본을 축적하는 것부터 시작된 것이다.

자본의 시대에 오면서 부의 원천은 토지소유자들로부터 자본의 소유자들로 바뀌었다. 땅의 소유자들은 더 이상 부자의 지위를 누릴 수 없었고, 자본의 소유자들에게로 그 지위가 넘어갔다. 재원조달 능력은 생산의 가장 비밀스런 필수원자재로 간주되었다.

오래된 수공업 길드들이 해체되어 기업으로 변모하는 과정에서 자본주들은 생산에서 인적요소들을 통제할 수 있게 되었다. 경제학적인 언어들로 볼 때 자본은 노동보다 훨씬 희소하였기 때문에 훨씬 가치가 높았었다. 노동은 인간의 일상생활 중 한 부분으로 공동체 형성의 근간이었던 지위에서 상품의 신세로 전락하였고 시장에서 거래되는 형국으로 바뀌었다. 브라우델은 자신의 저서인 「상업의 굴레바퀴(The Wheels of Commerce)」에서 다음과 같이 서술하고 있다.

"모든 노동자들은 자신의 팔과 손, 즉 노동을 제공해야 했다. 물론 자신의 지식과 기술도 제공해야 했다. 이러한 현상은 특히 유럽 중부의 광부들에게서 분명하게 나타났다. 오랜 기간 동안 독립적인 숙련공들로 소규모 그룹으로 일을 해왔던 이들은 15~16세기에 와서는 더욱 깊은 곳의 광물들을 캐낼 장비에 투자할 수 있는 여력을 가진 상인들의 통제하에 들어가게 되었다. 그후 이들은 임금노동자로 전락하게 되었다."

그 이후 수세기 동안 경영적 사고에는 새로운 요소가 등장하게 되었다. 기업이 어려움에 처하게 되면 일자리가 먼저 잘려나갔다. 그 이유는 자본재(투자자의 신용까지 포함해서)가 훨씬 희소하고 값지기 때문이며, 경영자들은 자본의 최적화가 자신들의 최우선 과제라고 간주하게 되었다. 예컨대, 1930년대의 대 공황기에도 만약 투자된 자본의 한 토막이라도 회수시키는 데 도움이 된다면 관련기관들과 합병하거나 없애버리는 것이 훌륭한 금융관행이라고 생각되었다(이런 관행이 매우 모진 듯 보이지만 당시로서는 어쩔 수 없는 일이었다. 자본을 공급하는 기관들은 오늘날처럼 견실하게 건재하기 어려웠고, 스스로의 생존을 위해 싸워야만 했다). 기업들의 자본에 대한 이러한 태도는 그들의 오랜 사촌격인 교회와 군대가 지닌 자본에 대한 태도와는 전혀 다른 것이었다. 제2차 세계대전 중 던커크 전선에서의 모진 퇴각시에도 영국의 원정대는 군인들을 구하기 위해 자신들의 병기들을 포기했었다. 자본재가 사람만큼 중요한 것이 아니었기 때문이다.

그러나 20세기가 진행되는 동안 서구의 국가들은 자본의 시대로부터 지식의 시대로 탈바꿈을 하게 되었다. 당시 경영자들이 분명하게 인식하기는 어려웠지만 자본의 희소성은 점차 소멸되고 있었다. 제2차 세계대전 이후 엄청난 자본이 축적되기 시작했다. 개인(가계)과 은행 그리고 기업들 모두 매우 활력이 넘쳤다. 기술 또한 변하기 시작했다. 전자통신기술, TV, 컴퓨터, 상업용 항공기 등의 기술 발전에 힘입어 자본을 더욱 바르게 대체할 수 있게 만들었으며, 이는 결국 자본의 희소성을 반감시키는 결과를 초래했다.

자본획득이 용이해지자 생산의 핵심 요소도 사람으로 바뀌었다. 그러나 단순한 노동으로의 변화는 아니었다. 지식이 자본을 대체하였고 기업성패의 핵심으로 등장하였다. 지식을 보유하고 이를 활용할 줄 아는 사람들이 사회의 가장 부유한 구성원들로 등장하였다. 전문기술자, 투자은행 전문가, 창의적 예술가, 새로운 발상의 촉진자들이 그 범주이다. 이는 단순히 상사의 명령에 따라 기술적 기능을 수행하는 사람들을 필요로 하는 모습이 아니다. 일의 복잡성이 더욱 커짐에 따라 발명과 혁신의 원천이 될 사람들을 필요로 하게 되었으며, 전체적인 일 공동체를 통해 발명과 지식을 평가하고 전파시킬 수 있는 사람들을 필요로 하는 사회가 되었다. 회사 전체를 대표하는 판단은 더 이상 최고상층부 소수인들의 전유물이 될 수 없게 되었다.

방향 감각이 서지 않았던 1950년대를 돌이켜보더라도 자본으로부터 지식으로 가치가 이동되는 것을 볼 수 있을 것이다. 당시 자본이 빈약하면서도 두뇌가 풍부한 기업들과 파트너들의 출현이 두드러졌다. 국제적인 회계감사기업들, 경영자문회사들, 광고와 언론매체 회사들이 그러한 예들이었다. 10년 또는 20년도 채 못 가서 이들 기업들마저 폭발적으로 성장하고 있는 소프트웨어와 정보기술 기업들에 의해 그 존재가 가려지고 있다. 이들 두뇌집약적 기업들은 낡은 자본집약적 방식으로 관리될 수 없다. 경영자들은 그들의 우선순위들을 자본의 최적화를 위한 기업운영에서 인재의 최적화를 기하는 방식으로 바꾸어야 한다. 이러한 기업들에서 사람은 지식의 전달자들이며 동시에 경쟁적 우위의 원천인 것이다.

기업은 사람들이 가격을 지불하고 사고자 하는 재화와 용역을 산출하며, 이는 생산의 3대 요소들인 토지, 노동, 자본의 최적 결합을 통해 이루어진다. 이 3대 요소들은 서로 대체가 가능하다. 예컨대, 노동은 자본으로 대체될 수 있다. 생산요

그림 2-1 가치창출 핵심요소의 변천

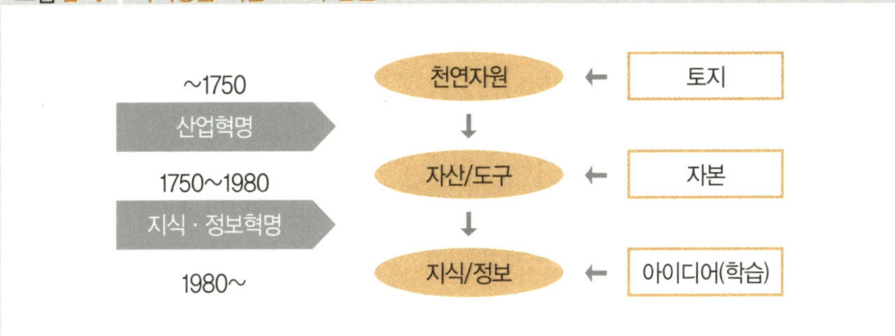

소들의 최적결합은 기업의 최대 이익을 위해 최소의 비용과 최대의 가격으로 재화와 용역을 산출해 내는 조합을 의미한다.

(2) 권력의 새로운 의미 – 지식[1)]

하나의 혁명이 베이컨 이후 오늘날의 세계를 휩쓸고 있다. 과거의 어떠한 천재도 –손자(孫子)나 마키아벨리(Niccolo Machiavelli), 그리고 베이컨 자신도–오늘날과 같은 격렬한 '권력이동', 즉 물리력과 부 자체가 놀라울 정도로 지식에 의존하게 되리라는 것을 상상하지 못했다.

얼마 전까지만 해도 군사력은 기본적으로 정신이 결여된 주먹의 연장이었다. 오늘날의 군사력은 거의 전적으로 '응고된 정신(Congealed Mind)' –즉, 각종 무기와 감시기술에 구현된 지식–에 의존하고 있다. 인공위성에서 잠수함에 이르는 각종 현대식 무기들은 정보강화 전자부품들로 구성되어 있다. 오늘날의 전투기는 날아다니는 컴퓨터이다. 오늘날에는 심지어 '무언의 무기(dumb weapon)' 들까지도 초자동 컴퓨터나 전자칩의 도움으로 제조되고 있다.

한 가지 예를 들자면, 군대는 지금 미사일 방어망에 컴퓨터화한 지식– '전문가 시스템(expert system, 전문가의 지식을 컴퓨터에 입력시켜 이용하는 시스템)–을 사용하고 있다. 음속 이하의 미사일은 속도가 초당 1,000피트 정도이기 때문에 효과적 방어망은 1만분의 1초로 반응할 필요가 있다. 그러나 전문가 시스템은 인간인 전문가들이 만들어 낸 1만~10만 가지의 명령을 구현시킬 수 있다. 컴퓨터는 어떤 위협에 대한 반응방법을 결정하기 위해 이 명령들을 훑어보고 평가하고 상호 연관시켜야 한다. 따라서 「디펜스 사이언스」지에 따르면, 미국방성의 첨단연구기획청은 장기 목표로 '초당 100만 가지 논리적 추리' 가 가능한 시스템을 설계하기로 했다고 한다. 논리 · 추리 · 인식론–요컨대 인간과 기계의 두뇌작용–이 오늘날 군사력의 필수조건이 되고 있다.

마찬가지로 오늘날 부가 더욱 더 두뇌력에 의존하고 있다는 말이 업계의 상투어가 되어 있다. 선진경제는 컴퓨터가 없으면 30초 동안도 운영할 수 없을 것이다. 그리고 생산의 새로운 복잡성, 여러 가지 다양한(그리고 끊임없이 변화하는) 기술의 통합, 시장의 탈대량화 등은 체제가 부를 생산하도록 만드는 데 필요한 정보의

1) 앨빈 토플러, 권력이동, 한국경제신문사, 1991.

양과 질을 급속도로 증대시켜 가고 있다. 더구나 우리는 지금 겨우 이같은 '정보화' 과정의 초기에 와 있을 뿐이다. 우리가 가지고 있는 최고의 컴퓨터들과 CAD-CAM(컴퓨터를 이용한 설계-생산)시스템들은 아직 돌도끼처럼 원시적인 것이다.

그러므로 지식 그 자체는 최고품질 권력의 원천일 뿐 아니라 물리력과 부의 가장 중요한 요소이기도 하다. 다른 말로 표현하면 지식은 금권과 완력의 부속물이 아니라 이제는 그 본질적 요소가 되어가고 있는 것이다. 실제로 지식은 이제 궁극적인 증폭자가 되었다. 이것이 우리 앞에 놓여 있는 '권력이동'의 핵심문제이다. 그것은 또한 오늘날 전 세계에 걸쳐 왜 지식과 통신수단 장악을 위한 전쟁이 벌어지고 있는 가를 설명해 주고 있다.

그리스 엘레아학파의 철학자인 제노는 만일 여행자가 매일 자기 목적지의 절반까지만 간다면 항상 가야 할 나머지 절반이 남게 되기 때문에 영원히 최종 목적지에 도달할 수 없다고 지적한 바 있다.

마찬가지로 우리는 어떤 현상에 관해 결코 최종적인 지식에 도달할 수는 없지만 개략적인 이해를 향해 한 발 더 가까이 다가가는 것은 항상 '가능'하다. 지식은 적어도 이론석으로는 무한히 확대될 수 있다.

지식은 또한 완력이나 돈과는 본질적으로 다르다. 대체로 내가 총을 사용하면 상대방은 그 총을 동시에 사용할 수 없다. 또 상대방이 돈을 사용하면 나는 그 돈을 동시에 사용할 수 없다. 그러나 지식의 경우는 쌍방 모두가 동일한 지식을 서로를 위해 사용하거나 또는 서로 불리하게 사용할 수 있다. 더구나 바로 그러한 과정에서 더욱 새로운 지식을 만들어 낼 수도 있다. 총알이나 돈과는 달리 지식 그 자체는 소진되는 법이 없다. 이것만으로도 우리는 지식-권력 게임의 규칙이 자기 의지를 실현하기 위해 물리력이나 돈을 사용하는 사람들의 처세훈과 분명히 다르다는 것을 알 수 있다.

그러나 이른바 정보시대에 들어서면 폭력 및 부를 지식과 구별짓는 더 한층 중요한 마지막 차이점이 드러난다. 원래 물리력과 부는 모두 강자와 부자의 소유물이다. 지식은 약자와 가난한 자도 소유할 수 있으며 이것이야말로 지식이 갖는 진정으로 혁명적인 특징이다.

지식은 가장 민주적인 권력의 원천이다.

설사 강자가 자신의 권력을 강화하기 위해 지식을 사용하는 경우라 할지라도 지식은 강자에게 지속적인 위협을 가한다. 한 가정의 가부장에서 회사의 사장이나 국가의 총리에 이르기까지 모든 권력 소유자가 저마다 자기 영역 내에서 지식의 양 · 질 및 배분을 통제하고자 하는 것도 바로 이 때문이다.

권력의 3요소라는 개념은 여기서 한 가지 주목할 만한 아이러니에 도달하게 된다.

적어도 지난 300년 동안 모든 산업화 국가 내의 가장 기본적인 정치 투쟁은 부의 배분–누가 무엇을 가질 것인가–을 둘러싼 것이었다. '좌익'과 '우익' 또는 '자본가'와 '사회주의자'와 같은 용어들은 이 근본적인 문제를 축으로 한 것이다.

그러나 가난한 자와 부자로 심하게 분열된 그 세계에서 부가 몹시 잘못 배분되기는 하였지만 그래도 다른 두 가지 세속적인 권력의 원천들과 비교하면 부는 지금까지, 그리고 지금도 잘못 배분된 정도가 덜한 편이었다. 부자와 가난한 자간의 격차가 아무리 크더라도 무장한 자와 무장하지 않은 자, 그리고 무지한 자와 교육받은 자간의 격차는 이보다 훨씬 더 크다.

오늘날 급변하는 풍요한 국가들에서는 소득과 부의 온갖 불평등에도 불구하고 권력투쟁은 앞으로 더욱 더 지식의 배분과 그 접근기회를 둘러싼 투쟁으로 바뀌어갈 것이다. 바로 이러한 이유 때문에 지식이 어떻게 누구에게 흘러가는가를 이해하지 못하는 한 우리는 권력남용으로부터 스스로를 보호하지도 못하고 내일의 기술이 약속해 주는 보다 살기 좋고 민주적인 사회를 창조하지도 못할 것이다.

지식의 장악이야말로 인류의 모든 조직체에서 전개될 내일의 전세계적 권력투쟁에서 핵심문제인 것이다.

2) 신지식인

(1) 신지식인이란?

신지식인은 새로운 발상으로 지식을 창조 · 활용하여 일하는 방법을 혁신함으로써 가치를 창출하는 사람이다.

신지식인은 학력의 높 · 낮음이나 특정 직업에 관계없이 자신이 하고 있는 일을 새롭게 발전시키고, 창출한 지식을 나누고 공유하는 사람이다.

앞으로 전개될 지식기반사회에서는 '지식'이 강력한 경쟁력의 원천이다. 이때의 '지식'은 학교에서 배운 이론적 지식뿐만 아니라 현장경험을 통해 얻은 경험지식도 포함된다.

각자의 분야에서 나름대로의 노하우(know-how)를 개발하여 가치를 창출한 사람이라면 누구나 '신지식인' 이 될 수 있다.

신(新)지식인(Homo-knowledgian)

- 신지식인 : 자신이 맡은 일을 개선 · 개발 · 혁신하는 방법을 알고 있으며 그에 관련된 지식을 기록 및 활용하고 다른 사람과 공유함으로써 부가가치를 높이는 사람
- 방법지(方法知) : 자신이 처한 상황에서 원하는 결과를 얻을 수 있는 방법

(2) 신지식인의 분류

많은 미래학자들이 지식시대가 왔다느니, 새 천년은 신지식인이 주도한다느니 하는 말들을 서슴없이 하고 있다. 또 세계은행(World Bank)이나 경제협력개발기구(OECD) 등 국제기구들에서는 신지식인 육성을 위한 연구에 골두 중인 것으로 전해진다.

그렇다면 신지식인(Homo-Knowledgian)이란 무엇인가? 신지식이론을 주창한 사람들은 신지식인을 연구자나 문필가처럼 지식활동에 종사하는 사람을 가리키는 것이 아니라고 강조한다. 자신이 하는 일을 개선 · 개발 · 혁신해서 부가가치를 높이는 사람이면 누구나 신지식인으로 분류할 수 있다는 얘기다. 예전부터 있던 책 속의 지식에 묶이지 않고 경험을 통해 터득한 지식까지 제대로 쓰는 사람이 바로 신지식인인 셈이다.

사실 신지식인이란 말로 정리했기 때문에 새롭게 느껴지는 것일 뿐 내용을 뜯어보면 어느 날 갑자기 나타난 개념은 아니다. 대량생산 · 대량소비사회가 지식 · 정보화 사회로 넘어가는 과정에서 한층 중요해진 지식의 활용과 맞물려 등장한 것일 뿐이다.

신지식이론자들은 신지식인이 갖춰야 할 가장 중요한 덕목 중 하나가 자신만의 지식에 그치지 않도록 다른 사람과 노하우를 공유하려는 자세라고 말한다. 그렇게 함으로써 부가가치가 한층 더 커지고 조직의 활력도 높아진다는 설명이다.

이런 정의에 따른다면 대학교수만이 지식인은 아니다. 컴퓨터 황제인 빌 게이츠에서부터 우편배달부, 파출부, 농사꾼은 물론 막노동자라도 충분히 지식인이란 호칭을 얻을 수 있다. 물론 그런 호칭을 얻으려면 항상 새로운 지식과 노하우를 얻으려고 노력하고 그것을 실천에 옮기는 데 머뭇거리지 않는 행동력이 필수적이다. 조직생활을 하는 사람이라면 자신의 노하우와 현장지식 · 문제의식을 동료들과 나누려는 노력을 끊임없이 기울여야 한다.

신지식인이란 개념에 호의를 보이는 것과는 상관없이 신지식인 개념에 녹아 있는 삶의 자세를 갖추는 게 21세기를 살아갈 사람들의 경쟁력이 된다는 데는 이론의 여지가 없는 듯하다.

그림 2-2 신지식인의 분류

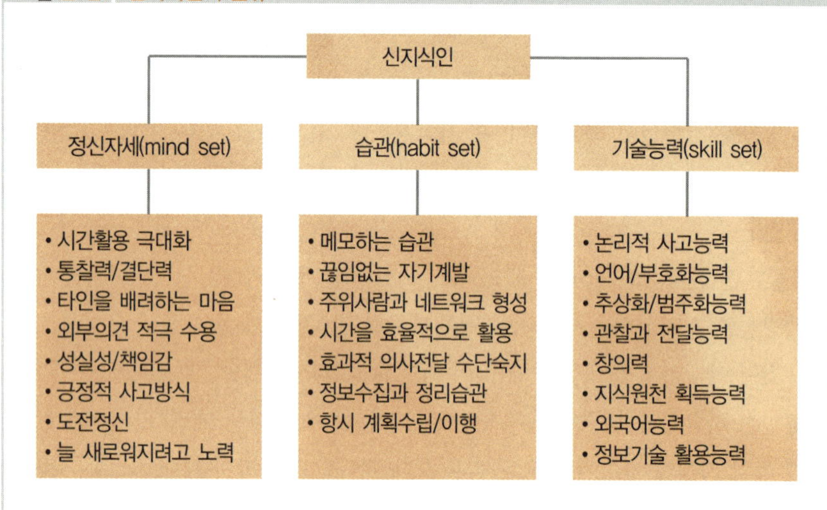

① 신지식인의 4대 덕목

1 창조적 사고(creative thought)

기존의 패러다임과 관성을 탈피하여 새로운 가치체계 창조

예 미국의 인터넷 창조, Diner에 의한 신용카드 창조, 아인슈타인의 상대성 원리 등

2 혁신적 발상(innovative idea)

새로운 각도에서 사물을 관찰하고 혁신적인 해결방법 제시

㉔ 스티브 잡스의 GUI, 인터넷전문서점 Amazon 등

3 발상을 실현시키는 강인한 의지(strong will for performance)

타인들의 일시적인 평가에 연연하지 않고 각고의 노력으로 자신의 신념을 실현

㉔ 김정호의 대동여지도, 콜럼부스의 신대륙 탐험 등

4 정보의 공유를 위한 열린 사고(open mind for common ownership)

자신의 지식과 노하우를 동료 · 후배들과 공유할 뿐만 아니라 사회 전반으로 확산시켜 공공이익의 증진을 추구한다. 소위 '파이' 자체의 크기를 늘리는 데 공헌하였을 뿐만 아니라 그들이 키운 '파이'를 사회적으로 나누는 데도 앞장

㉔ 허준의 동의보감, Netizen의 Linux 개발 등

② 신지식인의 필요조건

신지식인은 기본적으로 자신이 하고 있는 일과 관련된 지식을 체득하고 이를 부가가치 창출과정에 활용할 줄 알아야 한다. 특히 신지식인 보고서는 인간이 보유하고 있는 지식을 세 종류로 구분해 신지식인의 지식활동을 언급하고 있다.

사물지는 사물의 존재 자체에 대해 인식하고 있는 인지상태로서 노란색이나 빨간색을 아는 것이라든지 자유나 정의에 대한 개념을 알고 있는 것이다. 사실지는 물이 산소와 수소로 이루어져 있다든지 한국전쟁은 1950년에 일어났다와 같은 지적 사실이나 사실적 명제를 아는 것이다. 우리가 학창시절에 교과서에서 배우는 대부분의 지식이 이에 해당한다.

방법지는 행동과 결과간의 인과관계를 앎으로써 인간의 욕구를 해결하는 지식이다. 구두를 잘 닦기 위해 어떻게 해야 할지를 아는 것이라든지 지식경영시스템을 도입하려면 어떻게 해야 할지를 아는 것 등이 이에 해당한다.

신지식인이 되려면 사물지와 사실지만으로는 부족하며 이를 바탕으로 자신의 일을 고부가 가치화할 수 있는 방법지를 체득하는 것이 신지식인의 필요조건인 셈이다.

③ 신지식인의 충분조건

자신의 영역에 관한 지식을 계속해서 습득하고 향상시켜 나가기 위해서는 지식의 생성, 저장, 활용, 공유를 지속적으로 해 나갈 수 있는 능력을 갖추어야 한다.

이처럼 4가지 지식활동을 해야 하는 이유는 환경변화로 인해 습득해야 할 사물지와 사실지, 방법지가 다양해지고 있으며 기존 지식도 끊임없이 변화하고 있기 때문이다.

이들 지식활동은 독립적으로 존재하는 것이 아니라 상호 영향을 주고받으면서 지식을 고도화한다. 신지식인은 4가지 지식활동을 끊임없이 수행하면서 지식의 수준을 높이고 이를 생산과정에 투입해 새로운 가치를 창조하는 사람이다. 이 중 우리 사회에서는 지식의 공유활동이 특히 부족했다는 점에서 신지식인의 중요성을 알 수 있다.

조직 전체의 부가가치 향상을 위해 자신이 속한 공동체 내에서 지식을 제공하고 타인의 지식을 전수받는 공유활동의 중요성이 높아지고 있기 때문이다. 또한 이 같은 지식활동의 능력을 갖추기 위해서는 정신자세(Mind set), 습관(Habit set), 기본능력(Skill set)을 갖추는 것이 필수적이다.

사례

대우명장 김규환

저는 국민학교도 다녀보지 못했고 5대 독자 외아들에 일가 친척 하나 없이 15살에 소년가장이 되었습니다. 기술 하나 없이 25년 전 대우중공업에 사환으로 들어가 마당 쓸고 물 나르며 회사생활을 시작했습니다. 이런 제가 훈장 2개, 대통령 표창 4번, 발명특허대상, 장영실상을 5번 받았고 1992년 초정밀 가공분야 名匠으로 추대되었습니다. 어떻게 이런 제가 우리나라에서 상을 제일 많이 받고 명장이 되었는지 말씀드릴까요?

■ 사환에서 名匠이 되기까지

부지런한 사람은 절대 굶지 않는다,

제가 대우에 입사해서 현재까지 오는 과정을 말씀드리겠습니다. 제가 대우에 입사할 때 입사자격이 고졸 이상 군필자였습니다. 이력서를 제출하려는 데 경비원이 막아 실강이하다 당시 사장이 우연히 이 광경을 보고 면접을 볼 수 있게 해줬습니다. 그러나 면접에서 떨어지고 사환으로 입사하게 되었습니다. 사환으로 입사하여 매일 아침 5시에 출근하였습니다. 하루는 당시 사장님이 왜 일찍 오냐고 물으셨습니다. 그래서 선배들 위해 미리 나와 기계 워밍업을 한다고 대답했더니 다음날 정식기능공으로 승진시켜 주시더군요. 2년이 지난 후에도 계속 5시에 출근하였고 또 사장님이 질문하시기에 똑같이 대답했더니 다음 날 반장으로 승진시켜 주시더군요.

내가 만든 제품에 혼을 싣지 않고 품질을 얘기하지 마십시오.

제가 어떻게 정밀기계 분야의 세계 최고가 됐는지 말씀드리겠습니다. 가공시 1℃ 변할 때 쇠가 얼마나 변하는지 아는 사람은 저 하나 밖에 없습니다. 이걸 모를 경우 일을 모릅니다. 제가 이것을 알려고 국내 모든 자료실을 찾아봤지만 아무런 자료도 없었습니다. 그래서 공장 바닥에 모포 깔고 2년 6개월 간 연구했습니다. 그래서 재질, 모형, 종류, 기종별로 X-bar값을 구해 1℃ 변할 때 얼마 변하는지 온도치수가공조견표를 만들었습니다. 기술공유를 위해 이를 산업인력관리공단의 「기술시대」란 책에 기고했습니다. 그러나 실리지 않았습니다. 그런데 얼마 후 3명의 공무원이 찾아왔습니다. 처음에 회사에서는 큰일이 일어난 줄 알고 난리가 났습니다. 그런데 알고 보니 제출한 자료가 기계가공의 대혁명 자료인 걸 알고 논문집에 실을 경우 일본에서 알게 될까 봐 노동부장관이 직접 모셔오라고 했다는군요. 장관이 "이것은 일본에서도 모르는 것이오. 발간되면 일본에서 가지고 갈지 모르는 엄청난 것입니다"라고 말했습니다.

목숨 걸고 노력하면 안 되는 일 없다.

어느 날 무서운 선배 한 분이 하이타이로 기계를 다 닦으라고 시키더라구요. 그래서 다 뜯고 닦았습니다. 모든 기계를 다 뜯고 하이타이로 닦았습니다. 기계 2,612개를 다 뜯었습니다.

6개월 지나니까 호칭이 "야 이 새끼야"에서 "김군"으로 바뀌었습니다. 서로 기계 좀 봐 달라고 부탁했습니다. 실력이 좋아 대접받고 함부로 하지 못하더군요. 그런데 어느 날 난생 처음 보는 컴퓨터도 뜯고 물로 닦았습니다. 사고 친 거죠. 그래서 그때 알기 위해서는 책을 봐야겠다는 생각을 가지게 되었습니다. 저희 집 가훈은 "목숨 걸고 노력하면 안 되는 일 없다"입니다. 저는 국가기술자격학과에서 9번 낙방, 1급 국가기술자격에 6번 낙방, 2종 보통운전 5번 낙방하고 창피해 1종으로 전환하여 5번만에 합격했습니다. 사람들은 저를 새대가리라고 비웃기도 했지요. 하지만 지금 우리나라에서 1급 자격증 최다보유자는 접니다. 새대가리라고 얘기 듣던 제가 이렇게 된 비결을 아십니까? 그것은 목숨 걸고 노력하면 안 되는 것 없다는 저의 생활 신조 때문입니다. 저는 현재 5개 국어를 합니다. 저는 학원에 다녀 본 적이 없습니다. 제가 외국어를 배운 방법을 말씀드릴까요? 저는 과욕없이 천천히 하루에 1문장씩 외었습니다. 하루에 1문장 외우기 위해 집 천장, 벽, 식탁, 화장실문, 사무실 책상 가는 곳마다 붙이고 봤습니다. 이렇게 하루에 1문장씩 1년, 2년 꾸준히 하니 나중엔 회사에 외국인들 올 때 설명도 할 수 있게 되더라구요.

진급, 돈 버는 것은 자기노력에 달려 있습니다. 세상을 불평하기보다는 감사하는 마음으로 사십시오. 그러면 부러운 것이 없습니다. 배 아파하지 말고 노력하십시오. 의사, 박사, 변호사 다 노력했습니다. 남 모르게 끊임없이 노력했습니다. 하루 종일 쳐다보고 생각하고 또 생각하면 해답이 나옵니다. 저는 제안 24,612건, 국제발명특허 62개를 받았습니다. 저는 조금이라도 도움이 되는 건 무엇이라도 개선합니다. 하루 종일 쳐다보고 생각하고 또 생각하면 해답이 나옵니다. 가공기계 개선을 위해 3달 동안 고민하다 꿈에서 해답을 얻어 해결하기도 했지요. 제가 얼마 전에는 새로운 자동차 윈도 브러시도 발명하였습니다. 유수의 자동차 회사에서도 이런 거 발명 못했습니다. 제가 발명하게 된 배경을 설명드리겠습니다. 회사에서 상품으로 받은 자동차가 윈도 브러시 작동으로 사고가 났습니다. 교통사고 후 자나 깨나 개선 생각을 했습니다. 그러다 영화 타이타닉에서 배가 물을 가르는 것보고 생각해 냈습니다. 대우자동차 김태구 사장에게 말씀 드렸더니 1개당 100원씩 로열티 주겠다고 하더라구요. 약속하고 오는 길에 고속도로와 길가의 차를 보니 모두 돈으로 보입디다.

돈은 천지에 있습니다. 마음만 있으면 돈은 들어옵니다.

■ 회사에 대한 나의 생각

저의 종교는 대우중공업敎입니다. 저는 여러분들한테 반드시 종교를 가지라고 말씀드리고 싶습니다. 저도 종교가 있습니다. 하지만 저는 교회나 절에 다니지 않습니다.

제 종교는 대우중공업교입니다. 우리 집에는 대우 깃발이 있고 식구들 모두 아침 밥 먹고 그 깃발에 서서 기도합니다. 저는 하루에 두 번 기도합니다. 아침에 기도하고 정문 앞에서 또 한번 기도합니다." "나사못 하나를 만들어도 최소한 일본놈보다 좋은 제품을 만들 수 있도록 도와주십시오."

저는 얼마 전 대표이사께 편지를 보냈습니다. 우리 애 대학 학자금 지원이 고마워 대표에게 감사편지를 썼습니다. 제가 편지를 썼더니 대표가 이상하게 생각하십디다. 혹시 명장이 뭘 더 바라는 게 있어서 그런 줄 알고요. 제가 왜 감사의 편지를 썼는지 궁금하시죠? 저는 이렇게 생각합니다. 저의 회사 여사원 받는 월급이 1년에 쌀 100가마 살 돈을 받습니다. 어디서 이런 수입을 얻겠습니까? 농부의 힘든 생활을 생각해 보십시오. 게다가 학자금까지 주니. 이런 마음 있으면 회사 업고 다닙니다.

■ 마지막 당부의 말

지금하고 있는 일에 최선을 다하는 자는 영화를 얻는다.

저는 심청가를 1,000번 이상 듣고 완창을 하게 되었습니다. 심청가에 보면 다음과 같은 구절이 있습니다.

"한번 밖에 없는 인생 돈에 노예가 되지 마라. 지금 하고 있는 일이 너의 인생이다. 지금하고 있는 일에 최선을 다하는 자는 영화를 얻는다."

힘들고 어려운 길은 반드시 행복으로 가는 길입니다. 무엇을 하더라도 부처님께 공양하는 마음으로 하십시요. 목숨 걸고 노력하면 안 되는 것 없습니다. 목숨 거십시오. 내가 하는 분야에서 아무도 다가올 수 없을 정도로 정상에 오르면 돈이 문제가 아닙니다.

내가 정상에 가면 길가에 핀 꽃도 다 돈입니다.

아는 것만큼 보인다

지난 주 울산 현대자동차와 현대중공업 방문 길에 불국사 일정이 잡혀 있었다. 불국사를 몇 번이나 갔을까? 수 차례 다녀왔던 기억에 별로 신통치는 않았지만 일행들을 실망시키지 않으려고 따라 나섰다.

불국사에 일찍 가보니 지나가는 길에 고령 대가야 고분을 보자는 제안이 나왔다. 모두 다 찬성하여 대가야 고분에 들러 5세기께 우리 조상들의 화려했던 문화를 접하고 불국사에 도착했다. 인터넷 카페 '신라사람들'에서 가이드 한 사람이 기다리고 있었다.

불국사(佛國寺), 그냥 부르는 이름이었는데, 세계에서 하나밖에 없는 '부처님

나라' 를 상징하여 만든 사찰이라는 말을 들으니 심상치 않은 기운이 들어왔다. 우리가 사는 '사바' 세계에서 부처님 나라에 가기 위해서는 다리가 있어야 한다는 것이다. 그래서 불국사를 오르는 계단을 청운교(靑雲橋)와 백운교(白雲橋)라고 불림도 알게 되었다.

우리 눈으로는 계단일 뿐인데 이 계단이 다리인 것은 이 세상과 부처님 나라를 이어 주기 때문이라니 불국사를 창건한 김대성의 깊은 뜻을 헤아릴 수 있었다. 지금은 청운교, 백운교는 건널 수 없고 돌아서 대웅전에 갔다. 대웅전은 석가모니 부처님을 모시는 곳이다. 대웅전 앞 조그마한 석판(石板) 앞에 섰다. 이 석판의 이름이 바로 야단(野壇)이라는 것이다. 부처님의 설법을 들으러 너무 많은 인파가 모여 안으로 들어가지 못한 사람들을 위해 야단을 놓고 법석(法席)을 깔아 설법을 듣도록 했었다. 이것이 야단법석(野壇法席)이다. 이 설명을 듣고 야단을 사세히 들여다보니 그 문양이 바로 제단의 모습으로 역력히 보였다. 역시 아는 것만큼 보인다는 말이 새삼 크게 다가왔다.

올해 불국사는 더욱 아름다웠다. 이것저것 알고 보니 더욱 아름답고 큰 뜻이 보여왔다. 우리 문화유산의 가치와 우수성을 알 수 있을 것 같았다. 어느덧 땅거미가 지고 아쉬운 발길을 돌려야 했다.

현대자동차와 현대중공업은 한국의 저력이었다. 연간 160만대의 자동차 생산, 단일공장으로는 세계 세일이라고 한다. 현대중공업에서 만든 LST(대륙상륙함)는 한 척 값이 1조 2천억원이라고 하니 그 액수에 놀랐지만 그 보다 우리나라가 세계에서 제일 큰 LST를 만든다고 하니 더욱 놀랍고 자랑스러웠다. 만일 이런 공장이 없다면 우리는 외제차를 타야 하고 외국배로 원유를 실어와야 하고 또한 이러한 고용효과는 누가 어디서 창출하겠는가? 한 인간으로 태어나 이렇게 엄청난 일을 이루고 떠나신 정주영 '왕회장님' 이 더욱 크게 보였다.

개인적으로는 나 자신의 왜소함을 느꼈지만 한국 사람임에 대한 자부심과 긍지를 느끼며 돌아오는 길에 통도사(通度寺)를 들렀다. 일정에는 없었지만 대웅전은 부처님을 모시는 곳이지만 통도사만은 부처님을 모시지 않은 곳이라는 불국사에서의 설명이 떠올라 확인할 필요야 없었지만 우리 일행은 약속이나 한 듯 의견이 일치했다. 통도사는 인도(印度)와 통한다는 뜻에서 지은 절이라고 한다. 영축산과 같은 산이 인도에 있다하여 통도사라고 하였다고 한다.

누가 그런 멋있는 말을 했을까? 아는 것만큼 보인다고......

– 이강옥, 「사랑방 신문」 컬럼, 2004. 11. 16 –

3) 정신적 창조

(1) 자신에 대한 첫 번째 창조자가 되라

정신적 창조는 리더십의 원칙에 기초를 두고 있다. 이 세상에 존재하는 모든 물질적 창조는 정신적 창조에 의해 이루어졌다. 첫 번째 창조는 정신적 창조요, 두 번째 창조는 물질적 창조이다.

요즘 화가들은 왜 로마 베드로성당의 천지창조와 같은 그림을 그리지 못하는가? 이는 미켈란젤로의 정신적 창조의 세계에 도달하지 못하기 때문이다. 노벨상이 있기까지의 노벨의 정신적 창조 그리고 슈바이쳐의 생명외경사상 실천은 "내 나이 30까지는 나를 위해 30이 넘으면 인류를 위해 살겠다"는 슈바이쳐의 정신적 창조에 의해 이루어졌다.

사다트는 어릴 때부터 이스라엘에 대해 증오하도록 교육을 받았고, 또 그러한 분위기에서 성장하였다. 그는 국영 TV방송에서 다음과 같이 말하곤 했다. "이스라엘이 아랍 영토의 1인치라도 점령하고 있는 한, 나는 절대로 이스라엘 사람하고는 악수하지 않겠다. 절대로 절대로!" 그러면 전국의 국민들도 열광적으로 "절대로, 절대로, 절대로!"를 외쳤다. 그는 이러한 각본에 따라 국민을 단결시키고 그들의 뜻을 한 곳에 집중시켰다.

사다트의 각본은 매우 독립적이고 민족주의적이었으며, 또 국민들에게 대단한 공감을 불러일으켰다. 그러나 그것은 동시에 매우 어리석은 것이기도 했다. 사다트는 이 사실을 잘 알고 있었다. 왜냐하면 이 각본은 상호의존적인 현실을 간과하고 있었기 때문이다. 그래서 그는 각본을 다시 썼다.

그는 젊었을 때 이집트의 화로크 왕 모반 음모 사건에 연루됐다는 이유로 카이로 중앙교도소 독방에 갇힌 적이 있었다. 그때 사다트는 각본을 다시 쓰는 과정에 대해 깨달았다. 그는 자기의 현재 심정을 떠나 자신이 갖고 있는 각본이 적절하고 지혜로운 것인지를 판단해 보는 방법을 알게 되었다. 그는 일단 자신의 마음을 비우고, 깊은 명상을 통해 자기가 갖고 있는 각본을 점검해 보고, 기도를 통해 새로운 각본을 작성했다.

사다트는 사실 그 감옥에서 나오기를 주저했다고 기록하고 있다. 왜냐하면 바로 그 감옥에서 진정한 성공이란 자신을 제대로 파악하는 데서 온다는 사실을 깨달았기 때문이다. 진정한 성공이란 물질을 소유하는 데 있는 것이 아니고, 자신과의 싸움에서 이기는 데 있다.

나세르 대통령이 통치하던 기간 동안 사다트는 비교적 중요하지 않은 직책으로 좌천되었다. 사람들은 그의 정신이 허물어졌다고 느꼈지만, 그렇지 않았다. 사람들이 자신의 시각에서 그를 바라보았기 때문에 이해할 수 없었던 것이다. 사다트는 자기 시대가 오기를 기다리고 있었다.

마침내 사다트의 시대가 도래하였다. 그가 이집트의 대통령이 되어 정치적 현실에 직면했을 때, 이스라엘에 대해 새로운 각본을 쓰고 있었다. 그는 예루살렘에 있는 이스라엘 국회를 방문하여 세계 역사상 획기적인 평화정착 발언을 하였으며, 마침내 캠프데이비드 평화협정을 체결하는 성과를 만들어냈다.

자신에 대한 자아의식을 발전시키다보면 상당수는 자신이 얼마나 가치 없는 습관, 즉 비효과적인 각본에 따라 살고 있는지, 또 삶에서 진정으로 가치를 두는 것과는 얼마나 무관하게 살고 있는지를 알게 된다.

우리는 자신의 상상력과 창의력을 이용하여 새로운 각본을 쓸 책임이 있다. 새 각본은 삶을 사는 데 좀더 효과적이고, 우리가 가장 가치 있게 생각하는 것과 좀더 일치하고, 나아가 우리의 가치를 더욱 의미 있게 해 주는 올바른 원칙에 좀더 가깝게 해 줄 것이다.

(2) 자기혁명의 지도

사람들은 누구나 좋아하는 일을 하고 보상수준이 높은 곳에서 살고 싶은 욕망을 가지고 있다. 그러나 현실적으로 그렇지 못한 것이 사실이다. 「지구를 100명이 사는 마을이라고 생각한다면」이라는 책의 저자는 자가용이 있고 컴퓨터를 사용하는 사람은 100명 중 20명 이내라고 지적한다. 이 책은 처지를 비관하라는 의미가 아니고 감사하라는 뜻에서 썼다고 본다.

역시 자기 혁명의 지도에서도 보상수준은 낮고 하고 싶은 일도 아닌 곳에서 살고 있는 사람은 지구상에 90% 이상이라고 한다. 이들이 보상수준도 높고 좋아하는 일에서 살고 싶으면 어떻게 해야 하는가? 사람들은 바로 대각선으로 올라가려고 한다. 그러하기 때문에 오르지 못하는 것이다. 그 길은 돌아갈 수밖에 없다. 먼저 일을 좋아하는 것부터 시작해야 한다. 그럼 보상수준도 그대로 이지만 일이 좋아지니 실력이 늘고 생산성도 오르게 된다. 그 이후는 어떻게 되겠는가? 대학(大學)의 가르침은 지소선후(知所先後)라고 했다. 모든 일에는 선후(先後)가 있음을 깨달아야 한다.

그림 2-3 자기혁명의 지도

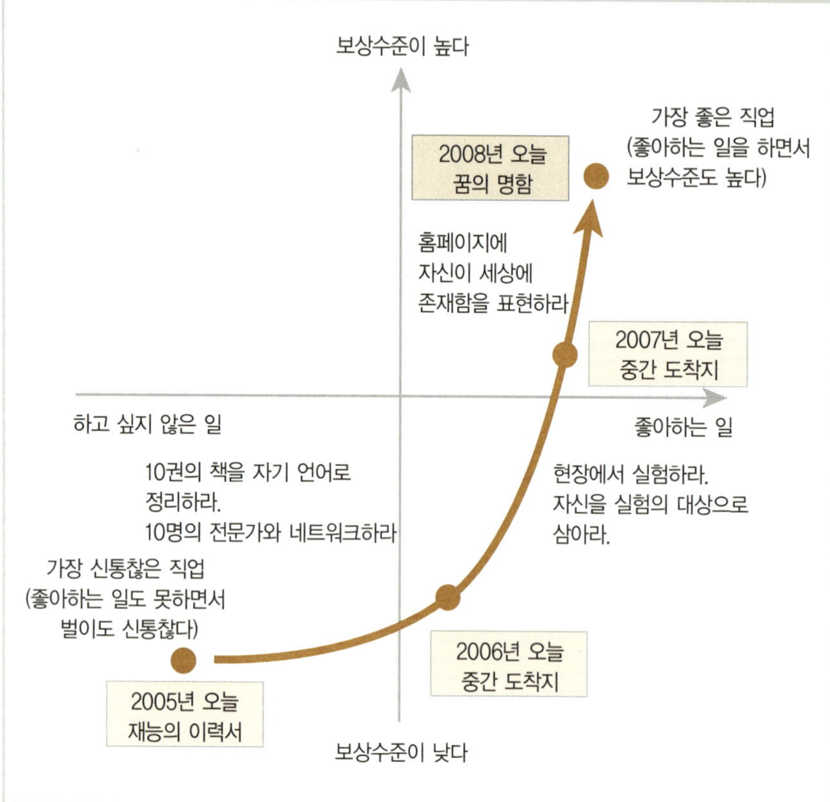

자료 : 구본형, 그대 스스로를 고용하라. p.130.

롤페 커(Rolfe Kerr)는 자신의 개인적 신조를 다음과 같이 표현하고 있다

우선 가정에서 성공하라.
신의 도움을 갈구하라.
정직함을 결코 타협의 대상으로 삼지 말라.
인간관계를 맺고 있는 사람들을 늘 기억하라.
판단을 내리기 전에 우선 양측의 말을 다 들어라.
다른 사람의 충고를 귀담아 들어라.
그 자리에 없는 사람을 옹호하라.
성실하되 결단력을 가져라.
능숙하게 할 수 있는 무언가를 1년에 하나 정도 계발하라.
내일의 계획을 오늘 짜라.
기다리는 동안 시간을 낭비하지 말고 무엇인가를 하라.
적극적인 태도를 가져라.
유머 감각을 잃지 마라.
몸소 정돈된 생활을 하고 정연하게 일하라.
실수를 두려워하지 마라. 그 대신 그러한 실수들에 대한 창의적, 건설적 그리고 개선적인 대책의 부재를 두려워하라.
부하들이 성공할 수 있도록 이끌어 주라.
두 번 듣고 한 번 말하라.
현재 하고 있는 일에 최선을 다하라. 다음 일이나 승진에 대해서 미리부터 걱정하지 마라.

토 | 의 | 과 | 제

1. 당신의 비전은 무엇인가? 정상(頂上)은 어디인가? 그럼 얼마나 추극(推極)하고 있는가?
2. 격물(格物) · 치지(致知)를 마치면서 격물(格物) · 치지(致知)에 이른 사람을 무엇이라 부르는가?

3. 성의 - 참되게 살기 -

大學의 가르침

대학에 의하면 "사물의 이치가 규명된 후에야 지혜가 생기고, 지혜가 생긴 후에야 생각이 성실하여진다(格物而後知至, 知至而後意誠)"라고 하였다. 그럼 성의란 무엇을 말하며, 또 치지 격물이 어떠한 의미에서 마음을 성실하게 만드는 것인가.

의(意)란 주자에 의하면, '의자심지소발(意者心之所發)'이라 하였다. 즉 사려 · 정서 · 욕망 등의 총칭이다. 그리고 심(心)이란 의의 본체로서 욕망을 의라 한다면 심은 마치 품성과 같은 것이다.

다음으로 성(誠)이란 참된 것이다. 이른바 자기의 생각을 성실하게 한다는 것은 자기를 속이는 일이 없도록 하는 것이니 나쁜 냄새를 싫어함과 같으며, 잘 생긴 여인을 좋아함과 같은 것을 일컫어 스스로 자족해 한다고 하는 것이다(所謂誠其意者, 毋自心也, 如惡惡臭, 如好好色, 此之謂自謙). 스스로 속이지 않음은 소극적인 면이요, 스스로 마음에 흡족해 함은 적극적인 면이다. 그러나 이 두 가지는 서로 모순되는 것이 아니니, 스스로 속이지 아니하면 자연 흡족해지는 것이다. 그렇다면 스스로 속이는 것을 막고 마음에 흡족하게 되는 방법은 무엇인가? 대학은 신독(愼獨)을 말한다. 신독이란 혼자 있을 때를 조심하라는 뜻이다.

마음을 바르게 하기 위해서 성의가 필요한 이유는 또 무엇인가? 이것은 심(心)과 의(意)의 관계에서 설명될 수 있을 것이다. 심은 의의 실체며, 의는 심의 작용이기 때문에 양자는 상관적 관계에 있는 것이다, 만약 비성의한 행실이 계속 겹친다고 할 때 그것이 동기가 되어 마음에 악영향을 미치게 되고 여기에 악품성을 형성하게 되는 것이다. 성(誠)이 사람을 통해 나타나게 되는 것이 성(性)이다. 중용(中庸)의 천명지위성(天命之謂性)이 바로 그것이다.

誠者 天地道也 誠之者 人之道也 不誠無物

성자 천지도야 성지자 인지도야 불성무물

현대적 의미로 해석해 보면, 내 인생에서 참되고 가장 소중한 것에 열정을 다하면 지성감천이 이루어진다는 것이다. 성(誠)이란 말(言)대로 이루어(成)진다는 말로서, 말(言)의 힘을 뜻한다. 그러므로 성(誠)은 나의 사명에 대한 실천으로서 약속을 지키는 것, 참되고 바른 것을 뜻한다.

1) 성품의 개발

(1) 성격(性格)

성격(personality)이란 단순히 매력이 있다거나, 인생에 대한 긍정적인 태도를 가지고 있다든지 항상 웃는 얼굴을 하고 있다는 것 등만을 의미하지는 않는다.

심리학분야에서는 성격이란 보통 한 개인의 전체적 심리체계의 성장과 발전을 의미하는 동태적인 개념으로 정의된다.

첫째, 한 개인의 심리과정의 어떤 단면을 나타내는 개념이 아니라 각 단면들의 포괄적인 총체(aggregate whole)를 의미하는 개념이다. 흔히 성격과 가치관, 태도, 지각, 학습 등과 같은 단면적 심리상태, 혹은 심리적 과정과의 관계는 어린아이들이 가지고 노는 맞추기용 조각그림에 비유된다. 하나 하나의 심리적 과정을 조각그림이라고 한다면 성격은 조각그림을 맞추어 놓은 완전한 그림이라는 것이다. 그러나 혹자는 양자간의 관계가 맞추기용 조각그림의 경우에서처럼 전체와 부분의 합이 같게 되는 정도의 것이 아니라, 벽돌과 집의 관계처럼 전체가 부분의 합보다 크게 되는 것으로 본다. 즉, 한 채의 벽돌집을 짓기 위해서는 벽돌이 꼭 필요하지만 벽돌만으로는 집을 지을 수 없고 시멘트나 목재들이 필요하기 때문에 집이 벽돌들의 단순한 합계보다 크다. 이렇듯 개별적인 심리적 과정들의 합계 이상이라는 것이다.

둘째, 성격이란 한번 형성되면 고정되는 실체가 아니라 한 개인의 전체적인 심리체계의 성장과 발전을 나타내는 개념으로 파악되어야 한다. 성격에 대한 정의 가운데 가장 널리 받아들여지고 있는 것은 올포트(G.W. Allport)의 정의이다. 그는 성격을 "개인이 환경에 적응하는 독자적인 방식을 결정해 주는 심리적 · 신체적 체계들의 동태적 조직"이라고 정의하고 있다.

성격은 보다 구체적으로 "한 개인이 타인에게 영향을 미치는 방식과 자신을 보고 이해하는 방식 및 측정 가능한 내적, 외적 특성의 패턴"이라고 정의되기도 한다. 이 정의에 따를 때 한 개인이 타인에게 어떻게 영향을 미치는가는 그 자신의 신체적 외관과 행위의 함수이기 때문에, 타인에 대해 영향을 미치는 방식이란 곧 개인의 외모와 행동을 나타낸다. 자신에 대한 이해란 우리들 각자가 나름대로의 태도와 가치관을 가진 독특한 존재라는 점과, 환경과의 계속적인 상호작용을 통해 형성된 나름대로의 자기 이미지(self-image)를 가지고 있다는 점을 깨닫는 것을 의미하기 때문이다. 곧 자신에 대한 이해방식이란 자신의 태도, 가치관 및 자기 이미지를 나타내는 것이다.

셋째, 측정 가능한 특성의 패턴이란 그 사람이 밖으로 내보이는 일련의 특징들, 예를 들어 화를 잘 낸다거나 처음 보는 사람과도 이야기를 잘 한다거나, 목소리가 크다거나 하는 것 등을 가리킨다.

이상에서 살펴본 바와 같이, 성격은 매우 광범위하고 난해한 개념으로 이에 대한 정의도 다양하지만, 여기서는 성격을 한 개인을 특징 지우는 모든 내적, 외적(또는 심리적, 신체적) 요인들의 총체라고 정의한다.

① 카텔의 16가지 성격특성 이론

카텔(R.B. Cattell)은 성격특성과 유형을 광범위하게 연구하여 16가지의 기본적인 성격특성(16 personality traits)을 확인하였다.

그는 이 16가지 성격특성을 "고정적이고 일정한 행동의 원천(steady and constant sources of behavior)"이며, 인간행동의 예측도 가능하다고 주장하였다. [표 2-3]에는 카텔이 주장하는 16가지의 기본특성(짝을 이루고 있음)을 나타낸 것이다.

카텔은 이러한 기본특질의 조합이 수많은 독특한 성격을 파생시킨다고 주장하였는데, 특성에 관한 용어들을 정의하기가 다소 어렵고, 결과의 신뢰도를 입증하기 어렵다는 문제점을 안고 있다.

그런데 특성이론(type-trait theory of personality)은 순환논리에 빠진 경우가 많다. 가령 특성이론가들은 "A라는 사람의 성격은 침착하고 소극적이며 조용하다. 따라서 A의 성격은 내성적(reserved)이다"라고 주장하는데, 내성적이라는

| 표 2-3 | Cattell의 16가지의 기본특성

1. 내성적인(reserved)	·········	외향적인(outgoing)
2. 덜 총명한(less intelligent)	·········	더 총명한(more intelligent)
3. 감정에 사로잡히는(affected by feelings)	·········	감정적으로 안정적인(emotionally stable)
4. 복종하는(submissive)	·········	지배적인(dominant)
5. 고민이 많은(serious)	·········	태평한(happy-go-lucky)
6. 편의주의적인(expedient)	·········	양심적인(conscientious)
7. 겁이 많은(timid)	·········	모험적인(venturesome)
8. 심성이 강인한(tough-winded)	·········	감수성이 예민한(sensitive)
9. 남을 잘 믿는(trusting)	·········	의심이 많은(suspicious)
10. 현실적인(practical)	·········	상상력이 풍부한(imaginative)
11. 솔직한(forthright)	·········	영악한(shrewd)
12. 자신감 있는(self-assured)	·········	걱정이 많은(apprehensive)
13. 보수적인(conservative)	·········	실험적인(experimenting)
14. 집단의존적인(group-dependent)	·········	자기충족적인(self-fullicient)
15. 억제당한(controlled)	·········	억제되지 않은(uncontrolled)
16. 느긋한(relaxed)	·········	긴장한(tense)

자료 : R.B. Cattell, Persoanlity Pinned Down, *Psychology Today*, July, 1973, pp.40~46.

표현 속에 이미 침착하고 소극적이며 조용하다는 의미가 내포되어 있으므로 순환논리적인 주장이라고 볼 수 있나. 따라서 특성이론에서는 그 성격이 어떤 과정을 통해 형성되었는지, 성격형성의 원인은 무엇인지에 대해서는 아무런 설명을 해주지 않는다는 한계를 안고 있다.

② 심리성적 발단단계와 성격형성

프로이드는 인간의 성격형성은 생후 5~6년 동안 유아기의 경험이 성격형성에 영향을 준다고 주장하였으며 리비도의 발현 정도에 따라 심리성적 발달(psychosexual development)과 이에 상응하는 성격의 형성에 영향을 미친다고 하였다. 다음에 프로이드가 주장하는 심리성적 발달단계와 성격형성이론을 간략히 소개한다.

[1] 구강기(orall stage)

사람은 생후 1년 6개월경까지는 리비도의 활동, 성적 에너지의 활동이 입 주위에 모아진다. 유아들은 이 시기에 물건을 집으면 입으로 가져가고 입과 구강, 혀를 자극함으로써 쾌감을 얻는다. 이 시기에 젖을 너무 일찍 뗀다든지 하는, 마음의 상처(trauma)를 받게 되면 리비도가 구강에 고착(fixation)되어 성인이 되어 '구강성격(oral character)'의 소유자가 된다. 구강성격은 비관적, 소극적, 새디스트적(sadistic) 특성을 지니며, 술이나 담배, 음식을 지나치게 즐기거나 수다스런 특성이 있다.

② 항문기(anal stage)

생후 2~3세경에 나타나는데 항문이나 변의 움직임으로 성적 욕구를 충족시키는 시기이다. 이 시기에는 리비도의 활동이 항문에 모아지는데 만약 이 시기를 잘 넘기지 못하고 부모가 유아에게 '변 가리기(toilet training)'를 너무 일찍 강요한다든지 하여 유아가 마음의 상처(trauma)를 받게 되면 리비도가 항문에 고착되어 성인이 되어서 '항문성격(anal chracter)'의 소유자가 된다. 항문성격은 두 가지 상반된 방향으로 형성된다. 첫째는 무절제한 배변을 통해 형성되는 'anal expulsive' 성격인데, 이 성격의 특성은 권위에 반항하며, 불결한 환경에서 생활하며, 무책임하고, 무질서하며, 낭비벽이 심하다. 둘째는 배변을 억제하는 데 익숙해짐으로써 형성되는 'anal retentive' 성격인데, 이 성격의 특성은 결벽증이 있으며, 근거 없는 죄의식을 가지고 있고 완벽을 추구하는 성격이다.

③ 남근기(phallic stage)

생후 4~5세경에 나타나는 남근기에는 리비도의 활동이 성기에 모아지고 흥분과 긴장이 성기에 집중되어 성기를 통한 자기도취를 경험한다. 이 시기에 마음의 상처를 받게 되면 성인이 되어서 '남근성격(phallic character)' 소유자가 되는데, 남근성격의 특성은 지나치게 이기적이고, 자아도취적(narcistic)이다.

프로이드의 심리성적 발달이론에 따르면 생후 12~13세경부터 사춘기(puberty)까지는 잠재기(latency)로서 리비도의 활동은 현저히 둔화되고 사람은 이성(opposite sex)이나 성적 욕구에 무관심해진다(이 시기에 Oedipus Complex 또는 Electra Complex가 나타날 수 있음).

사춘기가 되면 생식기(genital stage)에 접어들면서 신체에 생화학적 호르몬의 변화가 오면서 다시 공격적이고 성적 욕구를 추구하는 본능이 되살아나 성숙된 성인으로 성장해 나간다고 한다.

그림 2-4 심리성적 발달단계(Freud의 이론)

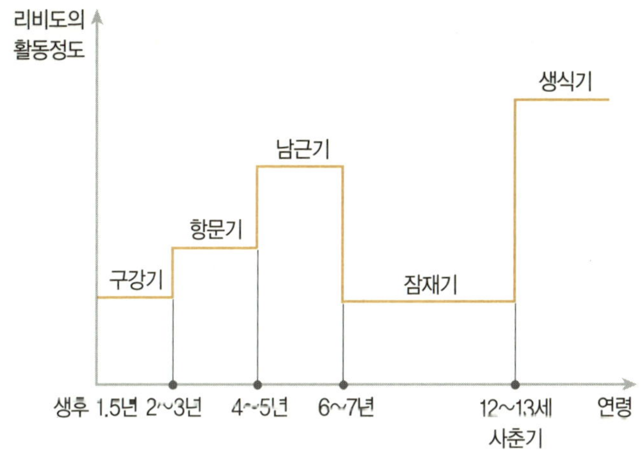

③ 성격의 결정요인

> 인간의 도덕적 삶은 인간에게 자유의지가 있기 때문이다.
>
> – Kant –

성격을 결정하는 것은 무엇인가에 대한 결정요인의 문제는 오랫동안 논의되어 왔다. 성격에 대한 초기 연구들은 성격이 유전적으로 출생 이전에 이미 결정되어 있는 것인지, 아니면 개인이 자신의 환경과 끊임없는 상호작용을 통해 형성해 나가는 것인지에 대하여 끝없는 논쟁을 거듭하였다. 그러나 이에 대한 명쾌한 해답은 아직까지 나타나지 않고 있어서 성격은 이 두 요인 모두에 의해 결정되는 것으로 보인다. 여기에 덧붙여 최근에는 성격의 세 번째 결정요소로 '상황(situation)'에 대한 관심이 점차 증대되고 있다. 현재 연구가들 간에는 "성격이란 유전적 요인 및 환경적 요인에 의해 형성되며, 상황적 조건에 의해 수정되는 것"이라는 견해를 일반적으로 받아들이고 있다.

Ⅰ 유전적 요인

성격 형성의 유전적인 요인에 대한 고려는 근본적으로 유전이 작용하는 형식인 신체구조와의 관계, 그리고 신체의 생화학적 조건과 호르몬의 조건 등에서 출발한다.

따라서 학자들이 유전에 대해 관심을 지니게 된 것은 신체적 구조와 관련된 여러 특성들이 유전된다면, 그와 더불어 정신적 영역이나 차원에 있어서도 유전에 의한 공통적 측면들이 발견될 수 있기 때문이다.

2 환경적 요인

유전적 영향을 살펴보기 위해 이용되는 쌍생아 연구가 때로는 상이한 결과를 나타내는 경우도 있다. 즉, 출생시부터 떨어져 양육된 쌍생아들이 나이가 들어감에 따라 그 상관관계가 줄어든다는 것이다. 이는 성격 측면에서 유전적 요인들이 인생의 초기보다는 후반부에 있어서 점차 덜 중요하게 된다는 점을 지적하고 있어서 인간의 성격이 단지 유전적 요인에 의한 것만은 아님을 암시한다. 이러한 의

Jim 쌍둥이 이야기

미국에서 두 사내아이가 일란성 쌍둥이로 태어났으나 출생 직후 바로 떨어져 살게 되었는데 공교롭게도 그들은 같은 'Jim'이라는 이름을 가지게 되었다. 39살의 성인이 되어 이들이 처음으로 대면하게 되었을 때 두 사람은 놀랄 만큼의 유사성을 보여주었다.

먼저 그들의 첫 번째 아내 이름은 Linda이고 , 두 번째 아내 이름은 Betty였다. 한 명은 아들 이름이 James Alan이었고 나머지 한 명의 아들 이름도 James Alan 이었으며, 둘다 애완견의 이름을 Toy라고 지었다. 모두 Salem담배를 즐겨 피우며, 보안관 조수로 재직하고 있었고 자신들의 Chevrolet 자동차로 Ohio에서 3블럭 떨어진 Florida의 해변에서 드라이브한 경험이 있었다. 똑같이 손톱을 물어뜯는 버릇을 가지고 있으며, 야구를 싫어하고 학교 다닐 때는 중간 정도의 성적을 유지했다.

그리고 둘다 개조자동차 경주를 즐기는 취미를 지니고 있었다. 불가사의하게도 둘은 같은 시기에 체중이 10파운드 늘었다 다시 빠졌던 기억이 있다. 그리고 둘 다 심장의 고통을 느꼈으나 별 이상은 없었던 적이 있었으며, 같은 시기에 편두통을 앓기 시작했다.

자료 : K. Bartlett, Twins Study : Influence of Genes Surprise some, *Lincoln Journal and Star*, Oct. 1981 4,3F.

미에서 가정적 환경, 즉 가족의 크기, 형제들간의 관계, 출생순위(맏자녀, 가운데 · 막내자녀 여부), 가족의 경제력, 가족의 분위기 등의 사회 · 문화적 환경이 인간의 성격형성에 미치는 영향은 매우 크게 받아들여지고 있다.

3 상황적 요인

세 번째 요인인 상황(situation)은 성격에 대한 유전적 요인과 환경적 요인의 효과에 영향을 미친다. 일반적으로 개인의 성격은 안정적이고 일관성을 유지하는 것이 사실이지만, 상황이 달라짐에 따라 변화하기도 한다. 이는 서로 다른 상황의 요구들이 개인 성격의 서로 다른 면을 드러내기 때문이다. 따라서 상황을 무시하고 성격을 파악할 수는 없다.

상황이 개인의 성격에 영향을 미친다는 사실은 논리적으로 틀림이 없지만, 각기 다른 상황들의 영향을 구체적으로 파악하기 위해서 반드시 필요한 상황의 정연한 분류체계가 아직까지 마련되지 못하고 있다. 그러나, 어떤 상황들이 다른 상황들에 비해서 성격의 수정과 밀접한 관련을 맺고 있다는 것만은 분명하다. 또한 행위에 대해 많은 제약을 가하는 상황이 있는 반면, 매우 적은 제약을 가하는 상황이 있는 것처럼 각각의 상황이 개인의 행위를 제약함에 있어서도 큰 차이를 보인다.

이러한 주장이 나오게 된 배경은 지금까지 인간에 대한 연구에서 수많은 가설을 제시하였다. 그 중에서 결정론에 대한 가설이 우리에게 널리 알려져 왔다. 그리고 많은 경우에 이 주장을 인용해 왔고, 상당히 믿어온 것 또한 사실이다.

결정론의 3요소

- 유전적 요소 : 유전적 특징 – 할아버지가 내게 물려준 것
- 심리적 요소 : 양육과정 – 부모가 내게 물려준 것
- 환경적 요소 : 우리 주변환경 – 배우자, 상사, 경제사정 등의 영향

그러나 이상의 3가지 요소는 우리 인생을 결정하는 요소가 아니라는 것이다. 이러한 요소 때문에 현재의 나를 변명한다면 그것은 핑계일 수 있다. 그래서 이 세 가지 결정요소는 핑계론이라고 할 수 있다.

일반적으로 우리는 이 세 가지 요소에 의해 인생이 결정된다고 보고 있다. 그러

나 그렇게 생각하기 때문에 그렇게 되어버리게 된다. 이러한 3가지 요소는 결정론으로 볼 것이 아니라 단지 영향요인으로 보아야 할 것이다. 분명히 인간은 유전과 사회적 영향을 받는다. 그러나 진정한 나는 내가 스스로 만들 수 있다는 신념을 가져야 한다. 유전자에 대한 연구는 아직 미비하지만 활발한 연구가 진행되고 있다. 지금까지의 보고를 종합해 보면 사람들의 유전자는 거의가 비슷하다는 것이다. 그러면 환경이 더 문제인 것 같은데 환경이 어려운데도 이를 극복하고 성공한 예는 너무 많다. 오히려 여기에서 인생 성공의 참 의미가 있지 않겠는가? 자신의 처지를 성찰할 수 있는 성찰력을 가지고 신념과 용기를 가지고 나다운 나를 만들어가야 한다.

사람에게서 가장 어려운 일이 자신을 낮추는 일이다.

겸손과 용기를 결혼시키면 성실성이란 아이가 탄생한다. 우리는 모두 성실한 사람으로 알려지기를 바란다. 성실성을 갖춘다는 것은 우리가 원칙에 충실하다는 것을 의미한다. 그들은 지혜뿐만 아니라 기회는 모든 사람을 위해 똑같이 존재한다는

성격과 관련하여 다음의 고사(古事)를 생각해 보자

자로가 어느 날 스승인 공자에게 물었다.

"어떤 말을 듣고 난 다음에는 당장에 이를 행동으로 옮겨야 합니까?"

곤경에 빠진 사람 얘기를 들으면 곧 그를 도와줘도 되느냐는 뜻이었다.

그러자 공자는,

"아버지나 형에게 의논도 하지 않고 그러면 되겠느냐!"고 크게 꾸짖었다.

그런데 똑같은 질문을 영유가 했을 때 공자는 당장에 돕는 것이 좋겠다고 했다. 사제지간의 이와 같은 문답을 듣고 있던 또 다른 제자가 그 모순을 공자에게 물었더니, 공자가 대답하기를, 영유는 너무 꾸물거리는 성격이라서 격려한 것이며, 자로는 너무 충동적이고 직선적인 성격이라서 일부러 누그러뜨리려 했다는 것이다.

이와 같이, 공자는 같은 일에도 상대방의 성격에 따라 가르치는 법을 달리 적용했던 것이다.

이 고사는 결국, 똑같은 직업이라도 각 개인의 독특한 성격에 따라 적합한 것일 수도 있고, 적합하지 않은 것일 수도 있음을 시사해 주고 있다.

풍요의 심리를 늘려나간다. 이러한 성실성을 갖출 때 우리는 더 이상 자신을 다른 사람과 끊임없이 비교함으로써 괴로워하지 않아도 된다. 또한 더 이상 정치적 게임을 해야 할 필요를 느끼지도 않는다. 안정감은 자신의 내면으로부터 나오기 때문이다. 우리 스스로가 안정감의 원천을 바꾸어 주면 다른 모든 것은 거기에 따라 바뀌는 것이다. 그렇게 하여 안정감, 역량, 지혜, 지침은 점점 커지게 된다. 그것들을 적용할 때마다 이 원칙들의 강력한 힘을 계속해서 끌어낼 수 있기 때문이다.

토 | 의 | 과 | 제

1. 당신의 지금 성격은 어떤 요인에 영향을 받았다고 생각하는가를 기술하라.
2. 성격결정요인에 대한 당신의 견해에 대해 토의하라.

(2) 성품의 개발

성격이 외형적이라면 성품은 내면적인 것이다. 빙산의 예를 들면 물 위에 떠오르는 부분이 성격이라면 수면 아래의 더 큰 부분이 성품이라고 말할 수 있다. 세계에서 가장 크다고 자랑하던 타이타닉도 수면 위의 작은 얼음덩이를 부실 수 있었지만 수면 아래 얼음을 부실 수는 없었다. 성품의 윤리가 성격의 윤리에 압도당하면서 세계질서가 무너지고 있다.

성격 윤리의 요소-성격 개발, 커뮤니케이션 기술 훈련, 설득력 향상 훈련, 그리고 적극적 사고 분야에서의 교육-들이 유익하지 않다고 주장하는 것은 아니다. 사실 어떤 경우에는 이 같은 요소들이야말로 성공의 관건이 되는 경우도 있다.

그러나 성품이 결점투성이고, 이중적이고, 불성실한 사람이 몇 일간의 성격훈련을 배워서 다른 사람들로 하여금 그가 원하는 대로 행동하게 하고, 이전보다 좀 더 열심히 일하게 하고, 더 큰 동기를 가지게 하며, 나를 좋아하게 하고, 나아가 서로가 좋은 관계를 갖도록 하기 위해 영향력을 미치는 각종 기법을 사용한다면, 이는 장기적으로 보아 실패하게 마련이다. 왜냐하면 상대방은 조작적인 것으로 인식하기 때문이다. 그 결과는 아무런 성과를 내지 못한다. 따라서 만일 신뢰와 믿음이 없다면 영구적인 성공의 바탕은 없는 셈이다.

기법에만 치중한다는 것은 마치 학교에서 시험을 위하여 당일치기로 공부하는 것과 같다. 그렇게 해도 임시 변통이 되고, 또 때때로 괜찮은 성적을 얻기도 하겠지만, 매일 착실하게 공부하지 않으면 배우고 있는 주제를 완전히 이해하거나, 또 지식에 기초한 지성을 개발해 내지 못할 것이다.

여러분은 봄에 씨 뿌리는 것을 잊고, 여름 내내 놀다가 가을이 되어 당일치기 농사로 거두려고 하는 일이 얼마나 어리석은 짓인지 생각해 본 적이 있는가? 농사란 자연의 법칙에 따른다. 따라서 반드시 노력이 들어가야 하고, 또 과정을 거쳐야 한다. 지름길이란 절대로 없는 법이다.

결국 이러한 자연법칙은 인간행동과 대인관계에서도 똑같이 적용된다. 인간관계 역시 수확의 법칙에 근거한 자연체계이다. 인위적으로 만든 사회제도에서는 인간이 만든 규칙을 그대로 따르지 않고 편법을 사용한다해도 잠시 동안은 어떻게 꾸려나갈 수도 있다. 또 대부분의 일회적 내지 단기적인 대인관계에서는 매력이나 기법을 통해 호감을 갖게 하거나. 나아가 다른 사람의 취미에 관심이 있는 척 하면서 좋은 인상을 형성하는 데 있어 성격 윤리를 활용할 수도 있을 것이다. 또한 우리는 단기적인 상황에서는 잘 먹히고 효과가 빠른 쉬운 기법을 활용할 수도 있다.

그러나 이 같은 2차적 특성만 가지고는 결코 장기적인 관계에서 영구적인 가치를 가지지 못한다. 우리가 깊은 성실성과 성품이 갖는 근본적인 감정을 가지지 못한다면, 경쟁적인 삶의 과정에서 결국 모든 진실이 밝혀지게 될 것이고, 대인관계 역시 단기적으로는 몰라도 장기적으로는 실패로 끝날 것이다. 모든 장기적인 대인관계, 즉 회사 동료, 부부, 친구 그리고 아이덴티티의 위기를 맞고 있는 10대의 자녀와의 관계에서 나타나는 문제점을 통하여 알 수 있다.

가장 설득력 있게 의사전달을 하는 것이 바로 성품이다. 에머슨은 이것을 다음과 같이 표현했다.

"당신의 인격과 성품이 아주 큰 소리로 당신에 관해 설명해 주기 때문에 말로 하는 소개는 잘 들리지 않습니다."

결국 인품이 우리가 말하거나 행동하는 것보다 훨씬 더 설득력 있게 우리 자신을 소개해 준다. 우리는 이 같은 사실을 모두 알고 있다. 예컨대 그 사람의 성품을 잘 알고 있기 때문에 절대적으로 신뢰할 수 있는 사람이 있다. 이 같은 경우 그 사람이 달변이든 아니든, 대인관계 기술이 훌륭하든 그렇지 않든, 우리는 그 사람을 믿고 함께 성공적으로 일한다.

물론 성품상으로는 강점을 가지고 있지만, 커뮤니케이션 기술이 부족하기 때문에 원활한 대인관계에 영향을 미치지 못하는 경우도 있다.

월리엄 조지 조단의 말 중에 다음과 같은 것이 있다.

"우리 모두는 선과 악을 행하는 놀라운 힘, 즉 성품을 가지고 있는데 이것은 소리 없이 무의식적으로 안 보이게 삶에 영향력을 행사한다. 그런데 이것은 우리가 가식적으로 꾸며 낼 수 없다. 이는 자기의 진정한 모습의 일관된 반영일 따름이다."

무엇보다 성품개발의 핵심은 사단(四端)의 내용이다. 칠정(七情)이 성격의 윤리라면 사단(四端)은 성품의 윤리라고 할 수 있다. 사단(四端)은 바로 순선(純善)이기 때문이다.

그림 2-5 사단(四端)칠정(七情)

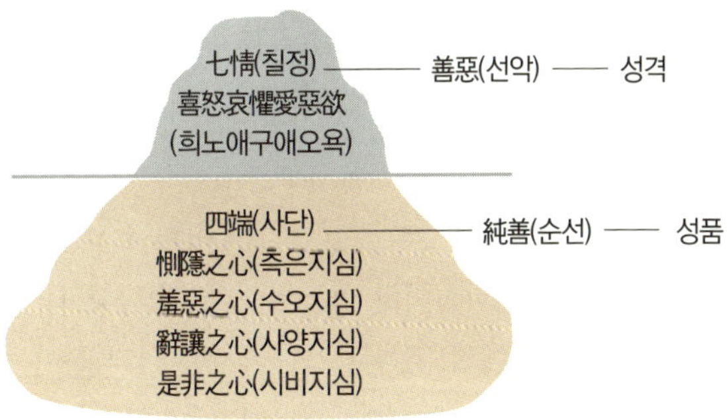

어느 나라 사람들 이야기인가?

종교도 없는데 어찌 이렇게 선량할 수 있을까?
배움도 없는데 어찌 이렇게 도덕적이고 성숙할 수 있을까?
끼니도 충분치 않는데 어찌 이렇게 느긋할 수 있을까?

– 개화기 선교사 게일(James. Gale)이 한국인에 대한 느낌을 쓴 글 중에서 –

그런데 왜 지금은 이렇게 되었는가?

토 | 의 | 과 | 제

1. 최근에 친구와 다툰 적이 있습니까? 친구와 다투면 어떻게 화해를 합니까?
2. 인간관계에서 가장 중요하다고 생각하는 것은 무엇입니까?
3. 친한 친구의 좋은 성품을 소개해 보십시오.
4. 당신이 갖고 싶은 성품은 어떠한 성품입니까?

2) 피그말리온 효과

(1) 지성감천(至誠感天)

다만 노력할 뿐 결과는 '하늘' 에 맡긴다(盡人事 待天命).

만일 우리가 가진 능력을 완전히 발휘하려면 반드시 욕망을 욕구수준으로 끌어내리지 않으면 안 되는 것이다. 우리는 욕망을 욕구수준까지 끌어내리는 욕망 줄이기를 배울 필요가 있다. 그리고 능력만큼만 희구하여 힘껏 노력한 다음 결과는 "하늘에 맡겨야"한다. 여기서 하늘이란 하느님이라 해도 좋고, 이치, 원칙, 인과(因果), 운명이라 해도 좋다. 어찌되었든 그 나머지는 나의 몫이 아닌 것이다. 그야말로 진인사(盡人事) 이후는 대천명(待天命), 바로 그것이다.

사람들은 정해진 만큼의 능력밖에는 없다고 믿는다. 어떤 사람은 대통령을 할 만한 능력을 갖고 태어났지만, 다른 어떤 사람은 장관을 할 만한 능력밖에 갖고 태어나지 못하였으며, 어떤 사람은 정치가가 될 능력을 갖고 태어났고, 다른 어떤 사람은 예술가가 될 능력을 갖고 태어났다는 말이다. 그런데 능력은 꾸준히 계발하다 보면 끊임없이 향상되는 측면이 있으므로 섣불리 자기가 얼마의 능력을 갖고 태어났다고 단정해서는 안 된다. 아마도 링컨은 젊었던 시절, 자기가 대통령직을 수행할 수 있을 정도의 능력을 갖고 태어났다고 생각하지 않았을 것이다. 또한 링컨은 대통령을 목표로 어린 시절부터 노력한 사람은 아니다. 다만 그때그때 자기 앞에 닥친 문제만을 최선을 다해 노력해 처리해 나갔고, 그러다 보니 자기가 몰랐던 능력까지도 충분히 계발되어 미국 역사상 가장 존경받는 대통령이 되기에 이르렀던 것이다.

따라서 우리는 지금 우리가 측정한 나의(자녀의, 다른 사람의) 능력이 전부라고 생각할 필요는 없다. 미리 선을 긋고 막아서는 미래의 무한한 능력발휘는 물론 있는 능력까지 발휘되지 못하게 되기 때문이다. 그러나 그것은 과잉한 희구(욕망)로 발휘되는 것이 아니라, 그때그때 적절한 희구(요구)에 따라 노력하고 행동하며, 나머지 시간은 충분히 휴식하고 즐기는 데서 발휘되는 것이다.

우리가 갖고 태어난 소질과 능력은 이미 결정되어 있으므로 그에 대해 시비하거나, 그것을 가지고 자기를 괴롭힐 필요가 없다. 이렇듯 문제삼지 말아야 할 것을 뚝 잘라버리고 문제삼지 않을 수 있는 것이 자아실현자이다. 예컨대 링컨이 자기의 잘 생기지 못한 외모에 지나치게 신경을 썼다면 그는 자아실현자가 되지 못했을 것이다. 또 그가 가난하게 태어난 자기형편을 탓하느라 세월을 보냈을 경우에도 사정은 마찬가지다.

우리에게 진정으로 중요한 것은 지극히 참됨(至誠)을 통해 감천(感天)을 이루는 것이다. 하늘은 스스로 돕는 자를 돕는다는 말과 같이 우리가 최선을 다하고 지극히 참되려고 한다면 하늘은 감동하게 된다.

지성감천(至誠感天)

스코틀랜드의 에어 록필드 지방에 플레밍이라는 가난한 농부가 살고 있었습니다. 어느 날 그가 밭에서 일을 하고 있는데 갑자기 늪 가까이에서 사람 비명소리가 들려왔지요. 달려가 보았더니 웬 소년 하나가 늪에 빠져 허우적대고 있었습니다.

그는 죽기 직전의 아이를 가까스로 살려냈는데, 다음 날 으리으리한 마차를 탄 귀족이 찾아왔습니다. 그는 농부가 구해준 아이가 자신의 아들이라고 소개하면서 목숨을 구해준 데 대한 사례를 하겠다고 나섰습니다. 농부가 끝까지 사양하자 그 귀족은 마침내 헛간에서 그 광경을 바라보고 있던 농부의 아이를 발견하고 한 가지 제안을 하게 됩니다. 농부의 아들을 그가 구해준 자기 아이와 똑같은 수준으로 교육시켜주겠다는 것이었지요. 그 귀족이 제안한 대로 스코틀랜드의 가난한 농부 플레밍의 아들은 당대 최고였던 런던대학교의 세인트 메리 병원 의과대학에서 교육을 받게 됩니다. 그리고 나중에는 페니실린을 발견해 귀족 작위까지 얻게 되었지요. 그가 바로 알렉산더 플레밍 박사였습니다. 그런데 우연하게도 농부가 구해준 귀족의 아들이 장성하여 폐렴을 걸립니다. 그렇지요. 그 시대에 페니실린이 없었더라면 그는 살아남지 못했을 것입니다. 그 귀족은 바로 랜돌프 처칠경이었으며, 늪에 빠졌던 아이는 제2차 세계대전 때 영국을 구해낸 재상 윈스턴 처칠경이었던 것입니다(이어령, 젊음의 탄생).

만약 농부(플레밍 박사의 아버지)가 사례금을 받았었다면 소년 플레밍이 귀족의 도움으로 교육을 받지 못했을 것이며, 플레밍 박사가 페니실린을 발명하지 않았을 것이고 제2차 세계대전 중 수많은 영국 병사는 어떻게 되었으며, 처칠이 없는 영국의 전쟁은 어찌 되었을까? 그리고 질병에서 인류가 구제될 수 있었을까?

여기서 중요한 것은 인간의 생명을 구하는 당연한 일을 돈으로 계산하지 않은 참됨에서 내린 지성감천(至誠感天), 바로 그것이다.

언젠가 중년화가 한 사람이 영국 수상이던 처칠을 찾아와 이렇게 푸념하였다.

"저는 얼마 전에 글래스고에서 열린 전람회에 그림을 냈었습니다. 이것은 비단 이번 경우만은 아닙니다. 그림이라고는 전혀 알지 못하는 사람들이 심사위원이랍시고 앉아서 저희 같은 사람들의 그림을 심사합니다. 이래 가지고서야 어찌 좋은 작품을 가려낼 수 있겠습니까?"

그러자 처칠은 이렇게 대답하였다.

"평생 그림이라고는 단 한 장도 그려보지 못한 사람이 심사위원이 된다 해도 나는 그 점을 바람직하지 않다고는 생각하지 않소. 그렇지만 달걀이 상한 것인지 싱싱한 것인지는 잘 가려낼 수 있다오."

화가가 부끄러워 머리를 숙이자 처칠이 덧붙였다.

"어떤 심사위원이 보더라도 뽑힐 만한 그림을 그리려고 노력해 보지 그러오?"

화가가 말하고 있는 동안, 인생 문제를 꿰뚫어볼 줄 알았던 처칠은 장난꾸러기 같은 표정으로 그 말을 듣고 있었을 것이다. 또 그는 이런 유(類)의 말을 많이 들었을 것이고, 그런 사람을 어떻게 다루어야 하는지도 잘 알고 있었을 게 틀림없다(좋은 권력자는 반드시 그런 능력을 갖춰야 한다). 그런데도 화가 쪽에서는 자기 마음이 처칠에 의해서 다 읽혀지고 있다는 사실을 까마득히 모른 체, 자기 말에만 빠져 열정적으로 호소했을 것이다. 그는 이 문제가 개인의 문제가 아니라 공공의 문제라고 주장했을 것이다.

그러나 그것은 개인의 문제일 뿐이다. 물론 실제로 자격 없는 심사위원이 심사를 맡는 경우가 있을 수 있으나 그것은 공공의 문제이다. 그러나 화가가 그런 사례를 없애자면 그는 그림 그리기를 그만두고 정치나 법률을 전공해야 할 것이다.

화가는 그림을 잘 그리면 된다. 다시 말해서 딴 것은 돌보지 않고 자기 능력만 한껏 계발하여 발휘하기만 하면 되는 것이다. 그런 다음 결과는 하늘에 맡긴다.

이 얼마나 개운한 마음이겠는가! 그러면 어느 사이엔가 심사위원 문제 따위에 신경 쓰는 졸장부 예술가, 정치 예술가, 관습적인 예술가, 의사(擬似) 예술가가 아닌, 대장부 예술가, 참된 예술가가 되게 마련이다. 그러면 그의 그림은 입상하지 않을 수 없다. 또 입상을 하지 못하더라도 다른 화가나 일반인들로부터 정당한 평가를 받게 될 것이다.

자기가 하는 일에 열정을 가진다고 하는 것은 이제 성공을 약속한 것이다. 치지의 내용에서 정신적 창조의 중요성을 우리는 배웠다. 신지식인의 순수한 지식만이 아니라 일에 열정을 바친 사람들이다. 그리고 성공시대의 인물들은 모두 일이 좋아서 그 일에 열정을 바친 사람들이다. 즉, 일에 미친 사람들이다. 잭 웰치의 최고의 경쟁력은 열정이라고 말했다.

여러분은 무엇에 열정을 더 바치고 있는가?

그 열정이 참되면(誠意) 하늘의 감동(感動)을 받는다. 우리 인생에서 가장 큰 것을 얻는 것은 지성감천에 의해서 얻어지는 것들이다.

(2) 피그말리온 효과

피그말리온 효과는 자성예언(self-fulfilling prophecy)으로 더 잘 알려져 있다.

다른 사람들에 대한 우리의 패러다임, 즉 그들에 대한 인식은 우리가 그들을 대하는 방식에 커다란 영향을 준다. 예를 들어, 만일 우리가 누군가를 무능하다고 생각하면 그를 과보호해 주고 필요 이상으로 거들어 주려 한다. 그의 실수를 걱정하여 보통사람에게 자연스럽게 제공하는 기회를 주지 않으려 한다. 반면에 우리가 누군가를 영리하다고 생각하면 그의 능력을 긍정적으로 생각하여 도전적인 일이라도 기꺼이 맡긴다. 다른 사람들의 행동이나 성취는 우리가 그들을 대하는 방식에 따라 크게 영향을 받게 되는 것이다.

다음은 피그말리온 효과의 하나인 자기충족적 예언을(사례 1, 사례 2) 소개한다.

특히 사례 1의 피그말리온 효과는 지성감천의 대표적인 예이다. 여러분은 하나의 이야기꺼리로 읽고 넘어가서는 안 된다. 여러분의 인생에서 최소한 한 번 이상은 피그말리온 효과를 이루어내야 한다.

사례

피그말리온 효과 : 자기충족적 예언

피그말리온은 여자의 결점을 너무나도 많이 본 나머지 마침내 여성을 혐오하게 되어 평생 결혼하지 않고 지내기로 작정하였다. 그는 조각가였다. 어느날 빼어난 솜씨로 상아 조각상을 만들었는데 그 작품이 얼마나 아름다웠던지 살아 있는 어떤 여자도 따라 갈 수 없을 정도였다. 이 조각상은 부끄러워서 움직이지 않을 뿐이지 정말 살아 있다고 여겨질 만큼 완벽한 처녀의 모습이었다. 그의 기술이 완벽했기 때문에 그 조각상은 사람의 손으로 만든 것이 아니라 자연이 만든 것처럼 보였다. 피그말리온은 자신의 작품에 감탄하여 자연의 창조물 같은 이 조각상과 사랑에 빠졌다. 그는 조각상이 살아 있는 것인지 아닌지를 확인이라도 하려는 듯 때때로 그 위에 손을 얹어 보기도 하였다. 그럴 때면 조각상이 단지 상아에 불과하다는 것이 믿어지지 않았다. 그는 조각상을 끌어안기도 하고 반짝이는 조개껍질이라든가 반들반들한 돌, 또는 조그만 새나 갖가지 꽃, 구슬과 호박 등 젊은 처녀들이 좋아할 만한 것들을 선물로 가져다 주기도 하였다. 그는 조각상에 옷을 입히고 손가락에는 보석을 끼우고, 목에는 목걸이를 걸어주었으며 귀에는 귀걸이를 달아주고, 가슴에는 진주타래를 늘어뜨려 주었다. 옷은 조각가상에 참 잘 어울렸으며, 옷을 입은 맵시는 옷을 입지 않았을 때나 매한가지로 매력이 있었다. 그는 그녀를 뮈로스 지방에서 나는 염료로 물들인 천을 덮은 침상 위에 눕히고 그녀를 자기의 아내라고 불렀다.

그리고는 그녀가 마치 깃털의 부드러움을 마음껏 즐길 수 있기라도 한 듯, 그녀의 머리를 가장 보드라운 깃털을 넣어 만든 베개 위에 뉘었다. 아프로디테의 제전이 다가왔다. 이 제전은 키프로스 섬에서 굉장히 호화롭게 거행되었다. 제물이 바쳐지고 제단에서는 향을 피워 향내음이 대기에 가득했다. 피그말리온은 이 제전에서 자기가 맡은 일을 끝내고 난 뒤에 제단 앞에 서서 머뭇거리며 말했다.

"전능하신 신들이시여, 바라옵건대 제게 상아처녀와 같은 여인을-그는 '저의 상아 처녀를'이라고는 감히 말하지 못했다.-아내로 점지해 주소서."

제전에 참석해 있던 아프로디테는 그 말을 듣고 그가 말하려고 한 참 뜻을 알아차렸다. 그래서 그의 소원을 들어주겠다는 표시로 제단에서 타오르고 있는 불꽃을 공중으로 힘차게 세 번 솟아오르게 하였다. 집에 돌아온 피그말리온은 자신의 조각상을 보러 갔다. 침상 위로 몸을 기울여 조각상에 입 맞추고 팔다리의 손을 먼저 보았더니 상아가 부드럽게 느껴졌다. 손가락으로 눌러보니 마치 히메토스 지방에서 나는 밀초처럼 들어갔다. 피그말리온은 자기가 혹시 잘못 안 것은 아닐까 의심하고 걱정하면서도 기쁨과 놀라움 속에서 그의 희망인 조각상을 사람의 열정으로 거듭 만져 보았다. 조각상은 정말 살아 있었다. 손가락의 핏줄을 가만히 누르니 들어가고 손을 데자 부드럽게 원상태로 다시 돌아왔다. 그리고 나서야 마침내 아프로디테의 숭배자인 피그말리온은 여신에게 감사의 말을 드리고 살아 있는 처녀의 입술에 입맞추었다. 입맞춤을 받자 처녀는 얼굴을 붉혔다. 그리고 수줍은 듯이 눈을 뜨고는 사랑하는 이에게서 눈을 떼지 않았다. 아프로디테는 자신이 맺어준 이 한 쌍에게 축복을 내려주었다. 이들로부터 아들 파포스가 태어났는데 아프로디테에게 바쳐준 도시 파포스의 이름은 여기에서 유래하였다.

– 유시주, 「거꾸로 읽는 그리스로마 신화에서」 –

사례

피그말리온 효과 : 자기충족적 예언

미국의 교육학자인 로젠탈과 제이콥슨은 1968년, 교육과 관련 학자들뿐만 아니라 일반 사람들의 비상한 관심을 불러일으킨 연구를 발표하였다. 연구결과의 요지를 한마디로 요약하면 교사가 어떤 학생에게 "저 아이는 장차 성적이 크게 오를 것"이라는 기대를 하면 그런 기대를 받은 학생은 실제로 성적이 올라간다는 것이었다.

두 사람은 샌프란시스코에 있는 한 초등학교를 대상으로 연구를 실시하였다. 실험 대상이 된 학교의 학생들은 대부분 하류계층에 속했으며 학생수는 650명이었다. 1학년에서 6학년까지의 전 학년에 걸쳐 능력별 반편성이 되어 있었는데 읽기 성적을 기준으로 우수반, 보통반, 열등반으로 나뉘어져 있었다. 열등반에 속한 학생들은 대부분 가정형편이 아주 어려웠고 주로 멕시코계였다.

두 사람은 먼저 전교생을 대상으로 지능검사를 실시하였다. 그러면서 교사와 학생들에게 지능검사의 목적을 "성적이나 지능이 크게 향상될 가능성이 있는 학생을 찾아내기 위해서"라고 밝혔다. 물론 이것은 교사와 학생들을 속이기 위해 계획된 거짓말이었다. 지능검사가 끝난 뒤 두 사람은 각 반에서 약 20%의 학생들을 무작위로 뽑아냈다. 그리고는 이들의 명단을 교사들에게 돌리면서 이번에 실시한 지능검사 결과 성적이나 지능이 크게 향상될 가능성이 있는 것으로 판명된 학생들이라고 알려 주었다. 이것도 역시 실험을 위해 연구자들이 꾸민 거짓말이었다. 무작위로 뽑은 것이므로 지능검사 결과와 명단에 오른 학생들, 사이에는 아무 상관관계도 없었다. 그러나 교사들은 연구자의 말을 그대로 믿었다. 교사들로 하여금 명단에 오른 학생들에게 성적이 크게 오를 것이라는 기대감을 가지게 하는 것이 연구의 전제이자 핵심이었던 것이다. 8개월 뒤에 학생들은 앞서의 것과 똑같은 지능검사를 받았다.

결과는 놀라웠다. 일반학생들의 점수는 앞서의 결과에 비해 8.4점이 오른 반면 20%의 학생들 즉 실험집단의 점수는 12.2점이나 높아졌던 것이다. 일반학생들의 평균점수보다 3.8점이나 높은 수치였다. 특히 학년별로는 1학년과 2학년에서 일반학생과 실험집단간의 차이가 크게 나타났으며, 저소득 계층에 속하는 멕시코계 학생들의 점수가 두드러지게 향상되었다는 점이 주목할 만하다. 로젠탈과 제이콥슨은 이러한 기대효과는 저학년 그리고 하류계층 학생들에게 더 뚜렷하게 나타난다는 결론을 내리게 되었다. 로젠탈과 제이콥슨의 연구는 이른바 '자기충족적 예언(self-fulfilling prophecy)' 이론을 교육현장에서 검증한 것이었다. 자기충족적 예언이란 어떻게 행동하리라는 주위의 예언이 행위자에게 영향을 주어 결국 그렇게 행동하도록 만든다는 이론이다. 그것을 다른 말로 피그말리온 효과라고 한다.

토 | 의 | 과 | 제

1. 피그말리온 효과 또는 자기충족적 예언(self-fulfilling prophecy)의 특징을 정리해 보라.
2. 피그말리온 효과와 지금의 나와의 관계에서 기술해 보라.
3. 피그말리온 효과가 실생활에서 실제로 들어맞았던 사례를 들어 보라.
4. 당신이 가장 믿고 있는 자성예언에 대해 기술해 보라.

3) 꿈의 성취와 방해

(1) 꿈★은 이루어진다

'꿈이루기' 는 당신 인생의 어느 분야에서든지 꿈을 현실로 만들어 준다.

꿈은 마음의 소망[2)]

많은 사람들은 「신데렐라(Cinderella)」에 나오는 첫 노래 가사를 잊지 못할 것이다.

"꿈은 네 가슴이 그려내는 소망이야."

신데렐라는 밤에 자면서 꾸는 꿈을 말한 것이지만, 이것은 우리가 살아가면서 갈망하는 꿈에 대한 설명으로도 매우 정확하다.

어린시절의 나는 비행기 조종사, 카우보이, 소방관, 경찰관, 군인 그리고 선원이 되는 꿈을 가졌었다. 대학시절에는 멋진 로맨스와 결혼 그리고 성공적인 사회생활을 꿈꾸었다. 지금의 나는 좀더 많은 시간을 가족과 함께 지내기를 바라고, 개인적으로도 직업적으로도 더 다양하고 커다란 성공을 바라며, 그리고 하느님과 더욱 가깝게 되기를 꿈꾼다.

이 모든 꿈을 이룰 기회는 당신이나 나나 다를 바가 없다. 또한 우리들의 꿈은 전혀 다를지 모르지만, 우리 각자가 어느 정도의 성취를 이루었건 간에, 끊임없이 우리들을 교묘히 피해 가는 꿈을 갖고 있다는 점에서는 우리는 같은 처지이다.

■ 그래도 꿈은 실현된다…뛰어난 몇몇의 사람에게는

스티븐 스필버그(Steven Spielberg), 리 아이아코가(lee Iacocca), 제인폰다(Jane Fonda) 그리고 "내가 이 지구상에서 55년 동안 살며 알게 된 또 다른 꿈을 이룬 사람들"에게서 꿈은 실현되었다. 꿈을 이룬 사람들은 극히 소수에 불과하다. 백만 명에 한 명, 아니 천만 명에 한 명 꼴로 나타나는 정도이다. 그러나 꿈이 없는 사람은 꿈을 이룰 수 없다. 반면에 대부분의 사람들은 그들의 꿈을 이루는 데

---

2) K. Scott Stephen, 15가지 비밀, 정보나라, 2000, pp.16~20.

실패할 뿐만 아니라 아예 꿈을 꾸는 것조차 포기한다.

왜 그럴까? 많은 사람들이 결코 꿈을 이루지 못하는데, 왜 어떤 사람은 엄청난 꿈인데도 불구하고 이루는 것일까? 순전히 운이 좋아서인가? 물론 그렇지 않다. IQ 문제도 아니다. 학력, 돈, 경험 때문도 아니다. 그렇다면 무엇 때문일까?

■ 당신은 놀라운 소식을 받아들일 준비가 되어 있는가?

아주 결정적인 질문은 꿈을 이루는 사람들은 '어떻게' 그들의 꿈을 성취하는가? 이다. 놀라운 소식은 이 질문에 대한 답이 있다는 것이다. 그것은 바로 그들이 배운 방법 덕분이었다. 그것이 왜 놀라운 소식인가?

왜냐하면 당신 역시 나이, 경력, IQ, 학력 그리고 경제적인 여건에 구애받지 않고 꿈을 이룰 수 있다는 것을 의미하기 때문이다.

엄청난 꿈, 아주 멋진 꿈을!

당신은 이제까지 품어왔던 그 어떤 꿈보다 더 웅대한 꿈을 이제 간직하며 그 꿈의 실현도 볼 수 있다. 당신이 해야 할 일은 꿈을 성취한 사람들이 이용했던 바로 그 방법을 배우고 이용하는 것이다.

꿈은 이루어진다.

2002년 17회 월드컵 4강의 신화를 이루어낸 히딩크 감독의 리더십 그리고 23명의 한국축구 영웅들 그리고 4천 7백만의 붉은 응원단은 세계를 깜짝 놀라게 하겠다는 히딩크 감독의 말을 실현시켰다.

우리에게는 16강의 꿈이 있었다. 그 꿈을 이루는 데는 히딩크 리더십이 있었다. 히딩크 리더십에서 가장 중요한 것은 원칙이었다. 축구에서 가장 중요한 것은 체력이다. 그리고 자신감이다는 것을 가르쳐 준 결과이다. 꿈이 있는 자에게는 꿈은 반드시 이루어진다.

> "세상을 깜짝 놀라게 하겠다."
> "상대를 존경할 때 생산적인 경쟁이 된다."
>
> – 히딩크 –

(2) 꿈의 성취를 방해하는 것[3)]

> 당신은 발사대에 묶여 있는 로켓과 같고,
> 당신의 꿈은 갈 수 없는 달나라와 같다.

만약 당신이 영화 「아폴로 13호」를 보았거나, 아폴로호 발사장면을 기억할 만큼 나이 든 사람이라면, 아폴로 우주선의 발사체로 사용한 거대한 새턴 V로켓이 불을 뿜어내며 이륙하던 장면도 떠올릴 수 있을 것이다. 새턴 V로켓은 미국이 제작한 그 어느 로켓보다도 거대하고 강력한 힘을 가진 로켓이었다.

36층 건물과 높이가 비슷한 그 로켓에는 다섯 개의 거대한 엔진이 동력을 공급했는데 엔진 하나당 백만 파운드 이상의 추진력을 갖추고 있다. 그 엔진은 747 점보제트기 엔진의 20배를 넘을 만큼 강력하다. 다섯 개 엔진의 추진력을 모두 합하면, 자동차 3,700대를 꼭대기에 쌓아놓고도 발사대에서 쏘아 올릴 수 있는 힘이 된다.

내가 그 엔진의 추진력을 어떻게 표현한다 해도, 그 힘의 경외스러움이나 발사 당일 발사장 근처에 있었을 때의 느낌을 적절하게 설명하지는 못한다. 그 엔진이 점화되면, 마치 천 번의 천둥소리가 합해져 밀려오는 듯이 귀가 멍해지고, 몇 킬로미터나 떨어진 곳에서도 땅이 우르릉거리는 것을 느낄 수 있다. 그 거대한 로켓은 발사대를 이륙하면 처음에는 느리지만 점점 빠른 속도로 불기둥을 남기며 하늘로 치솟아 올라 순식간에 시야에서 사라져 버린다.

그 엔진의 위력은 가히 상상을 초월한다.

그러면 잠시, 당신이 발사대에 설치된 새턴 로켓 바로 옆에 서 있다고 상상해 보아라. 당신은 목을 뒤로 젖히고 우주 비행사 세 명을 달나라로 데려다 줄 우주선을 보려고 애쓴다. 이번에는 시선을 밑으로 돌려 로켓의 밑부분에 장착된 육중한 추진 엔진들을 본다. 로켓은 그냥 그 자리에서 엔진이 점화되길 기다리고 있다. 그 어마어마한 추진력은 풀려나길 기다리고 있는 것이다.

내 친구여, 당신은 새턴 V로켓이다. 단 엔진이 일곱 개라는 것만이 다르다. 그

---

3) K. Scott Stephen, 15가지 비밀, 정보나라, 2000, pp.16~20.

어느 로켓에 장착되었던 것보다 강력한 엔진이다. 실제로 당신의 엔진은 매우 강력해 중력이라는 장벽을 깨버리고 당신을 달나라 아니 그 너머까지, 진정으로 경외로운 꿈이 있는 곳까지 데려다주기에 충분한 추진력을 가졌다. 그리고 각자의 로켓을 이륙시키는 방법을 배웠던 일부 '꿈꾸는 사람들' 은 그들의 꿈을 찾아내 지구로 가져왔다.

방송사상 최고로 사랑받고, 또 가장 큰 성공을 거둔 토크쇼의 여왕인 미시시피의 흑인소녀 오프라 윈프리도 발사대를 떠남으로써 그러한 꿈을 이룰 수 있었다. 정규교육이라곤 단 3개월 받았던 소년이 전기라고 불리는 보이지 않는 힘으로 세상을 밝혀 준 것도, 소리도 못 듣고 앞도 못 보는 소녀가 수없이 많은 사람들의 영혼을 사로잡는 연사가 되고 또 그들에게 영감을 줄 수 있었던 것도 발사대를 떠나면서부터였다. 그 머나먼 곳에서 당신을 기다리고 있는 것은 어떤 꿈인가? 불화로 얼룩진 결혼생활이 건강하고 행복한 결혼생활로 바뀔 수 있는 곳, 한 남자가 남편이 되고 그의 가족에게 중요하고 없어서는 안 될 아버지가 되는 곳, 남자와 여자가 능력을 계발하고 또 그들이 항상 원하던 사업을 일으키는 곳이다. 또 그곳에는 돈으로 살 수 있는 물건들로 가득하고 돈으로 살 수 없는 물건들도 가득 찬 곳이다.

여기에 좋은 소식이 있다. 당신도 나와 마찬가지로 그곳에 갈 수 있다는 것이다. 원하면 언제든지 그곳에 갈 수 있다. 그렇지만 그저 힘껏 높이 뛰어 보는 것만으로는 그곳에 다다를 수 없다. 각자의 새턴 V로켓을 타야만, 그 곳에 갈 수 있다.

여기에 더 좋은 소식을 전한다. 당신의 로켓이 발사대에서 모든 준비를 마치고 발사되기 위해 당신을 기다리고 있다는 소식이다.

나쁜 소식은 그 로켓은 당신이 두 가지를 실천하기 전에는 결코 발사대를 떠나지 못한다는 것이다. 그것은 성인들의 95% 이상이 절대로 하지 않는 두 가지 사항이다.

첫째, 발사대에 당신을 묶어둔 체인 여섯 개를 인식하는 것이다. 그 로켓을 발사하고 싶다면, 당신은 여섯 개의 체인 모두를 절단해야 한다. 둘째, 로켓의 추진 엔진 일곱 개 모두를 점화해야 한다.

이렇게 생각해서는 안 된다.

"오, 굉장하군. 하지만 내가 체인을 끊고 엔진을 점화하는 데 필요한 능력이 없다면 어떻게 되는 거지?"

장담하건대, 당신은 그 두 가지 일을 하는 데 필요한 모든 것을 가졌다. 당신은 날마다 자동차 시동장치에 열쇠를 꽂고 돌리는 간단한 동작으로 백 마력이나 되는 자동차 엔진을 점화시켜 이용한다. 과연 차를 운전하는 데 어느 정도의 재능과 능력과 뛰어난 두뇌가 있어야 하는가? 당신은 그저 열쇠를 어디에 꽂아야 하는지, 그것을 어느 방향으로 돌려야 하는지만 알면 된다.

사람들은 종종 이렇게 묻는다.

"너무 간단하게 얘기하는 것 아닙니까? 그렇게 간단한 일이라면, 모든 사람들이 꿈을 이루었을 것 아닙니까?"

그렇다. 그것은 사실 간단하지만 쉬운 일은 아니다. 복잡하지 않기에 간단하다. 그러나 노력을 해야 한다는 점에는 쉽지 않다. '꿈을 이루는 방법' 을 배우고 사용하기 시작하는 데 있어서 정직하고 성실하고 헌신적이어야만 하기 때문이다. 또한 그 체인들을 끊고 엔진을 점화하길 진심으로 원한다면, 앞으로 이 책에서 당신과 함께 나누고 싶어하는 방법을 배우고, 이용하는 데 필요한 시간을 할애해야 한다.

석유업계에서 큰 성공을 거둔 사람 가운데 프랭크 필립스라는 사람이 있다. 제1차 세계대전이 발발하기 직전에, 필립스와 그의 동생은 필립스 석유회사를 설립하고 세계최고의 부호 대열에 올라서기에 충분한 양의 석유를 발견했다. 그러나 두 사람 모두 지질학에 대해서는 아무 것도 몰랐었다. 더 정확하게 말한다면 형제 모두 대학을 다니지도 못했었다. 프랭크는 이발사였고 은행가의 딸과 결혼해 아이오와주에 있는 장인의 은행에서 일했다. 그러한 그는 동생과 마찬가지로 석유탐사는 물론 석유회사를 세우기 위한 교육이나 훈련은 받아보지도 못했던 사람이었다. 그러나 그들은 그들의 로켓을 묶어둔 여섯 개의 체인을 끊어버렸고 일곱 개 엔진 모두를 점화했다.

그 결과는 역사가 보여주는 그대로이다.

헬렌 켈러, 오프라 윈프리, 프랭크 필립스, 토마스 에디슨, 마이클 랜던, 스티븐 스필버그와 마찬가지로, 당신만의 새턴 V로켓도 연료를 가득 채우고 발사대에서 기다리고 있다.

달나라 아니 그 너머의 먼 곳까지 가서 당신의 꿈을 찾아내고 캐어내서 지구로 가져올 준비가 되어 있다. 그리고 당신보다 먼저 가서 꿈을 성취한 모든 사람들과 마찬가지로, 당신도 발사대에 앉아 있다.

- 그들은 체인을 끊고 엔진을 점화시켰다.
- 이제는 당신 차례다!

• 10초전! 9! 8! 7! 6! 5! 4! 3! 2! 1! 0!

그 사람은 나의 계획을 때려 부수고, 나의 목표를 못쓰게 만들어 진로를 가로막은 적이 있습니다.
그 사람은 누구입니까?

빈칸에 알맞은 단어를 넣어보세요.
그날 그날의 싸움에서 당신의 경쟁상대는 당신 □□입니다.
□□을 이기는 것, 그것이 꿈을 이루는 가장 좋은 길입니다.

이야기 하나

한 식료품 가게 주인이 하루는 자기 스승에게 찾아가서는, "맞은편에 큰 연쇄점이 생겨서 자기는 망하게 생겼다"고 하소연 했습니다.

"10년 동안 지켜 온 제 가게를 잃어버린다면 별다른 기술도 없는 전 곧 파멸할 것입니다."

그러자 스승이 이렇게 충고했습니다.

"자네가 그 연쇄점 주인을 두려워한다면 그를 증오하게 될 것이고, 그 증오야말로 자네가 파멸하는 원인이 될 걸세."

"그러면 어떻게 하면 좋을까요?"

"매일 아침 가게 앞에 나가서 자네 가게를 축복하고, 돌아서서 길 건너 그 연쇄점도 축복하게."

"아니, 경쟁자이자 파괴자를 축복하라는 말씀이십니까?"

"자네가 그에게 축복하는 것은 무엇이든 자네에게 좋은 쪽으로 되돌아올 걸세. 마찬가지로 자네가 그에게 바라는 악은 무엇이든 자네를 멸망시킬 걸세."

여섯 달 후, 그 식료품 가게 주인은 다시 스승에게 찾아가 이렇게 말했습니다.

"제가 걱정과 근심만으로 지냈다면 정말로 가게를 닫아야 했을 것입니다. 하지만 스승님 말씀대로 했더니 지금은 그 연쇄점까지 제가 맡고 있으며 어느 때보다도 경기가 좋습니다"

이야기 둘

미국에 '메트로 골드윈 메이어(Metro Goldwin Mayer)' 라는 유명한 영화 제작 · 배급회사가 있습니다. 이 회사 설립자는 회사 이름의 끝 글자인 메이어(Mayer)입니다. 그가 어렸을 때 한번은 친구와 크게 다툰 적이 있었습니다.

메이어는 친구에게 맞고 집에 돌아와 분통을 터뜨리며 친구를 욕했습니다. 그러자 어머니는 메이어를 산으로 데리고 가, 친구 욕을 실컷 하라고 했습니다.

메이어는 산을 향해 "이 나쁜 놈아. 못된 놈아" 하고 소리쳤습니다. 그런데 이 소리가 메아리가 되어 자신에게 10배의 소리로 되돌아오는 것이었습니다. 그러자 어머니가 이번에는 "하느님이 너를 축복하신다" 하고 외쳐보라 말했습니다. 메이어가 이렇게 외치자 동일한 메아리가 자신에게 축복의 말로 되돌아왔습니다.

그때 메이어는 깨달았습니다.

"내가 남을 향해 한 번의 욕을 하면 그것이 10배로 되돌아오고, 내가 남을 한 번 축복하면 10배로 축복이 되돌아온다.

메이어는 이 교훈을 평생 마음에 새기고 훗날 그 큰 영화사를 세우게 됐다는 것입니다(국민일보, 2006년 2월 12일자 참조).

- 발사!

토 | 의 | 과 | 제

1. 지성감천을 어떻게 받아들이는가?
2. 성격의 결정요인에 대해 토론해 보자.
3. 이야기 하나, 이야기 둘을 읽고 생각해 보자.

4. 정심 - 바른 마음 갖기 -

大學의 가르침

뜻이 참(誠)되면 바른 마음(正心)이 생긴다. 정심이란 심정의 정상으로 돌아가는 것을 말한다. 무릇 사람의 마음에는 분노 · 공포와 두려움 · 즐거움 · 우환 등의 정서가 있어, 때때로 정심을 잃게 하므로 뜻을 지성으로 갖는 동시에 그 본체인 마음을 정한 위치에 두도록 힘써야 한다.

만약에 마음이 정서와 감정에 지배되어 그 정상을 잃을 때, 보아도 보이지 않고 들어도 들리지 않으며 먹어도 그 맛을 분간치 못하게 되는 수가 있다. 이를 심부재언 시이불견 청이불문 식이부지기미(心不在焉 視而不見 聽而不聞 食而不知其味)상태라고 하는 것이다.

수신(修身)에서 가장 최고의 경지가 정심(正心)이다. 세상만사가 마음먹기에 달렸다고 하지만 이 마음관리가 쉬우면서도 어렵다. 마음관리는 기술이 아니다.

현대 윤리학의 평가를 보면 도덕적 품성을 확립하기 위해서는 그 지향동기를 순수하게 하여 이른바 감각적 의욕의 노예가 되지 않도록 하는 것이 정심의 중요한 위치이다. 또 종교적으로는 잡념을 배격하고 신불(神佛)을 향하여 기원하는 이유도 정심을 얻기 위함이다. 이 모든 것이 인간이 도덕적 존재임을 의미한다. 정(正 = 一 + 止)심(心), 그래서 정심은 하나로 멈추는 마음, 즉 흔들리지 않음을 뜻한다.

죽는 날까지 하늘을 우러러
한점 부끄럼없기를
잎새에 이는 바람에도
나는 괴로워했다.
별을 노래하는 마음으로
모든 죽어가는 것을 사랑해야지
그리고 나한테 주어진 길을 걸어가야겠다.
오늘밤에도 별이 바람에 스치운다.

- 윤동주 「서시」-

1) 인간과 마음[4)]

(1) 마음이란 무엇인가?

인생은 생로병사의 과정 속에서 사랑하고 싸우고 시기 질투하고 노래하고 춤추고 착각과 환상에 사로잡히고 행복한 꿈을 꾸며 야망을 불태우고 무서운 생각에 사로잡히곤 한다.

이런 모든 것이 마음에서 온다고 한다. 그래서 세상만사가 마음먹기에 달렸다고 하고, 큰마음을 가진 사람은 세상이야기를 하고 보통 마음을 가진 사람은 사건이야기를 하고, 작은 마음을 가진 사람은 사람의 이야기를 한다고 한다.

그럼 마음이란 무엇인가? 그리고 어디서 오는가? 이런 물음을 해 보지 않은 사람은 없을 것이다. 이런 물음은 마치 인간이란 무엇인가? 에 대한 물음과 같다. 그래서 이러한 물음은 오직 인간에게 주어진 영원한 수수께끼이다. 많은 사람은 이 수수께끼를 풀기 위해 노력을 해왔다. 그러나 노력만큼 우리에게 주는 결과는 미흡하다고 하겠다.

화엄경에서는 “일체만법이 오직 마음뿐이요, 마음을 떠나서는 아무 것도 있을 수 없으며 마음 부처 중생은 구별이 없느니라”고 하였다. 이는 마음속에 산을 그

---

4) 이강옥, 인체 경영학, 삶과 꿈, 1998, pp.30~37.

리워하면 세상은 산이 되고, 강을 그리워하면 강이 된다는 뜻일 것이다.

원효대사의 일체유심조는 너무나 잘 알려진 마음에 대한 진수라고 할 수 있다. 그래서 원효인가 보다. 즉, 깨달음의 으뜸이라는 이름을 붙여드린 것일까? 마음에 대해 깨달았기 때문에 붙여진 이름이라고 본다. 또한 불교의 극치인 자비에도 마음이라는 글자가 들어간 것도 우연이 아니라고 본다. 불교의 가르침의 근본은 자비지심 그 자체이다. 그럼 자비지심이란 무엇인가? 이는 자비의 마음, 즉 중생을 사랑하고 가엾게 여기는 마음이라고 한다. 구체적인 실천은 자(慈)는 남의 기쁨을 기뻐해 주고 비(悲)는 남의 슬픔을 슬퍼해 주는 것을 일컫는다. 이를 더 한층 높여서 금강경에서는 대자대비라고 남의 기쁨을 내가 더 기뻐해 주고 남의 슬픔은 내가 더 슬퍼해 주는 것을 일컫어 가르치고 있다. 공자님의 인의 정신은 그리스도의 사랑과 통한다고 보아야 할 것이다. 그리고 이 인의 실천을 예수그리스도의 사랑에 대한 설명으로 대신할 수 있을 것이다.

(2) 마음의 법칙

인간의 본성은 서로 고립되고 유대가 없는 것으로 잘못 생각하는 마음이 형태로 나타나서 질병의 육체가 된다. 여실히 손에 잡히도록 형제적 사랑으로 보여주면 그 결과 상대가 마음으로 사랑을 여실히 느끼게 된다. 여기서 정녕 신(神)이 부여하는 힘(자연치유력)이 마음의 문을 통해서 상대방으로 흘러 들어가는 것이다.

형제적 사랑으로 다른 사람을 돕기 위해서는 우리는 무엇보다 자신의 마음을 깨끗이 해야 한다. 자신의 마음을 파이프(통로)로 하여 신이 부여한 치유의 힘이 형제의 마음에 흘러 들어가도록 해야 한다. 마음의 파이프가 굵고 깨끗해야만 치유의 힘이 형제의 마음속에 많이 흘러 들어가게 된다.

마음의 파이프를 굵게 하려면 매일 심신의 단련을 위한 수련을 꾸준히 해야 한다. 마음의 파이프를 깨끗하게 하려면 사심(邪心)을 버리고 천심(天心)으로 모든 사물을 대하는 것이다. 가장 방해가 되는 것은 욕심과 부정적인 사고이다.

결국 우리가 다른 사람을 돕는 것은 기술이 아니라 마음이다. 남을 용서하는 마음, 남을 사랑하는 마음이 그것이다.

우리가 스스로 죄인임을 자처할 때, 잘못을 뉘우치고 참회할 때 용서를 얻을 수 있다. 우리는 다른 사람의 자비(慈悲)를 구한다. 자비를 얻고자 하는 사람은 대자

대비의 마음을 지녀야 한다. 즉, 남의 즐거움은 같이 즐거워하고 남의 슬픔은 같이 슬퍼해 주는 마음을 말한다. 우리의 마음은 정신파동을 일으켜 현실적인 힘이 되기 때문이다.

저자 자신이 좋아하는 말이지만 그 누구도 자신이 마음속으로 부르지 않는 불행과는 해후(邂逅)하지 않는 법이다. 마음의 법칙 또한 물리적 현상과 같은 것이다.

곧 "유(類)는 유(類)를 부른다"는 법칙과 "유(類)가 아닌 것은 서로 반발한다"는 법칙에 지배되어 서로 끌어당기거나 반발하는 것이다. 그러므로 불행한 사건을 당하는 사람은 누구를 원망할 것도 없다. 자신의 마음속에 그런 불행을 끌어들이는 불행의 씨앗을 반드시 잠재우고 있기 때문이다. 그래서 옛말에 불행도 행복도 복수(複數)로 온다는 말이 있지 않는가. 자주 보는 일이지만 재수가 없다고 생각하는 마음속에는 항상 재수 없는 일들이 생기지 않는가?

이 세상의 일들은 자기가 생각하는 대로 말하는 대로 그렇게 이루어진다고 본다. 사람은 아주 어려운 상황에 처해 있을 때, 그 사람의 말을 들어보면 그 사람의 결과를 예측할 수 있다. 즉 '미치겠다' 고 말하기를 좋아하는 사람이 있는가 하면 '죽겠다' 고 말하는 사람, '환장하겠다' 고 말하는 사람이 있다. 부부싸움을 하는 사람들을 보면 과거를 가지고 싸우는 사람, 현재의 문제를 가지고 싸우는 사람, 미래의 문제를 가지고 싸우는 사람으로 대별되는데, 어떠한 문제를 가지고 싸우더라도 '못살겠다' 고 한 사람은 대충 못살고 헤어진다. 사람은 생각, 즉 자기 마음의 표현을 말로 하기 때문이다.

옛날에 어떤 자객이 고승을 암살하려고 날마다 노리고 있었지만 어떻게 해도 고승과는 길이 어긋나서 찌를 수가 없었다는 이야기가 있다. 자신의 마음속에 남을 찌르려는 칼을 준비하지 않는 사람은 외부에서 찌르려고 노린다 해도 찔림을 당하지 않을 것이다. 자신의 마음속에 칼이 마련되어 있지 않다면 우리는 칼에 맞아 죽는 일이 없을 것이다. 사람을 심판할 마음이 있는 자는 심판을 받게 된다. 내가 남을 심판하면 다른 사람이 나를 심판한다. 심판은 하느님 몫이라고 한다. 그런데 하느님의 몫을 사람들이 대신하려는 어리석음이 많다. 그리고 만일 하느님께서 지금 우리를 심판하신다면 나 자신은 어떠하겠는가? 자신 있는 사람이 누가 있겠는가? 남을 심판하는 사람은 먼저 심판을 받는다. 권총탄환을 맞게 되는 사람은 마음속 어딘가에 반드시 권총 탄환을 끌어당기고 있음이 틀림없다.

인간사(人間事)가 모두 마음의 법칙에 의해 이루어지는가 보다. 그래서 세상만사가 마음먹기에 달렸다고 하지 않는가!

당신은 마음이라는 것이 이용방법의 여하에 따라 매우 강력한 강장제가 되기도 하고, 약용포도주보다 더한 흥분제가 될 때도 있으며, 우리의 마음을 올바르게 활용할 때는 마음 그 자체가 영양제가 되기도 하고 젊어지는 약이 되기도 하여 물질적 약물은 필요 없다는 것을 배우게 될 것이다. 이것은 마음을 올바르게 활용할 것, 마음을 조화시켜 조금도 마찰이 없는 상태로 둘 것, 밝은 사상, 친절한 사상, 사랑의 사상을 항시 마음에 간직할 것 등이다.

빛이 충만한 곳에 어두움이 존재할 수 없는 것과 같이 이와 같은 생명과 광명과 사랑의 사상을 마음에 충족시킬 때 그 반대되는 것은 모두가 파괴되어 멸하고 존재할 수가 없게 되는 것이다.

유(類)는 유(類)로 동한다. 유(類)가 아닌 것은 서로 반발한다는 물리적 법칙에 신념을 가지고 항상 좋은 것, 옳은 것만을 생각하는 마음속에는 나쁜 것, 그릇된 것과 같이 하지 않는다는 사회적 법칙과 일치함을 알 수 있다.

이상구 박사가 출연한 TV프로의 인기가 대단했었다. 이상구 박사 강의의 중심은 엔돌핀과 T임파구이다. 생체에너지에 의해 생성된 앤돌핀과 T임파구는 감사하는 마음속에서 생활할 때 무수히 생성된다는 것이다. 일본에서 T임파구 생산에 성공했다는 낭보(朗報)가 얼마 전에 나왔다. T임파구 생산에 얼마나 많은 돈을 지불해야 하겠는가? 그리고 이를 사용하는 사람은 얼마나 비싼 대가를 치러야 하는가? 그런데 감사하는 마음이 T임파구를 생산한다니 얼마나 기쁜 소식인가! 필자는 이상구 박사의 건강강의를 전적으로 지지하는 사람은 아니다. 그러나 우리 정신세계와 인체에 대한 의사로서의 증명은 우리에게 많은 도움을 주었다.

이제 실천방법과 결론으로 '포기할 줄 아는 마음'을 권하고 싶다. 어떤 프랑스 사람이 한국여행 중 산사(山寺)를 찾았다. 불상(佛像)을 유심히 보고 있는 그에게 물었다. 그랬더니 그 프랑스 사람은 '완전한 포기자'의 모습이라고 대답했다. 완전한 포기자는 비굴하게 패배함을 말하는 것이 아니다. 다 주는 마음을 그렇게 표현한 것이다. 우리는 적게 주고 많이 받으려고 한다. 주지 않고 받을 수 있다고 생각하는가? 여기서부터 인간관계는 막히고 불행의 씨앗은 시작되게 된다.

마음을 주지 않고 남의 마음을 살 수 있는가? 마음을 비우지 않고 남의 마음을 간직할 수 있는가? 많이 비운 그릇에 많이 들어가는 것처럼 마음도 크게 비운 사람만이 많은 것을 소유할 수 있다. 다 비우면 다 채울 수 있다. 그러나 노자(老子)

와 21세기의 김용옥 교수는 비우는 것은 다시 채우려는 의도가 있다고 역설적으로 주장한다. 노자사상에서도 비우지 말고 버리라고 한다. 그러고 보면 우리의 마음에도 버릴 것이 많음을 느낀다.

십자가상의 예수님의 모습을 보라! 생명까지도 다 주신 모습을 보고 누가 숙연하지 않을 수 있겠는가! 자기를 십자가에 못박은 자들에게 "주여 저들을 용서하소서. 저들은 자기가 하는 일을 모르고 있기 때문입니다"하고 숨을 거두신 완전한 포기자의 모습을 보고 누가 바보라고 할 수 있겠는가!

마음의 법칙은 "다 주면 다 받는다"는 논리가 성립된다. 진심으로 사심을 버리고 다 주면 다시 돌아오게 된다. 처음에는 무척 손해보는 것 같이 보인다. 그렇지만 결국은 다 받게 되는 것이다. 물론 진심으로 주는 경우에 한해서 성립되는 논리이다. 내가 조금 챙기면 상대방은 좀더 챙기려 하는 법이다. 그러면 자기의 챙김은 생각하지 않고 상대방이 챙기려는 것만 생각하며 더 챙기려 한다. 그러나 상대방은 그 보다 더 챙기려 하게 된다. 이러한 논리가 점점 심화되어 자기 욕심에만 급급하게 된다.

우리는 행복을 추구한다. 행복하기 위해서는 마음을 따르는 것이 가장 중요하다. 행복해지기는 쉬운 일은 아니지만 어려운 일도 아니다. '적극적 사고'에서 피일 박사는 행복해지기보다 더 쉬운 일은 없다고 말한다. 행복과 불행은 마음에 달려 있기 때문이다.

불완전한 것은 완전한 것을 이길 수 없고 거짓은 진실을 이길 수 없고 미움은 사랑을 이길 수 없다. 그리고 사람들은 누구나 마음이라고 하는 안경을 쓰고 세상을 본다. 밝은 안경을 쓰면 세상이 밝게 보이고 어두운 안경을 쓰면 어둡게 보인다. 색안경을 쓰고 보면 그 색깔대로 세상이 보인다. 그 마음의 안경은 사랑의 마음, 바른 것을 추구하려는 정신, 좋은 습관에 의해 만들어진 렌즈이다. 당신의 마음의 안경은 밝은가? 그렇지 않으면 무슨 색의 안경인가? 그것이 당신의 운명을 결정해 준다는 것을 잊지 말자.

마음을 찍는 사진기

어느 마을의 시장에
사람의 마음을 찍는 사진기가 있었습니다.
어떤 유명한 정치가를 찍었더니
돈 다발이 찍혔습니다.
돈 많은 사장님을 찍었더니
술과 여자가 찍혀 나왔습니다.
어떤 남자는 늑대가 찍혀 나오고
어떤 여자는 여우가 찍혀 나왔습니다.
그러던 어느 날 이 시장에
얼굴이 험상궂게 생긴 사나이가 나타났습니다.
사람들은 생각했습니다.
"틀림없이 무시무시한 흉기가 찍혀 나올 거야!"
사나이가 카메라 앞을 지나갔습니다.
'방긋 웃는 아이의 얼굴' 이 찍혔을 뿐.
사나이는 단지 미역 한 꾸러미만을 들고
시장을 벗어나고 있었습니다.

– 정채봉, 「내 가슴 속 램프」에서 –

토 | 의 | 과 | 제

1. 당신의 마음속에 버려야 할 것들은 무엇인가?
2. 다 주면 다 받는다는 말을 어떻게 받아들이는가? 경험을 사례화해 보라.

2) 마음관리

마음관리에 성공한 사람은 인생에 성공한 사람이다. 육체를 얻기는 쉬우나 마음을 얻기는 어렵다. 돈으로 인간의 머리를 사고, 기술을 사고, 또 시간을 살 수는 있지만 돈으로 인간의 마음을 사기는 어렵다. 인간의 마음을 살 수 있는 사람은 인간관계에 성공할 수 있다. 그럼 무엇으로 인간의 마음을 살 수 있는가? 여러분은 어떤 사람에게 마음을 준 적이 있는가?

엔드류 매듀사는 "사람의 마음은 자석과 같은 것이어서 무언가를 끊임없이 생각하고 원하면 그대로 이루어진다"고 하였다. 우리는 마음의 법칙에서 마음의 파동이 얼마나 강력한 에너지인지를 알았다.

21세기에 들어서면서 현대의학이 해결할 수 없는 병이 점점 늘어나고 있다고 한다. 현대의학이 해결할 수 없는 병의 80% 이상이 마음을 관리하지 못해서 오는 스트레스 때문이라고 하니 마음관리가 얼마나 중요한 것인가를 알려준다. 사람의 마음은 놀라운 위력을 가지고 있어서 마음을 잘 관리하면 성공과 행복이 보장된다.

그럼 어떻게 마음을 관리할 수 있을까? 달라이나마와 테레사 수녀는 '행복과 사람' 이라는 화두를 풀면서 '무개끝의 보물상자를 찾기' 대신에 "자기마음을 들여다 보라"고 권고한다. 정치인들은 마음을 비웠다는 말을 상투적으로 쓴다. 그런데 마음은 비우면 다른 것을 채우는 것이다며 또 무엇을 채우려고 비운다고 하느냐고 도올 김용옥은 "마음을 버리라"고 한다. 그런데 가장 좋은 마음관리는 마음을 여는 것이다. 그리고 그 마음을 들여다 보아야 한다. 마음을 강(江)에 비유하곤 한다. 나는 이 비유를 지지한다. 강에는 강물이 머물지 않는다. 강을 막으면 물이 썩고 강은 죽어간다. 마음도 닫아두면 병이 들고 죽어간다. 마음을 열어두어라(open your mind). 강이 모든 물을 받아주듯이...

강은 어느 물은 못 들어오게 하고 어느 물만 들어오게 하지 않는다. 강물은 세상일과 같이 흘러간다. 마음도 세상일을 흘려보내려면 열어두어야 한다. 강물이 마르지 않듯이 마음은 비어 있을 수가 없다. 마음을 비우려고 노력하지 말라. 방안에 공기를 다 빼내려고 환풍기를 틀어도 어디선가 모르게 공기는 채워져 있는 법이다.

요즘 미국에서 특히 하버드대학을 중심으로 마음관리를 위해 명상이 인기를 끌고 있다.

무심(無心)

아무것도 하지 않은 것이 무심이 아니라
그 일에만 충실한 것이 바로 무심이다.

- 문화영 -

4염처(四念處) 명상

지금 미국이 가장 명상에 열중하는 나라가 되었다. 최근에는 난치병과 불치병을 치료하는 명상의학(Meditation on medicine)이 널리 보급되어 인기가 높다. 미국이 명상을 중요시하게 된 배경은 월남전 이후다. 왜 패배했는가를 분석한 결과 자체평가로는 정신 때문이라고 결론을 내렸다. 월남에는 수행을 통해 높은 정신세계를 가진 지도자들이 있었다.

지난 번 한국에 다녀간 틱낫한 스님도 월남정부를 비난했다는 이유로 추방되어 미국에 건너가 킹목사와 반전 운동을 벌이다가 미국에서도 살지 못하고 프랑스에 들어가 명상지도를 하며 베트남의 정신적 지도자로 살았다. 또한 당시 월맹을 지도했던 호치민도 훌륭한 베트남의 정신적 지도자였다. 월남대전 이후 정신세계에 대한 중요성을 인식하고 명상에 대한 연구가 활발하게 되었다.

특히 1970년 이후 스트레스 증가로 인해 이에 대한 효과적인 대처법을 찾은 것이 명상이다. 미국 메사츄세스대학 메디칼센터의 카밧진(Kabat-Zinn) 박사가 의료명상이 암, 심장병, 고혈압, 당뇨병, 두통, 스트레스에 효과가 있음을 과학적으로 입증하면서 더욱 활발해지고 있다.

4염처(四念處) 명상은 신체의 작용에 대한 깨달음(身), 느낌이나 작용에 대한 깨달음(受), 마음 작용에 대한 깨달음(心), 진리에 대한 깨달음(法)으로 모든 수행의 근본이 바로 신체 각성에서 시작됨을 강조한 명상법으로 마음챙김명상(Mindfulness meditation)의 방법이다. 염처(念處)란 지금(今)+여기(處)+마음(心)을 의미한다. 즉, 지금 여기 있는 마음을 말한다. 여러분은 어떠한가? 마음이 여기 있지 않고 어디에 있는가? 마음을 원숭이와 같다고 표현한 학자가 있다. 원숭이는 가만히 있지 못한다. 그저 왔다 갔다 한다. 마치 우리 마음도 나는 여기 있지만 과거-미래로 왔다 갔다 한다. 과거로 갔을 때 기분이 몹시 나쁘고 미래로 가보면 근심걱정이 많은 사람은 문제가 있다. 현재에 충실하지 못하기 때문이다.

보는 것, 듣는 것, 먹는 것, 잠자는 것, 행동하는 것 등 일상생활의 모든 일들을 그 순간순간 열심히 집중해서 하는 사람은 명상수련이 잘 되어 있는 사람이다.

지금 일을 하면서 지난 과거를 생각하거나 미래를 생각하는 사람은 마음이 집중되지 않고 산란한 사람이다. 이 순간을 영원히 미래와 과거의 결정체가 되도록 한 가지 일에 열중하는 것이 가장 빛나는 삶이다. 이를 위해 가장 쉽고 효과적인 명상이 4염처 명상이다. 신(身)은 신체에 대한 각성으로 네 몸을 보라는 것이다. 수(受)는 감각을 통해서 몸의 느낌이나 작용을 보라는 것이다. 특히 호흡의 느낌을 보라는 것이다. 심(心)은 네 마음을 보라. 내 마음속에 탐진치(貪嗔痴)

가 있는지를 보라는 것이다. 법(法)은 진리에 대한 각성으로 영생의 진리를 보라는 것이다.

유행가처럼 "바라만 보고 있지…" 판단하지 말고 그냥 있는 그대로를 바라만 봄으로써 나의 존재를 인식하고 지금 여기에 있는 자신에게 충실할 수 있는 내가 되는 것이다.

– 이강옥, 「사랑방 신문」 컬럼, 2004. 11. 30 –

탐(貪) · 진(嗔) · 치(痴)

인생의 고통은 현실만을 생각하는 것과 상대가 있기 때문이라고 한다. 인구의 80%가 현실 속에서 고통이라고 생각하며 살아간다고 한다. 이는 미래가 없기 때문이다. 현실이 어렵다고 해도 미래가 있다면 고통으로 여겨지지 않는다. 티베트가 행복지수가 가장 높은 나라이다. 이들이 가장 행복한 것은 현실이 아니라 내일이 있고 내세(來世)에 대한 신념이 있기 때문이다. 상대가 있어 고통스럽다는 것은 자식 때문이라는 설이 지배적이다. 칼 지브란은 "자식에게 육체는 줄 수 있으나 영혼은 줄 수 없다"고 했다. 그런데 자식에게 영혼까지 주려는 욕심 때문에 자식이 고통이 되지 않을까 생각된다.

부처님은 인생의 고(苦)는 탐(貪) · 진(嗔) · 치(痴)에서 온다고 가르치신다. 탐(貪)은 욕심이다. 인간은 유한(有限)한 세상에 살면서 무한(無限)한 것을 추구하는 마음으로 살아간다. 욕망을 키우면 욕망이 나를 지배한다. 여러분의 가장 큰 욕심은 무엇인가? 그것이 인생을 고통으로 이끈다.

진(嗔)은 성내는 것이다. 한국에 대한 부정적 표현으로 조급성을 꼽는다. 그래서 한국을 빨리 빨리 문화라고 한다. 계절의 변화에 맞추어 살다보니 그렇게 되었을까? 역사성 때문일까? 어떻든 참지 못하는 대물림을 하고 있다. 성질이 있다는 것은 반대로 잘 할 수 있다는 뜻도 된다. 화는 에너지이기 때문이다. 화(火)는 함부로 쓰지 말고 잘 간직하면 훌륭한 에너지가 된다. 참을 인(忍)자가 칼(刀)을 꺾는 마음(心)을 뜻한다.

치(痴)는 어리석음이다. 어리석다는 것은 살아가면서 이중적 잣대를 가지고 살아가기 때문이다. 자신의 것은 중하고 새털만큼도 놓치지 않으려 하고 남의 것은 업신여기는 이중적 잣대를 가지고 생활한다. 항상 바른 마음을 가져야 한다. 그래서 정심(正心)은 (正 = 一止) 하나로 멈추는 마음이라는 뜻이라고 한다. 이랬다 저랬다 하는 것이 가장 어리석은 짓이다. 요즘 세태에서 보면 같으면 내편, 다르면 적으로 생각하는 어리석음이 팽배해 있다. 정말 어리석은 짓들을 하고 있는 것이다.

상대방을 인정하고 나와 다른 것은 틀린 것이 아니고 다르다고 인정할 때 상생이 이루어진다. 17대 국회의 화두가 상생의 정치라고 한다. 상대가 없으면 내가 없는 것, 그래서 나는 당신이 있기 때문에 존재한다고 말할 때 진정한 나의 정체성이 성립하게 된다.

이제 탐(貪) · 진(嗔) · 치(痴)를 관리하여 내면이 자유를 얻어 인생의 고(苦)을 털어 버리자.

– 이강옥, 「사랑방 신문」 컬럼, 2004. 6. 8 –

3) 상념의 힘과 말의 힘

(1) 상념(想念)의 힘

"물질 속으로 깊이 들어가면 길수록 우리는 물질이란 상념에 지나지 않는다는 것을 알 수 있다. 물질은 상념의 응결현상에 지나지 않는다는 것을 알게 될 것이다", "그대의 내면 속으로 깊이 들어가면 들어갈수록 상념들은 점점 더 물질에 가까워진다"고 한 에딩턴(A.S. Eddinton, 1982~1944)의 말은 사실이다. 물론 나는 물리학자도 과학자도 아니지만 사물의 내면으로 깊이 들어가면 들어갈수록 그 형태와 빛깔의 내면은 상념에 가까워진다는 것을 알 수 있다.

사실 이 두 가지 상념과 물질은 한 현상의 두 가지 모습인 것이다. 물질은 상념이요, 상념은 다름 아닌 물질인 것이다.

"상념은 물질"이라고 한 말은 무엇을 뜻하는가? 물건을 집어 던져 버리듯 당신의 상념을 집어 던질 수도 있고 또한 상념으로 다른 사람의 머리를 때릴 수도 있다는 뜻이다. 물질이 아니라 물질 대신 상념으로 말이다. 그뿐인가. 단도를 던지듯 상념을 던져서 죽일 수도 있다는 것이다. 상념들은 파워(힘)를 가지고 있다. 그러나 상념은 당신에게 소속되어 있지는 않다. 상념은 당신에게로 몰려온다. 온 우주는 상념과 물질로 가득 차 있다. 물질은 상념의 형이하학적인 부분이요, 상념은 물질의 정신적인 부분인 것이다. 확실히 상념은 물질인 것이다.

이 세상에는 많은 기적이 일어난다. 어떤 사람이 당신의 행복을 끊임없이 생각한다면 당신은 틀림없이 행복해질 것이다. 당신의 행복을 생각하는 그 사람의 연속적인 에너지의 파동이 당신 쪽으로 파급되어 오기 때문이다. 축복해 주고 축복받는다는 것이 얼마나 중요한가 하는 것은 바로 그런 이유 때문이다.

깨달은 사람에게서 축복을 받는다면 그 축복은 그대로 진리로 가는 지름길의 구실을 하게 된다. 부정적인 자세를 버려야 한다. 허무에 빠져서는 안 된다.

마술과 신통은 전혀 다르다. 마술은 부정적인 에너지를 제거하지 않은 채 축적된 상념의 에너지, 그 파동으로부터 나온다. 그러나 신통(神通)은 부정적인 에너지를 긍정적인 에너지로 바꾼 다음 그 긍정적인 에너지(상념)의 응집으로부터 나온다. 똑같은 에너지가 부정적일 때는 마술이 되고, 긍정적인 때는 신통이 된다.

상념은 위대한 에너지이고 물질이 되기도 한다. 우리는 가끔 상념의 기능이 물질의 기능과 같음을 경험한다. 그러나 그 경험은 너무도 물질적인 상황이기 때문에 우연의 일치라고 넘겨 버리곤 한다. 사람은 자신의 정도에 따라 듣고 보고 생각하기 때문이다. 우리는 보고 듣고 생각하는 데 자기 나름대로의 틀을 고정시켜 놓았기 때문이다. 이 고정된 틀을 부숴 버려야 한다. 존재의 본질을 알기 위해서는 모든 고정된 태도를 부숴 버려야 한다.

지금도 당신은 상념의 기능이 물질화된다는 사실을 무시하고 무관심하게 넘겨 버리겠는가? 당신이 아는 어떤 사람의 죽음을 자주 생각한 얼마 후 당신이 죽음을 생각하던 그 사람이 죽었다. 그러나 당신은 이런 사실을 그저 우연의 일치로 돌려 버린다. 어느 날은 친구를 생각하며 "그 친구가 왔으면 좋겠는데"하고 줄곧 생각한다. 그때 노크 소리가 들리고 생각하던 그 친구가 온 것이나 전화를 해야 되겠다고 생각하는데 바로 전화가 걸려올 때가 있다. 이것은 결코 우연의 일치가 아니다. 우리 주위에서 일어나는 어떠한 사건도 결코 우연의 일치가 아니다. 모든 사건은 그 자체에 인과율(因果律)을 가지고 있다. 그렇다. 당신의 상념은 당신을 둘러싸고 있는 환경을 만들기도 하고 자신의 상념의 힘이 약할 때는 환경에 영향을 받기도 한다.

당신의 상념(생각)은 물질이다. 그러므로 조심해야 한다. 조심스럽게 상념을 운전해야 한다. 주의하지 않으면 당신 자신과 다른 사람에게 불행을 가져오게 할 것이다. 당신이 무의식적으로라도 다른 사람에게 불행을 줄 때 동시에 당신 자신에게도 불행을 불러오게 되는 것이다. 상념은 두 개의 날을 가진 칼과 같기 때문이다. 쌍날을 가진 상념의 칼로 다른 사람을 찌를 때 동시에 당신 자신도 그 칼에 찔리게 된다.

몇년 전 영국 BBC 텔레비전 방송국에서는 상념의 에너지를 측정하는 실험이 방영된 일이 있었다. 실험대상자는 유리겔러(UriGeller)라는 이스라엘 청년이었다. 그는 생각만으로써 어떠한 물체든지 쭈그러뜨릴 수 있었다. 유리겔러는 스푼을 생각했다. 그러자 열 발자국 떨어져 있는 그 스푼이 대번에 엿가락처럼 휘어져 버렸다. 유리겔러는 생각만으로 그 스푼을 구부러뜨린 것이다. 유리겔러가 TV방송을 통해 실험을 할 때 가장 잘 된 사람은 아이들이었다. 아이들은 마음이 순수하고 그대로 하면 된다는 생각으로 그대로 실천하였기 때문이다.

수많은 사람들이 그들의 집에서 텔레비전 화면을 통해 이 놀라운 광경을 보고 있었다. 동시에 그들의 집에서도 놀라운 일들이 일어났다. 그의 상념의 에너지가 텔레비전 브라운관을 통하여 영국 방방곡곡에 방사되었던 것이다. 즉, 유리겔러의 상념이 열 발자국 거리에 있는 스푼을 엿가락처럼 휘어 버릴 때 동시에 텔레비전 화면으로부터 열 발자국 거리 안에 있는 많은 것들이 쭈그러지고 휘어지고 바닥으로 굴러 떨어졌다.

정말 불가사의한 일이다. 생각은 물질이다. 강한 에너지로 가득 찬 물질이다.

옛날로 거슬러 올라가면 올라갈수록 지구는 평화로운 세상이었음을 발견할 수 있다. 태고로 올라가면 그럴수록 상념의 방사가 적었기 때문이다. 당시 사람들은 생각보다는 느낌이나 영감으로 통했고 그리고 염원으로 살았을 것이다. 하루에도 몇 번씩이든지 틈만 있으면 염원했을 것이다. 그들의 마음은 언제나 염원하는 자세였다. 그저 빌고 있었다고 해야 옳을 것이다. 우리의 부모들이 조상께 빌고 성주께 빌고 당산나무에 빌고 나라님께 빌었던 모습처럼 그저 옳고 그름을 따지기 전에 빌었다.

정한수를 떠놓고 북두칠성을 향해서 자식을 위해 손이 닳아져라 빌고 또 빈 부모의 마음은 미신이 아니다. 그 상념, 즉 염원이 자식에게 전달된다. 상념은 물질이기 때문이다. 현대용어로는 텔레파시라는 이름을 사용하면 쉽게 이해될 것이다.

이는 "상념은 물질이다. 에너지다. 그러므로 조심스럽게 그들을 다스리지 않으면 안된다"는 통찰인 것이다. 그래서 예수님은 마음으로 지은 죄까지도 죄라고 하여 마음을 깨끗이 하고 온화하게 가질 것을 가르치고 계신다.

상념은 전염병과 같이 곳곳으로 퍼져간다. 상념의 확대는 아무런 매개체도 필요로 하지 않는다. 상념은 비공간적(非空間的)인 현상이기 때문이다.

상념은 삽시간에 우주 전체로 퍼져 간다. 빛조차도 상념의 속도를 따라갈 수도 없다. 빛은 어디까지나 공간을 필요로 하기 때문이다. 공간이 있다는 전제하에서만 빛의 이동은 가능하다. 그러나 상념의 이동에는 공간을 필요로 하지 않는다. 지금 여기에 당장 당신이 생각하고 있는 것이 동시에 지구 건너편 미국에서 그대로 일어나고 있다면 이에 대한 책임은 어떻게 질 것인가?

당신을 재판할 법정은 없다. 그러나 존재의 최후의 법정(최후의 심판날)에서 당신은 심판을 받게 될 것이다. 당신은 이미 당신의 과오에 적합한 재판을 받을 준비가 다 되어 있다. 지금 당신이 받고 있는 받았던 고통이 바로 그것일 수도 있다. 그러나 모든 고통이 다 자기 책임에서 오는 것만은 아니다. 무엇보다도 존재의 마지막 법정에서 내려지는 재판이 남아 있음을 잊지 말아야 할 것이다.

사람들이 이렇게 말한다. "나는 누구에게나 나쁜 일을 한 적이 없다. 그런데 왜 아직도 이렇게 심한 고통을 받고 있는가?"

그렇다. 당신은 누구도 해치지 않았다. 그러나 당신은 상념으로써 누군가를 해쳤을 것이다. 상념은 행동보다 훨씬 미묘하다. 행동으로부터 자기 자신을 방어하기는 쉽다. 그러나 상념으로부터 자기 자신을 방어하기란 그리 쉽지 않다. 때문에 대부분의 사람들이 상념에 의해서 침해받고 있는 것이다.

다른 사람이 보내는 상념의 파동에 휩쓸려 고통을 받지 않으려면, 당신을 억누르고 있는 당신 주변의 모든 것들로부터 자유롭게 되고자 한다면, 모든 죄의식으로부터 자유롭고자 한다면 먼저 밝은 사상, 사랑의 사상으로 충만되어 있어야 한다. 이것이 바로 붓다의 참뜻이자, 그리스도의 사상인 것이다.

(2) 말의 힘[5)]

사람에게 가장 큰 힘은 무엇인가?

> 우리의 말이 우리의 무기이다.

5) 이강옥, 건강을 지키는 사랑의 손, 보림, 1999, pp.71~75.

어느 해 여름 간곡한 부탁을 받고 한 형제를 방문했던 일이 생각난다. 치유보다는 마지막 길이니 최선의 방법이 없겠느냐는 부탁을 받고 갔다. 건강해지기만 한다면 재산을 좋은 일에 봉헌하겠다고 했다. 그러나 그 형제를 만나는 순간 직감적으로 시들어 가는 운명을 느낄 수 있었다. 아직 확실한 병명은 안 나타났다고 했지만 암이라는 것을 직감으로 알 수 있었다.

사람에게 있어서 가장 큰 힘은 상념(생각)의 힘이라는 것, 그래서 좋은 상념을 가지고 나는 나을 수 있다고 생각한 것과 설사 죽는다해도 사람은 한 번 죽는 것이고 언제 죽느냐, 어떻게 죽느냐만 남아 있을 뿐이며, 영혼의 세계가 있다는 것을 생각하면 죽음이 두려울 것이 없어야 된다는 것을 강조하며 마음을 달래 주었다.

이런 얘기를 마쳤을 때 그 형제는 나의 손을 꼭 잡았다. 충분히 알았다는 뜻이었으리라. 그리고 얼마 후 그 형제는 편안한 마음으로 하느님 곁으로 갔다.

상념(想念)은 힘이다. 신앙의 힘 역시 이 생각의 힘에서 기초가 되는 것이다. 이 세상에 존재하는 인간이 만든 모든 만물은 인간의 생각의 힘에 의해서 만들어진 것이다. 어떤 철인(哲人)이 말했다. "너의 생각이 너를 만든다. 네가 누구인가 하면 네가 생각하고 있는 바로 그대로가 너인 것이다." 우리 일상생활 속에서 무엇을 생각하느냐, 어떤 생각으로 사느냐는 매우 중요한 일이다. 항상 좋은 상념으로 좋은 것만을 생각하는 사람에게는 나쁜 것이 따를 수 없는 것이다.

항상 할 수 있다는 생각을 하며 살아가는 사람은 성공할 확률이 90%, 실패할 확률은 10% 정도이지만 항상 안 된다고 생각하며 살아가는 사람이 실패할 확률은 90%, 성공할 확률은 10% 정도 되는 것이다.

생각이 당신을 만든다. 어떤 사람은 "지금의 나는 내가 원하던 내가 아니다"고 불평하는 사람이 있다. 분명 당신은 지금의 당신을 바라지는 않았을지도 모른다. 그러나 당신의 잠재의식은 지금의 당신을 생각하고 있었음에 틀림없다. 그리고 중요한 것은 당신 주위에서 당신에게 보낸 정신파동이다. 당신의 상념의 힘이 약할 때는 당신 주위의 정신파동이 당신에게 미치는 영향은 지대하다. 그렇지 않더라도 부모의 정신파동이 가장 큰 영향을 주었을 것이고, 형제 그밖의 주위 인물들의 정신파동이 당신께 영향을 주어 당신의 정신세계에 잠재의식으로 남아 있었기 때문이다.

잠재의식의 중요성을 최초로 발표한 사람은 프로이드(Freud)였다. 생각은 정신파동이 되어 현실적인 힘으로 나타난다. 그러므로 인간에게 생각은 중요한 결과를 낳게 하는 힘인 것이다. 그렇다면 생각은 무엇으로 바꿀 수 있을까? 그것은 말씀에 의해서이다. 그런 의미에서 상념의 힘보다 더 큰 힘은 말의 힘이다.

이 세상이 하느님 말씀에 의해서 이루어졌고, 하느님께서 친히 인간이 되시어 우리에게 오셨으니(God become man & come to us) 인간의 말 또한 하느님의 말씀과 같이 중요한 것이다. 속담에 말이 씨가 된다고 하지 않는가? 세상만사가 사람의 말에 의해서 말대로 되어 가는 것인지도 모른다. 부모의 말 때문에 자식이 잘못되는 경우가 적지 않다.

여러분이 만약에 아침에 한마디 "병신 같은 놈"하고 꾸지람을 듣는다면, 그날 하루종일 불쾌감을 느끼게 될 것이다. 그것은 말이 나쁘기 때문이다. 말에 의해서 깨끗해지기도 하고 행복해지기도 불행해지기도 하는 것이다. 우리가 자신의 인생을 행복하게 하고, 가정을 밝게 하며, 환경을 개선하고 운명을 개선하려고 생각한다면 날마다 적어도 두세 번은 선하고 밝은 말로 마음을 깨끗이 해야만 한다. 이것은 실제로 우리에게 있어서 식사를 하는 것보다 더 한층 중요한 것이다. 육체의 양식이 식사인 것과 같이 마음의 양식은 말이다. 마음에 좋은 말을 들려주고 마음을 행복하게 하면 육체는 건강해지고 운명은 양질화되어 개선되는 것이다.

말의 중요성, 즉 말의 힘에 대해서는 아무리 강조해도 지나치지 않을 것이다. 그러나 말을 함부로 하는 사람이 많다. 말 때문에 싸우고 법정에까지 가고 감옥에 가고 평생 원수가 되어 사는 사람이 많다. 그러나 말로 천냥 빚도 갚는다고 하지 않는가! 좋은 말 한 마디가 일생을 좌우하는 힘이 되기도 하고 가슴 속 깊은 곳까지 감동시키며 살 맛나게도 하지 않는가!

사람은 생각과 말과 행위로 죄를 짓고 상처를 입는다. 그 중에서도 말이 가장 중요하다. 항상 좋은 말씨로 자기 성화를 유도해야 한다. 오늘 하루도 나의 생각과 말과 행위를 평화로이 이끌어 주시도록 기도하는 마음으로 시작하는 습관을 길러야한다. 습관은 성품을 기른다(Sow a Habit, Reap a Character). 사람의 성격(personality)은 책이나 교육으로 바꾸어질 수 있고 그것은 또 변할 수 있다. 그러나 성품(charactery)도 습관에 의해서 형성된다. 그리고 변하지 않는다. 좋은 습관을 기르는 것이 좋은 성품을 소유하게 되는 지름길이다.

쉰 주교님은 "교통사고는 치료될 수 있으나 가시 돋친 말로 입은 상처는 치료될 수 없다"고 한다. 요즈음 언어의 폭력이라는 말이 있다. 가까운 사람일수록 언어의 폭력에 의한 상처가 크다. 말을 조심해야 한다.

"선한 사람은 선한 마음의 창고에서 선한 것을 내놓고 악한 사람은 그 악한 창고에서 악한 것을 내놓는다. 마음속에 가득 찬 것이 입 밖으로 나오게 마련이다." (루가 6,45~)

"체질을 하면 찌꺼기가 드러나듯이 그 사람의 결점은 그의 말에서 드러난다. 질그릇이 가마 속에서 단련되듯이 사람은 말로서 수련된다. 나무의 열매는 그 나무를 기른 사람의 기술을 나타내듯이 말은 사람의 마음속을 드러낸다. 말을 듣기 전에는 그 사람을 칭찬하지 말아라. 사람은 그의 말로 평가한다."(집회서 27,4~7)

말은 잘 못하지만

캐나다의 전 총리였던 장 크레티앵은 1993년 총리가 된 이래, 2003년 퇴임 시까지 총리직을 3회나 연임한 인물이었습니다. 그는 무역자유화를 확대하고 "무차별 원칙"이라는 이민정책을 벌여, 연간 100억 캐나다 달러의 무역흑자를 이룬 전설적인 인물이었습니다.

그럼에도 그는 '시골호박' 이라는 별명을 얻을 만큼 수수했고, 밤에 부인과 함께 동네 피자가게에 나타날 정도로 소탈한 성격이었습니다. 하지만 그에게는 말 못할 어려움이 있었습니다. 가난한 집안의 19형제 가운데 열여덟째로 태어난 그는, 선천적으로 한쪽 귀가 들리지 않고 안면근육마비로 입이 비뚤어져 발음이 어눌했던 것입니다. 그의 어눌한 발음은 정치 만화가의 풍자 대상이 되기 일쑤였고, 작은 일도 크게 부풀려져 늘 호기심의 대상이 되었습니다. 그런 그가 선거유세를 다닐 때의 일입니다.

"여러분, 나는 언어장애를 가지고 있습니다. 그 때문에 오랜 시간 고통을 당하기도 했습니다. 하지만 지금은 내가 가지고 있는 언어장애 때문에 내 생각과 의지를 전부 전하지 못할까봐 고통스럽습니다. 인내심을 가지고 나의 말에 귀 기울여 주십시오. 나의 어눌한 발음이 아니라 그 속에 담긴 나의 생각과 의지를 들어주셨으면 합니다."

열정을 다해 연설을 하고 있는데 누군가 소리쳤습니다.

"한 나라를 대표하는 총리에게 언어장애가 있다는 것은 치명적인 결점입니다."

그때 크레티앵은 단호한 목소리로 이렇게 말했다고 합니다.

"나는 말은 잘 못하지만 거짓말은 안 합니다."

1963년 29살의 나이로 하원의원에 당선된 뒤 40여 년 동안 정치생활을 해오면서 자신의 신체장애로 인한 고통을 솔직히 시인한 그는 오히려 정직한 정치인으로 국민들의 지지를 받았던 인물이었습니다.

정치인 캐나다 전 총리 장 크레티앵의 무기는 정치인에게는 목숨과도 같은 언변이 아니라 진실이었습니다.

긍정화에 사용할 수 있는 말

자신을 긍정할 수 있게 해주는 말들

- 지금 그대로의 나를 사랑해. 난 끊임없이 변화, 발전하고 있어.
- 내 모든 감정들까지 내 일부로 받아들여.
- 난 분명 아름답고 사랑스러운 사람이야.
- 내게 어두운 감정 따윈 하나도 없어. 내 감정들 모두 지금의 나를 이루는 중요한 일부분이야.
- 내 모든 감정들을 기꺼이 느끼고 받아들이고 있어.
- 감정을 솔직하게 표현하는 것은 좋은 일이야.

즐거움을 만끽할 수 있게 해주는 말들

- 난 삶을 만끽할 자격이 충분해. 실제로도 그렇게 하고 있어.
- 난 기분을 좋게 만들어 주는 일을 좋아해.
- 난 마음을 편히 갖고 정신을 한 곳에 집중하고 있어.
- 난 지금 내면의 평화와 고요함을 느끼고 있어.
- 이 세상에 태어났다는 사실만으로도 난 행복해.

관계를 더욱 친밀하게 만들어 주는 말들

- 인간관계는 나를 비춰 주는 거울이야.
- 모든 관계들로부터 난 많은 것을 배우고 있어.
- 내가 아는 사람들 모두 나 자신을 치유하고 사랑할 수 있도록 나를 도와주고 있어.
- 사람들과의 관계 속에서 쉽게 상처를 입지만, 그래도 난 아주 명랑하고 씩씩한 사람이야.
- 난 사랑과 성적인 만족을 느낄 자격이 충분해.
- 난 애정 어린 관계들을 내 삶 속으로 끌어들이는 소질을 타고났어.
- 지금 난 모든 인간관계를 내가 바라는 식으로 이끌어가고 있어.
- 드디어 나와…사이의 문제들이 말끔히 해결되었어.

- 나를 사랑하면 할수록 … 도 더욱 사랑하게 되는 거야.
- 나는 …를 사랑하고, … 역시 날 사랑해.

창의력을 키워주는 말들

- 지금 난 마치 뻥 뚫린 관처럼 에너지를 빨아들이고 있어.
- 매일매일 창조적인 아이디어와 영감이 샘솟고 있어.
- 내 삶의 창조자는 바로 나야.
- 난 지금 내가 원하는 그대로 삶을 꾸려나가고 있어.

신의 사랑과 인도를 받게 해주는 말들

- 지금 이 일과 관계된 모든 이들의 행복을 위해 신의 사랑이 완벽하게 작용하고 있어.
- 지금 신의 사랑과 빛이 나를 통해 작용하고 있어.
- 신의 사랑이 나를 인도하고 있어.
- 신이 내게 갈 길을 보여주고 있어.
- 내 안의 지혜가 지금의 나를 인도하고 있어.
- 신이 이 문제를 완벽하게 해결할 수 있도록 나를 이끌고 있어.
- 내 안의 빛이 시금 바로 여기에서 내 몸과 내 마음, 나와 관계된 모든 일들에 기적을 낳고 있어.

말이 이치에 맞지 않으면 말하지 아니함만 같지 못하느니라.

– 유회(劉會) –

劉會日, 言不中理 不如不言

유희왈 언불중리 불여불신

입과 혀라는 것은 화와 근심의 문이며, 몸을 망치는 도끼와 같은 것이다.

– 군평(君平) –

君平日, 口舌者 禍患之門 滅身之釜也

군평왈 구설자 화환지문 멸신지부야

한 마디 말이 이치에 맞지 않으면 천 마디 말도 쓸데가 없느니라.

一言不中 千語無用

일언부중 천어무용

사람을 이롭게 하는 말은 그 따뜻함이 솜과 같고 사람을 상하게 하는 말은 그 날카로움이 가시와 같으므로, 한마디 말은 그 무게가 천금과도 같고 한마디 말이 사람을 다침은 아프기가 칼로 베는 것과도 같으니라.

利人之言 煖如綿絮 像人之語 利如荊棘 一言半句 重値千金 一語像人 痛如刀割

이인지언 난여면서 상인지어 이여형극 일언반구 중치천금 일언상인 통이도할

입은 사람을 다치게 하는 도끼요, 말은 혀를 베는 칼이니, 입을 막고 혀를 깊이 감추면 몸이 어느 곳에 있더라도 편안할지어니라.

口是傷人斧 言是割舌刀 閉口深藏舌 安身處處牢

구시상인부 언시할설도 폐구심장설 안신처처뇌

나이 40이면 자기 얼굴에 책임을 져라

어느 날 링컨의 친구가 링컨 대통령에게 재주가 비상한 사람이라며 인물 한 분을 추천했다. 링컨 대통령은 그 사람을 채용하지 않았다. 친구는 왜 그 사람을 채용하지 않았느냐고 물었다. 링컨은 "사람은 나이 40이면 자기 얼굴에 책임을 져야 한다"고 말했다.

대학을 졸업하면 취직을 해야 한다. 취직에서 가장 중요한 것이 면접이다. 그러나 면접에는 요령은 없는 것이다. 나는 대학생들에게 면접을 위해 공식 하나를 만들어 주고 있다. "면접은 27×365×24×60의 5이다"고 말한다. 27은 나이이고 365는 1년이고 24는 하루의 시간이고 60은 분(分)으로 하여 1천 419만 1천 200분(分)이다. 그런데 5분이면 그 사람을 알 수 있다는 것이다. 어떤 학생은 긍정적으로 받아들이지만 어떤 학생은 어떻게 5

분 동안에 사람을 알 수 있느냐고 부정하고 나선다. 그런데 면접관들은 5분이면 충분하다고 한다.

우리는 자기 얼굴에 대해서 책임을 져야 한다. 얼굴은 우리의 정신과 생활과 성격의 표현이다. 우리의 마음이 얼굴에 새겨지고 생활이 얼굴에 그대로 나타난다. 정직한 생활을 해온 사람은 반드시 그의 얼굴에는 정직의 모습과 향기가 풍긴다. 반대로 거짓된 생활을 오랫동안 해온 사람의 얼굴에는 어딘지 거짓의 그림자가 표정으로 나타난다. 불행을 생각하면서 불행하게 산 사람의 얼굴에는 불행의 그림자가 서리게 된다. 부지런한 사람, 용기 있는 사람, 신념이 있는 사람에게는 그런 표정을 찾을 수 있다. 도둑이 공자의 모습을, 선생님이 사기꾼의 얼굴을 가질 수는 없는 것이다.

링컨의 얼굴에서 여러분은 무엇을 찾을 수 있는가? 사람을 볼 줄 아는 사람이라면 성실함과 진지함과 신념과 의지가 새겨져 있음을 볼 수 있다. 링컨의 얼굴은 링컨의 삶을 대변하고 있다. 그는 무(無)에서 유(有)를 창조했다. 그는 끊임없이 전진했고 부단히 향상했다. 그리고 온갖 직업을 다 경험했다. 농부, 뱃사공, 노동자, 고용인, 군인, 장사꾼, 우체국장, 측량조수, 변호사, 주의회의원, 하원의원(국회의원) 그리고 대통령을 했다.

링컨은 1809년 켄터키주의 빈민의 아들로 태어나서 1865년 흉탄을 맞고 쓰러질 때까지 그의 57년 생애는 칠전팔기의 분투노력과 백전불굴의 투생사이다. “나의 학교 교육의 총계는 1년도 못된다. 나는 대학이나 고등학교에 학생으로 입학한 적도 없다. 나의 교육은 모두 나 자신이 몸소 쌓은 것이다”고 링컨은 말한다. 그의 일생은 꾸준히 공부했고 정직을 생활화했다. 링컨의 얼굴도 바로 그 인생을 그대로 나타내고 있고 그 얼굴로 책임을 지고 있는 것이다.

우리가 링컨의 말을 빌리지 않더라고 누군가가 나의 얼굴에서 나 자신을 볼 수 있다는 마음으로 살아가야 하겠다. 그리고 나의 얼굴에 책임을 질 수밖에 없음을 잊지 말아야겠다.

– 이강옥, 「사랑방 신문」 컬럼, 2003. 6. 10 –

토 | 의 | 과 | 제

1. 성의, 정심으로 사는 사람을? 어떤 사람?
2. 수신의 최고의 경지는?

4) 대지약우(大智若愚)

"큰 지혜는 바보 같다"(大智苦愚)는 老子의 말처럼 바보 안에는 정녕 큰 지혜가 잠복해 있음인가?

역사상 각 분야 최고의 거장들은 하나 같이 바보였다. 왜? 단 하나를 살리기 위하여 나머지 아홉을 끊었으니까 몰입을 위하여 다른 감각을 잠재웠으니까 이런 이유로 백치인데 천재성을 인정받는다. 보기에는 영락없이 바보인데 마침내 현자로 드러난다.

차동엽 신부님의 바보존이 화두가 되고 있다. 바보존 안에는 행복과 성취와 평화와 영원이 매장되어 있기 때문이다. 이런 연유로 바보는 세상의 짐인것 같은데 구원자로 나타난다.

바보는 패자인것 같은데 종국엔 최후의 승자가 된다. 바보는 손해본 것 같은데 결국 남은 장사를 한다. 바보는 불행한 것 같은데 행복하다.

그러기에 누구든지 자신 안에 바보 발상을 옥죄는 족쇄를 풀어줄 일이다. 누구나 바보 심성이 있다. 대가없이 베풀고 포상없는 선을 행하고 후회없이 열정을 쏟고자 하는 끌림이 있다(차동엽 신부, 바보존).

20세기 대한민국이 배출한 국보급 바보 장기려 박사. 제자들이 "선생님 어떻게 살아야 잘 사는 것입니까?" 하고 물었을 때 "나 같이 살면 잘 사는 것이지" 선생님같이 살면 사람들이 바보라고 해요. "바보 소리 들으면 성공한거야! 바보소리 듣기가 얼마나 어려운줄 알아?" 하였다고 한다.

장기려 박사가 바보라? 북한에 두고 온 아내가 기다릴 것이다고 믿고 끝까지 결혼하지 않고 병원을 운영하며 가난한 사람은 무료진료에 돈이 벌리면 가난한 사람에게 도와주며 살았다. 이 정도면 바보 말 들을만 한가!?

김수환 추기경의 자화상에 붙여진 이름 "바보야." 약간 비스듬이 동그란 얼굴에 눈·코·입이 그려진 이 그림은 2009년 2월 추기경께서 선종하신 이후 언론매체에 의해 세간에 알려졌다. "왜 자화상에 "바보야" 하고 쓰셨습니까?" "바보 같지 않나요? 있는 그대로 인간으로서 제가 잘났으면 뭐 그리 잘났고 크면 얼마나 크며 알면 얼마나 알겠습니까? 안다고 나대고 어디 가서 대접받길 바라는게 바보지. 그러고 보면 내가 제일 바보같이 산 것 같아요." 사람답게 사는 것이 무엇인지를 몸소 보여주신 삶을 살아오신 우리 시대의 바보로 우뚝 회자되고 있다(차동엽 신부, 바보존).

무소유를 몸소 실천하신 법정스님,

유럽의 바보 쉰들러,

세계의 바보 마더 테레사,

약삭 빠른 계산적인 사람들의 눈에는 어리석게만 보이는 바보들이다. 그러나 인류는 바보 때문에 희망이 있다.

5) 피할 수 없으면 즐겨라

"어차피 '바보' 소리 들으며 살 바에는 주눅 들어 살지 말고 당당한 바보가 돼라!"

"누가 너에게 천 걸음을 가자고 강요하거든, 그와 함께 이천 걸음을 가 주어라"(마태 5,41).

예수님의 가르침 가운데 가장 통쾌한 삶의 지혜로 꼽고 싶은 이 메시지를 제대로 알아듣기만 하면, 우리는 어떤 역경도 고난도 심지어 박해까지도 달게 감수할 수 있다.

미국의 라이언 화이트라는 소년은, 열세 살 때에 받은 수술에서 잘못된 수혈로 인해 '후천성면역결핍증', 즉 흔히 얘기하는 AIDS에 걸렸다. 라이언은 이 사건으로 인해서 그대로 죽음을 기다려야 하는 처지가 됐다.

하지만 라이언은 자신이 죽는다는 것을 알면서도 그 누구도 원망하지 않았다. 항상 밝은 웃음을 보였고, 모두에게 친절히 대했다. 오히려 염려하는 부모와 친지를 위로하며 하루하루 기쁘게 지냈다. 이러한 사실이 방송매체를 통하여 전 미국에 퍼지자, 많은 이들이 감동받게 되었다. 유명인사들 또한 앞다투어 라이언을 찾아 병문안 왔다. 당시 대통령이었던 레이건도, 팝의 황제 마이클 잭슨도 찾아왔을 정도였다.

그런 라이언은 결국 18세의 어린 나이로 생을 마감했다. 그런데 라이언이 마지막으로 그의 아버지와 나눈 대화가 한 그리스도교 잡지에 실려, 더욱 많은 사람들의 마음을 울렸다. 그 내용은 이렇다.

아버지는 죽어가는 아들에게 이렇게 말했다.

"아들아, 미안하다. 나는 아무것도 너에게 해 줄 것이 없구나. 이 아빠가 더 이상 어떤 선물도 해 줄 수 없음을 용서해다오."

아들은 대답했다.

"아니에요, 아빠. 전 참으로 많은 선물을 받았습니다. 그렇지만 그 많은 선물 중에서도 아무도 아빠가 제게 준 것 같은 선물을 준 사람은 없었어요. 아빠는 내게 천국 열쇠를 주었어요. 내게 예수님을 소개해 주었고, 교회에 나가 예수님을 믿게 해 주었고, 말씀을 통하여 영원한 생명을 얻도록 해 주었어요. 이보다 위대한 선물은 다시없을 거에요."

6) 경주 최 부자의 제가사상[6)]

세칭(世稱) 9대 만석꾼 경주 최 부자는 경주 최씨 최치원(崔致遠) 후대(後代) 재향(在鄕)(최국선(崔國璿) : 1631~1682)으로부터 민파(坡汶) 최준(崔俊 : 1884~1970)에 이르는 약 300년(1650년대~1950년대) 동안의 누대(累代)를 일컫는다. 이들은 장기간 동안 부를 누렸으면서도 동서고금의 상당수의 거부들처럼 권력과 결탁해서 이권을 가로채지 않고 정당한 방법으로 부를 축적했으며 그 부를 지극히 정당하고 적절한 방법으로 사용하였다. 그리하여 그들은 일반 백성들로부터 흔히 받을 수 있는 곱지 않은 시선을 받아본 적도 없이 오히려 주위의 존경과 숭앙을 받고, 긴 세월 동안 부를 누리며 그 부를 국가와 사회를 위하여 사용하였다. 또한 부의 소멸과정이 대부분 그 부의 남용과 오용, 그리고 더 많은 부를 축적하려는 과도한 투자에 있었으나 이들의 부는 국가를 위난으로부터 구하고 남은 부를 국가를 흥하게 하기 위한 교육투자목적으로 사용되었다. 이러한 사실들은 오늘날의 기업과 기업가와 경영자에게 부를 어떻게 형성하고 사용해야 하는가 하는 교훈적 의미를 제공하는 것으로 그들의 경영사상은 시대를 달리해도 오히려 더욱 훌륭한 교육적 효과를 가질 것이다.

경주 최 부자가 300년간이라는 긴 기간 동안 흔들림 없이 부를 유지할 수 있었던 이유는 무엇일까? 그 이유는 가계에 대대로 내려오는 분명한 철학이 있었고,

---

6) 최해진, 대한경영학회 논문집 제6호, 1997, pp.337~340.

노력이 있었으며, 장기적 전략이 있었다. 그러므로 만일 일제의 강점 상태가 없었다면 앞으로도 계속 그 지위를 유지하는 데 문제가 없었을 것이다.

최 부자가 300년간이나 큰 부침 없이 부를 지속할 수 있었던 경영사상을 간단히 정리하면 다음과 같다.

첫째, 과거를 보되 진사 이상은 하지 마라.

둘째, 재산은 만석 이상을 모으지 마라.

셋째, 과객을 후하게 대접하라.

넷째, 흉년기에는 재산을 늘리지 마라.

다섯째, 최씨 가문의 며느리들은 시집온 후 3년 동안 무명옷을 입어라. (시집올 때는 은비녀 이상의 패물을 가지고 오지 말라)

여섯째, 사방 백리 안에 굶어 죽는 사람이 없게 하라.

일곱째, 파장에 물건을 사지 말라는 것 등이다.

7) 人人人人

인간이 인격적으로 평등하고 귀하며 인간의 형체를 가지고 있다고 해서 모두 사회적으로 가치 있는 인간은 아니다. 한 인격체로서 그리고 보편적인 인간으로서 자신과 다른 사람 그리고 사회를 위한 행동을 할 때 우리는 그를 진정한 사람 또는 사람다운 사람이라고 한다. 구체적으로 사람다운 사람은 다음과 같은 사람을 말한다.[7)]

① 윤리적인 사람

참다운 사람이란 인간이 살아가는 데 필요한 윤리적 규범을 지키는 사람이어야 한다. 윤리(倫理, ethics)란 보편적으로 받아들여지거나 실천되고 있는 개인이나 조직 또는 단체의 행동의 기준 또는 표준을 말하는 것으로서 법률처럼 처벌의 기준이 되는 것은 아니지만 인간의 행위를 통제하고 구속하는 역할을 한다. 인간이 살아가는 데 중요한 윤리란, 정직, 성실, 검소, 절약, 인간애 등 우리가 어릴 때부터 배워 온 것이다.

---

7) 최해진, 인성론, 박이정, 2004, pp.67~69.

옛날부터 우리는 사람이라고 다 사람의 범주에 넣지 않았다. "사람(동물의 종(種)으로 본 인간)이 사람다워야 사람(참된 인간)이지"라는 말이 있다. 이 말 속에는 사람이면 모두가 다 사람이 아니며 사람다운 행동 곧 윤리적인 행동을 할 때 사람이 된다는 뜻을 내포하고 있다. 그리하여 윤리적이지 못한 사람을 지칭할 때 '덜된 녀석' 이나 '못된 녀석(놈)' 이라고 표현하여 인간이 덜 되었다는 것을 말하고 있다. 곧 인간은 되어가고 있는 존재라는 것을 은근히 표현하면서 동시에 교육되어야 한다는 의미를 가지고 있다. 즉, '덜된' 또는 '못된' 의 의미는 그냥 가축이나 짐승처럼 방치되고 멋대로 내버려 둔 교육받지 못했다는 의미를 강조하는 것이다. 그러므로 사람을 사람다워지게 하려면 어릴 때부터 해야 될 것과 하지 말아야 될 것을 구분하여 행동하도록 윤리적 규범과 도덕적 자세를 가르쳐야 한다.

② 감사할 줄 아는 사람

부족함을 모르는 사람은 감사할 줄 모르고, 감사할 줄 모르는 사람은 불평불만이 많으며, 불평불만이 많은 사람은 언제나 상대에게 공격적인 행동을 한다. 행복의 조건은 풍부함에 있는 것이 아니라 약간의 부족함이 있고 그 부족함을 채워 나가면서 감사하다는 마음을 가짐으로서 얻어질 수 있다. 이미 풍족하다면 더 채우려고 탐욕스런 행위를 하게 된다. 99마리의 양을 가진 사람이 1마리의 양을 가진 사람의 것을 빼앗아 100마리를 채우려는 것이 인간의 속성이다. 이러한 인간의 천박스런 속성을 뛰어 넘어 오늘의 상황이나 조건에 감사하면서 마음의 풍요를 누리는 것이 참된 사람들의 행동이며 행복을 얻는 길이 된다. 기독교의 초기 사제로서 유식한 사람으로 알려진 바오로는 "범사(凡事)에 감사하라"라고 가르쳤고 이것은 기독교 역사 2000년 동안 줄곧 기독교도들에게 중요한 교훈이 되었다.

인간이 사람들의 행위와 그 행동의 결과에 대하여 불가치(不可知)의 존재에 대해서 감사하는 마음을 가지면 무한한 욕구로 인하여 생기는 탐욕과 무절제가 없어지고 합리적인 의사결정을 하게 되면 마음과 몸이 건강하게 된다.

③ 성실한 사람

인간이 선한 동기를 가지고 선한 행동을 하여 선한 목적을 달성하기 위해서는 지성(知性)과 인내심, 용기가 필요하다. 여기에서 지성과 인내성 그리고 용기가 성실한 마음가짐과 행동을 동반할 때 비로소 인간다운 행동을 한다. 많은 인간교육의 장에서 구호로 외치고 많은 조직에서 행동강령으로 제시하는 이 말은 인간이 지향해야 할 행동지침이기도 하다.

구체적으로 성실하다는 말에는 다음과 같은 깊은 의미가 있다.

첫째, 인간이 인간을 사랑해야 한다.

나는 물론이고 나 아닌 다른 모든 사람도 사랑해야 된다. 나는 만물 중에 존귀한 존재로 태어났으므로 나를 함부로 다루거나 남을 미워하거나 증오하여 나를 상하게 하고 이웃을 상하게 해서는 안 된다. 사람을 사랑하는 것은 인간이 인간되기 위한 행위의 시작이고 끝이 된다. 인간이 인간답지 못하다는 것과 사람 속에서 살 자격이 없다는 것은 바로 사람을 사랑하는 마음을 가지고 있지 않다는 것을 의미한다.

둘째, 참에 대한 사랑이다.

참은 진리이고 정직이며 순리이다. 참은 정직과 성실성과 일체로서 인류생존의 기본 원리가 되어 인간이 생존하는 데 필요한 의사소통과 협동을 할 수 있는 신뢰, 즉 믿음을 가능하게 만든다. 사람이 참을 버리고 거짓을 가까이 한다면 신뢰관계가 형성될 수 없으며 신뢰관계가 형성되지 않으면 인간관계가 형성될 수 없다.

또한 참은 그 어떤 힘보다 강한 힘을 발휘하여 사람이 당당하게 살아갈 수 있도록 한다. 그러므로 참되게 살아가려는 자세는 인간답게 살아간다는 의미로서 인간 됨의 기본이 되는 것이다.

셋째, 일에 대한 사랑이다.

인간이 일을 한다는 것은 신이 인간에게 부여한 천부(天賦)의 선물이라는 말이 있다. 인간이 일을 하지 않는다면 그것은 이미 인간이기를 포기한 것이다. 인간이 일을 사랑하고 일을 하면서 즐거워 하는 것은 곧 인간 자신의 행복이 되는 것이다.

일은 고된 노동이기도 하지만 삶의 가치를 발현하는 수단이기도 한 양면성을 가지고 있다. 힘든 노동이라고 생각하고 일을 한다면 그것은 고통이 되지만 일을 사랑하고 즐긴다면 그것은 인간다움의 표현이 되는 것이다. 일을 즐길 때 그 일 속에서 생산성이 나오고 예술작품이 나오는 것이다.

이상과 같이 성실(誠實)은 “인간에 대한 사랑과 참에 대한 사랑 그리고 일에 대한 사랑”을 의미한다. 그러나 사랑은 실천해야 비로소 그 의미를 가진다. 따라서 성실이란 “인간과 참과 그리고 일에 대한 사랑을 실천하는 진정한 용기와 자세”를 말한다.

④ 남을 배려할 줄 아는 사람

인간에게는 그 나름대로의 가치가 있다. 그런데 인간의 가치는 인간 자신이 가지고 있는 재산이나 권력 또는 명예에 의해서 정해지는 것이 아니라 그가 얼마나 많은 사람들에게 무엇을 베풀었는가 하는 것에 의해서 정해진다. 불교에서는 진정한 자아는 자기만을 위하는 소아(小我)가 아니라 다른 사람도 나의 일부로 인정하여 사랑하는 대아(大我)가 바로 '참된 나' 라고 하였다.

서양의 신사가 그렇고 우리나라의 선비가 그러하다. 진정한 신사는 약한 자를 보호하고 불의에 맞서는 사람이라 하였고, 참된 선비는 이웃의 어려움을 구하고 나라가 위기에 처했을 때는 몸을 아끼지 않아야 되는 사람이라고 하였다.

남을 배려하는 최고 수준의 사람이라고 한다면 아마 조선 초기 황희 정승이 길을 가다가 소 두 마리를 데리고 일을 하던 농부에게 어느 소가 일을 잘 하느냐고 물었을 때 귓속말을 한 어느 농부일 것이다. 어느 소가 일을 더 잘 한다고 큰 소리로 지적하면 다른 한 마리의 소가 마음 상할 것이란 마음의 배려가 있었기 때문이다. 사람은 말할 것도 없지만 동물의 마음까지도 배려하는 마음이야말로 진정 참된 인간의 길이다.

세상이 아무리 복잡한 경쟁사회라 하더라도 그래도 인정받고 존경받는 사람은 남을 배려할 줄 아는 사람이다.

이상에서 우리는 다른 사람을 어떻게 보아야 할 것인가를 알기 위해 먼저 사람다운 사람을 정의해 보고 사람을 어떻게 보아왔는지에 대해서 살펴보았다. 우리는 자신 또는 다른 사람을 보는 관점에 따라 다른 사람에 대한 우리의 태도와 행동이 달라진다.

따라서 우리는 사람을 바로 보고 바로 행동해야 한다. 그렇게 하기 위해서 우리는 다른 사람을 판단하거나 대우할 때 인간이 가지고 있는 한 측면이나 한 부분만 보는 오류를 범하지 말아야 한다.

인간이 인간을 평가하는 문제만큼 어려운 문제가 없다. 인류역사 이래 인간은 "참된 인간이 무엇이냐"하는 고뇌를 끊임없이 해 왔고 앞으로도 할 것이다. 오늘을 사는 우리들은 여러 분야에서 연구하고 설명하고 있는 참된 인간 또는 인간관을 통하여 우리들 자신이 어떤 사람이 되어야 하는가를 나름대로 가늠하게 될 것이다.

생각해보기

성의(誠意) · 정심(正心)을 마치면서 진정한 바보를 생각해 본다.
세상을 이롭게하는 진정한 바보가 되자!

수신(修身)을 마치면서…

大學은 인생에서 큰 것을 배운다는 뜻이다. 大學에서 공자님은 수신(修身)이 제일 중요하다고 했다. 수신은 격물(格物) · 치지(致知) · 성의(誠意) · 정심(正心)으로 이루어진다. 그럼 격물 · 치지를 이룬 사람을 우리는 여러 가지 명칭으로 부를 수 있다. 그러나 무엇보다 달인(達人)을 생각할 수 있다. 어떤 일에 종사하든지 달인이 되면 어떻겠는가?

다음으로 성의 · 정심을 이룬 사람을 어떻게 칭할 수 있을까? 정말 난해하지만 바보를 생각해 본다. 진정한 바보가 있어 세상이 아름다워지는 것을 보면서 우리는 꽃보다 아름다운 사람을 생각케 한다. 차동엽 신부님의 「바보존」에 나오는 인물들 그리고 바보의 정의가 세상을 살맛나게 한다.

PART 3

齊제 家가

1. 가족
2. 부모
3. 부부

大學의 가르침

집안을 가지런히 한다는 의미는 무엇인가?

대학의 도는 스스로 자기 몸을 닦고 또 남을 다스리는 데 있다. 그리고 남을 다스리는 첫걸음은 나와 가장 가까운 관계에 있는 하나의 집단, 즉 가정을 다스리는 일이 될 것이다. 대학에 '욕치기국자 선제기가(欲治其國者先齊其家)' 라 하였다. 오늘날 정치라고 하면 천하 국가사를 두고 하는 말인데 고대에 있어서는 동양에서 뿐만 아니라 서양에 있어서도 이것을 좀더 넓은 의미로 해석하였던 모양이다. 예를 들면, 희랍의 실천철학이 윤리정치 그리고 가정에 관한 세 가지 사항을 혼입해서 연구의 대상으로 했던 것을 볼 수 있기 때문이다. 대학에서 말하는 제가는, 물론 가족적 생활의 도덕적 형성을 목적으로 하고 있다. 그러므로 그 내용은 주로 집안을 다스리는 도덕적 방면에 입각하여 논술하고 있다.

대학의 근본의체는 수신에 있다고 하였다. 수신은 앞에서 말한 정심 · 성의 · 치지 · 격물에 의해서 명덕을 밝히고, 자신을 도덕적 완전체로 이끌어 올리는 일을 말한다. 일신(一身)의 수양 없이 그 집안을 다스리겠다고 한다면 그것은 하나의 몽상에 지나지 못할 것이다. 대학에 이르는 '신수이후가제(身修而後家濟)' 라 한 것은 그 때문이다. 그럼 제가의 요건은 무엇인가. 대학은 한쪽에 치우치는 것을 경계한다. 편협한 행위를 경계하는 것이다.

대학에 다음과 같이 말하고 있다. 즉, "이른바 자기집을 정돈하는 것이 자신의 덕을 닦는 데 달렸다고 하는 것은, 사람이란 자기가 가까이 하고 사랑하는 것에는 치우치게 마련이고, 자기가 천히 여기고 밉게 보는 것에는 치우치게 마련이며, 자기가 두려워하고 공경하는 것에는 치우치게 되고 자기가 슬프고 궁휼히 여기는 것에도 치우치게 되며, 자기가 오만하고 게으르게 다루는 것에도 치우치기 마련이다. 그러므로 좋아하면서도 그것의 나쁜 점을 알고, 미워하면서도 그것의 좋은 점을 아는 사람이란 천하에 드물다(所謂齊基家在修基身者, 人之其所親愛而辟焉, 之其所賤惡而辟焉, 之其所畏敬而辟焉, 之其所哀衿而辟焉, 之其所敖惰而辟焉, 故好而知其惡, 惡而知其美者, 天下鮮矣)."

이것은 집을 다스림에 있어 나의 감정이 좋고 나쁨에 치우쳐 편협에 빠지지 말 것을 경계한 말이다.

만약에 감정에 치우쳐 집안을 다스리려고 할 때, 거기에 공평을 기할 수 없게 될 것이며, 불공평한 데서 집안은 다스려질 수 없을 것이니 말이다. 또 한편 대학은 효(孝)·제(弟)·자(慈)를 필요로 하고 있다. 다시 말하면 일가에 인(仁)을 실현코저 함이다.

대학에 이르기를 "군자는 집에서 나가지 않고서 나라에 가르침을 이룩하는 것이다. 효란 임금을 섬기는 도리고, 우애란 어른을 섬기는 길이며, 자애란 여러 사람을 부리는 길이다(故君子不出家,而成教於國, 孝者所以事君也, 弟者所以事長也, 慈者所以使衆也)"라고 하였고, 또 "한 집이 인자하면 온 나라에 인자한 기풍이 일어나고 한 집이 겸양하면 온 나라에 겸양의 기풍이 일어난다(一家仁, 一國興仁, 一家謙, 一國興謙)"라 하였다.

효(孝)·제(弟)·자(慈)는 한마디로 하면 제가에 있어서의 인양(仁讓)의 덕을 필요로 함을 말한 것인데, 이것이 잘 행해질 때 비로소 일국이 또한 충(忠)·순(順)·혜(惠) 등의 미덕이 완전하게 행해진다고 보는 것이다.

결론적으로 말하면, 제가의 요는, 수신을 본으로 하고 혈구의 도에 의거, 인(仁)·효(孝)·제(弟)·자(慈)를 본 뜻으로 삼아서 벽에 빠지지 않도록 노력하는 길이라고 말할 수 있을 것이다. 즉, 현대적 표현으로 수신이 자기관리 능력이라면 제가는 대인관계능력이다. 그래서 제가는 사람이 어떻게 살아야 하는가를 중심으로 하는 행동의 원칙이다. 공자는 입측효, 출측제, 근이신, 범애중이친인, 행유여력 측이학문(入則孝, 出則弟, 勤而信, 汎愛衆而親仁, 行有餘力 則而學文)이라고 했다. 이는 사람이 살아가는 데 있어서는 효(孝)·제(弟)·신(信)·애(愛) 그리고 친인(親仁)을 대표적으로 중하게 여겨야 함을 말한다. 그리고 남음이 있다면 학문을 하도록 가르치신 것이다. 이러한 효·제·신·애·친인은 대인관계능력을 위한 기법으로 가정뿐만 아니라 사회생활 그리고 기업과 국가의 관계에서도 활용되는 인간사의 기본원리이다.

늙은이와 젊은이, 어른과 아이는 하늘이 정한 차례이니, 올바른 이치를 어기고 도리를 상하게 해서는 안 될지니라.

老少長幼 天分秩序 不可悖理而象道也

노소장유 천분질서 불가패리이상도야

형제는 손발과 같고 부부는 옷과 같으니, 옷이 떨어졌을 때는 새것으로 갈아입을 수 있으나, 손발이 잘린 곳은 잇기가 어려우니라.

莊子日 兄弟 爲手足 夫婦 爲依服 衣服破時 更得新 手足斷處 難可續
장자왈 형제 위수족 부부 위의복 의복파시 갱득신 수족단처 난가속

대저 백성이 있은 후에야 부부가 있고 부부가 있은 후에야 부자가 있으며, 부자가 있은 후에야 형제가 있는 법이니, 한 집안의 친족은 이 셋뿐이다. 이에서부터 나아가 구족(九族)에 이르기까지는 모두가 삼친(三親)에 근본을 두고 있으므로, 이것을 인륜에 있어 가장 중요하게 여기고 가히 돈독히 아니하지 못하리라.

顔氏家訓日 夫有人民而後 有夫婦, 有夫婦而後 有父子, 有父子而後 有兄弟,
一家之親 此三者而已矣. 自玆以往 至于九族 皆本於三 親焉
故 於人倫 不可不篤
안씨가훈왈 부유인민이후 유부부 유부부이후 유부자 유부자이후 유형제
일가지친 차삼자이이의 자자이왕 지우구족 개본어삼 친언 고
어인륜 불가부독

글을 읽는 것은 집을 일으키는 근본이며, 도리를 따르는 것은 집을 보존하는 근본이며, 부지런하고 검소한 것은 집을 다스리는 근본이며, 온화하고 유순한 것은 집을 정돈하여 가지런히 하는 근본이니라.

讀書 起家之本 循理 保家之本 勤儉 治家之本 和順 齊家之本
독서 기가지본 순리 보가지본 근검 치가지본 화순 제가지본

1. 가족

1) 가족공동체

가족(家族)의 사전적 의미는 부부 · 부모 · 자녀 · 형제 등 혈연에 의하여 맺어지며 생활을 함께 하는 공동체 또는 그 성원, 혈연과 혼인을 바탕으로 하는 가장 일반적이고 · 보편적인 집단이라고 하고 있다. 가족은 부부로부터 시작하여 그 자녀로 구성된 가장 기본적인 사회집단이다. 사회적 용어로는 1차 집단이라고 한다.

인간은 가족과 함께 생활한다. 인생의 대부분의 시간을 가정에서 가족과 함께 보낸다. 가족은 일정한 장소에서 생활하는 준거집단이다. 사람은 태어나 처음으로 가족으로부터 사랑을 느끼고 사랑을 받고 배우며 생활한다. 가정은 이해관계를 떠난 혈연집단이다. 가족은 경제적으로 협력하고 하나의 경제단위를 이룬다. 즉, 가족은 경제적 협력체로서 수입과 지출을 하나로 하는 동재집단(同財集團)이다.

가족만이 갖는 고유한 생활습관 · 풍습 · 가치관 · 가족공동의 이념, 즉 가속문화를 형성한다. 그런 의미에서 가족집단이다. 가족은 인간적인 삼정으로 연결되어 어느 사회집단보다 자유롭고 형식에 얽매이지 않는 비형식적 집단이며 가족집단의 성원이 되기 위한 자격의 획득이다. 포기가 용이하지 않는 폐쇄적 집단이다. 이 점에 대해서는 한국이 가장 폐쇄적이다. 이웃 일본만해도 그렇고 미국에서는 결혼하면 여성은 남성을 따르고 자기 성(姓)을 버리게 된다.

한마디로 가족은 공동체라는 단어가 가장 어울린다. 공동체란 같은 목적하에 서로 협력하여 양보하는 정신으로 뭉쳐진 집단이다. 같은 유니폼이나 같은 집에서 살아간다고 해도 공동체 의식이 결여된 집단이 많다. 진정한 공동체는 10명이 생활하는데 한 사람이 아프면 그 아픈 삶의 몫을 나누어 조건 없이 해내는 것이다. 바로 십시일반(十匙一飯)을 실천하는 모습이 공동체이다. 공동체는 같은 목표를 가지고 목표를 공유해야 한다.

(1) 목표의 중요성

개인적인 경우도 물론이지만 우리가 생각하는 아주 성공적인 조직이나 가정도 완벽하게 그들이 정해놓은 경로나 과정을 따라 목표를 달성하지 못하는 경우가 많다. 그렇지만 그들은 조직이나 가정이 이탈을 인지하고 그때그때 목표를 향한 그들의 행로를 바로 잡아주는 능력을 가지고 있어 순조롭게 목표를 완수하는 것이 가능하다는 것이다.

분명한 목표와 목표를 향한 잘못된 과정에 대한 정확한 인지능력 그리고 다시 정해진 과정으로 되돌아올 수 있는 능력이 성공적인 조직과 가정을 이루는 데 필수적인 것이다. 그리고 이런 것들은 기록되고 공유될 때만이 그 위력을 발휘할 수 있다.

많은 사람들이 목표의 중요성에 대하여 말한다. 그러나 목표가 무엇인가에 대해 명확히 가르쳐 주는 사람은 거의 많지 않다.

영어로 목표를 'goal'이라 하는 의미는 미래에 놓여 있는 바람직한 결과로 우리가 그것을 사용할 때 우리는 그것을 측정가능하고 달성할 수 있는 미래의 사건으로 규정한다. 또한 목표에는 변화의 개념이 포함되어 있다. 시간과 장소가 변한다. 목표에는 수량의 개념과 함께 질의 개념도 있다. 즉 "얼마나 많이" 뿐 아니라 "얼마나 잘"이란 개념이 포함되어 있다. 따라서 목표를 세우는 게 중요하며 그것을 어떻게 달성하느냐는 우리에게 있어서 성공의 열쇠라고 할 수 있겠다.

여행가방을 싸다보면, 옷들을 그냥 쑤셔 넣지 않고 차곡차곡 접어서 넣으면 옷이 더 많이 들어간다. 참 신기한 일이다.

삶도 마찬가지다. 조직적으로 목표를 설정하고 실천하면 삶은 더 풍부해진다. 가족들이나 친구들과 더 많은 시간을 보낼 수 있고, 학교생활에서도 여유가 생기며, 소중한 일을 더 열심히 할 수 있다.

(2) 세 가지 목표

① 목적지를 정확하게 알기

사람들은 모두 저마다 다른 상황과 특수한 욕구를 갖고 있을 것이다. 문제가 생긴 부부관계를 개선하고 유지하느라 안간힘을 쓰고 있을 수도 있고, 이미 원만한 부부관계를 유지하고 있지만 더 깊은 만족과 행복을 얻는 관계로 만들어 가려고

> 만일 비행기가 목적지가 없이 출발한다면 어떤 결과가 오겠는가?
>
> 절대로 그런 일은 있을 수 없다고 말한다.
>
> 실제로 그런 일은 있을 수 없다. 그러나 사람들은 목표가 정해지지 않은 채 인생항로를 운행하는 경우가 많다.
>
> 당신의 인생항로에 목적지는 어디인가?
>
> 비행기가 정해진 항로를 90% 이상 이탈하지만 그래도 목적지에 도달한다.
>
> 우리도 여러 가지 이유로 인생항로를 이탈한다.
>
> 그렇지만 목적지가 분명하고 연료와 나침반만 있으면 반드시 목적지에 도달하는 비행기처럼 우리도 목표가 분명하고 준비만 잘 하면 반드시 목표에 도달하게 된다.

할 수도 있다. 또 편부나 편모로서 과중한 의무와 역할에 짓눌려서 정신적으로 압박을 받고 있을 수도 있다. 그리고 말 안 듣는 자녀 때문에 고민하거나, 사회의 그늘에서 방황하는 반항적인 10대 자녀들 때문에 고통받고 있는 사람도 있을 것이다. 혹은 지금 서로 상대도 하지 않으려고 하는 두 집안을 화해시키려고 애쓰고 있는 사람도 있을 것이다.

그러나 우리는 이 세상의 어려움을 비전의 힘으로 해결할 수 있다(어떻게 받아들이는가).

성공하는 가족에 대한 비전은 바로 당신 자신에게서 시작한다. 가족 모두가 비전을 만드는 데 실제로 참여해야 하며 적어도 그 비전이 무엇인지 이해하고 받아들여야 한다. 그 이유는 간단하다. 그림 맞추기 퍼즐놀이를 해 보았는가?

따라서 가족 모두가 공유할 수 있는 비전을 창조해야 한다. 목적지가 분명하면 항로를 이탈하더라도 비행계획에 따라 정해진 항로로 되돌아 올 수 있다.

인생이란 목적지로 향하는 과정이다.

② 비행계획 세우기

비행계획 수립에서 중요한 점은 목적지로 인도할 수 있는 원칙에 바탕을 두고 있어야 한다는 것이다.

인간의 상호작용을 지배하는 근본적인 원칙들이 있다. 그 원칙들에 따라 사는 것은 인생의 성공과 행복한 가정을 위해 필수적이다.

존중의 원칙을 실천하고 다른 사람의 말을 공감하면서 경청하는 것이야말로 인생의 모든 분야에서 성공적으로 살아가는 사람들의 습관이다. 다른 사람을 존중하지 않거나 다른 사람의 말을 귀담아 듣지도, 그들을 이해하려고 하지도 않는 사람이 어떻게 성공할 수 있겠는가?

수신제가치국평천하는 보편적이고 영원하며 자명한 원칙들, 즉 중력의 법칙이 물리학의 진리로 통용되는 것처럼 인간관계에서도 진리로 통하는 몇 가지 기본원칙에 뿌리를 두고 있다. 이 원칙들은 궁극적으로 우리의 삶을 지배한다. 어느 시대나 성공하는 개인, 가족, 조직체, 문명은 그런 원칙들을 잘 따랐다. 이것들은 속임수나 테크닉도 응급처방도 아니다. 그것들은 모든 성공하는 사람 · 가족들이 공통적으로 지니고 있는 것들이다. 이러한 것들을 위반하면, 가족관계에서는 물론 다른 어떤 인간관계에서도 반드시 실패하고 만다.

③ 항로이탈을 막아 줄 나침반

수신제가치국평천하는 자신이 삶의 주인이라는 사실, 모범을 보여주고 리더십을 발휘함으로써 변화의 주체, 즉 변환자가 될 수 있다는 사실을 확인해 준다. 따라서 우리는 자신의 변화를 통하여 가정, 사회, 국가를 변화시킬 수 있게 해야 할 것이다. 이러한 것들은 나침반이 되고, 내면에 지침이 되어 가족이 목적지를 향해 나아갈 때 항로에서 이탈하지 않게 해준다.

히딩크는 우리나라에 많은 것을 남기고 갔다. 특히 목표관리에서 우리는 분명히 배워야 할 것이 있다. 우리의 목표는 분명 월드컵 16강이다. 그러나 16강은 쉬운 일이 아님은 누구나 인식하고 있다. 월드컵 개막 50일을 남기고 히딩크 감독은 이제 우리의 목표 16강은 50%밖에 달성하지 못했다고 인터뷰했다. 그리고 하루에 1%씩 올려서 50일 후에는 50% 그래서 100%를 달성하겠다고 했다. 100%면 확실하게 16강에 도달한다는 것이 아닌가? 그러나 그것은 희망이었으며 그 말을 100% 받아들인 사람들은 많지 않았다. 그러나 우리는 16강은 말할 것도 없고 4강의 신화를 창조했다. 우리가 앞에서 배운 세 가지 목표 ① 목적지를 정확하게 알기, ② 비행계획 세우기, ③ 항로이탈을 막아줄 나침반의 내용을 히딩크 리더십과 대비해서 정리해 보고 토론해 본다.

① 목표를 정확하게 알기와 히딩크 리더십
② 비행계획 세우기와 히딩크 리더십
③ 항로이탈을 막아주기와 히딩크 리더십

④ 가족공동의 목표 설정

어느 날 가족들이 모인 자리에서 우리 가족은 어떤 가족인지 질문해 보라.

대부분의 가족은 자기 가족의 근본적인 의미와 목적을 중심으로 공동의 비전을 만드는 데 익숙하지 않은 것이 사실이다. 우리는 가족과 문화의 근본이 되는 공유할 가치를 개발하는 데 노력해야만 한다.

가족공동 목표의 필요성은 여기에 있다고 할 수 있다.

우리가 어떤 가족이 되고 싶은지, 어떤 원칙을 가지고 살려는지, 우리가 추구하고 지켜야 할 가치는 무엇인지 그리고 이에 대한 비전을 창출하는 것에 관해 깊이 토의하고 공유해야 한다.

가족 모두가 자기에게 중요한 것에 대한 목록을 만들어 가족회의를 통해 토론해 보라. 결국 가족들은 자신들이 중요하게 생각하는 것이 무엇인지 그것이 중요한지를 공유하게 되고 모두에게 필요한 공동목표는 모두의 생각을 담아 만들 수 있어야 한다.

우리가 진정 이루고 싶은 가정은 어떤 모습인가?
우리 가족이 지키려는 원칙과 가치는 무엇인가?

(3) 나눔의 실천

사랑은 나누면 둘이 되고 고통은 나누면 반이 된다.

아무리 이상이 높고 좋은 비전이라도 가족간에는 가족들과, 조직에서는 리더와 구성원간, 국가에서는 대통령과 국민이 공유하지 못하면 소용없다. 여기서 공유란 나눔의 실천으로 정의한다. 나눔이 없이는 행복은 없게 되고 항상 상대적인 빈곤의 연속선상에 있게 된다.

제가(齊家)의 내용은 사회의 가장 기본이 되는 가정에서의 나눔의 실천을 위한 철학과 방법들이다. 비록 가정을 중심으로 한 나눔의 실천은 기업이든 국가기관이든 모든 사람과의 관계에서 기본이 되는 철학이다.

가족 사랑

가족의 중요함은 아무리 강조해도 지나침이 없다. 이 세상에서 가정을 사랑하지 않는 사람은 없을 것이다. 그러나 가족사랑이 남이 아니니까 내 살붙이이니까 사랑한다면 사실 동물도 그 정도는 한다는 것이다. 고슴도치도 자기 가족을 사랑할 때는 털이 부드러워진다. 그런데 사람은 오죽하겠는가!

가족이 소중한 만큼 가족사랑 실천에는 문제점이 있다는 지적이 있다. 특히 세상이 바뀌었다는 것이다. 의식구조가 바뀌고 생활방식(패턴)이 바뀌고 가족관계도 핵가족으로 되면서 출산율이 낮아지고 있다. 이는 세계적 추세이지만 우리나라가 더욱 심한 변화 속에 있다.

그럼 가족사랑 무엇이 가장 문제이며 어디서부터 시작해야 하는가? 에 대해 우리 다 같이 생각해 보아야겠다.

전문가들의 견해를 빌리면 가족사랑의 가장 중요한 핵심은 '개성존중'에서부터 시작하고 개성을 존중하지 못하는 것이 가장 문제가 된다고 한다. 가족은 하나라는 생각 때문에 같아야 한다고 생각한다. 그래서 가족은 소중함만 높은 자리에 있지 개성을 존중하지 못하는 오류를 범할 수 있다.

가족뿐만 아니라 모든 사람은 나하고 다르다는 것을 인정하고 다른 것에 대한 존중! 즉 차이점을 존중하는 것을 실천해야 한다. 이 차이점에 대한 존중은 가족사랑을 넘어 모든 사람을 사랑하게 되는 단계로 발전하게 된다. 그런데 나와 같지 않으면 나하고 같게 만들려는 욕심이 있다. 이는 부부간이든 부모간이든 다른 사람과의 관계이든 마찬가지이다. 이것이 가족사랑뿐만 아니라 사람을 사랑하는 데 가장 큰 걸림돌이 되고 있다.

남편은 아내를 아내는 남편을 나와 맞게 고치려는 욕심을 버려야 한다. 그리고 부모는 자식이 내 맘에 맞으면 좋은 자식, 그렇지 않으면 마음에 들지 않은 자식으로 여겨서는 안 된다.

21세기는 다양성을 존중하는 시대이다. 그러므로 가정에서부터 개성을 존중해 주어야 한다. 야생화들의 모습이 아름다운 것은 그것들이 서로 다르기 때문이다. 즉, 개성이 있기 때문이다. 다르다는 것은 전체를 아름답게 한다. 그러나 같은 것은 그것만 예쁠 뿐이다. 그런데 현대인들은 나하고 다르면 못 견디는 병에 걸려 있다.

가족사랑에 있어 또 하나의 문제점은 '지나침'과 '편협'에 있다. 공자께서는 대학(大學)에서 제가(齊家)의 핵심은 편협에 빠져서는 안 된다고 하였다. 다섯 손가락을 깨물어 아프지 않은 손가락 없다고 하면서도 자식에 대해서 편협하는 잘못을 범하는 것이 부모의 마음이다.

세상의 문제는 다 내게 있다고 한다. 즉, 문제를 일으키는 것도 나에게 있고 해결책도 나에게 있다는 것이다. 내가 먼저 변해야 한다. 내가 변하는 것을 겁내면 나를 버리는 것이 된다. 개성을 존중하고 편협에 빠지지 않는 것, 내가 먼저 실천하면 가족사랑은 물론 모든 사람을 사랑하는 사람이다.

- 이강옥, 「사랑방 신문」 컬럼, 2004. 5. 25 -

2) 집(house) 그리고 가정(home)

가족은 집(house)이라는 형태에서 가정(home)을 이루게 된다. 가정은 가족들이 의(衣)·식(食)·주(住)를 공동으로 하는 생활공동체이다. 현대사회가 일이라는 이름으로 바빠지면서 house는 있는데 home이 없는 세상이 되어 가는 것이 유감스럽다. 가정은 배움의 터전이다. 이것은 가정교육은 학교교육의 보조교육장이 아니다는 것이다. 그런데 요즘은 부모는 직장 때문에 바쁘고 자녀들은 학교공부에 지쳐서 집은 하나의 정거장처럼 보이는 집들로 전락되고 있다. 자녀들은 학교에 다녀오면 학원에 가는 준비를 하는 곳이 집이 되고 있다. 그래서 집(house)은 있지만 가정(home)은 없다는 말이 있다.

대체적으로 서양인은 인생을 가족 내에서 시작하지만 양로원에서 끝난다. 동양인은 가족에서 시작하여 가족에서 끝나는 일생이라고 한다. 가족관계 그 중에서도 한국식의 대가족제도가 얼마나 좋은 점이 있는가는 최근 연구에 의하면 치매 예방에 있어서 가장 좋은 것이 '한국식 가족제도'라고 한다. 다음이 '녹차', '녹

즙', '은행잎' 이라고 한다. 모두가 동양적인 가장 한국적인 것들이라고 하니 아직은 긍지를 가져 본다.

가정이란 자녀가 인격을 형성해 나가는 가장 중요한 장소이며 부모의 말과 성품 · 가치관 · 도덕을 습득하고 사회화 과정을 거치는 최고의 장소이다. 이 사회화 과정이 바로 가정교육이다. 가정교육을 통해 인성형성과 도덕형성이 이루어진다. 가정교육을 통해 자녀들은 살아가면서 생활에 필요한 개인윤리 · 가족윤리 · 사회윤리를 학습하고 내면화한다. 그러므로 가정에서 어떠한 윤리적 · 도덕적 교육과 훈련이 이루어지는가는 가족구성원뿐만 아니라 그 사회의 윤리 · 도덕에도 직접적인 영향을 미치게 된다.

대학(大學)에는 제가(齊家)를 강조하고 있다. 제(齊)는 "가지런히 한다"를 의미한다. 그럼 가정을 가지런히 한다는 것은 무엇을 의미한가? 가지런히 한다는 것은 질서를 의미한다. 가정을 가지런히 한다는 것은 부모와 자녀간의 수직적 관계와 형제간의 수평적 관계에서의 질서를 말한다. 모든 것이 제자리에 있도록 하는 정리를 가정에서 배워야 한다. 이러한 교육이 가정교육이며 이것이 바로 사회생활을 잘 할 수 있는 사회성을 기르는 것이다. 사회성이 있는 사람이 사회에서는 성공한다. 물론 일을 해야 하기 때문에 전문성이 있어야 한다. 수신(修身)에서 살핀 격물(格物) · 치지(致知)가 그래서 중요하다.

하지만 전문성만으로는 성공할 수 없다. 사회성을 기르는 가장 좋은 인간관계의 배움터가 가정이다. 가족과의 관계에서 사회성을 길러야 넓은 인간관계를 원활하게 해 낼 수 있다.

3) 가화만사성(家和萬事成)

자식이 효도하면 어버이는 즐거우며 집안이 화목하면 모든 일이 이루어진다.

子孝雙親樂 家和萬事成

자요쌍친락 가화만사성

부모에게는 효도하는 자식이 있는 것보다 더한 즐거움이 없다. 어버이가 즐거워하니 집안은 자연 화목하고 친애하게 마련이다. 이렇듯 한 가족이 서로 친애하고 화목한다면 어떤 어려운 일도 극복할 수 있으며 이것을 성공으로 이끌어 집안은 발전을 가져오고 번영을 이룩할 수 있을 것이다.

가화만사성이 거꾸로 되면 어떨까? 깊이 생각하면 생각할수록 엄청난 사회비용을 치러야 함을 알 수 있다. 화목하지 못하면 싸움이 일어난다. 싸움은 시간낭비 · 정력낭비 · 건강손실 등 수많은 손실이 온다. 이 시간과 정력과 건강을 다른 곳에 투자한다면 얼마나 이익이 돌아올까? 이것이 기회비용(opportunity cost)이다. 더 큰 싸움이 벌어져 몇 일간의 일을 못했다면 더 큰 기회비용을 생각할 수 있다. 거기서 더 나아가 법정투쟁까지 간다면 소송비와 법정에 왔다갔다 그리고 자기 일을 못하게 되는 비용, 즉 기회비용+사회비용을 치러야 한다. 그래서 이혼을 하게 되면 당사자는 물론이고 자녀들은 어떻겠는가? 학업에 열중할 수 없는 손실과 스트레스 그리고 만일 방황이라도 한다면 그 손실은 어떻게 계산하겠는가? 이러한 사회비용을 계산하면 경제성장 1%보다 사회비용을 줄이는 것이 더 좋은 사회 더 좋은 나라를 만들게 될 것이다.

골프 천재로 태어난 타이거 우즈(Tiger Woods)에게 어떤 기자가 "어쩌면 그렇게 골프를 잘할 수 있는가?" 하고 질문하였다. 타이거 우즈는 "나보다 골프를 더 잘하는 사람은 나올 수 있을지 몰라도 나보다 더 연습을 많이 하는 사람은 나올 수 없을 것이다" 하여 세상을 놀라게 했다. 타이거 우즈의 목표는 우승이 아니었다. 골프 역사를 다시 쓰는 것이었다. 그리고 거의 실현가능했다. 아니 거의 다 이루고 있었다. 그러나 개인적으로 불행하지만 역사적으로 교훈을 남긴 것은 천재로 태어나 가장 연습을 많이 하는 타이거 우즈도 가화만사성이 무너지면서 좌절을 금치 못하고 있다. 얼마나 안타까운 일인가!

다시 일어서기를 기원해 본다.

4) 행복하고 올바른 가정을 지키는 방법

근래에 국내 대기업에서는 여러 형태의 사내 교육훈련이 붐을 이루고 있는데, H그룹에서는 일반적인 조직-직무교육 외에 임직원에 대하여 부모역할 훈련 등 가정에서의 인간관계에 관한 교육훈련 프로그램을 상설하고 있다. 이러한 과정은 바쁜 회사일 때문에 아내와 자녀와의 대화시간이 적어져 가정갈등을 일으킬 소지가 많다는 데 착안한 것으로서 임직원들의 좋은 반응을 받고 있다고 한다. 이것은 평안하고 화목한 가정이 생산성의 기본요건이라는 인식에 기초한 것으로서, 매우 뜻있는 교육훈련과정이라고 볼 수 있다.

사실 좋은 사회생활, 즉 좋은 인간관계는 안정된 가정생활에 의하여 뒷받침된다. 동서고금을 막론하고 내조의 공이 커다란 미덕으로 여겨져 왔다는 점을 우리는 잘 알고 있다. 오늘날 인간의 자아실현이란 관점에서 볼 때 내조뿐만 아니라 외조도 큰 미덕임에 틀림없다. 특히 부부간의 금실지락(琴瑟之樂)은 가정의 행복과 평온의 초석이 된다.

결혼식을 올릴 때 주례사에 흔히 인용되는 구절로 "인생은 거친 항해요 가정은 아늑한 항구"라는 비유가 있다. 가정은 세파에 시달린 심신을 회복시켜 삶의 즐거움과 용기를 재충전시켜 주는 곳이다. 그러나 그것은 단순히 부부가 함께 있는 장소적 개념으로만 파악될 것이 아니라 기능적 개념으로 파악되어야 한다. 다시 말하면 가정은 일신상의 행복과 가족의 안위에만 국한된 것이 아니라 한 사회와 국가의 발전, 더 나아가서는 인류공동체의 문명의 유지 · 발전에도 관련되어 있다는 것을 인식할 필요가 있다.

(1) 가정의 참뜻을 인식해야 한다

전세계적으로 핵가족화가 확산되면서 가정의 체온이 떨어지고 기능이 약화되고 있는 오늘날 UN에서는 1994년을 세계가정의 해로 선포하였다. 또한 교황 바오로 2세는 제27회 세계평화의 날에 즈음하여 다음과 같은 요지의 담화문을 발표하였다.

"근본적이고 본질적인 교육공동체인 가정은 인간의 정체성 확립을 도와주는 종교적 · 문화적 가치의 전수를 위한 특혜수단입니다. 가정은 그 자체 안에 바로 사회의 미래를 안고 있습니다. 그러기에 가정의 가장 특별한 과업은 평화의 미래에 공헌하는 것입니다.

부부는 자연적인 의미의 결혼으로, 더 나아가서 그리스도인이라면 하나의 성서로 고양된 혼인으로써 완전하고 충만한 생명의 친교에 부름을 받았습니다. 그리고 가정은 자녀들이 모든 인간의 존엄성과 평화의 가치를 존중하도록 가르치는 교육자로서 그 본연의 임무를 수행하는 부모들의 노력을 통하여 평화의 과업을 성취할 것입니다. 인간의 생명과 존엄에 대한 깊은 존경심을 토대로 삼아 상호이해와 인내와 격려와 용서로 실천되는 가정적인 덕행들은 가정공동체로 하여금 평화에 대한 최초의 근본적인 체험을 할 수 있게 해 줍니다."

요컨대 행복한 가정이란 부부간의 사랑이 부모에 대한 효도와 건전한 자녀의 육성으로 이어지고 더 나아가서 사회봉사로 이어질 때 가능한 것이다.

문민정부의 개막과 더불어 많은 공직자가 수신(修身) · 제가(齊家)의 어려움을 실감했을 것이다. 그 중에서 제가가 더 중요함을 인식했을 것이다. 아무리 금실이 좋은 부부의 사랑이라도 그들과 일가족에게만 국한된 협소한 사랑이어서는 안 된다. 즉, 사회공동체에 눈이 먼 사랑이어서는 안 된다. 참사랑은 협소한 가정의 울타리를 넘어 이웃과 공동체의 이익증진에도 이바지되어야 한다는 것을 작금의 사태가 우리에게 실감나게 입증한 것이 아닌가 생각한다.

(2) 부모를 잘 공경해야 한다

'자효쌍친락(子孝雙親樂) 가화만사성(家和萬事成)'이란 말은 자식이 효도하면 양친이 즐거워하고 집안이 화목하면 만사가 이루어진다는 의미이다. 부모를 기쁘게 해 주는 또 하나의 방법은 형제 자매간에 우애를 돈독히 하는 일이라는 것을 명심해야 한다.

(3) 자녀를 잘 양육하여야 한다

아이들은 우리에게 있어 선물이지 소유물이 아니다. 하느님께서 창조하신 아들과 딸들은 하느님이 우리 가정에 주신 최고의 선물이므로 모든 가정은 하느님의 뜻에 따라 하느님의 아들 딸로서 양육하여야 할 책임을 지고 있다. 우리의 가정은 인간이 살아가기에 필요한 사랑, 이해, 희생 그리고 교육의 장이 되도록 노력하여야 한다.

일반적으로 부모들은 자녀들이 자기의 기대에 미치지 못하는 행동을 할 때, 우선 야단부터 치는 습관을 가지고 있다. 이는 야단이 사랑의 표시라고 생각하거나 자녀가 아직도 어린아이라는 사실을 잊어버리고 다 큰 인간으로 생각하기 때문에 나오는 행동이다. 자녀가 갓난아이인지, 어린이인지 아니면 성인인지를 알고 싶으면 자녀의 잠자는 모습을 보라는 말이 있다.

(4) 한 가족이 자주 모여 대화를 나누도록 한다

저자가 몇 년 전 미국에 사는 어느 교포의 집에서 며칠 간 묵은 일이 있는데, 그 집 자녀들은 저녁식사 때는 빠짐없이 식탁에 둘러앉아 그 날 밖에서 일어났던 일들을 중심으로 어머니, 아버지하고 다정하게 대화를 나누곤 하였다. 그들은 부모와 동기간에 정다운 대화를 통하여 믿음과 안정감을 느끼고 있었으며 그것을 바탕으로 한 성취동기를 일으키는 것 같았다. 그 집의 자녀들은 모두 우등생이었으며 학교나 동네에서 선망의 대상이었다.

우리나라 샐러리맨들은 회사일 때문에 늘 늦게 귀가하는 것이 다반사이므로 저녁식사를 한 데 모여 하기가 어려운 경우도 많다. 그러면 집안의 온 식구가 아침식사를 일찍 하는 습관을 들인다면 짧은 시간이나마 부모와 자녀간에 대화를 주고받을 수 있을 것이라고 생각한다.

이러한 대화는 미래에 다가올지도 모르는 여러 가지 문제점들을 사전에 예방할 수 있는 비결이기도 한다. 샘물이 맑고 도랑이 또한 맑으면 강도 맑아지는 바와 같이, 밝고 행복한 가정은 건강한 사회와 국가의 근본이며 세계평화의 기반이 된다.

고개숙인 아버지

IMF가 지나면서 '고개숙인 아버지' 라는 신용어가 등장했다.
경제적인 것이 아버지의 위상을 그렇게 만들었다고 생각하는가?
고개숙인 아버지에 대해 토의해 보자.

1. 아버지에 대한 생각을 적어 보라.
2. 여러분이 부모님이 되었을 때 어떤 부모가 되고 싶은가?에 대해 적어 보라.
3. 우리 집안을 이끌어 가는 힘에 대해 적어 보라.

아버지와 나

아주 오래 전 내가 올려다 본 그의 어깨는 까마득한 산처럼 높았다.

그는 젊고 정열이 있었고 야심에 불타고 있었다. 나에게 그는 세상에서 가장 강한 사람이었다.

내 키가 그보다 커진 것을 발견한 어느 날 나는 나 자신에 대해 생각하기 시작했다.

그리고 서서히 그가 나처럼 생각하지 않는다는 걸 알았다.

이 험한 세상에서 내가 살아나갈 길은 강자가 되는 것뿐이라고 그는 얘기했다. 난 창공을 나는 새처럼 살 거라고 생각했다. 내 두 발로 대지를 박차고 날아올라 내 날개밑을 스치는 바람 사이로 세상을 보리라 맹세했다.

내 남자로서의 생의 시작은 턱 밑의 수염이 나면서가 아니라 내 야망이 내 자유가 꿈틀거림을 느끼면서 이미 시작되었다고 믿기 때문이다.

그러나 그는 대답하지 않았다.

저기 걸어가는 사람을 보라.

나의 아버지 혹은 당신의 아버지인가. 가족에게 소외받고 돈 벌어오는 자의 비애와 거대한 짐승의 시체처럼 껍질만 남은 고뇌의 이름 짊어지고 비틀거린다. 집안 어느 곳에서도 지금 그가 앉아 쉴자리는 없다.

이제 더 이상 그를 두려워하지 않는 아내와 다 커버린 자식들 앞에서 무너져 가는 모습을 보이지 않기 위한 남은 방법이란 침묵뿐이다.

우리 아버지들은 아직 수줍다.

그들은 다정하게 뺨을 부비며 말하는 법을 배운 적이 없었다.

그를 흉보던 그 모든 일들을 이젠 내가 하고 있다. 스폰지에 잉크가 스며들 듯 그의 모습을 닮아가는 나를 보며 이미 내가 어른들의 나이가 되었음을 느낀다.

그러나 처음 둥지를 떠나는 어린 새처럼 난 아직 모든 것이 두렵다.

언젠가 내가 가장이 된다는 것. 내 아이들의 아버지가 된다는 것이 무섭다.

이제야 그 이유를 알기 시작했기 때문이다.

그 누구에게도 그 두려움을 말해서는 안 된다는 것이 가장 무섭다.

이제 당신이 자유롭지 못했던 이유가 바로 나였음을 알 것 같다. 이제 나는 당신을 이해할 수 있다고 더이상 생각하지 않는다.

그것은 오랜 후에 당신이 간 뒤에 내 아들을 바라보게 될 쯤이야 이루어질 것이다.

오늘밤 나는 몇 년만에 골목길을 따라 당신을 마중나갈 것이다

할 말은 길어진 그림자 뒤로 묻어둔 채 우리 두 사람은 세월 속으로 같이 걸어갈 것이다.

– 신해철 –

토 | 의 | 과 | 제

1. 가족의 중요성에 대해 논의해 보자.
2. 가화만사성을 이루기 위해 가장 중요한 것은?

2. 부모

1) 효(孝) · 제(弟) · 자(慈)

부모자식관계에 있어 대학에서는 효(孝) · 제(弟) · 자(慈)를 강조한다. 이를 통해 제가(齊家), 즉 집안을 가지런히 하여야 한다는 것이다.

동양의 윤리도덕이 서양의 합리성에 지배되면서 수직관계에서 수평관계로 바뀌고 있다. 서양의 합리성 내면에는 평등과 자유를 기본으로 하고 있다. 물론 모든 인간은 평등과 자유를 가질 권리가 있다. 그렇지만 대학(大學)에서 말하는 효(孝) · 제(弟) · 자(慈) 공자의 인(仁) · 의(義) · 예(禮) · 지(智), 석가모니의 자비(慈悲), 예수의 사랑(愛)이 평등과 자유라는 이름으로 대처될 수는 없다.

몇 년 전 「제3의 물결」의 저자 토플러가 한국에 왔다. 21세기를 준비하기 위해서 변화해야 한다, 즉 바꿔야 한다는 것이다. 아내만 빼놓고 모두 바꿔야 한다는 것이다. 가장 이혼율이 높은 미국에서 아내만 빼놓고 모두 바꾸자니 어울리지 않는 말이었지만, 하여튼 21세기는 변화해야 하고 바꿔야 한다고 한다.

세계 모든 나라에 가서 박수를 받았지만, 한국에 와서 "절대로 바꿔서는 안 될 것이 있다"는 말에 당황해 했다. 그것은 바로 인간성이다. 인간이기 때문에 동물과 다른 그리고 인간만이 갖는 거룩한 인간다운 인간성을 21세기라고 해서 소홀히 할 수 있겠는가?

대학에서 말하는 효(孝)는 상호간의 질서, 즉 부모에게 당연히 해야 할 인간의 도리를 말한다. 제(弟)는 형제간의 수평적인 관계에서 지켜야 할 도리이다. 자(慈)는 부모가 자식에게 자식이 부모에게 그리고 형제간에 서로 지켜야 할 사랑이다.

21세기에 무슨 효(孝) · 제(弟) · 자(慈)냐고 할지 모르지만, 세기에 상관없이 인간이 동물과 다른 것은 현존하는 나, 즉 생명의 인과관계(因果關係)를 아는 것이다. 식물에도 씨가 있고, 뿌리가 있듯이 우리도 씨와 뿌리가 있다. 그러므로 나를 있게 한 부모에 대한 존경과 감사와 사랑의 총체적 표현인 효(孝)는 시대의 변화와 동서를 초월한 인간성의 덕목 중에 으뜸인 것이다.

2) 부모 · 자녀의 덕목

효(孝)가 아무리 절대적 덕목이라 해도 일방적일 수는 없다. 효를 일방적으로 강요해서는 안 된다. 시대가 바뀌어서가 아니라, 조선시대에도 효자에게는 효부가 있었다. 물론 시대가 바뀌었으니 표현방식이나 행동양식이 바뀔 수는 있다. 그러나 효는 부모자식간의 쌍방관계가 되어야 한다. 부자자효(父慈子孝)라고 했던가. 여기에서 잠시 부모 · 자녀간의 덕목을 살펴보고자 한다.

(1) 부모의 12덕목[1)]

'효(孝)' 가 단순히 부모에게 일방적으로 행해야 할 덕목은 아닌 것이다. 진정한 의미의 효는 부모가 자식에 대한 아래로의 사랑으로, 자식이 부모에게 이끌리도록 부모의 자세에서 출발한다.

① 수신

한국 전통문화에서 부모들의 자식 가르침은 자기 자신을 닦는 일로부터 시작되었다. 자식 가르침뿐 아니라 세상일을 처리하는 모든 절차가 수신으로부터 시작되었다. 자식을 올바르게 가르치고자 하는 데 수신이 으뜸가는 덕목으로 고려되지 않을 수 없다.

② 모범

우리의 조상들은 자녀를 가르침에 있어 가장 중요한 방법적 도리로서 모범의 원리를 제일로 하였다. 스스로 행하지 아니하고 자식을 가르친다는 것은 올바르

1) 박이정, 인성론, 인성교육교재편찬위원회, 2004, pp.92~94.

지도 않고 의미가 없다.

③ 책임

사소절에 “아들을 가르치지 않으면 우리 집을 망치고, 딸을 가르치지 않으면 남의 집을 망친다. 그러므로 가르치지 않은 것은 부모의 죄다. 나의 아들 · 딸 된 사람으로서 나의 가르침을 지키지 않으면, 반드시 금수와 다름없이 될 것이니 어찌 두려운 생각을 아니하겠는가?” 하였는 바, 이는 자식을 둔 부모의 책임이 얼마나 막중한가를 단적으로 드러내 주는 것이다.

④ 정성

우리의 선조들은 자식을 낳아 기르고 가르침에 있어서 온갖 정성을 다하였다. 자식에 대한 부모의 정성은 태교로부터 시작된다. 부모의 자녀 양육에 대한 정성을 요구하는 본보기라 하겠다.

⑤ 희생

자식을 위해서라면 부모의 부귀영화는 물론 건강과 생명까지도 바치려는 무의식적 준비가 되어 있는 것이, 우리 부모들의 전통적 심성이라고 해도 과언이 아닐 것이다. 이는 현재에도 변함이 없다고 보아야 할 것이다.

⑥ 인내

우리 선조들은 ‘참는다’는 것을 인생의 기본적 태도로 삼았다. 자식을 기르고 가르치는 데 있어서도 급히 서둘러 효과를 기대하거나, 충격적이고 일시적인 처방보다는 부모로서 할 수 있는 정성을 다하고 하늘의 은덕을 기다리는 기본 입장을 중시하였다.

⑦ 엄친

엄부자당은 우리의 전통 문화에서 부모 · 자녀 관계 또는 자녀교육의 근본이었다. 맹목적이고 무절제한 사랑은 배척되었고, 엄격함과 자애로움이 조화를 이룬 것을 최선의 부모 · 자녀 관계로 보았던 것이다.

⑧ 존중

“귀하게 키운 자식이 귀하게 된다”는 속담이 있듯이 자녀에 대한 존중심은 우리 선조들의 보편적인 자녀관이었다.

⑨ 관심

부모가 자식에게 관심을 두고 각별히 보살피는 것은 당연한 일이다. 논어에서 공자가 이르기를 "부모는 오직 자식들의 질병을 걱정하는 것이다"하고 가르쳐, 자식에 대한 부모의 마음을 한마디로 표현해 주었다. 자식에 대한 부모의 관심은 앞에서 본 정성, 인내, 존중의 덕목과 맥을 같이 하고 있다.

⑩ 가르침

동몽선습에 "부모는 자식을 올바른 도리로 가르쳐서 그릇된 길로 빠지지 않도록 하며…," 또 사소절에 "갓난 망아지는 착실하고 엄격하게 길들여 좋은 기술을 익히게 하지 않으며 좋은 천리마를 만들지 못하고…," 이밖에도 부모의 가르침에 관련된 내용은 소학, 사소절 등에 상세히 수록되어 있다.

⑪ 관대

너그럽고 인자함은 부모됨의 기본이다. 부모뿐만 아니라, 아동을 기르고 가르치는 사람을 구함에도 그 성격적 자질로서 너그럽고 인자함을 중시했다. 내훈에 "자녀를 낳으면 반드시 마음이 너그럽고 인자하며, 웃어른을 공경할 줄 알고, 매사에 신중하며, 말이 적은 사람을 가려서 아이의 스승이 되게 하라"고 부모 역할을 가르쳤다.

⑫ 믿음

믿음은 인간관계의 근본이다. 상호간의 믿음이 없으면 그것은 아무 의미도 없다. 아무리 부모라 하더라도 자녀에 대한 믿음이 없으면, 앞의 열한 가지 덕목은 쓸데없는 일이 되고 만다. 인간에 대한 믿음, 특히 아동의 발달과 인격에 대한 믿음은 인본주의의 핵심개념이다.

(2) 부모가 자녀에게 다 해야 할 실천지침[2)]

첫째로, 자녀에게 부모의 책임을 다하라.

모든 집단에는 누군가가 그 집단을 이끌어 갈 책임이 있다. 부모가 가정에서 그렇게 해야 한다. 정신적으로 그리고 육체적으로 자녀들이 정상적으로 성장하고

2) 이한검 외, 인간관계 관리, 형설출판사, 2004, pp.331~333.

나중에 성공하며 행복할 수 있도록 최선의 노력을 다하는 일이다. 근래에는 소년 · 소녀가장들이 많은데 부모가 오래 살아서 그런 일도 없도록 해야 한다. 부모는 어쩌면 자녀의 영원한 방석이다. 자녀들이 인간미 넘치는 성품을 지니도록 양육해야 한다. 그러나 결코 딸애는 '계집애' 로 만들지 말고 '여자다운 딸' 로 만들며 아들애를 응석부리는 '마마 보이' 로 만들지 말고 '성숙한 남자다운 아들' 로 만들어야 한다. 최소한 좋은 배필을 만나 결혼하기까지는 모든 것이 부모의 책임이다. 자녀를 훌륭하게 사람되게 한 뒤(성장배경)엔 그들을 그렇게 만든 부모가 있었다. 미국의 유명한 토크쇼 진행자인 오프라 윈프리는 언젠가 "세상에서 부모가 되는 일만큼 어려운 일이 없다"고 말한 적이 있는데 과연 부모가 되기는 쉬어도 부모노릇하기는 어렵다. 사랑의, 행복의 기본단위인 가정의 핵심인 부부사랑을 보여주라. 그것이 부모가 자녀들에게 줄 수 있는 최고의 선물이고 축복이다.

둘째로, 자녀들과 함께 웃고 함께 울어라.

아이들도 나름대로 갖고 싶고 하고 싶은 일이 있고 기뻐하고 슬퍼하는 희로애락의 감정이 있는데 그들과 함께 웃고 함께 웃을 수 있어야 한다. 결코 자녀들이 노여워하지 않고 낙심치 않게 해야 한다. 그들이 품은 분(어려움)이 가정에서는 불효자식을 만들며 사회에서 다툼을 일으키게 된다. 노하기를 잘 하는 사람을 좋아하는 사람은 없을 테니 말이다. 부모는 자녀의 좋은 친구가 되고 상담자가 될 수 있어야 한다. 그래야 가정의 응집력이 형성된다.

그러기 위해서는 자녀의 혈액형을 알고 이에 대응조치를 하는 것도 하나의 방법이다. 이 같은 관점에 서 있는 노미 마사히꼬의 주장을 요약하면 아래의 표와 같다.

O형 자녀	A형 자녀	B형 자녀	AB형 자녀
스킨십을 원하기 때문에 관심을 쏟지 않으면 자신을 사랑하지 않는다고 생각하고 비행을 저지르기 쉽다.	무조건 야단을 치면 금새 자신감을 잃고 자기 폐쇄적 경향이 있다.	언제나 자기를 환대해 주는 것을 좋아하여 친구간에서 따돌림을 당하면 심술을 내거나 비뚤어지기 쉬우며 사회 적응이 어렵게 된다.	지나치게 부모로부터 꾸지람을 당하면 대인 공포증이 생기고 사람을 가리게 되며 싫어하게 된다.

셋째로, 자녀에게 좋은 훈계와 충고를 해 주라.

사랑과 지혜로 자녀들이 지혜로운 자가 되도록 적절한 훈계를 하여야 한다.

그렇지 못하면 '망나니' 가 되고 '왕따' 가 된다. 셰익스피어는 「햄릿」을 통해 많은 사람들은 남에게 훈계하고 충고하기를 좋아 하지만 이는 성공과는 멀어지는 첩경이라고 귀뜸해 주고 있고 훌륭한 심리학자는 직접적인 충고를 하지 않는다고 한다. 충고가 지니고 있는 암묵적 비판 기능 때문에 결과적으로 많은 적(敵)을 만들어 낼 수 있기 때문이다. 실제로 성공한 사람들 가운데 많은 사람들은 남에게 훈계하거나 충고하지 않는 공통점을 지니고 있다고 한다. 때로는 충고보다 경청이 더 좋은 결과를 낳는다는 사실을 잊지 말라.

그러나 훌륭한 인물(자녀) 뒤에는 반드시 그들에 대한 훈계와 그들을 위한 부모의 기도가 있었다. 자녀가 남들로부터 신뢰받을 수 있는 사람이 되도록 훈계를 아끼지 말라. 그리고 무엇보다도 사람 냄새나는, 훈훈한 인간미 흐르는, 너무나 인간다운 인간이 되도록 훈계하고 충고하라.

넷째로, 자녀에게 모범을 보여라.

밤말은 쥐가 듣고 낮말은 새가 듣는다고 한다. 함께 하는 가정에서 자녀 모르는 비밀을 만들긴 쉽지 않다. 당신이 지금 생각하고 행동하는 대로 자녀가 따라하면 가정에서 좋은 자녀, 자라서 좋은 남편 또는 아내가 되겠는가? 그렇다고 생각하면 당신은 아버지로 또는 어머니로 훌륭하다. 합격이다. 태공(太公)은 "효순한 사람은 또한 효순한 아들을 낳으며, 오역(忤逆)한 사람은 또한 오역한 아들을 낳는다. 믿지 못하겠지만 저 처마 끝의 낙수(落水)를 보라. 방울방울 떨어져 내림이 어긋남이 없다"고 교훈을 준다. 자식은 부모의 어떤 모습을 싫어하면서도 그대로 닮아(학습)가고 습관으로 된다고 한다. 이 같은 현상을 "적대자(敵對者)와의 동일시(同一視)"라고 한다. 부모의 삶은 자녀들의 인생의 학습장이고 그들의 행복한 삶의 거울이다. 자식들에게 말로 들려주기만 하면 안 되고 행동으로 보여주어야 한다. 자식은 부모의 앞(말을 듣고)에서 배우는 것이 아니라 뒤(행동, 발자취)에서 배운다. 그러기에 부모는 뒷모습이 고와야 한다. 아이들은 당신이 제공한 물질적인 것을 기억하지 않을 것이고 당신이 그들을 소중하게 여긴 사실을 기억할 것이다(캔필드/한센). 특히 아들은 아버지의 등 뒤를 보고 배운다. 그래서 자식은 부모의 거울이라고 하지 않는가? 앞에서 들려주지만 말고 모범을 보여주어야 한다. 당신은 자녀들에게 어떤 모습으로 기억되기를 바라는가? 그러니 무엇보다도 당신이 당신의 자녀로부터 받고자 하는 대로 당신의 부모에게 먼저 다하여라. 그것이 모범의 첩경이다. 그렇지 않고도 그런 대접받기를 원하는가?

다섯째로, 자녀에게 세상살이에 필요한 많은 것을 가르쳐 주라.

자녀는 부모로부터 세상을 살아감에 필요한 많은 것을 배운다. "백 사람의 스승보다 한 사람의 아버지가 낫다", "천 사람의 학문의 스승보다 삶의 스승인 아버지가 낫다(마이스터 에리하르트)"는 말이 있다. 대부분의 스승은 한정된 기간만 가르치고 헤어지나 부모님은 평생 당신을 가르치기 위해 그 자리에 서 있다. 부모님은 당신이 이 세상에서 맨 먼저 만난 스승이자 맨 마지막까지 남을 스승이다. 실제로 낳은 부모는 자녀가 이 세상을 잘 살아가도록 생활철학을 가르친다. 이들 지혜는 거의 인간관계에 관련되어 있음을 기억하라. 예컨대 다음과 같은 것들이다.

- "등잔불이 어둡다고 불평하지 말아라. 옛날 진나라 손강과 혜윤은 반딧불, 눈빛에 책을 읽어 성공했다. 작은 것에도 감사할 줄 알아야 하늘이 복을 내린다."
- "절약이 횡재보다 낫단다. 100원을 우습게 대하다 100원 때문에(없어서) 우는 경우도 있으니 돈을 가벼이 여기지 말라."
- "오늘에 안주하지 말라. 내일에 대비하라. 그렇지 않으면 '내일'이 '오늘'이 되었을 때 후회하게 될 것이다."
- "생각이나 말을 할 때는 반드시 남의 처지를 비추어 역지사지(易地思之)하라."
- "최고의 선은 물과 같다. 물은 만물을 이롭게 하며 사람들이 싫어하는 낮은 곳에 처한다. 그래서 물은 도(道)에 가깝다. 도는 만물에 생명을 부여하는 수로(水路)다. 그러니 물과 같이 처신하라."

여섯째로, 자녀를 조건 없이 사랑하라.

참사랑의 본성이 무조건적인 것인데 한 가족의 사랑에 무슨 조건이 있겠는가? 그러나 때로는 자식으로부터 마음 아픈 일을 당하거나 "자식놈이 어찌 저럴 수 있지?", "저걸 자식이라고 뼈빠지게 고생해서 키웠나?"하고 내뱉고 싶은 순간도 있을 것이다. 이때 세 가지 생각을 먼저 하라. 그 하나는 "내 탓이다. 부모가 잘못한 탓이다"하고 스스로를 자책하는 일이다. 다른 하나는 "요즘 애들은 다 그렇단다. 어찌하겠어. 세월을 탓해야지"하고 스스로를 위로하는 일이다. 마지막으로 하나는 "옛적에 저 나이에는 이런 상황에서 나도 그랬었겠지?"하고 그도 그럴 수 있는 상황을 인정하는 너그러움이다. "자식이 생기면 부모는 바보가 된다"고 하지 않는가?

자녀를 사랑하자. 정성을 다해 키우고 그래서 나에게 귀한 나의 자식이 아닌가? 관계가 좋아질 것이라는 믿음과 희망을 잃지 말고 사랑하라. 그러다 보면 내가 힘겨워 지칠 때 기댈 수 있는, 잠깐 쉬어 갈 언덕이 되어 줄 수도 있지 않겠는가? 그럴 필요가 없으면 더욱 축복받는 일이지만 말이다. 중요한 것은 지나친 사랑은 자녀로 하여금 버릇없는 자녀로 또는 사회의 문제아로 만들 수 있다는 사실을 염두에 두는 일이다.

일곱째로, 자녀로 하여금 좀더 빨리 자기 자신의 삶을 자신있게 살게 하라.

자녀에 대한 무관심도 문제지만 지나친 관심과 관여 그리고 지나친 애정에서 야기되는 과대한 기대는 자식의 자기선택에 대한 의지를 방해하여 성공의 장애요인이 될 수도 있다. 인격을 갖추고 긍정적인 인생관을 갖고 자신이 되고자 하는 자신의 삶을 자신감을 갖고 살게 하라. 어느 일정기간이 지나면 그도 자신의 자녀의 어버이가 되지 않겠는가? 스스로의 시행착오를 겪으면서 인생은 살 만한 가치와 의미가 있다고 확신할 수 있도록 충분한 시간적 여유를 갖게 하라. 좀더 일찍 자립심을 갖게 하라. 그렇게 되도록 도와 주라. 그러나 부모의 욕심(과보호)이 자식을 약하게 만들고 망쳐버린다는 사실을 기억해야 한다. 부모에 대한 지나친 의존은 자녀를 미숙아로 만들게 되므로 그들을 성숙된 자녀로 키워야 한다.

자녀교육

자식을 사랑하는 부모는 매를 아끼지 않는다.
만년에 그 자식은 기쁨이 될 것이다.
자식을 엄격히 키우는 사람은 덕을 볼 것이며
친지들 사이에서 그 자식이 자랑거리가 될 것이다.
자식을 잘 가르치는 사람은 원수들에게는 시기를 사지만
친구들 앞에서는 명예롭다.
이런 아비는 죽어도 죽지 않은 것과 같다.
자기와 같은 사람을 남겨 놓았기 때문이다.
그는 살아서는 자식을 보고 기뻐하여
죽어서도 아무런 한이 없다.
또 그는 자기 원수를 갚아주고,
친구들의 은혜를 갚아 줄 사람을 남기고 가는 것이다.
자식을 귀여워만 하는 사람은 자식의 상처를 싸매 주다 말 것이고
자식이 울 때마다 조바심만 한다.

길들이지 않은 말은 사나와지고,
제 멋대로 자란 자식은 방자해진다.
자식의 응석을 너무 받아 주다가는 큰 화를 당하게 되고,
자식하고 놀아만 주다가는 슬픔을 맛보게 된다.
자식과 함께 웃다가는 같이 슬퍼하게 되고
마침내는 통고하게 된다.
젊은 자식에게 너무 자유를 주지말고
그의 잘못을 눈감아 주지 말아라.
자식이 젊을 때에 길을 잘 들이고
어릴 때부터 회초리로 키워라.
그렇지 않으면 고집만 자라서 말을 안 듣고
너에게 큰 고통을 안겨 줄 것이다.
지식을 엄격히 기르고 그를 단련시켜라.
그렇지 않으면 그의 추태로 네가 치욕을 당하게 될 것이다.

(3) 자녀의 12덕목[3)]

현대에서의 바람직한 '효'는 사랑을 전제로 하는 부자자효(父慈子孝)의 원리에 입각해서 정신적 유대를 맺어 가는 방향으로 유도되어야 한다.

① 감사

부모에 대한 감사의 마음은 자신의 존재에 대한 근원적이고 절대적인 것이다. 내훈에 "부모가 낳아주시고 대(代)를 있게 해주시니 이보다 더 큰 은혜가 있을 수 없다"는 공자의 말씀을 인용하여 부모에 대한 감사의 정을 표현하였다. 오늘날에도 부모에 대한 감사의 정이 더욱 강조되어야 할 것이다. 우리가 '효'를 논한다면 부모에 대한 감사로부터 시작해야 한다.

② 수신

효경에 "신체발부는 받은 것이니, 감히 훼손시키지 않음으로써 효도가 비롯된다"고 하였으며, 예기에는 "하늘이 낳은 바와 땅이 기르는 바가 사람보다 더한 것

3) 박이정, 인성론, 인성교육교재편찬위원회, 2004. pp.94~96.

이 없다. 부모가 온전히 해서 낳았으니 자식은 온전히 해서 돌려보내야 한다. 이것은 효도라고 한다"고 신체를 온전히 보전하는 것을 '효'의 중요한 내용으로 삼았다. 근래 젊은이들이나 아들들이 신체보전과 수신을 소홀히 하게 만드는 사회 분위기가 팽배해 있으나 '효'의 근본을 되새기어, 신체보전과 수신의 덕을 쌓는 교육이 강조되어야 할 것이다.

③ 봉양

부모 봉양은 '효'의 가장 기본이다. 효경에 "하늘의 도를 쓰고 땅의 이로움을 분별하여 몸을 삼가고 쓰임새를 절약하여 부모를 봉양하는 것을 효도라 한다"고 언급하여 부모에 대한 물리적 봉양은 효행의 최소규정임을 밝히고 있다.

④ 안락

부모에 대한 물리적 봉양에 이어서 효행의 중요한 내용은 부모의 심신을 안락(安樂)하게 해드리는 것이다. 동몽선습에 "입으신 옷이 추운가 더운가 여쭙고, 무슨 음식을 잡숫고자 하는가를 여쭈어 보며, 겨울에는 따뜻하게 해드리고 여름에는 시원하게 해드린다. 밤에는 잠자리를 정해 드리고 아침에는 문안을 드린다"고 하여 자녀들에게 안락하게 모시는 효행이 무엇인가를 가르치고 있다.

⑤ 공경

부모를 존중하는 공경의 덕은 대효(大孝)이다. 효경에 공자의 말씀을 인용하여 "사람의 행실이 효보다 큰 것이 없고, 효도는 아버지를 존경하는 것보다 큰 것이 없고, 아버지를 어려워하는 것보다 큰 것이 없다"고 한 바, 부모공경을 하늘을 섬기는 것과 같이 보았다. 요즈음 부모의 권위가 예전만 못하지만 이러한 세태일수록 부모는 스스로를 다듬어서 부모 공경이 '효'의 근본이 되도록 해야 한다.

⑥ 충간

전통적으로 효라면 무조건 부모의 명령을 따르는 것으로 잘못 인식된 경우도 있으나, 참된 효는 부모의 잘못을 간곡하게 간하고, 부모로 하여금 잘못을 저지르지 않게 하는 데 있다. 동몽선습에 "자식은 부드러운 말로 어버이의 잘못을 간하여서 고을과 마을에서 죄를 짓는 일이 없도록 하여야 한다"고 했다. 이러한 부모에 대한 충간의 도리는 자칫 오해가 있거나 왜곡될 수도 있고, 또 근자에는 효에 벗어나는 부자 사이의 다툼이 있기도 하여, 참된 충간의 의미와 방법이 왜곡될 수 있다.

⑦ 승지

부모의 뜻을 살펴서 따르는 것은 자식된 도리이다. 그래서 우리의 전통 문화에서는 승자를 '효'의 중요한 부분으로 삼았다. 동몽선습에 "자식은 어버이의 뜻을 받들어 순종하라"고 가르쳤다. 오늘날도 부모님의 뜻을 헤아려 일상 생활을 잘 다듬는 것은 예나 지금이나 다름이 없어야 할 것이며, 장성한 후에도 부모의 뜻을 살려 인생의 진로를 잡는 것을 중요한 일이라고 하겠다.

⑧ 입신

'효'의 본질은 부모 자녀간의 직접적인 관계에 한정된 것이 아니다. 부모에 대한 효도는 몸과 마음을 닦고 학문을 연마하여 세상에 봉사하고 아름을 남기는 것까지를 포함한다. 항상 조심하여 몸을 쇠약하게 만들거나 몸에 상처를 내지 않도록 하는 것이 효도의 시작이다. 그리고 입신출세하고 성현의 도를 실천하여 후세에까지 그 이름을 날림으로써 부모의 이름을 드러내는 것이 효도의 완성이다. 효도는 부모를 효성으로 섬기는 데서 시작되고, 임금을 섬겨 국가에 이익을 가져오도록 노력하는 것이 효도의 발전이고, 입신출세하며 자기 인격을 완성하는 것이 효도의 완성이었다. 최근에는 입신출세의 개념이 복잡 미묘해졌지만 무슨 일이든 사회를 위해서 봉사하고 도움을 줄 수 있다면 이는 입신의 의미로 '효'의 실천이다.

⑨ 추모

부모님이 돌아가신 후 모시는 상이나 제사는 전통문화에서 '효'의 가장 대표적인 상징이었다. 오늘날에도 돌아가신 부모를 예의바르게 모시고, 그 기일에는 적절한 형식으로 추모하는 것은 현대사회에서도 '효'의 중요 부분이 되어야 할 것이다.

⑩ 절제

'효'는 부모와 자녀간의 관계에 국한된 것이 아니다. 사람의 삶과 관련된 욕망을 절제하여 자연의 섭리를 따르고, 나뿐 아니라 다른 사람의 삶도 귀히 여기는 것이다. 동몽선습에서부터 "감히 그 재물을 사사로이 차지해서는 안 된다"고 가르쳐 재물에 대한 태도를 바로 잡아주었다. '효'가 자신의 물질적 또는 관계적 이기주의가 아니고 절제를 통한 홍익인간의 정신이 담겨 있으며, 이러한 덕목은 오늘날에도 소중히 여겨져야 한다.

⑪ 예의

'효'는 부모에 대한 예는 말할 것도 없고, 타인에 대한 모든 예를 그 기본으로 하고 있다. 효경에 "집안에서도 예의를 갖추어야 한다"고 하였다. 오늘날 동방예의지국의 전통이 사라졌다고 개탄하고, 특히 아동과 청소년의 어른에 대한 태도가 불손하기 그지없는 것을 개탄하는 일이 허다하다.

⑫ 우주조화

'효'는 인공적인 것이라기보다 자연의 섭리라는 정신을 우리의 조상들은 깊이 간직하고 있었다. 즉, '효'를 만물의 영장인 인간이 우주의 조화를 유지하는 데 가장 핵심이 되는 개념으로 보았다. 효경에 "효란 하늘의 법도이며 땅의 의리이고 백성의 행실이니라. 하늘과 땅에는 법도가 있으니 백성은 그것을 본받아야 하느니라"고 하여, '효'가 인위적인 산물이 아니라 자연의 방식임을 분명히 하였다. 오늘날 자연보호의 근원적인 처방은 인간이 자연의 섭리를 깨닫고 우주의 조화를 회복시켜, 우리의 후손에게 아름답고 건강한 생태계를 물려주는 것이다.

부모와 자녀가 서로에게 바라는 것

부모라면 누구나 하는 고민들이 있다. "어떻게 하면 우리 아이가 성품과 역량이 뛰어난 훌륭한 사람이 되게 할 수 있을까?", "내가 진정으로 내 아이에게 물려줘야 할 유산은 무엇일까?"

사춘기에 막 들어선 중학생 자녀들과 효과적으로 대화하면서 함께 고민을 해결하고 올바른 인생방향을 제시해 준다는 것은 중요한 일이지만 어려운 일이 되어 버렸다. 특히 고등학생 자녀들에게는 대학을 가야 한다는 명분아래 모든 것이 특권화되어 공부말고는 안 해도 된다는 인식이 부모를 지배해 버렸다.

이렇게 절대적 특권을 주고 부모의 모든 것을 바쳐 자녀를 기르지만, 내 딸이 시집갈 때 아빠 같은 사람을 남편으로 택하고 싶을까? 반대로 내 아들이 장가갈 때 엄마 같은 사람을 아내로 맞으려 할까? 부모들은 가슴에 손을 얹고 스스로에게 물어보길 바란다.

필자가 청소년들에게 리더십교육을 할 때 반드시 묻는 질문이 있다. 다름 아닌 앞에서 묻는 두 가지 질문이다. 그런데 청소년들 절대 다수는 '아니다'라는 것이다. 어떤 아이들은 질겁을 하며 놀란다는 사실이다. 무엇 때문에 이렇게 되었을까?

결론은 간단하다. 부모와 자녀간에 서로를 모른다는 것이다. 즉, 서로가 바라는 것을 서로 나누지 못했기 때문에 너무 모른다는 것이다.

이 세대의 부모들이 진정 인생에서 중요한 것을 놓치지 않기를 바라는 마음에서 '부모가 자녀에게 바라는 것'과 '자녀가 부모에게 바라는 것'을 정리하여 소개하고자 한다.

- 자녀가 부모에게 바라는 것 : 아빠 일찍 귀가하세요. 엄마 저녁에 빵 대신 밥으로 주세요. 컴퓨터 할 때 그만 쳐다보세요. 잘못한 일은 인정하세요. 하고 싶은 일을 하게 해 주세요. 산 말고 다른 곳으로 놀러가요. 시험부담 주지 마세요. 학원 조금만 보내주세요. 관심을 가져주세요. 비교하지 말아주세요. 제 성적 때문에 엄마와 아빠 싸우지 마세요. 무시하지 마세요. 믿어주세요. 칭찬해 주세요. 소리 지르지 말고 타일러 주세요. 화내지 마세요.
- 부모가 자녀에게 바라는 것 : 자신을 믿고 사랑하렴. 스스로 공부 좀 했으면 좋겠구나. 채팅을 줄였으면 좋겠구나. 긍정적인 마음을 가지렴. 큰 꿈을 가졌으면 좋겠구나. 일찍 자고 일찍 일어나렴. 성적에 대해 거짓말을 하지 말으렴. 동생을 배려해 주렴. 방문을 잠그지 말아다오. 예의 바르고 공손한 언어를 사용하렴. 이불은 스스로 갰으면 좋겠구나. 함께 산에 갔으면 좋겠구나. 엄마한테 신경질 그만 부리렴. 그날 일은 그날 꼭 끝내렴. 게임에 대한 자제력을 가지렴. 미리미리 준비하는 습관을 키우렴. 집안 일을 도와주면 얼마나 좋을까!!

– 이강옥, 「사랑방 신문」 컬럼, 2004. 3. 23 –

(4) 자녀가 부모에게 다해야 할 실천지침[4]

첫째로, 부모에게 공경 · 효도를 다하라.

부모를 대상으로 한 사랑은 존경하며 감사하는 사랑, 즉 효(孝)이다. 자식은 부모의 희생적인 사랑을 다 갚을 길 없다. 적어도 우리나라에서 자식에 대한 부모님의 사람은 대가(代價)를 바라지 않는 순수한 사랑이고 어쩌면 부부의 관계를 뛰어넘은 평생의 희생적인 사랑이다. 그 사랑과 희생 그리고 은혜를 보답할 길 없다. 그래서 첫째가 되는 방법은 공경 · 효도를 다하는 일이다.

'성경'이나 '불경'에서는 더 말할 나위 없고 퇴계 이황은 "부모가 자식을 사랑하는 것은 자애로움이고 자녀가 부모를 섬김은 효심이다. 자애나 효심은 천상에

4) 이한검, 인간관계 관리, 형설출판사, 2004, pp.335~337.

서 우러난 것이며 자효(慈孝)는 모든 선(가치) 가운데서 으뜸"이라고 가르쳐 주고 있다. 「탈무드」에는 엄청난 돈벌이가 되는데도 아버지의 잠을 깨울 수 없다는 아들의 대단한 효도에 관한 이야기가 있고 더 나가 돌아가신 부모에 대한 공경까지를 요구하는 글도 있다. 그렇게 못하면 "불효자는 웁니다"하고 후회하게 된다. 돌아갈 고향이 있는 사람은 행복하듯이 부모님 살아 계심은 행복하다. 오래오래 살아 계심은 자식에게도 축복이다.

우리 시조에도 "어버이 살아 계실 때 섬기기 다하여라. 지난 후에 애닯다 어이하리. 평생에 다시 못할 일이 이 뿐인가 하노라"하며 유교에서도 부모는 종종 하늘에 비유되어 부모가 부모답지 않아도 자식은 언제나 이에 구애됨이 없이 자식이 다해야 하는 도리로 효도를 들고 있다. 그만큼 효도는 부모-자녀관계의 가장 기본적인 의무로 되어 있다. 효도는 자녀가 부모에 다해야 하는 하나의 규범이고 적어도 동양인들에게는 하나의 종교이다. 부모에 대한 공경은 하늘의 법(천륜 : 天倫)이다. 부모에 대한 공경과 효도는 아무리 해도 지나침이 없다. 그 모범을 보고 배운 자신의 자녀로부터 받기 위해서라도 말이다. 그렇게 해야 부모의 자식에 대한 푸념도 다소 사라지고 어버이로서의 뿌듯함을 느끼게 될 것이다.

둘째로, 좋은 배필을 찾아 결혼하라.

흔히 25세(결혼 전)까지는 나 자신을 위해서 살고 그 후 50세까지는 가족을 위해서 살고 그 이후는 이웃(사회)을 위해서 살아야 한다는 이야기가 있다. 이는 자신의 가족을 위해 자신을 잊어야 하고 이웃(동네)을 위해 가족을 잊어야 하며 사회 · 국가를 위해 이웃을 잊어야 한다는 이야기다.

당신이 아직 결혼하지 않았다면 이제까지 당신은 자신을 위해 살아왔을 것이나 (이제 조만간) 결혼하게 되면 가족을 위해 살게 될 것이다. 어떤 배필을 만나 결혼하기 원하는가? 연애해 왔던 사람과 결혼할 것인가? 좋은 생각일 수 있다. 그러나 연애는 사랑의 전부는 아닐 것이다. '연애감정' 도 유통기간이 있다. 연애감정은 '사랑' 이라는 것이 포괄하고 있는 길고 변화무쌍한 과정들 중에서 매우 특이한 빛을 발하는 하나의 과정일 뿐이기 때문에 이 과정에 끝나면 결코 더 이상 빛을 발하지 못한다.

각자마다 기준이 있을 테지만 좋은 배필을 찾는 일을 쉽게 생각하지 말라. 인생 최고의 미주(美酒)를 희생 없이 공짜로 손에 넣으려는 생각은 금물이다. 그러나 그 어떤 부부도 처음부터 잘 맞는 경우는 드물고 살아가면서 서로 맞추어야 한다. 나에게 맞는 배필, 즉 내가 그를 꼭 필요로 하고 그가 나를 꼭 필요로 하는 배필을 찾아라. 배필은 "내 뼈 중의 뼈요 살 중의 살"이 되는 사람이니까. 둘이 합해서 하나(1+1=1)가 되는 것이다. 아니 2-1=0이 되는 경우도 있으니 1+1=무한대가 되는 그런 상대를 만나고, 자신도 그런 상대가 되어야 한다. 그래야 건전한 가정을 이루고 부모님을 잘 공경할 수 있지 않겠는가? 결혼하기 전에 좋았던 가정분위기가 며느리 잘못 만나 우스운, 불만스런, 창피한 가정이 되는 경우를 흔히 볼 수 있다. "우리 식구(부모와 자녀)끼리 있었을 때는 좋았는데 딴 식구(며느리, 사위)가 생긴 후에 바빠졌다"는 생각이 일어나지 않을 그런 며느리, 그런 사위가 되어야 한다.

셋째로, 자기 자신을 위해 특히 배필과 함께 노부모를 극진히 대접하라.

노부모를 모실 때면 이미 결혼하여 배필이 있게 되는 나이이다. 혼자 총각 몸으로 또는 처녀 몸으로 그동안 다하지 못한 효성을 힘 합하여 다하라. '노인' 또는 '제3의 성(性)' 그것은 자신에게도 조만간 주어질 자신의 이름이며 그래서 자신도 '예비노인' 임을 부정해서는 안 된다.

"사람의 연수(수명)가 70이요 강건하면 80이라도 그 연수의 자랑은 수고와 슬픔뿐이라" 그리고 "인생은 그 날이 풀과 같으며 그 영화가 들의 꽃과 같도다" 하는데 그 짧은 인생도 공경하고 효도할 기회가 많지 않을지 모르니 노부모 대접할 기회를 놓쳐서는 안 된다. "나무는 아무리 조용하고자 하지만 휘몰아치는 바람이 그치지 않는 것처럼 자식이 봉양하고 공경하려 해도 이미 부모가 죽고 없어 그때까지 기다려 주지 않는다(공자)"는 의미의 '풍수지탄(風樹之嘆)' 이라는 고어가 있다. 돌아가시고 난 다음에는 효도는커녕 만나 볼 수도 없는 것이 부모이다. '차차' 모시지 하다가는 '아차' 하게 되어 붉은 눈물을 흘리게 될는지도 모른다. 교황 요한 바오르 2세는 52년 동안 영적인 아버지만을 섬기며 살아오다 이제 79세 된 얼마 전에 세속명 '카를 보아리아' 라는 이름으로 육신의 부모의 묘소를 찾아가 아마도 생전에 마지막으로 성묘했다고 전해진다.

넷째로, 다양한 방법으로 부모를 공경하라.

- 늙고 병약하여 안아 들여야 할 때는 자신이 갓난아기였을 때 부모님이 안아 키우셨던 일을 생각하라.
- 병석에 누워 음식을 먹여 들여야 할 때는 자신이 어렸을 때 부모님이 그렇게 해주셨던 일을 생각하라.
- 노약하여 자신에게 전적으로 의지하여야 할 때는 자신이 부모님께 전적으로

의지했을 때를 기억하라.

- 부모님께 돈이나 물건을 드려야 할 경우에는 부모가 자신에게 아낌없이 주셨음을 기억하라.
- 떡 살 돈을 많이 내서 노부모를 봉양하라. 자신의 자녀보다 먼저 어버이를 생각하라.
- 어버이 섬김을 자신의 자녀를 양육함과 같이 하라. 부모는 먹는 것과 입는 것을 자녀들에게 다 빼앗겼느니라.

다섯째로, 부모가 원하는 모습의 자녀가 되라.

소중한 자녀의 몸은 아버지의 정기와 어머니의 피를 받아 생겨났고 자녀는 자녀를 위해 힘줄과 뼈가 닳도록 피 어린 노력을 다한 부모의 덕으로 자라고 이제 사회의 당당한 젊은이로 활동하게 되었다. 부모는 자녀가 이런 모습의 사람이 되었으면 하는 소망을 지니고 키워 왔다. 부모마다 다른 소망이 있을 수 있다. 필립스 체스터필드는「내 아들아 너는 인생을 이렇게 살아라」하는 작품을 저술했고, 널리 인용되는 제2차세계대전의 영웅 맥아더 장군의「내가 원하는 아들」이라는 세목의 기도문도 있으며 작자가 알려지지 않은「어버이가 사랑하는 아들딸에게」라는 제목의 글도 있다.

여섯째로, 부모와 언쟁 · 논쟁하여 부모님을 노엽게 하지 말라.

사람들은 논쟁을 통해 많은 것을 배울 수 있다. 부모와의 건전한 논쟁을 통해서도 많은 것을 배울 수 있다. 그러나 성격에서는 부모마저도 "자녀를 노엽게 하지 말라"고 했고 "나이 많은 자가 올바른 말을 할 것이고 해(세월)가 오래된 자가 지혜를 가르칠 것이라"는 말이 있는데 자녀가 부모님을 노엽게 하는 일은 더욱 좋은 일이 되지 못함은 말할 나위 없다. 부모와 자녀간에 의견이 같지 않을 경우가 얼마든지 있다. 그때 부모님의 뜻에 거역하지 말고 따르라.「명심보감」에서는 "늙은 어버이의 말을 공경하며 받들고 결코 젖내나는 입으로 길고 짧음을 다투지 말라"고 가르침을 준다. 대개의 경우에 오래 살면서 많은 경험을 한 부모님이 자신보다 더 옳은 생각(판단)을 한다는 사실을 잊지 말라. 많은 경우에 부모보다 자식이 현대적인 지식은 많이 갖고 있지만 지혜는 적게 갖고 있다. 세상사는 보배로운 지혜를 부모로부터 배워야 현명하게 살 수 있다. 이런 속담들도 많이 있다.

- 늙은 개가 괜히 짖는 것이 아니다.

- 세월은 책보다 더 많이 알고 있다.
- 낡은 바이올린에서 좋은 소리가 많이 난다.
- 최고의 포도주는 낡은 통에서 나온다.

이처럼 생각하고 언쟁을 피하려고 하더라도 잘 듣지도 못하고 말하지도 못하며 잘 보지도 못하는 부모님의 노여움이 남아 있으면 빨리 풀어 드려라. 자신의 아이들 대하듯 사랑하는 마음으로 달래 드려라. 최소한 아픔을 주지 않는 자녀가, 더 나가 기쁨을 나누는 자녀가 효성이 지극한 자녀이다. 축복받을 자녀이다.

아빠 힘내세요

딩동댕 초인종 소리에 얼른 문을 열었더니
그토록 기다리던 아빠가 문 앞에 서 계셨죠
너무나 반가워 웃으며 아빠하고 불렀는데
어쩐지 오늘 아빠의 얼굴이 우울해 보이네요
무슨 일이 생겼나요 무슨 걱정 있나요
마음대로 안 되는 일 오늘 있었나요
아빠 힘내세요 우리가 있잖아요
아빠 힘내세요 우리가 있잖아요
힘내세요 아빠!

사랑의 속사임

사랑하는 엄마 ^ㅅ^

사람들은 너무 어리석어서 정말 소중한 것들에 대해서는 쉽게 그 가치를 깨닫지 못한데요. 공기나 물처럼 살아가기 위해서 없어서 안 될 것들에 대해서 사람들은 그다지 고맙게 생각하지 않잖아요. 손만 뻗으면 닿는 곳에 항상 있으며, 내가 얻으려고 노력하지 않아도 주위에 항상 공기로 가득하니까 그것들이 없는 삶은 상상조차 해보지 않았기 때문인가 봐요. 저에게 있어서 엄마도 그래요. 너무 소중한 사람. 하지만, 함께 해줘서 오히려 그 가치를 쉽게 잊어버리고마는 공기 같은…

힘들 때 내 곁에 끝까지 남아준 건 엄마였어요. 그런 고마운 마음을 항상 표현도 못하고 묻어두기만 했어요. 너무 힘든 날이면 집에 가서 '엄마한테 한번만 안아 달래야지', '위로해 달래야지' 하면서도 집에 들어와서는 쑥스러워서 또, 엄마한테 안기면 펑펑 울어버릴 것만 같아서, 약한 모습이 보이기 싫어서 방으로 그냥 들어가 버리곤 했어요. 근데 "강한 모습만 보여주는 게 착한 딸이 아니구나"라는 생각이 들었어요.

며칠 전 엄마와 많은 이야기를 하면서, 표현하지 않은 사랑은 상처만 주는 걸 알았거든요. 그동안 알게 모르게 엄마와 나 서로 많이 아프게 했었던 것 같아요. 난 한번도 사랑한단 말, 고맙단 말 한 적 없으면서도 엄마가 내 맘 몰라주는 것 같아서 가끔은 엄마를 미워하고, 엄마한테 서운해지고 그랬는데...

이젠 알아주기만 바라지 않을게요. 사랑받는 것만 하지 않을게요, 쑥스럽지만 내 맘에 있는 말, 생각, 고마움, 미안함까지 모두 보여줄게. 그러니까 이제 서운해 하지 말아요.

엄마~ 어제도 10, 20년 전에도 그랬고 앞으로도 쭉~사랑해요.

전 엄마 딸이잖아요. 사랑스런 큰딸, 사랑해요 그리고 고마워요♡

– 임경민(조선대 식물영양학) –

(5) 형제 · 자매간 해야 할 실천지침[5)]

첫째로, 서로 진심으로 힘껏 도와라.

다른 사람을 돕지 않고 우리 자신을 도울 수 없으며 다른 사람들을 풍요롭게 하지 않고 우리의 인생을 풍요롭게 할 수 없다. 하물며 형제간의 관계에 있어서랴.

평생 다른 사람의 도움을 필요로 하지 않고 혼자의 힘으로만 살아가는 사람은 아무도 없다. 다른 삶의 도움을 필요로 하고 그것을 원한다면 먼저 그를 도와야 한다. 이것이 기본적인 성공의 법칙이고 인간관계의 황금률이다. 그렇게 하지 않으면서 다른 사람을 이용하는 사람도 단기적으로 어느 만큼 성공적일 수 있으나 그는 그것을 알아차리고 이용당하기를 멈출 것이다. 마음의 문을 활짝 열고 당신의 도움을 필요로 하는 다른 사람을 힘껏 도와야 한다. 그러나 도움을 준 사람은 그걸 잊어버리고, 받은 사람은 잊지 말아야 한다.

하물며 형제 · 자매간의 관계에서는 더욱 그러해야 한다. 부모가 세상을 떠나고

5) 상게서, 2004. pp.340~342.

난 이후에는 더더욱 그래야 한다.

당신은 "당신이 힘들 때 가장 먼저 떠올리는 사람이 누구입니까?" 하는 질문을 받을 때 당신은 누구라고 대답할 것인가? 틀림없이 '가족' 이라고 대답하게 될 것이다. 그러니 가족을 구성하는 형제 · 자매에 인색함 없는 도움을 기꺼이 주라. 돕는다는 것은 때로는 직접적인 도움을 주지 못한다 해도 함께 비를 맞는 정도가 될 수도 있지만 말이다.

둘째로, 서로 화목하여라.

성공적인 가족이 저절로 만들어지는 것은 아니다. 그것은 가족들의 에너지와 재능, 꿈과 욕망, 결단력을 조화시켜야 가능한 성질의 것이다. 가족의 유대가 없이 성공하고 행복한 사람 없다고 한다. 그런데도 현대사회는 물질문명과 테크노미디어의 위세에 눌려 가족끼리 어울릴 수 있는 기회도 거의 없어지고 있어 가족간의 스킨십(skinship)이 사라져 가정이 파탄되는 경우가 많다. 형제간의 스킨십은 더욱 필요하다. 어릴 때부터 작은 한 방을 함께 쓰면서 향긋한 형제의 내음을 맡아라. 부잣집 형제들은 큰 방울 따로 쓰면서 이렇게 하지 못했기 때문에 어른이 되어 (재산)싸움을 하기까지 한다. 서로 자주 모여 형제 · 자매간의 사랑과 화목을 확인하고 더욱 화목하려는 노력을 다해야 한다. 충분한 훈련을 쌓아가라.

「성경」에는 "형제에게 노(anger)하는 자마다 심판을 받게 될 것이고", "예물을 들이다가 거기서 네 형제에게 원망들을 만한 일이 있는 줄 생각나거든 예물을 제단 앞에 두고 먼저 형제와 화목하라" 고까지 하였다.

특히 결혼한 형제 · 자매가 있는 경우엔 더욱 그러해야 한다. 시누이와 올케, 며느리, 동서끼리의 관계가 많은 경우에 문제가 된다고들 하나 이들 간의 화목을 위해 자주 모여야 한다. 가정에서 화목(화합)하는 일에 성공하면 사회에서의 성공하는 사람이 될 확률이 높다. 화목해야 형제 · 자매간에 응집력이 형성된다.

셋째로, 서로의 역할을 분담하여 질서를 지켜라.

모든 집단의 구성원들에게 일정한 역할이 분담되듯이 가족의 구성원들에게 있어서도 마찬가지이다. 이때 원하는 좋은 역할을 서로 맡으려 하고, 원치 않는 나쁜 역할을 피하려 해서는 안 된다. 종이 한 장을 찢어 보면 그 얄팍한 종이에도 가로 세로가 있어 잘 찢어지는 길(가로, 세로)이 있음을 알게 되듯이 형제 · 자매에게도 질서가 있어야 한다. 한때 유명했던 "형 먼저 아우 먼저" 라는 말이 얼마나 실감나는 이야기인가?

3) 위대한 어머니[6]

> 아내는 여자보다 강하다. 여자는 약하지만 어머니는 강하다.

시인 괴테는 "어린 아기를 품은 어머니처럼 보기에 아름다운 것이 없고 자녀에 둘러싸인 어머니처럼 경애(敬愛)를 느끼게 하는 것이 없다"고 말했다. "한 사람의 훌륭한 어머니는 백 사람의 교사보다 낫다"는 서양격언이 있다. 어머니 되기도 어렵지만 어머니 구실을 하기는 더 어렵다. 자녀를 교육해야 하기 때문이다. 자녀교육이 어려운 것은 슬기와 지혜로 해야 하기 때문이다. 어머니는 생(生)·양(養)·교(教)를 다해야 한나. 자식을 가르칠 수 있는 어머니가 훌륭한 어머니이다.

"그 가정의 수준은 주부의 수준으로 결정된다"고 하는 사회적인 명언이 하나 있다. 나는 주부대학강의를 한번도 거절해 본 적이 없다. 왜냐하면 이 명언을 믿기 때문이다. 착각일지 몰라도 내 강의를 통해 주부들의 수준을 올릴 수 있기를 바라면서…

위대한 인물 뒤에는 위대한 어머니가 있었다. 이율곡의 어머니 신사임당, 맹자 어머니의 맹모삼천지교(孟母三遷之教)를 우리는 잘 알고 있다. 누구나 태어나 만나는 최초의 스승은 어머니이다. 모든 어머니는 자식의 스승이다. 아기는 어머니의 얼굴에서 인생을 배우고 어머니의 눈동자에서 사랑을 배운다. 모든 사람의 성격형성에 어머니의 영향을 받지 않은 사람은 없다. 분명히 어머니는 스승 중의 스승이다.

(1) 에디슨의 어머니

우리는 오늘날 에디슨의 발명으로 편리하고 즐겁고 행복한 생활을 할 수 있다. 그에게서 가장 큰 발명은 전등이다. 이 전등은 2,000번의 실패 끝에 만들어졌다. 우리 생활에서 전기를 빼놓고 생각할 수 있는 것이 무엇인가. 그는 일생 동안 1,300종의 발명특허를 얻어 발명왕이 되었다. 미국의 국보요 세계의 보배요 인류의 은인이다. 그가 1931년 10월 18일 84세로 별세했을 때 미국 대통령 후버는 그의 장례식 날 1분 동안 전기를 끄고 애도의 뜻을 표했다.

에디슨의 배후에는 현명하고 위대한 그의 어머니가 있었다. 에디슨은 어렸을

---

6) '위대한 어머니'는 안병욱 교수의 「아름다운 창조」에서 발췌한 것임.

때부터 탐구정신이 강했다. 그는 어머니에게 귀찮을 정도로 묻고 또 물었다. 그에게는 이 세상 모든 것이 묻고 싶은 수수께끼였다. 에디슨의 어머니는 자기의 아들이 비범한 소질과 재능을 가졌다는 것을 간파했다. 그의 어머니는 아는 데까지 아들의 질문에 충실히 답해 주었다. 에디슨의 어머니는 처녀 때 초등학교 교사였다.

에디슨이 초등학교에 입학했다. 그는 선생님에게 쉴새없이 질문했다. 묻고 또 물었다. 담임선생님은 에디슨을 바보라고 생각했다. 이 아이는 저능아이기 때문에 도저히 가르칠 수 없다는 편지를 보냈다. 에디슨은 입학한 지 3개월만에 퇴학을 당했다. 그 후 에디슨의 어머니는 직접 그를 가르쳤다.

여러분은 어떠하였겠는가? 창피하다못해 공부 못하는 아들을 원망하고 때렸을 것이다. 내가 자주 사용하는 말이지만, 천재는 평균으로 나오지 않는다. 평균이 높은 사람은 천재가 되기 어렵다. 천재는 어느 한 분야에서 나온다는 것을 명심해야 한다. 그래서 특히 초등학교선생님과 부모는 아이의 소질을 찾아내서 그 소질(달란트)을 길러주는 것이다. 이렇게 말하면 교수님은 현실을 잘 모르는 사람이라고 말할 것이다. 그래서 나도 현실을 개탄하고 있다. 그러나 우리는 깨어 있어야 한다. 자식을 올바르게 키우는 방법을 배워야 한다. 대학(大學)에서 말하는 명명덕(明明德), 즉 저마다 타고난 명덕(明德)을 밝혀주는 것이 선생님과 부모의 가장 큰 영향이다. 에디슨의 어머니는 천재를 천재로 만들어 주었다.

(2) 링컨의 어머니

링컨은 정직과 진실을 생명으로 삼고 인내와 노력을 지팡이로 걸어온 위대한 생애를 살았다. 1809년 2월 12일 켄터키주의 통나무집에서 태어나 1865년 4월 15일 흉탄에 목숨을 거둘 때까지 정식학교교육은 1년도 못 받았고 농사꾼으로 품팔이로 뱃사공으로 군인으로 장사꾼으로 우체국 국장으로 변호사로 하원의원으로 하여 대통령에 올랐다.

링컨은 인류애의 상징이라고 할 수 있다. 그의 훌륭한 인격과 생애의 배후에는 그의 어머니 낸시와 계모 사라가 있었다.

링컨의 아버지는 이름도 못 쓰는 무식쟁이였다. 그러나 링컨의 어머니는 글을 읽을 수 있고 신앙심이 두터웠다. 낸시는 성서 읽기를 좋아했고 어린 링컨에게 성서를 읽어주고 성서이야기를 늘 하고 같이 기도했다. 링컨이 9살 때 낸시는 세상을 떠났다. 낸시는 임종의 자리에서 어린 링컨에게 유언을 했다. “사랑하는 아들아, 너는 늘 성서를 읽고 성경말씀대로 살아가는 사람이 되어다오. 하느님을 사랑하고 이웃을 사랑해야 한다. 이것이 나의 마지막 부탁이다.” 링컨은 일생 동안 어머니의 유언대로 살아가려 하였다. 계모 사라와도 의가 좋았고 화목했다.

(3) 나폴레옹의 어머니

나폴레옹의 어머니 레티지아는 5남 3녀를 양육했다. 나폴레옹은 차남이었다. 남편이 죽은 후 레티지아는 혼자서 자식들을 키웠다. 나폴레옹의 말에 의하면 “나의 어머니는 재주와 용기가 뛰어난 당당한 부인이었다”고 할 만큼 훌륭한 어머니였다. 나폴레옹은 자기의 전부를 어머니의 덕택이라고 하였다.

나폴레옹은 어머니의 생활비를 1년에 1백만 프랑씩 드렸다. 그러니 레티지아는 인간의 흥망성쇠는 알 수 없는 것이라고 하면서 검소한 생활 속에서 이끼고 저축하였다. 권불십년(權不十年)이라. 나폴레옹은 황제의 자리에서 엘바도의 유형의 몸으로 전락했다. 나폴레옹의 생일날 어머니는 평소에 저축한 돈으로 선물을 사가지고 찾았다. 어머니는 아들을 위해 대연회를 열고 위로해 주었다. 레티지아는 나폴레옹보다 15년 더 살았다.

(4) 성(聖) 어거스트의 어머니

중세 서양에서 가장 위대한 어머니를 들라면 성(聖) 어거스트의 어머니 모니카를 든다. 지성(至誠)이면 감천(感天)이라고 했던가. 모니카의 독실하고 지극한 기도의 힘은 방탕한 아들을 회개시켜 마침내 중세 시대의 성자(聖者)로 만들었다. 모니카의 30년의 기도 끝에 어거스트는 33살에 회개하고 방탕한 생활을 청산하고 드디어 그리스도교 신자가 되었다. 모니카는 어거스트의 육(肉)의 어머니인 동시에 영(零)의 어머니였다. 모니카는 어거스트가 세례를 받은 그 해 56세로 세상을 떠났다. 아들의 영혼을 구한 어머니였다.

(5) 빅토르 위고의 어머니

19세기의 프랑스의 문호 빅토르 위고는 인생에는 세 가지의 싸움이 있다고 하였다. 첫째는 자연과 인간과의 싸움이요, 둘째는 인간과 인간과의 싸움이요, 셋째는 자기와 자기와의 싸움이다. 첫 번째의 싸움을 그린 소설이 「바다의 노동자들」이요, 두 번째 싸움을 그린 소설이 「93년」이라는 역사소설이요, 세 번째 싸움을 그린 것이 유명한 사회소설 「레미제라블」이다. 이것이 위고의 유명한 3부작이다.

아마 붓 한 자루를 가지고 세계에 가장 큰 영향을 준 문학자의 한 사람을 든다면 누구나 낭만주의 문학을 일으킨 빅토르 위고를 들 것이다. 그는 이렇게 말했다.

"오늘의 문제는 싸우는 것이요, 내일의 문제는 이기는 것이다." 위고는 붓을 가지고 사회악과 싸웠다. 그는 정의를 위하여 붓을 들었다. 그는 시인이요, 소설가요, 극작가요, 또 정치가였다. 두 번 상원의원이 되었다. 나폴레옹 3세가 쿠데타를 일으켰을 때, 위고는 "나는 오직 한 개의 정의의 돌을 가지고 병사와 탄환과 권위를 가진 자들과 싸웠다"고 외치면서 나폴레옹 3세에게 무릎을 꿇지 않았다. 그는 18년간이나 망명생활을 했다. 위고의 대작(大作) 「레미제라블」에서 정의와 인도의 주인공 장 발장을 발견한다.

위고의 어머니는 현명하고 엄격하면서 한편으로는 자애심이 많은 부인이었다. 그 어머니에게 그 아들이란 말이 있다. 위고와 그 어머니는 꼭 그러한 경우다. 위고의 고결한 인격과 뛰어난 정의감은 어머니의 훌륭한 가정교육의 힘입은 바가 크다. 위고의 어머니는 자식의 교육을 위해서 문자 그대로 헌신적 노력을 하였다. 위고가 여섯 살 때 일이다. 그의 옆집에 천문학자가 살았다. 그 뜰에는 몇 그루의 사과나무가 있었다. 위고의 형제가 사과를 따러오면 시끄러울 것 같아서 천문학자는 울타리로 담을 쌓자고 하였다.

위고의 어머니는 그에게 이렇게 말했다.

"조금도 염려마세요. 절대로 폐가 안 되게 하겠습니다. 내 자식들에게 선생님 댁 뜰에 가서 사과를 따지 못하도록 하겠습니다."

얼마 후에 푸른 사과가 열렸다. 어린 위고는 따고 싶어서 엄마에게 물었다.

"어머니 옆집 사과가 열렸어요", "그래 사과가 예쁘지, 그러나 남의 집 사과니까, 절대로 따면 안돼요" 사과가 붉게 익어서 땅에 몇 개 떨어졌다. "어머니, 사과가 떨어졌어요. 땅에 떨어진 것도 주우면 안돼요?" 위고의 어머니는 단호하게 말했다. "남의 집 사과는 떨어졌어도 절대 주워 가지면 안 된다" 어린 위고는 자기 물건과 남의 물건의 구별을 똑똑히 알았다. 옆집의 사과가 아무리 떨어져도 절대로 주워 가질 생각을 안 했다. 그 천문학자는 몇 달이 지나도 사과나무 밑에 어린

발자국하나 나지 않은 것을 보고 위고의 어머니의 엄격하고 철저한 자녀교육에 깊은 경의(敬意)를 표했다.

위고는 어릴 때부터 시를 좋아했다. 위고의 시에 대한 소질이 비상한 것을 발견한 것은 위고의 어머니였다.

영국에서 헨리 4세의 동상을 건립하면서 널리 프랑스까지 현상 시를 모집했다. 마침 어머니는 심한 폐렴에 걸려서 자리에 눕게 되었다. 위고의 두 형제는 하루씩 번갈아 가면서 어머니의 병을 간호했다. 현상 시의 마감날이 다가왔다. 위고의 어머니는 아들에게 현상 시를 지었느냐고 물었다. 이럭저럭 바빠서 못 지었다고 말했다. "내 병간호는 염려말고 너는 현상 시를 쓰라"고 힘있게 격려했다. 위고는 긴 장편의 시를 써서 어머니에게 보였다. 어머니는 병석에서 그 시를 읽고 기뻐했다. "하룻밤 동안에 이렇게 훌륭한 시를 썼느냐"고 아들을 칭찬했다.

어머니의 격려에서 쓴 위고의 시는 심사결과 최우등으로 입선하여 위고의 이름은 널리 영국에까지 알려지게 되었다. 후에 위고는 19세기 최대의 프랑스낭만시인이 되었다.

어린 아들의 숨은 소질을 일찍부터 발견하여 그것을 개발하고 육성하고 격려하여 마침내 대시인(大詩人)이 되게 한 위고의 어머니는 현모(賢母)의 한 전형이라고 하겠다. "여성은 약하다, 그러나 모성은 강하다"고 위고가 갈파한 것은 결코 우연한 일이 아니다.

(6) 케네디의 어머니

가난한 농부의 케네디가는 아일랜드에서 대서양을 건너 미국 보스턴에 1840년 이민했다. 그들은 용감하고 자주독립정신이 강했다. 큰 부자가 되어 사회적 명성을 얻고 정치에 나섰다. 미국 대통령이 되는 것이 케네디가의 꿈이었다. 케네디는 드디어 그 꿈을 실현했다.

그는 피살되기 전 날 "이상이 없는 국민은 망한다"고 연설했다. 케네디는 미국 국민에게 이상의 횃불을 높이 들었다. 지금도 알링턴 국립묘지에 케네디 묘소에는 영원한 불꽃(eterning burn)이 꺼지지 않고 있다. 미국 국민에게 성실과 용기와 총명과 헌신의 네 가지 정신을 강조했다.

케네디가의 정신적 기둥은 어머니 로즈 여사였다.

어머니는 강하다고 한 그 대표적인 전형이 로즈 여사다. 높은 교양과 강한 정신력을 지닌 로즈 여사는 현모양처의 본보기였다. 주영대사요 정치가인 남편에게 일생 동안 한번도 잔소리를 해 본 적이 없다는 것이다. 로즈 여사는 자녀교육에 정력을 다했다. 여성의 보람은 훌륭한 자녀를 길러서 세상에 유익한 인재를 사회에 내보내는 데 있다는 것이 그녀의 신념이었다. 로즈 여사는 4남 5녀의 어머니요 27명의 손자를 거느리는 할머니였다. "나는 결코 쓰러지지 않을 것이다. 내가 쓰러진다는 것은 곧 케네디 일가의 정신이 무너진다는 것을 의미한다"고 했다. 로즈 여사는 강한 어머니의 모습을 보여 주었다.

(7) 워싱턴의 어머니

높은 지위와 권력을 가지고도 겸손의 덕을 지니는 사람은 현명하다. 우리는 그 전형적 인물로 워싱턴을 꼽는다. 국민들은 워싱턴에게 3선을 권했으나 3선은 미국민주주의의 발전에 장애가 된다고 사양했다. 여기에는 검소하고 부지런한 어머니 메리블 여사가 있었다. 워싱턴의 어머니는 마운트 버논이라는 시골에서 검소하고 조촐하게 생활했다. 대통령관저로 모시려 했으나 고향집을 떠나지 않았다. 워싱턴은 어머니를 보기 위해 마운트 버논을 찾았다.

수행원들은 너무나도 검소한 모습에 놀랐다. 손수 차를 끓여 수행원들에게 대접했다. 워싱턴이 생활비를 많이 보낼테니 하인을 들이고 사시길 권했다. "아니다. 내게는 이 생활이 제일 좋다. 아들이 대통령이라고 아직도 내가 일할 수 있는데 그냥 놀고 지내야 되나. 나는 일할 수 있을 때까지 일하겠다"고 말했다. 워싱턴의 어머니는 참으로 검소하고 근면의 덕을 지닌 분이셨다.

아버지의 기도와 어머니의 유언

이 세상 모든 부모의 소망은 자기 자녀들이 잘 자라서 훌륭한 사람이 되는 것이다. 하지만 왜, 같은 소망에도 불구하고 결과는 각각 다른 것일까?

부모가 되기 위한 공부가 없이 부모가 되어서가 아닐까? 그리고 부모가 되어서도 부모 공부를 하지 않기 때문이 아닐까? 라고 필자는 생각해 본다.

필자도 역시 결혼은 했고 딸 셋과 아들 하나를 가진 부모다. 정신 없이 사는 일에 바빴을 뿐 부모공부를 해 본 적은 없다.

오직 사랑이라는 이름과 잘 먹이면 될 것으로 알고 열심히 키웠다. 그리고 아프거나 급박한 경우도 기도하는 것만이 최선이라고 생각했다. 그런 의미에서 모든 부모들에게 '맥아더 장군의 기도'와 '오드리 햅번이 딸에게 남긴 유언'을 소개하고자 한다.

맥아더 장군의 기도

내게 이런 자녀를 주옵소서.

약할 때에 자기를 돌볼 줄 아는 여유와 두려울 때에 자신을 잃지 않는 대담성을 가지고 정직한 패배를 부끄러워 하지 않고 태연하게 승리에 겸손하고 온유한 자녀를 내게 주옵소서.

생각할 때에 고집하지 않게 하시고 주를 알고 자신을 아는 것이 지식의 기초임을 아는 자녀를 내게 허락하옵소서.

원하옵나니 그를 평탄하고 안이한 길로 인도하지 마옵시고 고난과 도전에 직면하여 분투 항거할 줄 알도록 인도하여 주옵소서.

그리하여 폭풍우 속에선 용감히 싸울 줄 알고 패자를 관용할 줄 알도록 가르쳐 주옵소서.

그 마음이 깨끗한 그 목표가 높은 자녀를, 남을 정복하려고 하기 전에 먼저 자신을 다스릴 줄 아는 자녀를, 장래를 바라봄과 동시에 시난 날을 잊지 않는 자녀를 내게 주옵소서.

이런 것들을 허락하신 다음 이에 대하여 내 아들에게 유머를 알게 하시고 생을 엄숙하게 살아감과 동시에 생을 즐길 줄 알게 하옵소서, 자기 자신에 지나치게 집착하지 말게 하시고 겸허한 마음을 갖게 하시사 참된 위대성은 소박함에 있음을 알게 하시고 참된 지혜는 열린 마음에 있으며 참된 힘은 온유함에 있음을 명심하게 하옵소서.

오드리 햅번이 딸에게 남긴 유언

아름다운 입술을 갖고 싶으면, 친절한 말을 하라.

사랑스런 눈을 갖고 싶으면, 사람들에게서 좋은 점을 보아라.

날씬한 몸매를 갖고 싶으면, 너의 음식을 배고픈 사람과 나눠라.

아름다운 머리카락을 갖고 싶으면, 하루에 한번 어린이가 손가락으로 너의 머리를 쓰다듬게 하라.

아름다운 자세를 갖고 싶으면, 너 혼자 걷고 있지 않음을 명심하여 걸어라.

사람들은 상처로부터 치유되어야 하며 낡은 것으로부터 새로워져야 하고 병으로부터 회복되어야 하고 무지함으로부터 교화되어야 하며 고통으로부터 구원받고 또 구원받아야 한다.

결코 누구도 버려서는 안 된다.
기억하라.
만약 도움을 주는 손이 필요하다면 너의 팔 끝에 있는 손을 이용하면 된다.
더 나이가 들면 손이 두 개라는 것을 발견하게 될 것이다.
한 손은 너 자신을 돕는 손이고 다른 한 손은 다른 사람을 돕는 손이다.

– 이강옥, 「사랑방 신문」 컬럼, 2004. 7. 13. –

어머니, 아버지라는 이름으로

5월이 왔다. 내가 어렸을 때는 어머니날만 있었다. 언제부턴가 어버이날이 만들어졌다. 이제 회갑을 바라보는 부모가 되었고 할아버지가 되고 보니 부모의 존재에 대해 새삼스러운 생각이 든다. 이 시대를 살아가는 부모들에게 부모의 존재에 대해 다같이 생각해 보는 시간을 갖고 싶은 마음에서 다음 글을 노래한다.

스물 하나, 당신은 고개를 두 개 넘어 얼굴도 본 적 없는 김씨 댁의 큰아들에게 시집을 왔습니다. 스물여섯, 시집 온 지 오년만에 자식을 낳았습니다. 당신은 그제서야 시댁 어른들한테 며느리 대접을 받았습니다. 서른 둘, 자식이 밤늦게 급체를 앓았습니다. 당신은 자식을 업고 읍내 병원까지 밤길 이십리를 달렸습니다. 마흔, 그 해 겨울은 유난히 추웠습니다. 당신은 자식이 학교에서 돌아올 무렵이면 자식의 외투를 입고 동구 밖으로 나갔습니다. 그리고 자식에게 당신의 체온으로 덥혀진 외투를 입혀주었습니다. 쉰 둘, 자식이 결혼할 여자라고 집으로 데려왔습니다. 당신은 분칠한 얼굴이 싫었지만 자식이 좋다니까 당신도 좋다고 하셨습니다. 예순, 환갑이라고 자식이 모처럼 돈을 보냈습니다. 당신은 그 돈으로 자식의 보약을 지었습니다. 예순 다섯, 자식 내외가 바쁘다고 명절에 고향에 못 내려온다고 했습니다. 당신은 동네 사람들에게 아들이 바빠서 아침 일찍 올라갔다며 당신 평생 처음으로 거짓말을 하셨습니다.

오직 하나 자식 잘 되기만을 바라며 살아온 한 평생, 하지만 이제는 깊게 주름진 얼굴로 남으신 당신. 우리는 당신을 어머니라 부릅니다.

스물 아홉, 열 네 시간을 기다려서야 자식의 울음소리를 들을 수 있었습니다. 당신은 신을 믿지 않았지만 당신도 모르게 기도를 올렸습니다. 서른 일곱, 자식이 초등학교를 들어가 우등상을 탔습니다. 당신은 액자를 만들어 가장 잘 보이는 곳에 걸어 두었습니다. 마흔 셋, 일요일 아침 모처럼 자식과 뒷산 약수터로 올라갔습니다. 이웃사람들이 자식이 아버지를 닮았다며 인사를 건넸습니다. 당신은 괜히 기분이 좋아졌습니다. 마흔 여덟, 자식이 대학입학시험을 보러 갔습니다. 당신은 평소와 다름없이 출근했지만, 하루 종일 일이 손에 잡히지 않았습니다. 쉰 셋, 자식이 첫 월급을 타서 내의를 사왔습니다. 당신은 쓸데없이 돈을 쓴다고 나무랐지만 밤이 늦도록 내의를 입어보고 또 입어 봤습니다. 예순 하나, 딸이 시집을 가는 날이었습니다. 딸은 도둑 같은 사위 얼굴을 쳐다보며 함박웃음을 피웠습니다. 당신은 나이 들고서 처음으로 눈시울이 붉어졌습니다.

오직 하나 자식 잘 되기만을 바라며 살아온 한 평생, 하지만 이제는 희끗희끗한 머리로 남으신 당신. 우리는 당신을 아버지라 부릅니다.

누구든지 부모가 되는 것을 생각해 보는 것은 가장 인간다워지는 모습이다.

– 이강옥, 「사랑방 신문」 컬럼, 2003. 5. 6 –

사례

"믿어주니 제 앞가림하데요"

잘 놀고 공부도 잘하는 아이, 부모라면 누구나 자녀가 이렇게 자라기를 바라지 않을까.

대학 새내기 서성아(19) 씨. 강의가 비면 전자오락실을 찾곤 한다. DDR을 하기 위해서다. 음악에 맞춰 춤추는 모습을 보고 있으면 감탄이 절로 나온다. 꽤나 춘 솜씨다. 지난 1월에는 친구와 팀을 이뤄 한국방송공사 〈강력추천 고교챔프〉에 출연해 솜씨를 보여줬다. DDR 대회에 출연해 상도 탔다. 그래서 친구들 사이에는 'DDR 여왕'으로 통한다.

"공부와 담을 쌓았거니"하고 지레 짐작하면 오산이다. 이번에 서울대 경영대에 특차로 들어갔다.

경영학 공부를 열심히 해 회계사가 되거나, 애니메이션 마케팅 분야에서 일하겠다는 꿈을 품고 있다.

딸을 이렇게 '잘 키운' 비결이라도 있는 걸까?

어머니 김승희(58) 씨는 "다른 부모와 별다른 차이가 있겠느냐"고 했다. 정아는 1남 2녀의 막내다. 오빠가 올해 30살이고, 언니가 28살이니 늦둥이인 셈이다. 김씨는 "두 아이를 키워보니 부모가 억지로 하라고 한다고 아이들이 그렇게 되지 않는다는 사실을 알게 됐다. 정아한테는 하고 싶은 것을 하게 하는 대신 책임을 지게 했다"고 말한다.

먼저 아이의 성격을 파악하라

정아가 중학교 때였다. 외국어고로 진학하고 싶어했다. 학교에 가 상담을 하자 외국어고에 가기 위해서는 학원에서 과외를 받아야 한다고 했다. 이 얘기를 정아한테 전했다. 그러자 "학원 가라면 학교를 안 가겠다"고 말했다. 그 뒤로 김씨는 학원 얘기를 꺼내지 않았다.

이렇게 한 것은 정아의 성격 때문이었다. 김씨가 보기에 정아는 억지로 하는 것을 무엇보다 싫어했다. 중학교 때 학교에서 보충수업을 실시하자 "하기 싫다"며 신청하지 않았다. 대신 스스로 할 일은 했다. 방학 때 노는 데 정신이 팔려 있다고 걱정할 정도가 되면 곧 공부하는 모습을 보여줬다. “억지로 하는 것을 싫어하는 아이한테 강제로 하라고 하면 오히려 부작용만 나잖아요. 정아의 성격이 그랬습니다. 그래서 하고 싶은 것을 하게 놓아뒀죠.”

하지만 김씨는 단서를 단다. 모든 아이가 똑같지 않다는 것이다. “어떤 아이는 부모가 일일이 챙겨줘야 잘 하고, 어떤 아이는 억지로 시키면 반발해 오히려 튀기도 하죠. 아이의 성격을 파악해 맞는 방식으로 교육을 시키는 게 가장 중요한 것 같아요.”

너도 엄마의 요구를 들어야 한다

김씨는 정아가 하고 싶어하는 일은 할 수 있도록 했지만 그렇다고 무조건 하게 내버려두지는 않았다.

어떤 일을 하고 싶다고 해도 적정한 선을 넘지 않겠다는 약속을 한 뒤 그 일을 하게 했다. 고교 1학년 때였다. 춤에 빠져 춤 동아리를 만들어 친구들과 춤 연습을 정신 없이 했다. 말리고 싶은 마음이 굴뚝같았지만 말려도 하고 싶은 일은 할 것이라고 생각해 허락했다. 대신 다짐을 받아냈다. 딸한테 “엄마도 다른 사람과 다르지 않다. 성적이 떨어지면 어쩔 수 없이 잔소리를 할 수밖에 없다. 성적을 유지하면 간섭을 하지 않겠다”고 했다.

이런 일도 있었다. 수능시험을 치고 난 뒤 딸이 머리를 파란색으로 물들이고 싶다고 했다. 김씨는 이를 허락했다. 단, 전제를 달았다. “아버지가 보기 싫어하고, 동네 어른들이 눈살을 찌푸릴 게 뻔하니 집에 있을 때나 드나들 때 모자를 써라. 그리고 보름 동안만 하고 색을 빼라. 그러면 허락하겠다.”

“정아는 제 요구를 들어주고 저는 정아의 요구를 들어줬어요. 그렇게 해가니 딸은 항상 제자리를 벗어나지 않더군요.” 김씨의 말이다.

친구와 나눌 줄 알아야 한다

정아는 조숙했다. 4살 때부터 글을 익히고 초등학교 때에는 어려운 역사책을 끼고 읽었다. 막내라 집안 어른들의 귀여움을 받았다. 이런 정아를 보고 박씨는 “혹시나 자기만 아는 아이로 클까” 걱정했다. “이기적으로 자랄까 염려했지요. 모나게 행동해 친구들한테 따돌림을 받을까 항상 신경을 썼습니다.”그래서 기회가 날 때마다 귀에 못이 박이도록 “너무 아는 척하지 말고 잘난 척하지 말라”고 말했다.

이런 가르침은 어느 정도 효과를 거뒀다. 수능시험이 보름도 남지 않았을 때였다. 정아가 친구의 전화를 받더니 한 시간도 넘게 통화를 했다. 전화를 끝낸 딸한테 “수능을 코앞에 둔 아이가 무슨 전화를 그렇게 길게 하느냐”고 물으니, “친구가 수능 때문에 고민하는데 어떻게 나 몰라라 하느냐”고 대답했다. 이 말을 듣고 “그래도 정아가 나눌 줄을 아는 구나”하고 생각했다.

“저는 늙은 세대라 그런지 몰라도, 요즘 젊은 엄마들은 아이들한테 너무 많은 요구를 하는 것 같아요. 서너군데 학원 다니는 것은 보통이잖아요. 다른 엄마들이 다 그렇게 하니 안 하면 불안하겠죠. 하지만 아이들은 부모들이 하라고 해서 하는 것보다 스스로 하고 싶어 할 때 더욱 좋은 결과를 내는 법이지요.”

정아는 고등학교 때 공부만 하는 모범생을 일컫는 ‘범생이’에 끼지 않았다. 야자(야간 자율학습)시간을 ‘제끼는’ 일도 많았다. 그는 “교실에서 놀면 공부하는 친구들한테 방해가 되기 때문에 야자시간을 제끼고 밖으로 나가 놀았다”며 “규율을 깨는 스릴도 재미있었다”고 말한다. 학교에서 이렇게 논 탓에 고교 1학년 때 춤에 빠져 주도적으로 만든 춤동아리 친구들은 "너 보기보다 성적 좋다"며 놀리기도 했다.

정아는 주로 춤을 추며 놀았다. 춤동아리에서 활동하며 축제 때 발표할 춤을 연습하기 위해 밤늦도록 마룻바닥에서 땀을 흘렸다. "친구와 함께 춤을 추는 게 좋았어요. 그때는 아무 생각을 안 해도 됐거든요." 어쩌면 춤은 꽉 막힌 학교생활의 탈출구였는지도 모른다.

그런 정아였기에 지난해 8월 오락실에서 DDR을 처음 발견하고는 정신없이 빠져들었다. "어려운 춤동작을 스스로 개발해 DDR에서 나오는 음악에 맞춰 한 곡씩 정복할 때마다 기분이 너무 좋았어요." 어머니한테는 비밀에 부쳤지만 지난해 10월 기말고사 때에는 시험을 치고 나면 오락실로 달려가 DDR을 꼬박 3시간씩 한 뒤 집에 들어가기도 했다.

그렇다고 공부를 밀어놓지 않았다. 좋은 성적은 하고 싶은 일을 할 수 있도록 어른들한테 허락을 얻어내는 데 필요한 무엇보다 효율적인 무기였다. "성적이 아이를 판단하는 모든 기준이 되는 게 무엇보다 싫었어요. 그렇지만 정말 하고 싶은 일을 하기 위해서는 성적이 뒷받침이 돼야 해요." 그가 공부하는 방법은 상당히 효과적이다. 먼저 그날 할 공부의 분량을 정한다. 그리고 반드시 그 분량을 한 뒤 춤을 추든지 하고 싶은 일을 한다. 물론 공부를 해야 한다고 생각한 데는 부모의 영향이 컸다. "세무사로 일하는 아버지는 50이 넘은 나이에 대학원에 들어가 공부를 하고 박사학위를 받더군요. 또 어머니도 항상 문화센터 등에서 열리는 강좌를 들으러 가고요. 공부하는 모습을 보여주신 셈이죠."

고교 때를 돌이켜 보면 가능한 한 모든 일을 스스로 판단하도록 맡겨준 어머니가 새삼 고맙다고 했다. 그는 "어머니는 무슨 일을 하려고 할 때 너무나 어긋난 길이 아니면 내가 판단하도록 해줬다"며 "그런 탓에 어머니와 약속한 일을 어기면 나 스스로 배신이라고 생각했다"고 한다.

"부모님들이 아이들을 믿어줬으면 좋겠어요. 아무 생각 없이 사는 것처럼 보이는 아이들도 나름대로 생각이 있어요. 부모님들이 먼저 아이의 생각을 이해해 주는데, 어떤 아이가 배신하는 행동을 하겠어요." 정아는 모든 부모한테 이런 말을 하고 싶다고 했다.

토 | 의 | 과 | 제

1. 이 글을 읽고 당신의 기분은 어떤가?
2. 나는 내가 하고 싶은 것을 위해 본연의 역할에 충실하려고 최선을 다하였는가?
3. 우리 엄마는 왜 믿어주지 않는가?

부모 리더십 스타일

생명은 둘이 하나가 된다. 식물도 암꽃과 수꽃이 생명을 만들어 낸다. 부모라는 존재도 둘이 하나인 자식을 있게 한다. 그러나 부모라는 존재는 생명을 있게 하는 것 이상의 관계를 갖는다. 동물보다 사람은 훨씬 긴 세월 동안 보호를 받아야만 살아간다. 동물들은 사는 방법을 가르치고 독립시키면 그만이다. 까마귀만 100일 동안 어미를 봉양하고 떠난다고 한다. 그런데 부모는 죽을 때까지 상호의 존성을 갖는다. 특히 한국의 부모 자식간이 더욱 그러하다.

어떤 사람은 법을 고쳐야 한다고도 하고, 제도를 고쳐야 한다고도 한다. 그러나 한국의 부모들이 먼저 의식을 고쳐야 한다고 본다. 서양 선진국들은 고등학교까지는 우리나라 부모 못지 않게 돌보아준다. 우리나라 부모들은 상상할 수 없을 만큼 자녀들의 뜻을 따른다. 그러나 고등학교를 졸업하면 독립적인 관계가 성립된다. 스스로 판단하고 결정하도록 한다.

우리나라 부모와 자녀들의 관계는 어떤가? 사춘기 전까지는 부모들이 이래라 저래라 하면서 부모 8 : 자식 2의 균형을 갖는다. 사춘기가 지나고 대학 입시준비에 들어가면 부모 2 : 자식 8의 균형으로 바뀐다. 자녀들이 "알았다니까요"하는 것이 부모 입장에서 싫듯이 "이래라 저래라"하는 것 또한 자녀들에게도 마찬가지로 싫은 것이다.

자! 세상이 바뀌었다고 한탄하지만 말고 부모와 자녀가 좋은 관계를 위해서 부모 리더십 스타일을 생각해 보기로 한다. 종이와 연필을 준비하시기 바란다. 먼저 정사각형을 그리고 그 안에 십자가를 그어준다. 네 개의 칸이 생기면 가장 왼쪽 위칸에 허용적 부모, 오른쪽 위칸에 자애로우면서 엄격한 부모, 우측 아래 칸에 엄격한 부모, 왼쪽 아래 칸에 허용적이지도 엄격하지도 않은 부모라고 쓴다. 여러분은 어떤 유형에 속하는가? 요즘 부모들의 가장 많은 리더십 유형은 허용적인 부모일 것이다. 하나만 낳기가 대부분이고 내 자식이니 어쩔 수 없다는 체념으로 부모가 죄인이지 하는 깊은 뜻이 있을 수 있지만 너무 버릇없거나 사회성이 없는 아이들이 많아지고 있다는 지적이다. 과거에는 엄격한 스타일(권위주의)들이 많아서 문제가 있었다. 현재 가장 문제가 되는 부모 리더십 스타일은 허용적이지도 엄격하지도 않은 부모이다. 즉, 부모의 기분에 따라서 왔다 갔다 하는 경우이다. 그래서 아이들이 눈치를 보게 된다.

그럼 누구나 희망하는 자애로우면서도 엄격한 부모는 어떤 부모인가? 자애로움이란 자녀들이 사랑받고 있다고 느끼는 것이다. 사랑한다는 말이 중요한 것이 아니라 눈높이를 맞출 줄 알며 실제로 무엇이 필요한가를 아는 것이다. 그러면서도 자녀들의 말에 경청(傾聽)하고 감정까지도 알아 들어주는 부모의 경우이다. 그러면서도 엄격한 부모가 되어야 한다. 즉, 부모자신이 원칙을 지키고 모범이 되어야 하며 일관성 있는 태도로 지도해야 한다는 것이다.

여러분은 어떤 부모로 기억되길 원하는가?

– 이강옥, 「사랑방 신문」 컬럼, 2004. 6. 15. –

3. 부부

1) 결혼(結婚)

(1) 결혼의 의미

하느님께서 당신의 모습대로 사람을 지어 내셨다. 남자와 여자로 지어 내시고, 그들에게 복을 내려주시며 말씀하셨다. 자식을 낳고 번성하여 온 땅에 퍼져서 땅을 정복하여라(창세기 1:26~28).

하느님께서 아담을 깊이 잠들게 하신 다음 아담의 갈빗대를 하나 뽑고 그 자리를 살로 메우시고는 그 갈빗대로 여자를 만드신 다음, 아담에게 데려오시자 아담은 이렇게 외쳤다.

드디어 나타났구나!
"내 뼈에서 나온 뼈요,
내 살에서 나온 살이구나.
지아비에게서 나왔으니
지어미라고 부르리라!"

이리하여 남자는 어버이를 떠나 아내와 어울려 한 몸이 되게 되었다(창세기 2:21~25).

동양의 전통혼례식은 신부 댁에서 치른다. 그래서 결혼(結婚)의 혼(婚)자는 여자(女)+씨(氏)+날(日)이다. 즉, 여자 댁의 날인 것이다. 성서에도 남자는 어버이를 떠나 아내와 어울려 한 몸이 되었다고 하듯이 전통혼례는 신부 댁에서 치르고 한 몸이 된 후에 신랑집으로 오게 되어 있다. 결혼은 성서에 따르면 둘이 하나가 되는 관계이다. 그래서 결혼은 완전한 하나가 되는 의식이다. 사회적으로 말하면 인간관계로서 사람은 태어나서 부모에게 의존적 관계에서 자라나 독립적인 생활을 하다가 결혼을 통해 상호 의존적 관계를 이룬다. 법적으로는 계약관계이다. 사회적이든 법적이든 결혼은 책임이 따르게 된다. 혼인서약을 새겨보자.

혼인서약

나 ○○○는 당신을 아내로 맞아들여 즐거울 때나 괴로울 때나 성하거나 병들거나 일생 사랑하고 존경하며 신의를 지키기로 약속합니다.

나 ○○○는 당신을 남편으로 맞아들여 즐거울 때나 괴로울 때나 성하거나 병들거나 일생 사랑하고 존경하며 신의를 지키기로 약속합니다.

결혼의 의미야 아무리 강조해도 지나침이 없겠지만, 나는 결혼은 선택이라는 것을 강조한다. 내가 선택했기 때문에 소중하고 사랑해야 한다. 그러나 선택했기 때문보다는 선택을 사랑해야 한다. 그러면 결국 내가 선택했기 때문에 나를 사랑하는 것이 된다.

사람은 태어나서 수많은 선택(의사결정)을 하며 살아간다. 일생에 가장 큰 선택은 결혼이다. 결혼한 사람이 "내가 이제까지 해낸 가장 멋진 일이 결혼"이라고 할 수 있다면 행복한 사람이지 않겠는가.

지난 번 TV프로그램에서 상대방이 행동을 하면 단어를 알아맞히기 게임을 하는데 어느 노부부가 출연하여 할아버지가 할머니에게 '천생연분'이라는 단어를 유도하기 위해 "나와 당신 사이!"라고 하였더니 할머니는"아 알았다. 웬수(원수)"라 해서 할아버지가 "아니. 네 글자!" 했더니 "응00104평생원수"라고 대답하는 장면을 보았다. 어쩌면 이런 일이… 결혼은 생각에 따라서는 구속 · 감옥으로 볼 수도 있다. 상대방이 하고 싶은데 사랑한다고 보호해 준다는 이유로 하지 못하게 하는 관계로 비춰질 수 있다. 그래서 자유를 구속받는 것 같은 느낌을 가질 수 있다. 이에 반해 결혼은 서로를 보호해 주고 도와주며 창조적인 관계로 볼 수도 있다. 그래서 결혼의 의무는 두 배로 늘어나고 권리는 반으로 줄어든다는 주장도 있다.

키에르 케고르는 「이것이냐 저것이냐」에서 "결혼하라. 그러면 후회할 것이다. 결혼하지 말라. 그래도 후회할 것이다"라고 하였고 그래서 어떤 철학자는 그럴 바에야 결혼하고 후회하는 것이 더 낫다고 하였다.

이러한 결혼의 양면성에 대해 몽테뉴는 "결혼은 새장과 같아서 새장 밖에 있는 새는 안으로 들어가고 싶어하고, 새장 안에 있는 새는 날아가고 싶어한다"고 지적했다.

그래서 "결혼은 여자는 20년 징역이고 남자는 집행유예"라는 말도 있다. 영화 「이보다 더 좋을 수는 없다」에서 여자주인공 헬린 헌터가 남자주인공 잭 니콜슨에게 "나를 칭찬하는 말을 해 달라"고 하자 "당신과의 만남이 나를 더 좋은 남자로 만들었다"고 했다. 이 칭찬(말)을 들은 헌터는 "내 생애의 최고의 칭찬"이었다며 감격의 눈물을 흐르는 장면이 생각난다. 이러한 만남이 창조적이고 행복한 결혼이다.

동반자

당신은 나의 동반자
영원한 나의 동반자
내생에 최고의 선물
당신과 만남이었어
잘 살고 못 사는 건 타고난 팔자지만
당신만을 사랑해요
영원한 나의 동반자

결혼생활에서 가장 중요한 것은 믿음(信) · 희망(望) · 사랑(愛)이다. 성경에서는 그 중에 제일은 사랑이라고 했다.

그러나 나는 개인적으로 믿음(信)이라고 생각한다. 사랑은 식었다가 다시 뜨거워지면 더 좋을 수도 있다. 마치 대장쟁이가 쇠를 달구듯이 여러 번 식혔다 달궜다 해서 두드리면 강한 쇠가 된다. 그러나 믿음은 한번 떨어지면 다시 올리기는 어렵다. 하찮은 돈 때문에 은행 신용불량자로 한번 찍히면 쉽게 풀 수가 없다. 그런데 인간관계의 신용불량자는 어떻겠는가. 더군다나 부부간의 신용(믿음)은 깨졌다가 맞추어서는 안 된다. 깨지지 않도록 잘 보존해야 한다. 믿음(信)은 글자 그대로 사람(人)의 말(言)에서부터 시작한다. 말에 의한 신용이 첫째이다.

사랑이 있고 믿음이 있다고 해도 세상을 살아가기 위해서는 희망(소망)이 있어야 한다. 그리고 이 희망은 부부가 공유(共有)해야 한다. 희망만 잃지 않으면 현실의 어려움은 이겨내게 되어 있다. 비가 오는 날은 태양이 보이지 않지만 저 구름 속에 태양이 엄연히 비추고 있듯이 희망만 있으면 극복할 수 있다.

요즘 우리나라에서는 이혼율이 많이 높아졌다. 세간에서 사람들은 경제적인 이유 때문에 이혼한다고 한다. 좀 이해가 되지 않는다. 저 사람 따라 살아보았자 희망이 보이지 않기 때문에 현실의 경제적 어려움이 구실이 되는 것이다. 서로에게 믿음을 주고 사랑하고 희망을 나누자.

(2) 결혼의 조건

결혼은 어떤 의사결정(선택)보다 신중해야 한다. 에릭 프롬이 "바다에 나갈 때는 한 번 기도하고 전쟁에 나갈 때는 두 번 기도하고 결혼하기 전에는 세 번 기도하라"고 한 교훈을 새겨본다.

결혼의 조건, 사랑의 조건이 있을까? 있다면 있겠지만 조건을 걸고 사랑해서 행복할 수 있을까? 만일 그 조건이 사라지면 사랑하지 않아야 하는가? 결혼의 조건도 마찬가지이다. 결혼은 사랑보다는 실체가 있으니 조건이 붙을 수 있고 있어도 될 것 같다고 본다. 어쨌든 조건이란 조건일 뿐 영원하지는 못한다. 조건은 변화하기 때문이다. 그럼 무조건이 좋은가? 그렇지는 않다고 본다. 사랑은 정신적만으로도 가능하지만 결혼은 현실이다. 두 사람이 부모를 떠나 한 몸이 된다고 하지만 완전히 떠날 수 없는 것이 현실이다.

결혼에 꼭 조건이 있어야 한다고 하면 조건으로 해결해야 한다. 결혼의 조건이 있던 없던 결혼은 진실해야 한다. 아니 솔직해야 한다. 평생을 같이 해야 하기 때문에 거짓이 없어야 한다. 그래서 다음과 같은 내용에 대해 진솔한 대화로 정리되어야 한다. 먼저 부모에 대한 문제이다. 아직도 장남은 결혼조건에서 차차차순위이다. 이는 부모문제 때문이다. 그것도 홀어머니 독자 아들 이 정도면 좀 심각하다. 말로써 다 해결할 수 없는 일이지만 진솔하고 충분한 대화가 있어야 한다.

다음은 2세에 대해서이다. 어떤 여성은 내 인생이 중요해서 아이를 낳지 않는다는 등, 하나만 낳겠다는 등등 한다. 한국이 저 출산율 메달순위에 올랐다. 자식을 낳아 잘 길러서 사회에 봉사하게 하는 것이 부모의 인생이지 않을까! 자녀보다 더 소중한 신의 선물은 없다. 또 다음은 삶의 목표에 대한 충분한 대화가 있어야 한다. 이것도 목표를 세웠다고 해서 그대로 되는 것은 아니다. 비행기가 목적지까지 가는데 실제로는 90%까지 궤도이탈을 한다고 한다. 그러나 목표가 분명하기 때문에 목적지에 도착한다. 인생에서도 조금 궤도이탈되었다고 죽을 것처럼 고민하고 한탄해서는 안 된다. 또 다음은 혼수, 경제적인 면에 대해서도 진솔해야 한다. 체면 때문에 암묵적 대가로 어물거리다가 섭섭하다고 다투고 이혼하는 경우도 본다. 그래서 에릭 프롬이 결혼을 하기 전에는 세 번 기도하라고 했나 보다. 결혼이 이렇게 어렵냐고 당혹해 할지 모른다. 그렇지만 솔직하고 충분한 대화로 해결될 수 있는 것들이다.

나는 무조건이었다. 그래서 사실 고생을 많이 했다. 우리 부부는 대학 1학년에 캠퍼스에서 만나 그 해 겨울방학에 결혼했다. 26살 나이도 같고 같은 학년이었다. 학과만 다를 뿐 두 사람 모두 자취하고 있었다. 자취살림을 합치면 될 것 같은 생각이었다. 조건이 없었다. 우리 집사람이 나를 처음 보고 하얀 캔버스라고 생각했다. 그래서 거기에 그림을 그리면 멋있는 그림을 그릴 수 있을 것 같아 좋아하게 되었다. 우리 부모님께서 나더러 좀 야무지지 못하다고 늘 걱정을 하셨다. 그런데 나의 집사람은 아주 똑똑한 데가 있었다. 그래서 참 잘 되었다고 생각이 들었고 같은 신앙 속에서 대화가 통해서 좋았다. 이것이 우리들의 결혼이 있게 된 것이다. 그런데 사실 나는 그렇게 하얀 캔버스가 아니였다. 고집도 세고 이미 밑그림이 그려진 캔버스였다. 우리 집사람은 다시 그릴려 하니 힘이 들었다. 경제적으로는 말없이 어려움을 겪어야 했다. 학비에 생활비에 그보다 더한 것은 2학년 겨울방학 12월 14일 큰딸을 낳았다. 그때는 짤순이도 없어서 연탄불에 기저귀를 삶아서 내가 빨아 가지고 큰손으로 짤순이 역할을 했다. 그래도 우린 같이 졸업을 했다. 집사람이 먼저 교사가 되어 경제적인 도움이 되었다. 직장에 다닐라, 아기 키울라, 살림할라 고생이 많았다. 하얀 캔버스인 줄 착각한 것이 고생을 산 것이다. 나는 그래서 지금까지 내가 옷을 다려 입는다. 오히려 내가 가족들 옷을 다려 주곤 했다. 3녀 1남 막둥이가 대학을 졸업하고, 석사과정에 입학해서 조교 생활을 거쳐 2011년 8월 문학박사학위를 받는다. 우리는 조건을 내세웠으면 만날 수 없었을 것이다.

결혼에 전제조건이 있다면. 첫째, '사랑' 이어야 한다. 어떤 사람을 만나서 좋아하고 사랑해서 결혼한다면 가장 행복한 인생이 될 것이다. 사랑이 너무 부담되면

필(Feel)은 통해야 한다. 같이 하면 좋을 것 같은 행복할 것 같은 필은 있어야 한다. 이것도 없이 어떤 조건들(권력이나 부) 때문에 결혼하는 것은 권력이 없어지고 부(富)가 없어지면 어떻겠는가? 둘째는 인격적 존중이다. 재산은 없어질 수 있어도 인격은 영구적으로 남는다. 셋째는 신뢰다. 있는 그대로 신뢰해야 한다. 꾸밈은 드러나기 마련이다. 넷째는 조화(어울림)이다. 앞에서 말한 필(Feel)과 유사하지만 서로가 서로에게 어울림이 있어야 한다. 어떤 부부는 참 잘 어울리는데 어떤 부부는 전혀 어울림이 없어 보이면 좀 어색해 보인다. 남들이 그렇게 느낄 때 본인들은 어떨까.

어쨌든 이러한 모든 것이 노력으로 가능하다는 것이다. 무엇보다 소유하려 하지 않고, 기쁨도 슬픔도 나누고, 둘만의 시간을 가능한 한 많이 만들어 진솔하게 대화하고, 칭찬을 아끼지 말고 격려해 주는 노력만 있으면 어떤 조건도 무시될 수 있다.

2) 부부관계

가족은 두 남녀의 결합으로 시작되며, 가족관계는 부부관계로부터 출발함으로 부부관계는 가족의 핵심이다. 부부관계는 개인의 정서적 만족과 행복에 중요한 기반을 두고 있는데, 이러한 특징은 가족 생활의 유대를 강하게 하는 동시에 불안정성을 증대시킨다. 즉, 부부 상호간의 정서적 만족감에 문제가 있을 경우 심각한 갈등과 불화를 일으킬 수 있으며, 이는 이혼으로써 가족을 해체시킬 수도 있다. 이러한 결과는 부부 자신의 정신건강과 자아존중뿐만 아니라 자녀의 인성발달에도 부정적인 영향을 줄 수 있다. 부부가 친밀한 관계를 맺고 행복한 가족생활을 유지하기 위해서는 서로 이해의 폭과 영역을 넓히고 서로의 결점을 보완하려는 의식적인 노력이 필요하다. 부부의 사랑은 서로 약점까지도 사랑하는 것이다. 좋은 점만 찾아서 사랑한다면 장사꾼 사랑이라고 할 수밖에 없다. 부부는 혈통으로 보면 남남이고 촌수로는 무촌(無寸)이다. 멀고도 가까운 관계라는 뜻이다. 부부관계는 서로의 부단한 노력으로 이루어지는 관계이다.

부부관계가 원만하지 못한 사람들은 그 이유를 이상이 맞지 않기 때문이라고 한다. 물론 이상이 같으면 좋을 수도 있다. 그러나 같은 것끼리 합해 보았자 그 뿐이다. 왜냐하면 이상(理想)은 같은 것을 합한다고 두 배가 되지 않는다. 다른 가치들이 합하면 두 배 이상이 된다. 이것을 시너지효과라 한다. 부부관계는 시너지이다. 같은 남자와 남자가 아무리 만나서 함께 산다해도 아이를 낳지 못한다. 남자와 여자가 만나야 아이를 낳듯이 다른 것이 합하여 시너지를 낸다. 여기에는 다음과 같은 노력이 필요하다.[7]

(1) 인격적 적응노력

서로 다른 가정에서 자란 두 개인이 만족스러운 관계를 창출하기 위해서는 인격적 적응이 필요하다. 인격적 적응을 위해서는 각 개인의 성숙, 정서적 안정감, 원만한 성격, 감정의 교류, 시간의 경과 등이 필요하다. 부부간의 인격적 적응을 위해서는 첫째, 상대방의 인성과 행동 특성을 이해해야 한다. 상대방의 인성 일부만 보고 판단하지 말고, 그 면이 새로운 방향으로 발선할 수 있다는 변화의 가능성을 인식해야 한다. 인성의 구성 영역 중에서는 바뀔 수 없는 부분도 있지만 표현 양식이나 방법들은 학습에 의해 변화가 가능하다. 둘째, 서로의 인격이 끊임없이 발전되도록 한다. 사람은 누구나 부족한 점이 있기 마련이다. 부부는 경쟁의 대상이 아니며, 소유의 대상도 아니다. 단지 완선한 자아를 찾아가는 동행인이며, 성이 다른 두 사람이 타인들보다 더 길고 넓은 만남을 약속하고 인생을 살아가는 동반자이다. 셋째, 부부는 서로 다른 인격체가 결합되는 관계이다. 성인으로서 독립된 자아를 인정받고자 하는 욕구가 강함을 이해하고, 상대방의 자존심을 최대한 존중해 주어야 한다.

(2) 성적 적응능력

부부의 성생활은 결혼 생활의 전부는 아니지만 중요한 요소로서, 부부관계의 만족을 좌우하는 요인이다. 남성과 여성 모두에게 성적 욕망이 있으며 상호간에 만족을 갖기 위해서 부부쌍방이 노력해야 한다. 또한 성욕에 영향을 주는 것은 신체적 요인뿐 아니라 감정이나 인격적 요인도 포함한다. 부부간의 육체적 접촉은 두 남녀의 인격의 결합이다. 성 문화가 문란해지고 있다. 소돔과 고모라의 멸망과 로마의 멸망 앞에는 성 문화의 붕괴가 있었음을 깨우쳐야 한다.

---

7) 박이정, 인성론, 인성교육교재편찬위원회, 2004, pp.85~86.

(3) 경제적 적응노력

부부는 현명하고 합리적인 소비 계획을 수립하고 그 계획의 실현을 위해 노력해야 한다. 가정이란 나만의 생활 장소가 아님을 인식하고, 부부 공동의 욕망을 알아 현명하게 경제를 관리해야 한다. 부부의 기호, 선택, 욕망을 정확히 판단하고 수입의 유형을 조절하여 최소한의 비용으로 최대한의 만족을 얻을 수 있는 생활의 지혜가 필요하다. 소비성향이 다양화되면서 지출이 수입보다 많은 가계가 생기고 있다. 남편은 열심히 일하는데 아내가 신용불량자인 경우도 있고, 아내는 알뜰히 모으는데 남편이 신용불량자가 되는 경우도 있다.

(4) 사회 · 문화적 적응노력

사회 · 문화적 환경이 비슷한 경우의 결혼 가능성이 높기는 하지만, 양가의 관습이나 가풍들이 완전히 똑같을 수는 없다. 사회 · 문화적 적응을 위해서는 부부간의 충분한 대화, 공동의 화제 탐색, 공통의 취미 개발 등을 하려는 노력이 필요하다. 국제결혼이 많아지고 있다. 우리나라도 여성이 수적으로 적고 독신여성이 늘고 있어 외국여성과 결혼을 해야 할 시대가 도래되었다.

3) 행복한 부부생활을 위한 지침[8)]

첫째로, 서로 사랑하고 이를 적극적으로 표현하라.

특히 가족은 서로의 사랑을 먹고 산다고 한다. 모든 사람은 사랑받기 위해 태어났고, 또한 사랑하기 위해 태어났다고 한다. 이때 받는 것도 중요하지만, 주는 것은 더욱 중요하다. 행복한 사람들의 공통점 하나는 그들은 모두 사랑을 주는 길을 선택했다는 것이다. 흔히 사랑받지 못하기 때문에 상처를 입는다고들 하지만 실상은 사랑을 주지 못하기 때문인 경우가 많다. 마음껏 사랑하고 이를 표현할 기회가 없어 쓰디쓴 후회를 하게 될 날이 닥칠까 두렵다.

이 같은 두 가지 방향의 사랑, 즉 받거나 주는 사랑의 감정을 형식적으로가 아

8) 이한검, 인간관계 관리, 형설출판사, 2004, pp.320~328.

니라 적극적으로 표현해야 한다. 여기에 사랑을 표현하는 사람 중심으로 볼 때 최소한 적극적인 네 가지의 요령이 있다.

- 내가 먼저 표현한다. '나'를 위해서(그것은 되돌아오니까) 그리고 '우리'를 위해서
- 수시로 그리고 자주 표현한다(체면이 손상되지 않는 한).
- 표현의 장소는 '금연' 구역처럼 따로 없다(예의에 어긋나지 않는 한).
- 표현의 양식이 따로 없다(말로나 글 또는 행동으로).

둘째로, 상대를 다른 사람과 비교하지 말라.

당신의 남편 또는 아내를 다른 사람의 남편 또는 아내와 비교하는 일은 결코 미덕이 아니다. 그것은 결혼생활의 파괴에 이를 뿐이다. 당신의 남편과 아내는 비교의 대상이 될 수 없는 절대적인 존재이고 귀한 존재이다. 모든 사람은 각각 나름대로의 단점도 있지만 장점 또한 지니고 있다. 영국에는 "결혼하기 전에는 두 눈을 뜨고 결혼한 후에는 한 눈을 슬며시 감아라"는 속담이 있다. 두 눈을 바짝 뜨고 상대의 결함을 찾으려면 결함 없는 사람이 없기 때문이다. '연애'와 '결혼'의 차이점이 여기에도 있다.

비교하고 싶은 충동을 느끼면 다음과 같은 생각을 해 보라. 먼저 그 친구의 배우자의 단점과 당신 배우자의 장점을 비교해 보라. 다음은 당신의 단점과 당신 배우자의 장점을 비교해 보라. 그래도 또 비교하고 싶으면 배우자가 바로 그런 단점을 갖고 있기에 당신의 배우자가 되었음을 인정하라.

셋째로, 부모로부터 온전히 떠나라.

정신적으로 부모로부터 떠나지 못한 남편이나 아내의 의식구조 속에는 피할 수 없는 갈등이 일어난다. 경제적으로 부모에게 의존하는 남편과 아내는 결혼까지에 이르게 될 자격이 없다. '홀로서기'는 힘들고 고통스럽기는 하나 어차피 언젠가 해야 할 홀로서기이니 준비해야 한다. 특히 마마보이, 공주들에게 주는 메시지이다.

넷째로, 서로 떨어져 있지 말라.

"보지 않으면 마음에서 떠난다(out of sight, out of mind)"는 격언이 있듯이 몸이 서로 떨어져 있음은 바람직하지 못하다. 정신적으로 떨어져 있음도 바람직하지 못하다. 혼자 있기를 원하고 함께 있기를 싫어하면 이는 의사도 고칠 수 없는 중한 병이다. 즐거울 때 함께 즐거워하고 괴로울 때 서로 위로할 수 있도록 가

까이 있어야 한다.

다섯째로, 서로 상대방을 잘 이해해 주라.

이해 없이는 관계가 없다. "사랑은 이해 그 자체"라고 말해도 과언이 아니다. 충분한 이해는 상대를 충분히 감동시키는 가장 좋은 도구이다. 결혼이란 '사랑'이라는 밭에 씨를 뿌리는 행위이다. 오랜 시간 땅은 씨앗에 자신의 영향을 주고 씨앗은 그 땅에 뿌리를 깊게 내려야 싹이 튼다. 부부관계에서도 그러하다. 주파수를 맞추고 상대를 제대로 이해하기 위해서는 상대방의 입장에서 생각하는 일이 중요하다. 그러기 위해서는 공통의 경험을 축적해야 한다. 여행, 스포츠, 음악감상, 노래방, 시장, 자기 등 여러 가지 생활공간에서 많은 시간을 함께 함이 바람직하다.

지혜로운 부부는 서로의 한계성을 정확히 알고 이해하는 부부이다. 다만, 서로가 이해받기보다는 먼저 이해하려고 애쓰는 부부는 매우 행복한 부부이다. '이해'는 가장 큰 저축이고 치료제이므로 마음의 문을 열고 이해하려고만 하면 90% 이상의 문제는 해결된다고 하는데 부부간에서야 더욱 그러하지 않겠는가. 내가 먼저 상대를 이해하자. '나'를 위하여(그것이 다시 되돌아오니까) 그리고 '우리'를 위하여, 부부로서의 '우리'는 '너'이고자 하는 '나'와 '나'이고자 하는 '너'가 만난 하나된 신비로운 세계이기 때문에 그것은 황금률이다. 그렇지 못하면 위험한 관계가 시작된다.

여섯째로, 상대방이 원하는 나의 모습을 갖추어라.

결혼은 쌍방적이고 상호 작용적인 노력의 과정이라고 볼 때 상호 존중하면서 상대방이 원하는 모습에 자신을 맞추는 노력이 뒤따라야 한다. 그러나 이 같은 노력을 다하더라도 '대나무의 기적'을 명심하라. 대나무는 씨앗을 심은 후 첫 4년간은 죽순이 하나 올라오는 것 외에는 아무 것도 보이지 않는다. 그 4년 동안 모든 성장은 땅 속에서 이루어진다. 그 동안 섬유질의 뿌리구조가 형성되어 땅 속으로 깊고 넓게 퍼져 나간다. 그리고 나서 5년째가 되어서야 비로소 대나무는 25m 높이로 자란다는 사실을 명심하라. 남편과 아내가 각각 다해야 할 역할과 규범이 있다. 서로가 주어진 자신의 역할과 규범을 제대로 지키면 응집력이 형성되어 이상적인 부부가 된다.

일곱째로, 서로가 용서를 구하고 용서하는 일에 인색하지 말라.

가까이에서 보면 티(약점)없는 얼굴 없다. 그 어떤 남편 또는 아내도 이런 저런 이유 때문에 의식적으로 또는 무의식적으로 상대방을 크게 또는 적게 언짢게 하거나 괴롭히는 잘못을 범할 수 있다. 그때 가능하면 즉시 겸손한 마음으로 진지하게 용서를 구하고 사과함이 바람직하다. 왜 그렇게 하지 못하는가? 자존심 때문에? 부끄러워서? 기회가 없어서? 모두가 핑계일 뿐이다. 그리고 그렇게 하는 일은 나 자신을 편안케 하고 상대로부터도 사랑받게 되리라. 사랑은 이해 못지 않게 용서를 포함하고 의미하는 것이다. 테레사 수녀는 「테레사 어록」에서 "우리는 가정을 고통을 나누고, 용서하는 곳으로 만들어야 한다"고 밝힌 바 있다.

"부부의 삶은 똑 같이 생각하는 것이 아니라, 함께 생각하는 것"이라는 경구가 있다. 용서가 행복에로 이르는 것이라면 그 무엇에 대한 용서도 할 수 있어야 하지 않겠는가? 용서를 구하고 용서받지 못했기 때문에 일어날 수도 있는 결과를 예측하면 왜 못하겠는가? 제랄드 잼플스키의 「눈물이 나도록 용서하라」는 저서의 의미는 여기서 찾을 수 있다.

한편 용서해야 하는 편에서 용서하면 신뢰와 무조건적인 사랑의 통로를 열어주는 것이 된다. 용서하면 자신의 가슴이 씻어지고 다른 사람의 변화에 이르는 장애물을 제거하게 된다. 왜냐하면 용서하지 않으면 그는 용서를 구하는 행동에 적당한 이유와 변명을 하고 정당화하게 된다. 결국 용서를 구하는 그에게 용서해 주면 가족의 뿌리가 강해져 오히려 행복한 가정이 된다.

여덟째로, 서로 화합하여 평화로운 가정을 가꾸는 노력을 다하라.

결혼은 하나의 작은 배에 남 · 녀의 두 사람이 함께 타고 폭풍우 몰아치는 망망한 대해(大海)로 떠나는 항해하는 것과도 같은 긴 여정(旅程)이다. 그래서 이 여정에서 행복하게 사는 것은 위대한 예술이라고 하는데 이때의 행복은 무엇보다도 부부의 화합(화목)에서 비롯된다. 결혼은 특별한 사람들의 만남이 아니라, 특별한 관계의 형성임을 잊지 말자. 서로가 "내 탓이요"하는 자세가 아니라 "네 탓"이라고 생각하는 한 평화로운 가정은 결코 건설되지 않는다.

결혼과 더불어 하나의 의무로 시작되는 부부화합의 기본적인 자세는 서로의 장점을 찾아 소중히 여기고 칭찬하는 상호존중이고, 서로에 대한 이해이고, 현재의 괴로움을 미래의 즐거움으로 승화시키기 위한 인내이다. 결국은 평화로운 가정을 가꾸는 것이다. 아버지가 자녀에게 줄 수 있는 최대의 축복(유산)은 그들의 어머니, 즉 자신의 아내를 사랑하는 것이고, 어머니가 자녀들에게 줄 수 있는 가장 큰 선물 역시 그들의 아버지, 즉 자신의 남편을 사랑(존경)하는 일이라는 사실을 잊지 말라. 가정이 평화로운 지상천국이어야 하는 이유도 여기에 있다.

아홉째로, 서로가 승자가 되는 싸움을 하라.

서로가 화합하여 평화로운 가정을 가꾸려는 이 같은 자세와 노력에도 불구하고 여러 가지 한계성 때문에 가끔은 어려운 위기에 직면하게 되고 싸움을 하게 된다. 물론 "부부간의 행복은 싸움 속에서 존재한다"는 모순된 논리가 있어 행복하기 위해 싸우는 경우도 적지 않지만 그것이 심하면 다시 화합을 통한 행복을 보장받을 수 없게 될런지도 모른다. 부부간의 크고 작은 시비는 상대의 장점과 자신의 단점을 생각하지 않는 데서 생긴다.

자식은 부모의 거울이다. 자녀 앞에서 싸움을 했으면 그 앞에서 화해하는 모습도 보여 주라. 아무리 '부부싸움은 칼로 물 베기'라고 하지만 '고래싸움에 새우등 터진다'고 하듯이 부부싸움의 가장 큰 피해자는 자녀들이다. 부부간에는 물론이고 자녀에게 용서를 청하라. 아무리 늦어도 그 날밤을 넘기지 말라.

몰론 싸움(말다툼) 그 자체가 있어서는 안 되는, 그래서 반드시 없어야만 하는 성질의 것은 아니다. 그것이 있는 것이 오히려 자연스럽고 때로는 오히려 있는 것이 바람직할 수 있다. 지혜로운 사람은 부부싸움 하면서 부부화합의 기술을 배운다. 모든 문제꺼리는 감정은행계좌에서 보면 저축의 기회가 될 수 있기 때문이다.

현명한 부부가 되기 위해 싸움할 때 지켜야 할 지침(금기사항)들을 보면 이들은 다분히 의사소통에 관련됨을 알 수 있는데, 이는 "인간관계는 바로 의사소통"이기 때문이다. 세계적인 언어학자 테넌은 "남자를 토라지게 하는 말, 여자를 화나게 하는 말"에서 남자와 여자는 근본적으로 다른 성(性)방언을 쓰고 있으며 남녀 싸움(불화)의 90%는 언어에서 온다고 하는데 이같은 설명은 부부관계에서도 똑같이 적용된다. 극히 최근에 와서 등장하여 베스트셀러가 되고 있는 책으로 「아내의 말 한 마디가 남편의 인생을 결정한다」, 「남편의 말 한 마디가 아내의 인생을 결정한다」, '잘 했어'를 모르는 아내, '미안해'를 모르는 남편」, 「그 남자의 욕구, 그 여자의 갈망」 등이 있음을 유념해 볼 만하다.

열째로, 건전한 성(性)생활을 하라.

부부는 남성과 여성이 만나 한 몸을 이루어 생명을 창조하는 만복의 근원이다. 따라서 부부간의 성행위는 다른 사람과의 그것과는 달리 의무이다. 결코 죄악시해서는 안 된다. 더 나가 성행위는 아이까지 낳게 하는 축복이다. 물론 절제가 필요하지만, 김대규는 「사랑과 인생의 아포리즘 999」에서 "섹스는 사랑의 보너스이다. 하지만 본봉보다 넘치지 않아야 한다"고 희학적으로 표현한다.

이혼(결혼실패)의 사유를 들어보면 남성과 여성의 측면에서 다를 수 있고 사람에 따라 다를 수 있으나 대체로 성격상의 차이, 상대에 대한 구타, 경제적 무능, 인간적 대우 등 여러 가지가 있을 수 있다. 그러나 이들 이유 속에 감추어져 표현되지 않은 성생활의 불만도 실제로는 적지 않은 비율을 점할 것이다. 특히 우리나라 남성위주의 풍토에서는 아직까지 수동적이고 소극적일 수밖에 없는 여성의 경우에는 더욱 그러할 것이다.

4) 부부간에 사랑이 깊어지는 방법

① 결혼을 정신적인 결합으로 인식하라

우리는 결혼예물과 관련하여 부부가 서로 싸우고 마침내 그 결혼생활이 파국을 맞이하였다는 보도를 종종 접하게 된다. 이는 물론 현대의 물질만능주의의 소산이기도 하지만, 오늘에 이르러 결혼에 대한 올바른 가치관이 흔들리고 있다는 증거이기도 하다.

소크라테스는 이렇게 말하였다. "네가 결혼을 하든 안 하든 너는 네가 한 일에 대해 후회할 것이다." 사실 결혼처럼 중대하고 위험한 모험은 없다. 오랫동안 서로 다른 사회적 배경과 가치관을 가지고 성장한 남녀가 만나서 부부생활을 할 때 일치와 조화보다는 갈등이 더 많게 마련이다.

우리나라에서는 결혼하는 열 쌍 중 세 쌍은 이혼한다는 통계가 나와 있다. 이러한 사실은 결혼생활이 흔히 생각하는 것처럼 쉽지 않다는 것을 말해주는 것으로, 결혼을 단순히 인간적인 또는 육체적인 결합으로 인식하여 나온 결과이다. 그러나 진정한 의미의 결혼이란 육체적인 결합의 범주를 뛰어넘은 정신적 결합을 의미하는 것이다.

② 서로의 주어진 역할과 책임을 다하라

부부는 서로 사랑해서 결혼한 만큼 그 사랑을 더 잘 가꾸고 키워나갈 의무가 있다. 그리고 자녀가 생겼을 때에는 그들을 사랑으로 키워야 할 막중한 책임이 뒤따른다. 그런데 요즘 많은 젊은이들은 결혼식 준비에는 돈과 노력을 기울이면서도 한 여인의 남편이 되고 한 남자의 아내가 된다는 엄청난 변화에 대한 준비는 소홀한 것 같다.

미국의 존슨 대통령(L.B. Johnson)은 어느 날 그의 직계보좌관들과 와이셔츠 차림으로 회의를 하는 도중 어느 보좌관의 와이셔츠 칼라가 깨끗하지 못한 것을 발견하고 은밀히 그의 부인에게 전화를 걸어 남편의 와이셔츠 사이즈를 물었다. 깜짝 놀란 부인이 이유를 묻자, "내가 그에게 와이셔츠를 선물하려고 한다"는 말을 했다. 그런 일이 있은 뒤 그 보좌관의 부인은 내조의 자세가 달라졌다고 한다.

③ 서로간에 솔직한 대화를 하라

부부간에 서로 갈등과 오해가 빚어지고 마찰이 생기는 부분을 가만히 들추어보면 대부분 사소한 문제에 관한 대화부족에 기인하는 수가 많다. 모든 일이 다 그렇지만 부부가 원만한 가운데 가정을 잘 이끌어 나가려면 무엇보다 솔직한 대화가 필요하다. 설혹 말하다가 서로 다투는 일이 있더라도 솔직한 대화는 부부 사이에 무관심보다는 훨씬 낫다. 무관심이란 부부간을 갈라놓는 실로 가장 위험한 적이다.

부부가 한 평생 한 번도 싸우지 않을 수는 없을 것이다. 그러므로 서로간에 오해가 있을 때에는 싸우지 않으려고 순간을 피하기보다는 서로의 마음의 상처를 주지 않을 수 있도록 멋있게 싸우는 법을 강구해야 한다.

④ 행복하고 밝은 미소를 지어라

부처님께서는 세상만사가 자이이타(自利利他)라고 말씀하셨다. 이는 자기도 이롭고 남도 이롭게 하지 않고서는 결코 행복해질 수 없다는 것이다.

행복한 마음을 가진 사람 옆에 있으면 자신도 행복한 느낌이 드는 것을 누구나 한번쯤은 경험해 보았을 것이다. 이는 일종의 정신감응의 파장현상이다. 남편이나 아내가 항상 행복한 마음의 염력의 파장을 상대에게 보낸다면 그 가정은 항상 행복할 것이다.

다시 말해서 여성이 온몸으로 행복을 표출할 때 남성은 행복해지는 것이고, 남성이 뜻을 아름답게 가지면 그 생활이 아름다워지는 것은 자연의 섭리인 것이다.

⑤ 부부는 정말로 일심동체가 되어야 한다

성서에 "사람이 부모를 떠나 자기 아내와 결합하여 둘이 한 몸을 이룬다"라는 말씀이 있다(에베소서 6장 31절).

부부가 된다는 것을 둘이 합하여 하나가 된다는 것을 의미한다. 둘이 합하여 하나가 되기 위해서는 먼저 자기의 절반을 잘라내야 하는데 그것은 정말 고통스러운 일이다. 사랑은 상대를 굴복시키는 것이 아니고 자기를 포기하는 것이다. 또한 자기의 잘라낸 곳에 상대의 절반을 갖다 붙여야 하는데, 이는 관용과 이해를 말한다. 상대방의 실수와 약점과 단점까지도 받아들이는 관용이 필요하다.

결혼 후 남편이 아내에게 잃어버리기 쉬운 것이 사랑이고, 완전한 사랑은 단점까지도 사랑하는 것이다. 반면 아내가 남편에게 잃어버리기 쉬운 것은 존경이다. 결혼 후 처음에는 남편을 존경하고 그 리더십을 인정하지만 몇 년 지나면 남편이 별 것 아니라고 생각하기 쉽고 나보다 못하다고 여겨 존경하는 마음을 잃기 쉽다. 남편이 훌륭한 사회인이 되느냐 못되느냐는 전적으로 아내에게 달려 있다. 가정에서 신뢰받지 못하고 존경받지 못하는 남편이 어떻게 사회에서 존경받을 수 있겠는가? 마찬가지로 아내가 남편에게 사랑받지 못하면 아내가 어떻게 다른 사람에게서 사랑받을 수 있겠는가?

⑥ 서로의 성격을 잘 이해하여야 한다

원만한 부부생활은 상호간의 성격을 잘 이해할 때 가능하다. 정말로 결혼이란 것은 성격과 생활습관이 서로 다른 남녀가 하나로 융합되는 과정이므로 때로는 신경을 건드리는 경우도 있을 수 있다.

흔히 같은 성격의 소유자끼리 결혼을 하면 행복할 것이라고 믿고 있다. 그러나 다른 성격의 소유자를 이해해 줄 수 있다면 더 많은 득을 볼 수도 있다.

⑦ 잔소리를 하지 말라

이 세상에 어떤 남편도 아내의 바가지 긁는 소리를 웃어넘길 사람은 하나도 없다. 아내의 만성적인 불평과 잔소리는 남편의 신경을 곤두서게 하는 가장 큰 독소이다. 남편이 집을 나가는 가장 중요한 원인은 아내의 잔소리 때문이라고 말하는 사람이 많다.

세계적인 대문호인 톨스토이는 재산이나 사회적 지위에 있어서 충분히 행복한 생활을 할 수 있었음에도 불구하고, 그의 노후의 생애는 비극적이었다. 그 원인은 결혼에 있었다고 한다. 톨스토이는 부인과의 가정불화를 견딜 수 없어 집을 나와 어느 시골 역 대합실에서 숨을 거두었다. 임종의 순간에 그가 마지막으로 한 말은 아내를 절대로 자기 몸 가까이 오지 못하게 해 달라는 것이었다. 이것은 바로 톨스토이 부인의 잔소리와 불평과 신경질이 빚어낸 비참한 종말이었던 것이다.

링컨 부인은 세상에서도 보기 드문 잔소리꾼으로 25년 동안이나 링컨을 줄곧 괴롭혀 왔다고 한다. 심지어 그가 암살당한 것도 그의 결혼생활에 비한다면 비극이랄 것도 없다고 말하는 사람도 있을 정도이다.

⑧ 서로의 결점을 들추어 내지 말라

항상 남성은 자신을 아름답게 보이려는 여성의 노력을 칭찬해 주어야 한다. 여성이란 복장에 대하여 놀라운 정도로 많은 관심을 갖고 있다. 그런데도 모든 남성들은 이에 대하여 지나치게 무관심하다. 프랑스의 상류사회에서는 남성이 부인의 복장에 대하여 하룻밤에도 몇 번씩 칭찬하도록 어린 시절부터 교육을 받고 있다고 한다.

남편들은 자그마한 칭찬에도 아내가 만족스러워 한다는 사실을 잘 알고 있어야 한다. 낡은 옷이라도 그것이 잘 어울린다고 말해 주면, 아내는 최신 유행의 옷을 바라지 않을 것이다. 카네기에 의하면, 아내의 눈에 키스를 해 주면 아내는 소경처럼 되고, 입술에 키스를 해 주면 벙어리처럼 된다고 한다. 이러한 상호칭찬은 영원히 해결할 수 없는 문제라고 흔히 일컬어지는 집안에서의 고부간의 갈등을 해소하는 데에도 중요한 방법으로 인정되고 있다.

또한 아내된 사람은 남편의 수입을 친구남편의 수입과 비교하거나 자녀들 앞에서 남편을 욕하는 등 남편의 자존심을 건드리지 말아야 한다. 남편은 자존심 하나로 사는 존재이기 때문이다.

⑨ 서로에 대해 작은 관심을 기울여라

부부 사이에 있어서 절대로 잊어버려서는 안 될 날이 있다. 이는 바로 서로의 생일과 결혼기념일이다. 부부생활을 하는 데 있어서 서로에 대해 조금만 더 관심을 기울인다면, 생일과 결혼기념일은 상대방에 대한 애정을 보여 줄 수 있는 절호의 기회가 된다고 할 수 있다. 특히 남편에게 있어서 아내에 대한 사랑과 관심을 보여 줄 수 있는 가장 쉬운 방법은 아내에게 꽃을 선사하는 것이다. 아내에게 몇 송이의 꽃을 주기 위해 그녀가 병원에 입원할 때까지 기다릴 필요는 없다.

잠깐 여기서 한 가지 그냥 넘길 수 없는 일이 있다. 결혼기념일에 대해서 아내들 에게 잘못된 기준이 있을 수 있다. 모두가 그렇지 않겠지만 그런 사례들이 가정불화를 가져오는 것을 자주 본다. 결혼기념일은 아내와 남편이 서로 만들어 가야 한다. 그날을 생각하면서 좋은 계획을 세우는 것이지 남편이 아내에게 생일날 선물을 하는 것처럼 기다려서는 안 된다.

⑩ 서로 자기를 낮추고 예의를 지켜라

행복한 부부생활을 영위하기 위해서는 서로를 지배하려고 하기 이전에 먼저 자신의 자세를 낮추어야 한다. 삼중(三中) 스님은 자기를 최대한 낮추면서 상대방에게 있는 것 중에 눈에 보이는 것 만큼에 만족해야 하며, 상대방에게 없는 것을 바라면 다툼이 생긴다고 한다. 따라서 상대방의 마음을 내 마음속으로 가져오지 말고 내 마음을 상대방에 가져가는 것이 중요하다. 항상 무엇을 강요하거나 일방적으로 요구하는 데서 문제가 시작된다는 것이다.

부부간에 있어 예의는 결혼생활을 부드럽게 하는 윤활유이다. 반면에 무례함은 애정을 파괴하는 암이다. 부부는 백년손님이란 말이 있다. 남 앞에서만 예의를 지킬 것이 아니라 집안에 있을 때에도 부부간의 예의를 지켜야 한다. 이것은 자녀를 올바로 교육시키는 데 있어서 큰 영향을 미친다.

러시아의 문호 투루게네프는 이렇게 말하고 있다. "나를 위해서 저녁 준비를 해놓고 기다리는 여인이 어디엔가 있다면, 나는 나의 재능을 전부 버릴지라도 후회하지 않는다."

이상에서 우리는 대인관계의 여러 측면을 고찰헤 보았는데, 대인관계에서 가장 중요한 것은 사랑의 마음과 다정한 말씨이다. 사랑하는 마음과 다정한 말씨는 얼어붙은 마음을 녹인다.

자동차 왕 포드와 그 아내

자동차 왕이라고 불리우는 헨리 포드(1863~1947)는 가정환경이 불우하여 초등학교도 제대로 나오지 못했다. 그러나 그는 사물을 꿰뚫어 보는 관찰력과 세심한 주의력을 가지고 있었다. 어느 날 말이 끄는 마차를 보고 곰곰이 생각하더니 "나는 말없는 차를 만들겠다"고 말했다. 그는 이 비전을 마음속에 품었다.

그는 한번 세운 이 이상을 굽히지 않고 열심히 연구하고 노력해서 드디어 말없는 차, 즉 자동차를 만들어냈다. 또한 그는 포드 자동차회사를 설립하여 자동차를 대량생산해 냄으로써 대재벌이 되었다. 미국 디트로이트시에는 포드기념관이 있는데 그 안에는 포드와 그의 아내의 사진이 걸려있고 그 사진 아래에는 다음과 같은 글이 쓰여 있다.

"포드는 꿈꾸는 자이고 그의 아내는 믿음의 사람이다."

현숙한 아내

누가 어진 아내를 얻을까? 그 값은 진주보다 더하다.
남편은 넉넉히 벌어들이는 아내를 믿고 마음이 든든하다.
백 년을 한결같이 속 썩이지 않고 잘해 준다.
양털과 모시를 구해다가 손을 놀리니 즐겁기만 하구나
마치 상선과도 같아 멀리서 양식을 구해온다.
아직 어두울 때 일어나 식구들에게 음식을 나누어주고 여종들에게 일을 맡긴다.
밭을 사도 잘 생각해서 사고 제 손으로 벌어 포도원을 장만하다.
허리를 동인 모습은 힘차고 일하는 두 팔은 억세기만 한다.
머리가 잘 돌아 하는 일마다 잘 되고 밤에 등불이 꺼지는 일도 없다.
손수 물레질을 해서 손가락으로 실을 탄다.
불쌍한 사람에게 팔을 벌리고 가난한 사람에게 손을 뻗친다.
온 식구를 두둑히 입혀서 눈이 와도 걱정이 없다.
손수 이부자리를 만들고 모시와 붉은 털로 옷을 짜 입는다.
남편은 지방 어른들과 함께 성문에 앉아 존경을 받는다.
모시로 옷을 지어 팔고 띠를 만들어 상인에게 넘긴다.
몸매맵시에는 힘과 위엄이 나타나고 앞일을 걱정하지 않는다.
입을 열면 지혜로운 말이 나오고 혀를 놀리면 친절한 가르침이 나온다.
항상 집안 일을 보살피고 놀고 먹는 일 없다.
그래서 아들들이 일어나 찬양하고 남편도 칭찬하기를
"살림 잘 하는 여자가 많아도 당신 같은 사람은 없소"한다.
아름다운 용모는 잠깐 있다 스러지지만 야훼를 경외하는 여인은 칭찬을 듣는다.
그 손이 일한 보답을 안겨주고 그 공을 성문에서 포상해 주어라.

– 잠언 31장 –

4. 경청과 대화

1) 의사소통(communication)

(1) 의사소통의 의의와 중요성

의사소통(communication)이란 사람들 사이에 정보를 전달하는 과정이다. 보다 구체적으로 말하면 커뮤니케이션은 원하는 행동을 유발시키기 위하여 송신자가 수신자에게 어떤 의미를 전달하는 과정인 것이다. 따라서 "커뮤니케이션은 의사를 소통하고 정보를 교환하며 감정을 이입시키는 행위의 수단"이라고 정의된다.

커뮤니케이션(communication)이란 원래 '공통'이나 '공유'의 뜻을 지닌 라틴어 'communis'에서 유래된 것으로, 하나 혹은 그 이상의 유기체(사람, 동물)가 다른 유기체와 지식, 정보, 의견, 감정 등을 함께 소유하는 행동이다. 커뮤니케이션은 그 종류가 다양하다. 대인간의 커뮤니케이션, 소집단내에서의 커뮤니케이션, 상징으로 하는 커뮤니케이션 등이 있다.

오늘날 사회가 복잡해짐에 따라 의사소통의 범람현상을 볼 수 있다. 우리는 자주 의사소통 자체와 그 도구를 혼동하고 있다. 대화를 했다고 해서 상대방이 모두 이해하는 것이 아니다. 많은 정보를 들었지만 그것을 정리하지 못해서 혼란을 빚는 경우도 허다하다. 대화를 한다고 해도 일방통행이나 독백으로 끝나는 경우가 얼마나 많은가? 커뮤니케이션은 우리가 상상하는 것보다 복잡하고 미묘한 것이다.

의사소통은 여러 가지 옷을 입는다. 우리가 서로 이야기할 때는 '대화'라고 불리고, 교사에게는 '교육'이라고 불리고, 상인들에게는 '판매'라고 불리고, 상담자에게는 '카운슬링'이라고 불린다. 성직자에게는 '설교'라고 불린다. 입은 옷은 각각 다르지만 이 모든 것들의 원형은 의사소통이다.

커뮤니케이션은 커뮤니티(community=공동체)와 그 어원이 같다. 의사소통이 없이는 개인이나 사회는 한낱 추상적인 개념에 불과하다. 개인적 자아실현과 공동체의 목표 실현은 의사소통을 통해서만 가능한 것이다.

의사소통의 중요성은 아무리 강조한다 해도 지나침이 없다. 오늘날 미국에서 인간이 가진 최고의 능력은 자기가 가진 지식을 다른 사람에게 설명하는 설명력으로 보고 있다고 한다. 옛날에는 기억력이 인간에게 가장 중요한 능력이었다. 그러나 컴퓨터가 등장하면서 인간에게 가장 중요한 능력은 설명력으로 바뀌었다. 어머니와 갓난아이의 관계에 있어서도 의사소통은 중요하다. 어린아이가 의사를 표시하는 데 어머니가 부정적인 반응을 하면 이 아이의 성격 속에는 자기는 용납을 받을 존재가 못된다는 부정적인 감정이 심어져서 인격형성에 악영향을 준다.

남자와 여자의 관계에서도 의사소통은 굉장히 중요하다. 처음 만나서 대화를 하면서 상대방의 의도를 탐색한다. 그러나 서로 대화다운 대화를 나누지 못하고 일방통행을 하면 관계를 지속할 수 없게 된다.

결혼은 서로에게 궁극적인 책임을 감당한다는 것을 말한다. 즉, 결혼은 한 사람이 다른 사람과 함께 나누는 인격과 인격의 결합임을 깨닫고 상대방과의 관계에서 자기의 주체성을 나타내는 것이다. 그러므로 부부간의 의사소통이 원활하지 못하면 행복한 가정생활을 영위하기 어렵다.

부모와 자녀와의 관계에서도 의사소통의 중요성은 이루 말할 수 없다. 부모로서는 자녀들의 특성과 능력을 존중하는 일이 얼마나 어려운 일인지 모른다. 또한 자녀들은 부모들을 이해하는 일이 무척 힘들다고 느낀다.

의사소통은 학문을 연구하는 데도 불가결의 것이다. 효과적인 학습 혹은 교수나 학생에게 모두 필요한 것은 물론이다.

의사소통은 사회활동이나 사회사업을 하는 데도 필수적이다. 사회사업가가 빈민들과 끊임없는 대화를 통해 그들의 현실성(reality)을 알지 못하면 빈민을 위한 사업이 아니라 자기 중심적인 사업을 하게 된다. 그래서 진정한 도움을 주기는 어렵게 된다.

또한 의사소통이 간절히 요구되는 분야는 산업과 실업분야이다. 산업화로 인해 비인격화되어 가는 현대사회에서 인간관계를 증진시킬 수 있는 사람만이 기업을 운영할 수 있다. 참다운 인격 대 인격의 만남이 노사분규를 예방할 수 있고 회사의 발전을 도모할 수 있다. 각자 자기의 이익만을 위한 주장을 한다면 그것은 독백이지 대화는 아닌 것이다. 정치에 있어서도 의사소통의 중요성은 이루 다 표현할 수 없다. 정치가는 국민에게 참다운 정책적 비전을 제시해 주어 동참하도록 하게 하며, 민족간에 서로 의사소통의 힘이 부족할 때 분쟁이나 전쟁을 하게 된다.

우리는 역사적인 사실 속에서나 정치적 사실 속에서도 커뮤니케이션의 부족으로 오늘날 비극적 사건들을 수없이 많이 경험했다.

(2) 의사소통의 목적

의사소통은 세 가지 주된 목적을 가지고 있다. 즉, 영향력 행사(to influence), 정보교환(to inform), 감정표현(to express feeling)이 그것이다.

이 세 가지 목적은 각각 독립적으로 이루어지지 않고 메시지가 전달될 때 동시에 달성된다. 의사소통의 목적을 조직의 상황에서 살펴본다.

① 영향력 행사

의사소통에서 첫 번째 목적은 상대방에게 자기의 영향력을 행사하는 것이다. 조직에서 관리자의 역할 중 하나는 종업원이 조직목표 달성을 위해 영향력을 행사하는 것이다. 즉, 관리자가 종업원에게 무엇을 할지 말하는 것은 종업원의 행동에 영향을 미치는 것이다.

② 정보교환

의사소통의 두 번째 목적은 서로간의 정보교환이다. 즉, 관리자는 종종 종업원들이 필요로 하는 정보를 제공하고 종업원들도 관리자가 필요로 하는 정보를 제공한다. 이러한 정보들은 의사결정의 기초가 되며 종업원들은 조직의 정보를 믿고, 더 많은 정보를 원한다.

③ 감정표현

의사소통의 마지막 목적은 자기의 감정을 표현하는 것이다. 즉, 조직에서 관리자들은 그들의 감정을 언어적 방법이나 비언어적 방법으로 표현한다. 의사소통시에 사람들은 인간관계에 대한 감정과 그에 대한 정보를 표출하기도 한다.

의사소통은 인간관계의 기본이다. 만약에 조직에서 관리자가 종업원에 대한 기대와 목표를 그들이 달성하게 하려면, 종업원과의 효과적인 의사소통은 매우 중요하다. 또한 개인적인 의사소통은 직무만족과 직무몰입에 도움을 준다. 만약 관리자가 종업원이 자기 욕구를 충족할 수 있도록 도우려면 자신의 욕구가 무엇인지 찾도록 종업원 스스로 의사소통을 하도록 유도해야 할 것이다. 더 나아가서 의사소통은 조직운영을 도와준다. 즉, 의사소통을 통해 조직은 경영의 5가지 기능(계획, 조직, 직원구성, 지휘, 통제)을 수행하게 된다. 그러므로 의사소통의 질(quality)이 업무성과에 직접적인 효과를 발휘하므로 더 나은 업무성과의 달성을 위해 자유롭고 개방적인 의사소통이 중요하다는 사실은 여러 연구에서 입증되고 있다.

(3) 커뮤니케이션의 과정

① 부호화(encoding)

전달자는 전달하려고 아이디어를 부호화하여 메시지를 만든다. 전달자가 아이디어를 전달 가능하고 이해 가능한 형태로 변환시키는 과정을 부호화라고 한다. 부호화의 대표적인 예로 구어(spoken language)나 문어(written language)를 들 수 있다. 즉, 우리가 누군가에게 편지를 쓰거나 말할 때 사용할 단어를 선택하는 것이 아이디어의 부호화이다. 아이디어를 정확하게 전달하기 위해 이 과정은 매우 중요하다.

② 매체를 통한 전송(transmission through media channels)

메시지는 부호화된 후, 하나 이상의 의사소통 매체를 통해 수신자에게 전달된다. 전화선, 라디오, TV시그널, 광섬유 케이블, 우편 등 다양한 매체들이 이용될 수 있으며 매체는 대체로 전달하고자 하는 정보형태에 의해 결정된다. 즉, 그림이나 서신 등은 우편, 인편, 팩스(fax) 등을 통해서, 구두정보(oral information)는 전화, 라디오, TV 시그널 등을 통해서 전달된다. 어떤 매체가 이용되든지 부호화된 메시지 전송의 목표는 전달하고자 하는 수신자에게 메시지를 정확하게 전달하는 것이다.

③ 해독(decoding)

메시지를 받을 수신자에는 사람, 단체, 조직, 컴퓨터까지도 포함된다. 일단 메시지가 수신되면 수신자는 전해진 메시지를 아이디어로 환원하는 해독(decoding)작업을 수행해야 한다. 해독작업이 정확하게 이루어진다면 아이디어는 전달자가 의도한 대로 전해질 것이다.

④ 피드백(feedback)

메시지가 해독된 후 수신자는 메시지를 전달자에게 다시 전달한다. 이를 피드백이라 하는데 전달자는 피드백을 통해 전달하려는 메시지가 전달되었고, 의도한 효과를 발휘하였는지 여부를 가늠한다. 전달된 피드백은 전달자에게 다른 아이디어를 떠오르게 하므로 또 다시 의사소통과정이 시작될 수 있다. 그러므로 [그림 3-1]에서 보는 바와 같이 의사소통과정은 연속적 과정으로 나타난다.

그림 3-1 커뮤니케이션 과정

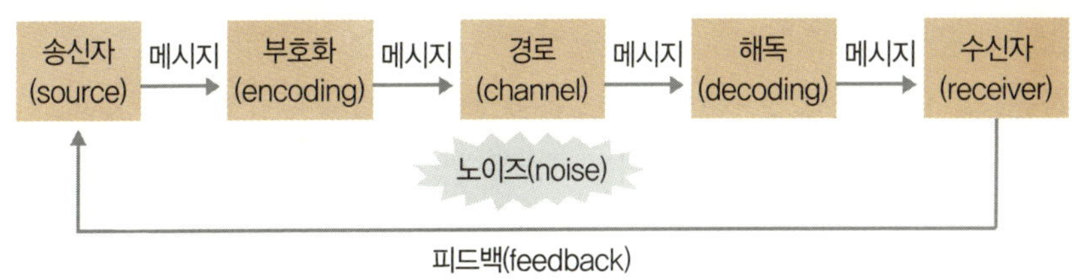

그림 3-2 효과적인 커뮤니케이션의 장애요인

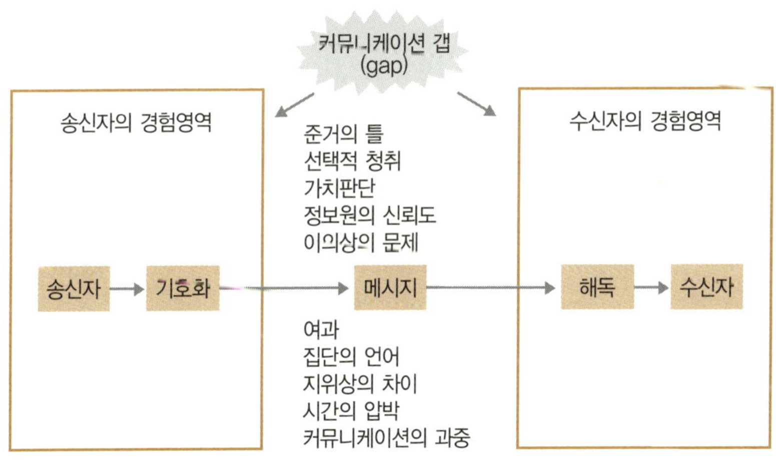

그림 3-3 커뮤니케이션의 개선

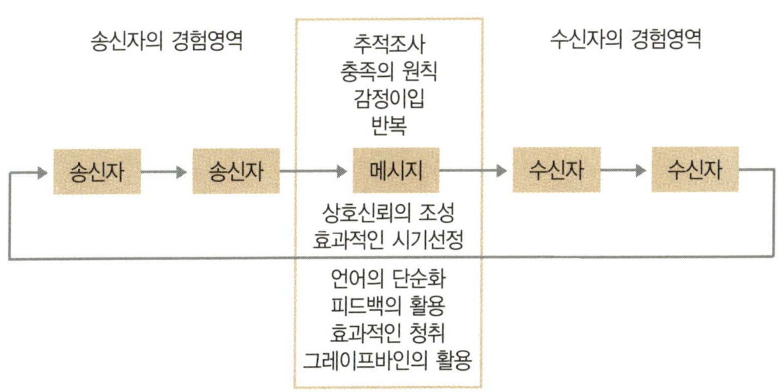

■ 우리는 어떻게 의사소통을 하는가?

커뮤니케이션 전문가들에 의하면 커뮤니케이션의 경우 약 7%만이 말로 표현되고 38%가 음성과 어조로 55%가 비언어적인 것과 몸짓으로 나타난다고 한다.

사람들은 말 이외의 것으로도 의사소통을 한다. 사람들은 말을 하지 않고도 감정을 표현한다. 비록 의견이 상충되는 대화를 할 경우라도 사람들은 흔히 어조나 몸짓을 사용하여 이러한 감정을 표출한다.

그림 3-4 의사소통의 방법

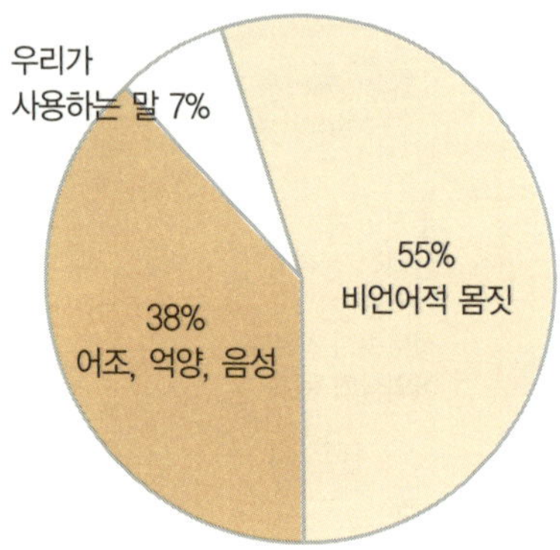

(4) 효과적인 의사전달자가 갖추어야 할 조건

① 신뢰성

가장 효과적인 의사소통자는 고도의 신뢰성(credibility)을 가진 사람이다.

흔히 누가 말하느냐가 무엇을 말하느냐보다 중요할 때가 많다. 말을 하는 사람이 믿을 만하고, 지식이 있고 관심이 있으면 상대방이 그 메시지를 잘 받아들이고 행동하게 될 것이다. 전달자에 대해 수신자가 신념과 확신을 가진다면 효과적인 의사전달이 이루어질 것이다. 전달자의 정직성, 따뜻함, 유모어 감각, 주의 깊은 성격 등은 상대방에게 신뢰감을 준다. 그러므로 이런 성질을 발전시켜야 한다.

② 정직성

여기서 정직성이라 함은 전달자의 언어와 비언어적 메시지가 만족스러우며 전달자의 행동이 그의 의사소통 내용과 일치하느냐를 말하는 것이다. 전달자의 말에 일관성이 없으면 정직하지 않다고 느낀다. 따뜻함과 좋은 유모어는 사람의 목소리와 메시지의 내용을 통해서 전달된다. 너무 심각해 보이는 사람은 따뜻한 감정을 전하기 어렵다. 신중한 성품은 하루아침에 개발되는 것이 아니고, 많은 노력이 필요하다. 신뢰성과 정직성을 파괴하는 것은 거짓된 태도와 거짓말이다.

③ 경청(listening)

단순히 듣는 것(hearing)과 경청(listening)은 다르다. 좋은 청취자가 되는 것은 효과적 전달자가 되는 또 다른 중요한 요소이다. 커뮤니케이션의 명확성은 메시지의 전달자와 청취자의 커뮤니케이션의 기술이 좋고 나쁨에 따라 크게 좌우된다.

경청은 수동적인 행위가 아니라 능동적인 행위이다. 그것은 수신자가 열심히 노력해서 얻는 기술이지 자연적으로 습득되는 것은 아니다. 많은 사람들은 빈약한 청취자이다. 쌍방이 서로 듣지 못하면 의사소통 과정은 효과적일 수 없다.

경청한다는 것은 말한다는 것의 반대되는 개념이 아니다. 단순히 듣는 것(hearing)은 육체적 과정이요, 경청(listening)은 인간만이 경험하는 정신적이고 문화적인 과정이다. 청취가 어려운 이유는 다른 사람이 무슨 말을 하건 우리가 원하는 것만 듣기 때문이다.

총체적 경청(total listening)이라 함은 귀로 언어적 메시지를 듣고, 눈으로 몸의 동작을 관찰하고, 의사소통을 계속하도록 손과 눈 등 비언어적인 표현으로 격려하고, 청취자의 모든 육체를 의사소통 과정에 포함시키는 것을 말한다.

이런 청취는 시간과 기술을 요하지만 의사소통의 문제점을 해결하는 방편이 된다. 청취의 올바른 기술은 매우 중요하다.

④ 커뮤니케이션 스타일

효과적인 의사소통자의 또 다른 성격은 상대방의 불안과 모호함을 경감시키는 능력이다. 수신자는 자연스런 분위기 속에서 분명한 말을 들을 때 메시지를 더 잘 받아들인다.

인격은 그 자체가 감화하는 힘을 가지고 있다. 얼굴 모습만 바라보아도 감동을 느끼게 하는 사람들이 있다. 그들은 인간에 대해 깊은 통찰과 이해를 할 수 있는 능력을 가졌기 때문에 마음을 편하게 해 주며, 상대방이 몇 마디 표현하지 않아도 의사소통은 잘 이루어지게 된다.

사오정 시리즈

1. 사오정이 6 · 25전쟁에 참전하였다. 소대장으로 임명된 사오정은 소대원들을 이끌고 첫 전투에 참가하게 되었다. 그런데 그 소대에는 경상도 사람과 타지에서 온 사람이 반반씩 있었다. 사오정은 경상도 출신이었다.
   적군은 몰려오고 치열한 전투가 시작되었다. 적군의 일제 사격이 시작되자 사오정이 외쳤다. "수구리!!!" (수구리는 머리를 숙이라는 경상도 사투리) 그러나 타지방 출신의 사병들은 그 말을 알아들을 수가 없어 참호 밖으로 머리를 들고 있다가 절반 이상이 전사하게 되었다.
   그 후 살아남은 타지방 병사들은 "수구리"라는 구호를 열심히 암기하고 다음 전투에 대비하고 있었다. 잠시 후 또 적군으로부터 일제 사격이 있었다. 사오정 소대장은 부하들을 향해 소리쳤다. "아까 맹쿠로!!!"(조금 전처럼 하라는 경상도 사투리) 결국 "수구리"라는 구호를 기대하고 암기하고 있던 나머지 타지방 출신 병사들은 모두 전사하고 말았다.

2. 사오정이 "남자 셋 여자 셋" TV프로를 보게 되었다. 사오정은 송승헌의 근육을 보고 몹시 부러워했다. 그래서 사오정은 송승헌처럼 되기 위해 열심히 운동을 했다. 사오정은 달라졌다. 몇 달 후 사오정은 팔도 굵어지고 가슴도 나오고… 송승헌보다 더 단단한 근육질의 체격이 되었다.
   으쓱해진 사오정은 자신의 근육을 뽐내기 위해 쫄티와 쫄바지를 입고 쪼리를 신고 거리로 나갔다. 지나가던 최불암이 사오정의 달라진 팔과 가슴을 보고 놀라 말을 걸었다.
   최불암 : "야, 너 운동하냐?"
   사오정 : "쪼린데요."(운동하냐를 운동화냐로 잘못들었음)

토 | 의 | 과 | 제

1. 사오정 시리즈가 폭발적으로 유행하게 된 사회적 배경에 대해 토의해 보시오.
2. 제시된 두 사례에서 사오정에게 커뮤니케이션 장애가 발생하게 된 원인에 대해 말해 보시오.

2) 경 청

(1) 경청이란?

傾聽 = 傾耳而聽 경청=경이이청

우리들은 대개의 경우 자기의 주장이나 생각에 따라서 상대방의 생각이나 행동을 바꾸려고 시도한다. 그래서 부탁하거나 설득하거나 강압하든가 화를 내는 등등의 방법을 사용한다. 그러나 이렇게 함으로써 실은 자신도 모른 사이에 우리들 자신이 세상만사를 자기방식으로 이해하고자 하는 욕구에 지배되고 있다는 것을 느끼게 될 것이다. 자기가 이렇게 해야겠다고 생각하고 있을 때, 그렇지 않다는 것을 이해한다는 것은 매우 어려운 일이다.

상대방의 고집이나, 아집, 자기방어적인 생각을 버리게 하고 내 생각을 받아들이게 하려면 내 마음속에 자리잡고 있는 "상대방의 생각을 바꿔놓고 싶다"는 욕구를 버려야 한다. 강압적이고 압박적인 상황에서는 효과적인 결과가 나올 수가 없다. 즉, 상대를 비판하거나 지적해 주거나 또는 다루어 보려는 태도나 가르쳐 주겠다는 태도는 아무런 도움이 못된다. 나는 상대방이 내 생각대로 움직여 주기를 바라지만 상대방도 자기 생각대로 내가 움직여 주기를 바라고 있다는 사실을 솔직하게 인정하고, 자유롭고 평등하게 "관용과 이해의 온화한 분위기"를 만들어야 한다. 이러한 분위기 속에서 서로가 허심탄회하게 이야기를 교환하면서 내 생각이나 상대방의 생각이 아닌 '우리'의 생각을 만들어 내야 하는 것이다. 이런 분위기 속에서라야 비로소 상대방은 아무 두려움 없이(마음속에서 우러나와) 나의 생각이나 경험을 검토하고 받아들일 수 있게 되는 것이다.

일반적으로 흔히 사용하고 있는 대인관계의 수단들은 별 신통한 방법이 못된다는 증거는 얼마든지 들 수 있다. 흔히 자극이 되라고 하는 말투. 예를 들면 "그 따위로 일하려면 차라리 그만 두는 게 좋겠다"고 했을 때 "좀더 열심히 정성스럽게 했으면 좋겠다"는 의도가 전달되기보다는 오히려 반발이나 저항감을 불러일으키기 쉽다.

충고도 최선의 방법은 아니다. 가령 "조직에서 성공하려면 많은 어려움이 있으니 그 정도는 참고 지내야 한다"고 충고했다고 해서 듣는 사람의 인내심이 강해지는 것은 아니다. 지적도 마찬가지다. "요즈음 신입사원들은 애사심이 부족하고 게으르다"고 지적한다고 해서 애사심이 늘어나거나 부지런해지는 것은 아니다. 때로는 격려나 지지도 오히려 부담만 안겨줄 경우도 있으며 "틀림없이 잘 될 것이다", "걱정하지 말아라"고 이야기한다 하더라도 그 문제로 고민하고 있는 사람들에게는 아무런 도움이 되지 않는다.

위와 같은 방법들은 단지 지금까지 우리가 좀더 나은 방법을 찾지 못했기 때문에 사용되고 있는 방법이다. 그러나 자기가 남에게 자극을 주거나 지적하거나 설득할 때는 모두들 이 방법들이 효과가 있고 그럴듯한 방법이라고 생각하지만 남이 자기에게 이 방법이 얼마나 터무니없는 방법인지 곧 알게 된다.

그렇다면 도대체 무엇을 어떻게 듣고 말해야 한다는 것인가?

근본적으로는 자기 입장에서 상대방의 이야기를 듣고 → 이해하고 → 평가하고 → 판단하고 → 대답하지 말고 상대방의 입장에 서서 대화하고 있다는 사실을 상대방에게 알려주어야 한다.

대화 도중에 진실로 한 인간이 타인에게 전달하고자 하는 것은 무엇일까? 대화의 표면에 나타난 사실이 전달되었다고 해서 대화가 끝난 것일까? 보통 말을 할 경우에는 표면에 나타난 사실의 밑바탕에 말의 의미와 기분이 깔려 있다. 이 의미와 기분을 모두 들어야 상대방이 말하고자 하는 전체를 듣는다고 이야기할 수 있다. 이것은 매우 중요한 일이다.

가령 작업원이 "어젯밤에 내린 명령은 완수했습니다"라고 보고할 때는 명령수행을 했다는 사실을 보고하는 의미가 있다. 일이 끝났느냐 아니냐에만 관심이 있는 관리자는 이 사실에만 관심을 두고 들을 것이다. 그리고 쉽게 다음 작업을 지시할 것이다.

그렇게 되면 그는 업무를 수행하기 위해 사람을 기계처럼 부려먹는 사람이라는 비판을 받을 위험이 있다. 왜냐하면 그는 작업도중에 이 작업원이 어떤 태도로 임했으며 어떤 기분을 느꼈고, 그 결과 지금은 무슨 기분을 갖고 있느냐에 무관심했기 때문이다. 이처럼 사실적인 일의 결과와 더불어 마음속까지 헤아려서 들어야 상대방이 나에게 전하고자 하는 전부를 듣는 것이다.

가령 "그 지겨운 작업이 이제 겨우 끝이 났습니다"라고 보고했을 때 "그래 알았어"하고 간단히 다음 일을 지시했다고 하자. 부하는 이런 관리자 밑에서 일하는 것에 보람을 느낄 수 있을런지, 그래서 다음 작업을 열심히 하고 싶은 의욕이 일어날것인지, 모든 것이 무척 의문스럽다. 그리고 부하들에게 이런 반응을 받고 있다면 어떻게 이 사람이 부하를 관리하고 있다고 말할 수 있겠는가?

이와는 달리 "무척 속을 썩인 모양이군", "골치 아픈 일이 끝나서 다행인데!" 식으로 "자네가 하고 싶은 말 전부 잘 들었네, 잘 알았네"라는 반응을 표시하면 어떻게 될까?

이런 반응을 표시한다는 것은 그 다음 일의 지시를 중단하는 것도 아니고, 많은 시간을 필요로 하는 것도 아니다. 다만, 작업원 그 인간에게 좀더 배려를 함으로써, 직장분위기기 밝아지고 종업원들의 사기나 의욕이 북돋아질 수도 있는 것이다. 경우에 따라서는 말의 사실보다 그 배경에 있는 감정이 더욱 중요할 때가 있다. 작업원이 "이따위 기계는 부서버리는 게 좋겠습니다"라고 했을 때 "그러면 되나, 고장 좀 났다고 해서 기계를 부수다니"라고 반응하고 있다면 정말 답답한 일이다. "무척 화가 난 모양이군"하고 그 감정에 반응을 표시하지 않는다면 작업원의 마음은 풀리지 않을 것이다. 이처럼 적극적인 경청법을 사용하려면 상대방의 심중을 들어야 하기 때문에 상대의 말만 들어선 불충분하다. 말뿐만 아니라 말 이외의 표현방법, 즉 어조, 표정의 변화, 자세, 손의 움직임, 눈동자의 움직임 등 상대의 진정한 기분을 나타내는 모든 것에 관심을 집중해야 하며 만일 상대가 입을 다물고 있다면 말을 안 하는 이유, 즉 소리 없는 아우성을 들을 수 있어야 한다.

지금까지 상대가 이야기하는 사실의 배경에 있는 기분을 듣고 반응하는 법을 이야기했지만 의미를 들어서 이해하고 적절히 반응하는 일도 매우 중요한 일이다. 상대방의 이야기를 그의 입장에서 이해한다는 것은 무척 어려운 일이다. 그러므로 대화도중에 자기가 인지한 내용을 다시 반복 표현함으로써 상대방의 의도를 정확하게 이해하고 있는지 여부를 확인해 보는 일도 중요하다.

대개의 경우 상대방의 이야기를 이쪽 말로 고쳐서 다시 표현해 봐서 상대가 수긍했을 때는 이쪽에서 충분히 이해했다고 이야기 할 수 있다. 이때 상대가 한 얘기를 앵무새처럼 반복해서는 그리 큰 의미가 없다. 반복한 것을 기억한 것이지 이해한 것이 아닐 수도 있기 때문이다. 심한 토론이나 의논이 전개될 경우 자기 주장이나 의견을 표현하기 전에 상대가 한 말을 자기표현으로 바꿔서 먼저 말하는 것은 좋은 방법이다.

상대방의 표현을 상대가 만족할 만큼 정확하게 다시 표현할 수 없다면 자기 주장은 하지 않는 게 좋다. 왜냐하면, 의사소통의 장애 때문에 상대도 내 말을 제대로 전달받지 못할 것이기 때문이다.

상대의 이야기를 듣고 곧 반론하지 않고 상대방의 의견의 의미를 포착하여 그것을 자기표현으로 바꾸어 먼저 이야기해 보고 자기가 상대방의 이야기를 알아듣고 있는지의 여부를 확인한 다음 자기가 말하고 싶은 것을 이야기한다면, 상대방도 내 말에 주의를 기울이고 의사소통의 장애요소가 해소되도록 노력할 것이다.

그리고 이런 태도에서 생기는 감정적 분위기는 매우 소중하다. 왜냐하면 비록 자기와 다른 의견을 가졌다하더라도 자기 말을 귀담아 들어주고 자기를 소중히 취급하는 사람에게 적대감을 갖는 것은 무척 어렵기 때문이다.

그럼 다음의 예를 보자.

반장 : 과장님 오늘 중에 끝내라는 것은 너무 무리한 말씀입니다. 윗분들은 명령만 내리면 일이 다 된다고 생각하는 모양이지요.

과장 : 어떻게 그런 소리를 하나. 명령만 내린다고 어떻게 일이 다 되겠나. 그러나 이번 일은 하도 바빠서 하는 말인데.

반장 : 모터가 고장이 나서 작업이 늦어지고 있습니다. 게다가 작업원 2명이 병으로 휴가중입니다. 윗분들은 이런 걸 알고 나 있습니까?

과장 : 윗분들이 그걸 생각하나. 여하튼 이번 목표는 특별지시니 오늘중으로 반드시 끝내야 하네.

반장 : 반발이 아주 심할 겁니다.

과장 : 그러니까 자네더러 잘 수습하라고 말하는 것 아닌가. 그것도 못하면 반장이 무슨 필요가 있어.

이상은 흔히 있을 수 있는 대화이다. 그러나 다음의 예를 보자.

반장 : 과장님 오늘중에 끝내라는 것은 너무 무리한 말씀입니다. 윗분들은 명령만 내리면 일이 다 된다고 생각하는 모양이지요.

과장 : 무리한 작업을 시키는 것 같아서 화가 난 모양이군.

반장 : 그럴 수밖에 없지 않습니까? 모터가 고장이 났고, 작업원도 둘이나 휴가중이고…

과장 : 몰인정하다는 말이지? 지금도 무리를 하고 있는데 그 이상은 아무리 얘기해도 안 하겠다는 말 아닌가?

반장 : 예, 그렇습니다. 작업자들에게 가서 뭐라고 설명해야 좋을지 모르겠습니다.

과장 : 말하기가 아주 거북한 모양이지.

반장 : 그렇습니다. 그 문제 아니라도 요즈음 무리를 하고 있는데… 이렇게 바쁘다 바쁘다고만 하니 견딜 수가 없습니다.

과장 : 직원들을 불쌍하게 생각하고 있구만.

반장 : 그렇습니다. 윗분들도 무슨 사정이 있겠지만, 할 수 없지요. 좋습니다. 어떻게 한번 해 보겠습니다.

이 두 가지 예를 보면 똑같은 상황이지만 대화방법이 전혀 다르다는 것을 알 수 있다.

첫 번째 예문의 과장은 사실만을 주고받으며 반장의 의사를 무시하고 강압적이라는 비판을 듣기 쉬운 대화방법을 사용하고 있으며, 두 번째 예문의 과장은 반장이 얘기하는 사실의 내면에 깔려있는 의미와 상대의 감정에 귀를 기울이고 이에 적절히 반응함으로써 반장이 스스로 의사결정하도록 도와주고 있는 것이다.

우리는 왜 경청이 신뢰와 믿음을 쌓는지 자주 묻는다. 그 대답은 항상 일관되고 즉각적으로 나온다.

- 왜냐하면 상대방이 내게 관심을 보여주기 때문이고
- 상대방은 내가 중요시하고 있다는 것을 나에게 알려주기 때문이며
- 상대방은 나의 기여가 중요하다는 것을 보여주기 때문이다.

■ 사람들은 경청할 자세를 갖춘 사람의 말을 경청한다

해리 클레버그는 언제나 종업원들에게 가족의 한 사람처럼 행동한다. 그는 세계 34위의 식품회사로 포춘지가 선정하는 500대 기업 중 145위인 팜 랜드사의 사장이다. 하지만 그를 월스트리트나 본사에서 만나기는 힘들다. 농업조합을 운영하면서 자신의 운송트럭에서 거의 대부분의 시간을 보내고 있기 때문이다.

팜 랜드사는 22개 주의 25만 농장을 대표하는 1,650개의 농업조합을 소유하고 있다. 클레버그는 조합관계자와 종업원들을 만나기 위해 1년에 약 200일간 여행

을 한다. 이 여행에서 그가 추구하는 것은 사람들을 알고 그들의 말을 경청하는 일이다. 실제로 그는 이 소집단회의를 '청취 초소들(Listening Posts)' 이라고 부른다. 먼 거리에 있는 그와 의사소통하기 어렵다고 불평하지 말라. 그는 당신에게 그러한 태도는 핑계라고 잘라 말할 것이다.

이와 같이 그는 무슨 말이든 수동적으로 듣지 않는다. 그리고 또한 도움을 주고자 한다. 최근 어느 사료제작소에 갔을 때, 그는 다음과 같이 외쳤다. "이곳이 누구 집이죠? 어떻게 이 주위에서 생산물을 얻을 수 있게 되었나요?" 이러한 태도와 행동을 통해 그는 구성원들의 신뢰를 얻었다.

(2) 듣기

듣지 못하면 말하지 못한다. 농아(聾兒)는 듣지 못하기 때문에 말을 못하는 것이다. 농아가 아니면서도 남의 말에 들을 귀를 갖지 않은 사람이 너무 많다. 눈뜬장님이라는 말이 있다. 눈을 뜨고도 보지 못하는 사람을 두고 하는 말이다. 요즘은 세상이 어떻게 빨리 변화하는지 조금만 나태하다보면 눈뜬장님이 될 수 있다. 실제로 지금은 눈뜬장님이 많다. 당신은?

① 잘못 듣는 법

누군가를 이해하기 위해서는 그들이 하는 말을 경청해야 한다. 하지만 문제는 대 부분의 사람들이 경청하는 방법을 모른다는 데 있다.

다음 학기에 무슨 수업을 들어야 할지 결정하기 위해 강의 일람표를 꺼내서 과목들을 살피고 있다고 해 보자.

"음…어디보자.…기하학, 작문, 영문학, 경청법, 잠깐, 경청법? 경청하는 법을 가르친다고? 장난치나 지금?"

놀랄 만도 하다. 하지만 따지고 보면, 그렇게 놀랄 일이 아니다. 듣기는 읽기, 쓰기, 말하기와 함께 의사소통의 네 가지 주된 요소를 이루는 것이니까 말이다. 생각해 보라. 태어나서 지금까지 읽기, 말하기, 쓰기에 관한 공부(수업)는 들어본 적이 있을 것이다. 하지만 듣기에 관한 공부(수업)를 한번이라도 들어본 적이 있는가?

대화를 할 때, 사람들은 자신의 다음 말을 준비하느라 상대방의 이야기를 주의 깊게 듣지 않는 경향이 있다. 다음은 남의 말을 듣는 태도 중 전형적인 잘못된 버릇 다섯 가지로, 대부분의 사람들이 실제로 이런 버릇을 가지고 있다.

■ 잘못된 버릇 다섯 가지

- 멍하니 있기
- 듣는 척만 하기
- 골라서 듣기
- 단어만 듣기
- 자기중심적으로 해석하기

멍하니 있는 것이란, 마음이 전혀 다른 세계를 떠돌고 있어 다른 사람의 말을 무시하는 것이다. 상대방이 아주 중요한 이야기를 하고 있는데, 듣는 쪽에서는 자기 생각에 사로잡혀 있는 것이다. 모든 사람이 가끔씩 멍하니 있는 경우가 있다. 하지만 이런 경우가 지나치게 많으면 '정신 나간 놈' 이란 소리를 듣게 된다.

듣는 척만 하는 것은 더 일반적이다. 말하는 사람에게는 관심 없고, 건성으로 "그래서", "그렇지" 하며 맞장구를 쳐줌으로써, 듣고 있는 척하는 것이다. 하지만 말하는 사람은 곧 눈치를 채고, 자기 말에 귀를 기울이지 않고 있다는 것을 알게 된다.

골라서 듣는 것은, 대화 중에 관심 있는 부분만 집중해서 듣는 것을 말한다. 예를 들어, 친구가 능력 있는 형 덕분에 군대 생활하는 것이 얼마나 편한 것인지를 얘기했는데, 듣는 사람은 오직 '군대' 라는 단어만 듣고는, "그렇지, 군대! 요즘 들어 생각해 봤는데 말이야…" 라고 대답하는 식이다. 다른 사람이 하고 싶어하는 이야기에는 귀 기울지 않고, 자신이 하고 싶은 이야기만 하게 되면 우정이 지속될 수 없다.

단어만 듣는 것은, 집중해서 상대방의 말에 귀를 기울이기는 하지만 표정이나 몸짓, 감정을 놓치는 것을 말한다. 이런 경우에 상대방의 말에 들어 있는 숨은 뜻을 알 수 없고, 결과적으로 정말 말하려는 바가 무엇이었는지 모르게 된다. 한 친구가 "로날도(Ronaldo) 어떻게 생각해?" 라고 물었을 때, 단어만 들었다면 "괜찮은 앤 거 같아" 라고 대답하고 말 것이다. 하지만, 친구의 몸짓과 어조를 유심히 살폈다면, 그녀의 질문이 "로날도가 나 좋아하는 것 같아?" 의 뜻이었다는 것을 알 수 있었을 것이다. 단어만 들어서는 상대방 마음 깊숙한 곳의 감정을 느낄 수 없다.

자기중심적으로 듣는 것은, 자기 자신의 관점에서만 모든 것을 바라볼 때 일어난다. 다른 사람의 입장이 되어 볼 생각은 하지 않는 것이다. 이런 태도를 가진 사람들이 바로 "음, 네 기분이 어떤지 알겠어" 같은 말을 하게 된다. 상대방의 감정을 정확히 알 수는 없다. 알 수 있는 것은 자기 자신의 감정뿐임에도 불구하고, 사람들은 상대방도 똑같이 생각할거라고 제멋대로 단정해 버린다. 자기 멋대로 해석하는 사람은 넘겨짚는 사람이다. "재수 없는 날이라고 그랬냐? 내가 겪은 일에 비하면 아무 것도 아닐 것 뭐"라고 말하는 사람 말이다.

자기 멋대로 해석하는 사람은 크게 세 가지 반응을 보이는데, 세 가지 모두 말하는 이의 마음을 닫아 버리게 만든다. 그 세 가지란 판단, 충고 그리고 캐묻는 것이다.

② 잘 듣는 법

- 말을 멈출 것
- 다른 사람들의 견해를 상상해 볼 것
- 상대방을 쳐다보고 반응을 보이고 관심을 가져 줄 것(공감적)
- 비언어적 신체언어(body language)
- 끼여들지 말 것(인내심을 가질 것)
- 의미에 귀를 기울일 것
- 듣는 동안에는 긍정적인 말만 할 것
- 이해한 바를 확인시켜 줄 것(핵심 요점의 정리)
- 말을 멈출 것(침묵의 기회를 활용할 것)

■ 제대로 듣기

모두들 위에서 보았던 다섯 가지 나쁜 태도를 보인 적은 없는지? 있다면 간혹 한 번 정도? 반면에, 진정한 의사소통으로 이끌어주는 더 높은 수준의 듣기가 있다. 이런 듣기를 '제대로 듣기'라고 부른다. 이 제대로 듣기를 할 수 있게 노력해야 하는데, 이를 위해서는 세 가지 노력을 기울여야 한다.

첫째, 눈과 마음, 그리고 귀를 이용해 들어라. 귀만 가지고 들어서는 안 된다. 의사소통 과정에서 단지 7%만이 단어를 통해 전달된다는 것을 알고 있는가? 나머지는 몸짓(55%)이나, 어조와 목소리를 통해 느껴지는 감정(38%)을 통해 전달된다.

둘째, 상대방의 입장이 되어 바라보자. 제대로 들으려면, 자기의 관점을 떠나 상대방의 관점에서 바라볼 수 있어야 한다. 로버트 버니(Robert Byrne)는 이런 생각을 "다른 사람의 신발을 신고 한 시간쯤 걸어보지 않으면, 그들의 생각을 알 수 없다"는 말로 표현했다. 그들의 관점에 서서 사물을 보고, 그들이 느끼는 것을 느낄 수 있게 노력하라.

셋째, 내용을 재정리해 주자. 거울을 생각해 보자.

거울은 판단하지 않는다. 거울은 충고하지도 않는다. 그저 비춰 줄 뿐이다. 내용을 재정리한다는 것은 상대방의 말과 감정을 자기 말로 다시 한번 정리해 보는 것을 말한다. 그냥 따라 하라는 것이 아니다. 따라 하는 것은 상대방의 말을 앵무새처럼 아무 생각 없이 반복하는 것일 뿐이다.

"어휴, 톰. 요즘 학교생활이 말이 아냐."

"거의 전과목에서 낙제를 먹을 것 같아."

"전 과목에서 낙제를 먹을 것 같단 말이지."

"야, 왜 내 말만 따라 하는 거야? 왜 그래?"

내용을 재정리하는 것은 다음과 같은 면에서 단순히 따라 하는 것과 다르다.

따라 하는 것은	내용을 재정리하는 것은
똑같은 단어를 사용해 말을 반복하는 것으로 무관심과 냉담함의 표시이다.	자신의 단어로 바꾸어서 의미를 빈복하는 것으로 관심과 따듯함의 표시이다.

진실한 마음은 있지만 방법을 모르는 경우는 걱정할 것이 없지만, 반대의 경우는 곤란하다. 진실한 마음과 함께 그 마음을 드러내는 방법도 알고 있다면, 정말 대화를 잘 하는 사람이라고 할 수 있다.

제대로 듣는 것을 실천할 때 내용의 재정리에 필요한 표현이 몇 가지 있다. 다시 한번 말하지만, 이것들의 목표는 상대방의 말과 감정을 자신의 언어로 바꾸어서 말하는 것이다.

■ 내용의 재정리에 유용한 표현들

- "내가 듣기로는, 네가 … 라고 느끼는 것 같은데 말이야."
- "그러니까, 내가 보기에는 … 인 것 같아."
- "네 생각은 … 하단 말이지?"
- "너는 … 라고 느낀단 말이지?"
- "그러니까, 네 말은 … 이지?"

중요한 점. 제대로 듣기가 필요한 때와 장소가 따로 있다. 친구가 도움을 필요로 할 때나 이성 친구와 의사소통에 문제가 있을 때처럼, 중요하고 민감한 주제에 대해 이야기할 때는 반드시 제대로 들어야 한다. 이런 대화는 시간이 걸리는 것으로, 성급하게 임해서는 안 되는 것이기 때문이다. 하지만, 매일매일 사소한 대화에서 이런 태도는 가끔씩 적절하지 못할 때도 있다. 다음 같은 경우를 보자.

"이 봐요. 화장실이 어디죠? 아주 급한데."

"그러니까 당신 말은, 볼일이 급한데 화장실을 찾지 못해서 난처하다는 말이죠?"

■ 제대로 듣기의 실제

다음에 나오는 여동생과 오빠의 대화를 살펴보면서, 제대로 듣기가 생각 없이 듣는 것과 어떻게 다른지 살펴보자.

여동생이 말한다.

"새로 전학 온 학교가 마음에 안 들어. 이사 온 후로는 왕따가 된 기분이야. 새 친구들도 좀 사귀었으면 하는데."

이 이야기에 대한 오빠의 반응은 다음과 같이 나타날 수 있다.

"과자 좀 줘."(멍하니 있기)

"그래?"(듣는 척하는 것)

"친구 이야기구나. 내 친구 중에 바트(Bart)라는 애가 있는데 말이야."(듣고 싶은 부분만 골라서 듣는 것)

"새로운 사람을 좀 만나보는 게 좋을 것 같은데."(충고)

"네가 열심히 애쓰지 않았던 것 아냐?"(판단)

"성적은 잘 나오니?"(캐묻는 것)

하지만, 생각이 있는 오빠라면, 곰곰이 생각하고 대답할 것이고, 대화는 다음과 같이 이어지게 된다.

"학교생활이 힘들겠구나."(생각해서 대답하기)

"최악이야. 친구가 하나도 없어. 타바타 존스(Tabatha Jones)라는 애가 괴롭히는데, 어떻게 해야 좋을지 모르겠어."

"여러 가지로 혼란스럽겠네?"(생각해서 대답하기)

"그래, 지난 번 학교에서는 인기가 많았는데, 여기선 애들이 내 이름도 몰라. 친구들을 사귀려고 애썼는데 잘 안 된단 말이야."

"기분이 말이 아니겠구나."(생각해서 대답하기)

"응, 누가 보면 내가 정신병자인 줄 알 거야. 아무튼 얘기 들어줘서 고마워."

"아냐, 내가 한 일이 뭐가 있다고."

"어떻게 하면 좋을 것 같아?"

경청함으로써, 여동생은 오빠의 충고에 귀를 기울일 만큼 자기 마음을 열 수 있게 되었다. 이제 오빠는 자기 생각을 이야기할 수 있고, 그 생각을 이해시킬 수 있다.

■ 듣기의 십계명

듣는다는 것은 귀로 듣는 것(hearing)과 마음으로 듣는 것(listening)으로 크게 양분된다. 여기에서 듣기란 마음으로 듣는 것을 가리킨다. 이것은 의지력을 요구하는 의식적이고 적극적인 행위이며 자기 자신의 에고(ego)를 억제하고 자기의 권위와 주도권을 일단 접어두고 시작하는 것이다.

이 듣기는 마음의 작용과 연관되어 있어 정신집중이 필요하다. 상대방이 말할 때 정신을 딴 데 둔다든가 공상을 하게 되면 상대방을 바로 이해할 수 없을 뿐 아니라 상대방에 대한 바른 태도가 아니다. 최근 인간관계, 노사관계, 카운슬링 등 다양한 영역에서 듣기의 중요성이 강조되고 있다. 바른 태도로 경청을 하게 될 때 그 모습에서 오히려 많은 것을 느끼고 배우게 되며 인간관계가 원만하게 된다. 따라서 의사소통은 말하기보다는 오히려 듣는 것이라고 한다.

세일즈(L.R. Sayles) 등도 효과적으로 그리고 적극적으로 듣기(effective active listening) 위해서는 다른 사람으로 하여금 말하도록 하며, 듣는 가운데 그가 말하고자 하는 바를 생각하고 요약하고(reflective summarizing), 감정이입의 태도를 들으며, 논쟁을 피하고, 너무 이른 판단을 피하며, 심리학적인 용어를 사용하여 이론적으로 분석하는 일(armchair analysis)을 회피하라고 말한다. 이론적 분석은 상대방이 말할 때 "심리적으로 우울증에 빠진 것 같애"라고 분석하는 일을 말한다. 듣는 사람은 이러한 태도를 볼 때 말하는 사람은 불쾌하게 생각한다.

다른 사람들이 말할 때 우리는, 다섯 가지(무시, 듣는 척, 선택적 경청, 귀 기울여 듣는 것, 자기 입장 없이 듣는 것) 가운데 한 가지 수준에서 듣는다.

효과 있게 듣기(good listening) 위한 십계명

① 말하는 것을 중지하라. 당신이 말하면 당신은 들을 수 없다.

② 말하는 사람을 편안하게 해주어라. 자유스럽게 말하도록 하라. 이것을 때로는 '허용적 환경(permissive environment)'이라 부른다.

③ 당신이 듣고자 한다는 것을 말하는 사람에게 보여줘라. 관심있게 보고 행동하라. 상대방이 말하고 있는 동안 편지나 신문을 읽지 말라. 반대하기보다는 이해하기 위해서 들어라.

④ 주의를 산만하게 하는 것을 없애라. 종이에 낙서를 한다든지, 종이를 이리저리 옮긴다든지 하지 말라. 문을 닫으면 더 조용하지 않겠는가?

⑤ 말하는 사람에 감정을 이입하라. 스스로 상대방의 입장에 서서 그의 관점을 이해하도록 노력하라.

⑥ 참아라. 시간을 충분히 주어라. 말하는 사람을 방해하지 말라. 문을 향해 뛰어가지 말라.

⑦ 노여움을 진정시켜라. 성을 내는 사람은 말을 나쁜 의미로 받아들인다.

⑧ 논쟁이나 비판에 여유 있는 태도를 가져라. 이것들은 사람들을 방어적으로 만들고 화나게 한다. 논쟁하지 말라. 설령 당신이 논쟁에서 이겼다해도 당신은 진 것이다.

⑨ 질문을 던져라. 질문은 상대방을 고무시키고 당신이 지금 경청하고 있다는 것을 보여준다. 질문은 요점을 더욱 개발하는 데 도움을 준다.

⑩ 말하는 것을 중지하라. 이것은 첫 번째 계명이자 마지막 계명이다. 왜냐하면 지금까지 언급한 계명 모두가 이것에 달려있기 때문이다. 당신이 하고 싶은 얘기가 있을 때는 들을 귀가 열리지 않는다. 그래서 말하는 것을 중지하라는 역으로 상대방의 말을 중지시키지 말라로 바꾸면 더욱 좋다. 왜냐하면 상대방도 하고 싶은 말이 있을 때는 들을 귀가 열리지 않기 때문이다.

표 3-1 듣기의 수준

무시	들으려고 노력하지 않는다
듣는 척	듣는 시늉만 보이려고 한다
선택적 듣기	흥미있는 부분에만 귀를 기울인다
귀 기울여 듣는 것	상대방을 공격하기 위한 자기방어적 입장에서 듣는다
자기입장 없이 듣는 것	상대방을 공격할 의사가 없이 상대방의 입장에서 듣는다

경 청
사람의 정신을 살찌게 하는 정신적 영양분

토 | 의 | 과 | 제

누군가 당신의 이야기를 들을 때 5가지 수준 가운데 어디에 해당하는지에 대해 토의해 보라. 그리고 각각의 수준에 대해 하나 이상의 경우를 들어 적어 보고 토의해 보라.

- 멍하니 있기
- 듣는 척만 하기
- 골라서 듣기
- 단어 만들기
- 자기중심적으로 해석하기

(3) 경청의 방법

① 적극적 경청과 공감적 경청

바람직한 경청방법에는 적극적 경청과 공감적 경청을 들 수 있다. 이 두 가지 경청 방법은 상대방의 말을 귀 기울여 듣고 열심히 대화에 참여한다는 것에는 차이가 없다. 그러나 엄격히 구분한다면 적극적 경청은 귀 기울여 듣되 자기 입장에서 듣는 것이고 공감적 경청은 자기입장을 버리고 상대방의 입장에서 듣는 것이다. 그렇지만 지금까지 학술적으로 특별한 구분없이 사용되어 왔다. 그러나 Covey 박사는 진정으로 상대방과의 대화에 성공하기 위해서는 상대방의 입장에서 끝까지 듣는 공감적 경청만이 가능하다고 주장하고 있다.

② 공감적 경청

공감적 경청의 기술은 부분적으로 다른 사람들에게 심리적 여유(감정 표출, 기분 발산, 비판 없이 이해받는 느낌을 주는 여유 공간)를 제공해 준다.

이러한 기술들은 비언어적인 단서로부터 감정을 파악하고, 주의 깊게 들을 수 있게 해 준다. 또한 공감적인 대답을 분명하고 우호적이며, 성실하게 표현할 수 있도록 도와준다. 그러나 이러한 모든 기술이 중요하지만, 타인에게 심리적 여유를 주기 위해서는 태도가 훨씬 더 중요하다. 효과적으로 경청하기 위해서는 배려해 주는 태도와 이해하려는 성실한 자세를 바탕으로 기술을 익혀야 한다.

■ 공감적 경청의 활용

소그룹으로 토의하라. 다음의 진술문에 대해 동의하는지 아니면 동의하지 않는지를 결정하고, 왜 그렇게 생각하는지 그 이유를 설명하라.

① 공감적 경청을 활용하는 것은 좋은 일이나 실제로 너무 장시간이 걸리고, 경청자로 하여금 자제심을 잃게 한다.

② 공감적 경청을 실천하는 사람들은 다른 사람들에게 유약하고, 패-승적 사고와 우유부단한 성격을 가진 것처럼 보인다.

③ 매우 감정적이거나 개인적인 상황에서는 공감적 경청이 효과적이지만 비즈니스 현장에서는 적합하지 않을 것이다.

■ 공감적 경청의 활용이 이상적인 때

3) 대 화

대화라는 단어는 '서로' 또는 '통해서' 라는 의미의 'dia' 와 '말' 이라는 의미의 'logos' 가 결합된 그리스어에서 온 것이다. 따라서 이 말은 "의미가 서로 상통하는" 이란 뜻으로 사용되어져 왔다.

대화라는 단어는 "일상의 경험에 대해 또는 모두가 당연시하는 사항들에 대해 공동으로 질문을 계속해 나가는" 것으로 정의할 수 있다. 대화의 목적은 질문을 하기 위한 틀이나 근거를 찾아내는 데 있다. 즉, 일상의 경험에 관련된 주변 맥락을 보다 깊이 이해하고, 그러한 경험을 인식하기까지의 생각이나 감정의 개입을 성찰해 보는 계기를 마련해 주는 데 그 목적이 있다는 의미이다.

대화를 함에 있어서 우리는 단어의 마디마디뿐만 아니라 단어와 단어 사이의 소위 행간의 의미에 더 관심을 두게 된다. 아울러 결과만이 아닌 행동의 시기 선택에, 그리고 말한 내용보다는 말의 목소리와 억양에 관심을 기울이게 된다. 질문 각각의 개별적 내용들보다 질문의 근거에 대한 의미에 더 귀를 기울이게 된다. 즉, 대화는 사람들로 하여금 전체의 중요성을 경험하게 해주는 상황을 조성해 준다.

대화라는 말은 수백년간 인간이 소규모 집단들에서 서로 이야기를 나누어 왔다는 것을 입증해 주는 아주 오래된 말이다. 이 말이 통상의 '교양 있는' 대담이라는 어감을 주는 것이 아니고, 일단 시작하면 쉽게 그리고 자연스럽게 이루어지는 대담의 의미를 담고 있다. 그래서 대화가 오늘날 수많은 제도화된 장벽들이 있음에도 불구하고 널리 활용되고 있는 이유가 바로 이 때문이다.

대화방법은 목적에 따라서 달라진다. 예를 들면, 대중을 상대로 하는 웅변 · 연설 · 강연 같은 일방적인 대화가 있는가 하면, 기자가 취재할 때처럼 객관적인 입장에서 냉철하게 사실을 파헤치는 방법도 있다.

변호사는 증인의 진술에 있어 모순, 과오, 약점만을 추구하면서 질문을 할 것이며, 세일즈맨은 고객을 설득하기 위해서 독특한 판매화법을 사용한다.

좌담이나 회의에서는 그 나름대로 독특한 방법이 필요하다. 그러나 관리자가 부하와 대화할 때 위에서 말하는 이런 대화를 사용하는 것은 아니다.

관리자의 기본적 임무 중의 하나는 부하를 지도 육성하며 부하를 통해서 업무를 완수하는 일이다. 관리자는 부하의 능력을 길러주고 권한과 책임을 주며, 부하들의 팀워크를 조성하고 자발적으로 일하고 싶은 의욕을 고취하며 사기를 돋구어 주어야 한다.

이를 위해서 관리자는 자기주장을 전달하고 부하를 설득하고 명령하기에 앞서 먼저 부하의 말을 귀담아 듣고 부하의 심중을 헤아려 자기 이야기를 받아들일 준비가 되어 있는지를 확인해야 하며, 또한 그렇지 못하다면 그런 심정이 우러나오도록 만들어야 한다. 이 때문에 사람을 움직이는 가장 중요한 무기는 입이 아니라 귀라고 하는 속담이 생겼을 것이다. 관리자는 종업원 한 사람 한 사람이 자기의 입장이나 임무를 잘 이해하고 책임감을 높이며, 팀워크를 향상시켜 생산성을 높이는 것을 지원하는 대화방법을 사용해야 하며 그러기 위해서는 말을 하는 기술이 아니라 말을 듣는 기술을 연마해야 한다.

(1) 대화의 원칙[4)]

대화는 개념의 착상과 그 적용이 핵심적인 공통의미로 긴밀하게 연계되어 있다는 원칙에 근거하고 있다. 대화의 과정을 통해 사람들은 함께 생각하는 방법을 배운다. 그것은 단지 공통의 문제를 분석하거나 공유지식의 단편을 짜깁기하는 것을 의미하는 것이 아니다. 오히려 대화는 집단적 감수성에 사로잡히는 느낌에서 일어나는 것으로, 생각과 감정 그리고 이로 인한 행동 등이 어떤 개인이 아닌 모두에게 귀속되는 그러한 느낌 속에서 진행되는 것이다.

대화 이론가인 David Bohm이 지적한 바와 같이 사고의 근원을 관찰하게 될 경우 사고는 더 나은 사고를 위해서만 바뀌게 된다. 사람들은 인위적이고 지루한 의사결정 과정 없이도 서로 조화를 이룬 행동의 유형들로 다가갈 수 있으며, 일치된 모습으로 행동에 옮길 수도 있다. 각자가 해야 할 실천 계획을 사전에 설정할 필요도 없다. 마치 새떼가 나무에서 일제히 날아오르는 것처럼 자연적 질서에 따라 움직인다. 팀의 구성원들은 각자가 더 큰 전체에 속해 있기 때문에 스스로 무엇을 해야 하는지(또는 무엇이 최상의 행동인지)를 잘 알고 있다.

MIT의 Dialogue Project를 통해 이러한 과정이 다양한 여건들 아래에서 어떻게 배양되는지를 알 수 있게 되었다. 노사문제나 의료분쟁, 국제정치 전문가들이나 도시지역의 리더들간에 발생되는 대화의 진행 과정들을 통해서 100년의 역사를 지닌 대화 이론을 처음으로 실제에 적용해 보았고, 믿을 만한 방안이 설정될 수 있도록 기존의 이론을 확장할 수 있었다. 이것은 매우 유용한 응용력을 지니고 있는 이론이라는 것으로 판명되었다(이하에서는 대화의 이론과 실천 단계들에 대해 서술하고자 한다).

① 대화의 이론(The Theory of Dialogue)

대화의 이론을 이끌어내는 데 기여한 20세기의 핵심적 사색가를 소개하고자 한다.

철학자인 Martin Buber는 1914년에 사람들의 교류유형을 묘사하는 데 있어서 처음으로 '대화'라는 용어를 사용했다. 사람들은 대화를 통해서 서로에게 진실된 모습으로 다가갈 수 있으며, 상대방을 사회적 기능의 한 주체가 아닌 진정한 인격

4) 박광량 · 손태원, 학습조직의 5가지 수련, 21세기 북스, 1999, pp.362~372.

체로 인정하게 된다고 주장한 바 있다(M. Buber, The Knowledge of Man, Atlantic High- lands, N.J; Humanities Press International, 1988).

심리학자인 Patrick De Mare도 그의 저서 「Koinonia From Hate Through Dialogue to Culture in the Large Group」에서 다음과 같이 주장하였다. 사회집단치료법(social-therapy)을 통해 사람들은 사회 속에 내재되어 있는 문화적 의미들을 더욱 잘 이해할 수 있게 되고, 집단갈등이나 폭동 또는 인종적 편협성 등의 근원을 치유할 수 있도록 그 의미들을 변경할 수 있게 된다고 지적하고 있다.

물리학자인 David Bohm은 대담의 새로운 형태인 이 대화가 사고의 '묵시적 하부구조' 를 표면에 드러내게 하고 이를 변경시키는 데 초점이 모아져야 한다고 주장한다. 대화는 새로운 유형의 관심 집중을 불러일으키게 된다. 즉, 대담의 진행 속에서 당연시 여기는 가정들을 인지하게 되고, 의견의 양극화니 채택방법 그리고 견해차이를 극복하는 처방들을 지각하게 된다. 이러한 인지과정들이 집단적인 것이기 때문에 개인적 성찰로는 이러한 사안들을 표출하기에 역부족이다. 오히려 집단 속에서 이러한 묵시적 과정들을 관찰하거나 경험하는 법을 배워야 한다. 결국 대화의 목적은 의도적으로 집단적 정신집중을 이끌이갈 수 있는 여건을 조성해 내는 것이라고 하겠다(D. Bohm, Unfolding Meaning, Loveland, Colo. : Foundation House, 1985).

② 대화의 수준(levels)

Bohm은 대화를 '초(超) 전도체' 에 비유한 바 있다. 아주 극저온의 전자들은 나누어진 부분들이 아닌 견고한 전체처럼 행동한다. 이들은 서로 충돌없이 장애물들의 주변을 떠다니면서 어떤 저항도 없이 아주 높은 에너지를 방출한다. 그러나 높은 온도에서는 서로 절연된 부분처럼 행동하기 시작하며 무작위적으로 흩어지며 관성을 잃게 된다.

사람들도 특히 어려운 논제들을 다룸에 있어서 서로 단절되고 높은 온도의 전자들처럼 행동한다. 서로 충돌하기도 하고 목적 없이 움직인다. 대화는 집단의 공통관심사에 초점을 맞추면서 보다 냉정한 공유환경을 만들어 내려는 노력이다. 흔히 논의의 장 또는 '컨테이너' 라고 불리우는 이러한 환경의 창출은 집단이 대화과정으로 이행됨에 따라 발생하게 된다. 컨테이너는 어떤 집단이 지니고 있는 신념들과 공유된 의도들 그리고 집단적 가정들의 총합으로 이해할 수 있다. 이들이 대화의 진전을 경험하면서 점차 집단의 분위기나 풍토가 변하고 있음을 감지하게 되며, 자신들의 집단적 이해가 분위기를 바꾸고 있음을 알게 된다.

(2) 즐거운 대화와 설득의 방법

① 즐거운 대화를 위하여(대화의 기술)

사람은 대화 없이 살아갈 수 없다. 대화는 보통 다음과 같은 목적을 달성하기 위하여 필요로 한다. 즉,

- 자기의 의사를 다른 사람에게 전달하기 위하여
- 상대방의 의사를 알기 위하여
- 상대방을 설득하기 위하여
- 다른 사람에 대하여 관심을 갖고 있다는 것을 나타내고 친구를 사귀고 그들과 함께 어울려 지내기 위함이다.

25년간이나 경영관리와 대인관계 분야에 종사한 바 있는 한 전문가의 말에 의하면 성공을 좌우하는 것은 일을 잘 수행해 나가는 능력뿐만 아니라 대화를 잘 하고 못하는 대화능력에도 달려 있다고 말하고 있다. 행복 역시 생각이나 욕망이나 의욕이나 실망을 다른 사람들에게 말로 표현하는 능력 여하에 크게 좌우된다. 고독한 탐험여행에서 돌아온 탐험가는 잡담을 할 상대가 없는 것이 무엇보다도 서글펐다고 말한다. 정신질환자를 다루는 정신분석가들에 의하면 많은 사람들의 불행의 원인은 그들이 어떤 이유로 자기 자신을 표현하지 못하고 생각이나 감정을 자기 내부에 그대로 지니고 있기 때문이라고 한다.

대화를 성공시키기 위하여 다음과 같은 법에 유의하여야 한다.

첫째, 대화는 짤막짤막하고 요령 있게 해야 하며 사이사이에 다른 사람들도 말할 수 있는 기회를 주어야 한다.

둘째, 언어는 대화의 도구이므로 도구성을 충분히 지니고 있어야 한다. 즉, 말하는 사람은 나타내고자 하는 사상이나 사실을 구체화하고 그것을 표현할 수 있는 언어를 구사할 수 있어야 한다.

셋째, 고운 말씨를 써야 한다. 말은 인격의 표현이므로 좋은 말씨의 사용은 말하는 사람의 인격을 돋보이게 한다. “가는 말이 고와야 오는 말이 곱다”라는 속담

이 뜻하는 바와 같이 고운 말씨는 상대방의 좋은 반응을 불러일으킨다.

넷째, 말은 활달하고 흥미 있게 해야 한다. 활달하게 대화를 진행하는 것은 그 자체로서 어느 정도 말에 흥미를 느끼도록 할 수가 있다. 대화 속에 위트와 유머가 깃들면 더욱 흥미롭다. 특히 대화에 경계해야 할 것은 냉소적이며 초월적인 태도이다. 미소를 짓는 명랑한 태도는 듣는 사람을 감동시킨다.

위의 말을 염두에 두고 대화의 계기 마련으로부터 진행에 이르기까지 몇 가지 유의사항을 살펴보기로 한다.

- 대화의 계기를 만들라.
- 화제를 상대방에게로 돌려라.
- 대화할 때 남이 관심을 기울일 화제를 찾아라.
- 대화의 목적이 무엇인가를 생각하라.
- 대화도중 일치점이 있으면 동감을 표시하라.

② 사람을 설득하기 위하여(설득의 방법)

사람을 설득한다는 것은 예삿일이 아니다. 그것을 원만히 해나가는 사람이야말로 대인관계에서 성공할 수 있다. 아래에서 효과적인 설득의 심리과정을 살펴보고자 한다.

- 논쟁(argument)을 피하라.
- 인간성과 잠재의식에 설득의 기반을 두라.
- 상대방의 잘못을 지적하지 말라.
- 상대방의 면목을 세워 주어라.
- 자기의 의견을 부드럽고 확실하게 말하라.

사례

부부의 대화

무심코 던진 한마디가 부부싸움이 된다. 그리고 이혼이란 막다른 골목까지 밀리게 된다.

■ 상황 1

5월 어느 날 부부가 남편 친구 아들의 결혼식에 참석, 결혼식장은 공군사관학교 교정, 결혼식이 끝나고 부부는 잘 단장된 사관학교 교정을 구경했다.

아내 : 와! 좋다. 정말 좋다(감탄하며…).

남편 : 시집 잘 온지 알아(퉁명스럽게).

아내 : 흥. 정말 시집을 잘 왔다면 지금쯤 나이아가라 폭포 구경갔겠다.

남편 : 주제파악 좀 해라. 주제 파악(핀잔의 소리)

아내 : 당신은 뭐가 잘 났어. 우리 아이 이런 곳에서 결혼시킬 수 있어(토라지며).

남편 : 이 여편네가 못할 소리가 없네.

이 부부는 각자 집으로 돌아 왔다.

■ 상황 2

같은 장소

아내 : 와! 좋다. 정말 좋다(감탄하며…).

남편 : 시집 잘 와서 그렇지(퉁명스럽게).

아내 : 그래요. 당신 덕분에 이렇게 좋은 곳을 구경하다니 감사해요(참으며).

남편 : 뭘 다음엔 더 좋은 곳 데려갈게(미안해 하며).

아내 : 아니에요. 이 정도로도 충분해요(맑은 목소리로).

남편 : 당신 오늘 저녁 뭘 먹고 싶어? 말만해 뭐든지 다 사 줄게.

이 부부는 오순도순 집에 돌아왔다.

PART 4

治國 치국

1. 정 치
2. 권 력
3. 위민과 위국

大學의 가르침

수신 · 제가 이후에 치국하라

치국의 핵심은 제가에 있다고 하였다. 그 이유는 말할 것도 없이 고래로 집안이 다스려지지 못하고서 그 나라가 다스려졌다는 예는 볼 수 없는 일이기 때문이다. '가인이후국치(家人而後國治)' 가 바로 그것이다.

치국의 핵심은 제가에 있는 이상, 효(孝) · 제(弟) · 자(慈) 등의 덕이 치국에도 필요함은 말할 것도 없는 일이다. 왜냐하면 효(孝)하는 자가 임금을 섬길 때 비로소 충(忠)이 될 수 있다.

효경(孝經)에 '군자지사친효, 고충가이어군, 사형제, 고순가이어장, 거가리, 고치가이어관(君子之事親孝, 故忠可移於君, 事兄弟, 故順可移於長, 居家理, 故治可移於官)' 이라 한 것이 바로 그 뜻이다. 또 치국자의 덕으로 인(仁)을 들고 있다.

서경에 이르기를 즐거워라 군자여, 백성의 부모로다 하였으니 백성들이 좋아하는 바를 좋아하며 백성들이 싫어하는 바를 싫어한다. 이러한 사람이 백성의 부모라고 말한 것이다(詩云樂只 君子 民之父母 民之所好好之 民之所惡惡之 此之謂). 또한 민중을 얻으면 곧 나라를 얻게 되고 민중을 잃으면 곧 나라를 잃게 된다. 그럼으로 군자는 먼저 덕을 쌓아야 한다. 덕이 있으면 사람이 따르게 되고 사람이 따르면 이에 땅이 있게 된다. 땅이 있으면 이에 재물이 있게 되고 재물이 있으면 이에 쓰임이 있게 된다. 덕이란 근본이요 재물이란 말단이다(道得衆則得國 失衆則失國 是故 君子 先愼乎德 有德此有人 有人此有土 有土此有財 有財此有用 德者本也 財者末也).

조정에서는 벼슬 만한 것이 없고, 향리에서는 나이가 많은 것보다 더 나은 것이 없으며, 나랏일을 잘 하고 백성을 잘 다스리는 데에는 덕만 한 것이 달리 없느니라.

– 증자(曾子) –

曾子曰, 朝廷 莫如爵 鄕黨 莫如齒 輔世長民 莫如德

증자왈 조정 막여작 향당 막여치 보세장민 막여덕

관직에 있는 자로서 마땅히 지켜야 할 법은 오직 세 가지가 있으니 청렴한 마음과 신중함과 부지런함이다. 이 세 가지를 알면 몸 가질 바를 알 것이니라. - 동몽훈(童蒙訓) -

童蒙訓 日, 當官之法 唯有三事 日淸日愼日勤 知此三者 知所以持身矣

동몽훈 왈 당관지법 유유삼사 왈청왈신왈근 지차삼자 지소이대신의

관직에 있는 자는 반드시 심히 화내는 것을 경계하라. 일에 옳지 않음이 있거든 마땅히 상세하게 처리하면 반드시 맞지 않는 것이 없으리라. 만약 화부터 먼저 내면 오직 자신을 해롭게 할 뿐이다. 어찌 남을 해롭게 할 수 있겠는가?

當官者 必以暴怒爲戒 事有不可 當詳處之 必無不中 若先暴怒 只能自害 豈能害人

당관자 필이폭노위계 사유불가 당상처지 필무불중 약선폭노 지능자해 기능해인

정치를 하는 요체는 공정함과 깨끗함이며, 집을 이루는 도는 검소함과 부지런함이니라. - 경행록(景行錄) -

景行錄 云 爲政之要 日公與淸 成家之道 日儉與勤

경행록 운 위정지요 왈공여청 성가지도 왈검여근

관직을 다스림에는 공평함 만한 것이 없고, 재물을 대할 때는 청렴함 만한 것이 없느니라. - 충자(忠子) -

忠子日 治官 莫若平 臨財 莫若廉

충자왈 치관 막약평 임재 막약염

1. 정치

1) 치국(治國)과 정치(政治)

치국(治國) ↔ 정치(政治) ↔ 경제(經濟)

나라를 다스리는 가장 대표적인 방법이 정치요, 정치의 집중표현은 경제이다.
"한 나라를 다스리는 가장 좋은 것은 바른 글(正+文)로 다스리는 것이다.
바른 글로 다스리면 백성(국민)이 잘 살게 된다."
이것이 경제(經濟), 즉 경세제민(經世濟民)이다.

대학(大學)에서 치국(治國)의 핵심이 제가(齊家)에 있다함은 효(孝)·제(弟)·자(慈)하는 자가 임금을 섬길 때 비로소 충(忠)이 되기 때문이라 했다고 했다. 효경에는 치국자의 덕(德)으로 인(仁)을 들고 있고 서경에 군자(君子)는 백성이 좋아하는 것을 좋아하고 백성이 싫어하는 것을 싫어하라. 그래야 백성의 부모로다 하였다.

또한 민중을 얻으면 곧 나라를 얻게 되고 민중을 잃으면 곧 나라를 잃게 된다. 그러므로 군자(君子)는 먼저 덕(德)을 쌓아야 백성이 따르게 된다고 하였다.

치국(治國)은 곧 정치입국(政治立國)의 준말이다. 즉, 치국이란 바른(正) 글(文)로 다스리면(治) 나라가 바로 선다(立國)는 것이다. 그런 의미에서 치국은 정치를 통하여 이루어내는 것이다. 그래서 나는 치국(治國)의 현대적 의미는 "자기 뜻을 세상에 펴는 것, 그래서 그 뜻으로 나라를 다스려 나라를 바로 세우는 것"이라고 정의한다. 치국은 다른 의미로 한 기업을 경영함에 있어서도 같은 원리이다. 기업경영도 자기 뜻을 세상에 펴는 일이다. 난 이러한 일을 출세(出世)라고 한다. 출세(出世)는 출생(出生)과는 다르다. 출생은 신체적 태어남이다. 출세(出世)는 자기의지로 세상에 다시 태어남이다. 출세에는 의지가 있어야 한다. 그러나 출생은 무의지다. 사람에게 가장 중요한 것은 의지다.

세상에 자기 뜻을 펴려면 먼저 제가(齊家), 가정을 가지런히 해야 한다. 가정을 가지런히 하는 사람은 수신(修身)이 된 사람이다. 수신 · 제가하지도 못하고 세상 일에 참견하고 자기 뜻이나 펴려고 하면 사람들은 "너나 잘해" 한다. 그들이 말하면 아무런 영향력이 없다. TV에 나왔던 수많은 고관들, 얼마 지나면 고개 들지도 못하고 부끄러운 모습으로 TV에 비춰지는 일을 수없이 많이 보았다.

치국은 정치로 나라를 세우는 것이다. 그래서 수신(修身) 이후에 제가(齊家)하고 제가 이후에 치국(治國)하고 치국 이후에 평천하(平天下)하라는 공자의 말씀을 새겨야 할 때가 바로 지금이다.

무신불립(無信不立)

자공(子貢)이 공자(孔子)에게 정치(政治)의 근본원리를 물었다.

공자는 정치의 근본은 식(食)과 병(兵)과 신(信)이라고 말했다.

현대적 의미를 설명하면 식(食)은 식량의 증산으로 민생을 도모하여야 한다는 뜻이고, 병(兵)은 병기(兵器)를 강화하여 국방태세를 갖추어야 한다는 뜻이고, 신(信)은 국민을 가르쳐 신의 사회를 건설해야 한다는 뜻이다.

자공이 공자에게 다시 물었다, 이 셋 중에 하나를 버린다면 어느 것을 버려야 합니까? 공자는 병(兵)이라고 했다. 자공은 무시 물었다.

공자는 다음은 식(食)이라고 했다. 만백성이 신의가 없다면 나라가 바로 설 수 없다는 것이다.

삼강오륜의 군신유의(君信有義), 즉 의(義)는 믿음이다.

- 논어(論語), 안연편(顔淵編) -

2) 논어(論語)편

(1) 계강자가 여쭈었다. "백성으로 하여금 경건케 하고 충직케 하여 스스로 권면케 하려고 한다면 어떻게 해야 좋겠습니까?"

공자께서 말씀하시었다. "자신을 장엄케 하여 사람을 대하면 백성이 경건하게 되고, 자신이 효성스러움과 자비로움을 실천하면 백성이 충직하게 되고 선한 자들을 등용하고 능력이 부족한 자들을 잘 교화시키면 백성들이 스스로 권면하게 될 것이요."

李康子問 : "使民敬忠以勸, 如之何?"
子曰 : " 臨之而莊, 則敬; 孝慈, 則忠; 擧善而教不能, 則勸."
계강자문 : "사면경충이권, 여지하?"
자왈 : "임지이장, 즉경 ; 효자, 즉충 ; 거선이교불능, 즉권."

계강자의 질문은 어떻게 하면 인민(人民)들이 경건하게 되고 충직해져서 활발하게 자발적으로 자기 일에 충실하게 될 수 있는가를 묻는 것이다. 이에 대한 공자의 대답은 항상 그러하듯이 그 주어를 이동시키고 있다.

여기 계강자의 질문은 민(民)을 주어로 하는 것이다. 민(民)이 경(敬)하고 충(忠)하여 권(勸)하게 될려면 어떻게 해야 하는가? 당연히 그 질문에 대한 대답의 주체는 민(民)이 되어야 한다. 그러나 공자는 역습을 감행한다. 민(民)이 경충이권(敬忠以勸) 할 수 있는 것은 민(民)에게 달려 있는 것이 아니라 이 질문을 던지고 있는 바로 그대의 마음자세, 바로 그대의 삶의 자세에 달려있다는 것이다. 민(民)의 경충(敬忠)에 대하여 그 주어를 민(民)에서 군(君)으로 이동시키고 있는 것이다.

민(民)이 경(敬)하게 될려면 바로 그대 자신이 위엄 있는 경건한 삶의 자세로써 민(民)을 대하면 될 것이다. 뭘 백성에게 따로 바랄 게 있는고! 민(民)이 충직하게 되기를 원한다면, 바로 그대 자신이 부모에게 효도를 다하고, 바로 그대 자신이 아랫사람에게 자애로운 덕성을 보이면 될 것이다. 뭘 따로 바랄 게 있는가? 백성들이 자기 일에 충실하게 권면하기를 바란다면, 능력이 부족한 자를 교화시키면 될 것이다. 뭔 딴 방법이 있겠는가?

여기 마지막 구절의 '거선이교불능즉권(擧善而教不能則勸)'은 또 하나의 해석이 가능하다. 그것을 인재등용을 관한 이원적인 대립의 구문으로 보지 않고 백성에 대한 군주(君主)의 마음자세로서 일관되게 해석되는 것이다. "백성들의 잘 하는 면을 들어서(칭찬하여) 그들이 못하는 면을 가르쳐주면"이라는 식의 권면의 맥락으로 풀이하는 것이다.

백성이 바르게 되기를 원하고자 한다면 다스리는 자 그대 스스로가 먼저 바르게 되시오! 라는 공자의 준엄한 타이름은 항상 들어도 끊임없이 우리의 가슴옷깃을 여미게 만든다. 타인에게 바름을 원한다면 내가 먼저 바르게 되어야 하지 않을까?

이러한 공자의 이상주의는 당시의 냉혹한 노나라의 현실에는 참으로 어울리기 힘든 말들이었다. 그러나 그럴수록 공자는 자신을 굽히지 않고 현실과 타협함이 없이 보다 고원한 인간의 도덕과 이상을 토로했다는데 시공을 초월하는 그의 가치가 존하는 것이다(김용옥, 도올 논어 2, pp.186~197).

(2) 자장이 공자에게 녹을 구하는 법을 배우려 하였다. 공자께서 말씀하시었다 : "많이 듣되 의심나는 것은 빼어 버리고 그 나머지를 삼가서 말하면 허물이 적어진다. 많이 보되 위태로운 것은 빼어 버리고 그 나머지를 삼가서 행하면 후회가 적어진다. 말에 허물이 적고 행동에 후회가 적으면, 녹이 바로 그 가운데 있는 것이다.

子張學干綠. 子日 : "多聞闕疑, 愼言其餘, 則寡尤 : 多見闕殆, 愼行其餘, 則寡悔,
言寡尤, 行寡悔, 綠在其中矣."

자장학간록. 자왈 : "다문궐의, 신언기여, 즉과우 ; 다견궐태, 신행기여, 즉과회.
언과우, 행과회, 녹재기중의."

공자는 말한다.

"먼저 될 수 있는 대로 많이 듣고 보아라! 경제적 · 정치적 성공의 추구 이전에 그러한 목표를 달성하기 위해서 인간이 실천해야 할 과제 상황은 '문견(聞見)' 이라고 공자(孔子)는 갈파한다. 먼저 많이 들어라! 여기서 말하는 '다문(多聞)' 이란 다양한 가치관이나 체험의 수용이다. 그러나 여기에는 조건이 있다. 의심이 나는 것은 빼놓으라는 것이다."

여기 " '빼놓다' 에 해당되는"궐(闕)이라는 글자의 의미는 서양철학에서 말하는" 에포케(epoke)와도 같은 것이다. '빼놓음' 은 삭제나 무시를 의미하는 것이 아니라 '판단의 중지'를 의미하는 것이다. 불안한 사태에 대해서 우리가 행하여야 할 것은 그에 대한 일체의 가치판단을 보류하는 것이다. 그것은 당분간 '괄호' 속에 집어넣는 것이다. 그 괄호 속에 집어 넣고 남은 것, 다시 말해서 의심스럽지 아니한 것만을 조심스럽게 말하면 곧 허물이 적을 것이다. 많이 보아라! 많이 체험하라! 단 위태로운 것을 괄호에 집어넣어라! 그리고 위태롭게 아니한 나머지를 신중하게 행하면 후회가 적을 것이다. 이렇게 말에 허물이 적고, 행동에 후회가 적다면 세속적 성공은 바로 그 속에 있는 것이 아닌가? (김용옥, 도올 논어 2, p.179)

(3) 어떤 사람이 공자에게 일러 말하기를 "선생님께서는 어찌하여 정치를 하지 않으십니까?"하자, 공자께서 말씀하시었다 : "「서경」에 "효성스럽도다, 효성스럽도다. 형제간에 우애가 깊도다. 이를 정치에 베풀도다"라고 하였으니, 이 또한 정치함이 아니겠는가? 어찌 내가 직접 정치하는 것만이 정치라 할 수 있겠는가?"

或謂孔子曰 : "子奚不爲政?"
子曰 : "書云 : '孝乎惟孝, 友于兄弟, 施於有政.' 是亦爲政, 奚其爲爲政?"
혹위공자왈 : "자해불위정?"
자왈 : "서운 : '효호유효, 우우형제, 시어유정.' 시역위정, 해기위위정?"

정치의 궁극적 목적이 무엇인가? 그것은 '정치함'에 있는 것은 아닐 것이다. 나의 삶의 정치에로의 참여, 그것만이 위정(爲政)의 유일한 길은 아니다. 공자(孔子)는 말한다. 나는 살고 있다. 나는 제자들에게 부모님께 효도함을 가르치며, 형제간에 우애함을 가르치고 있다. 그리고 내가 그러한 삶을 실천하고 있다. 이러한 나의 삶, 이것이 바로 정치가 아닌가? 하필 내가 벼슬길에 또 오르는 것만이 정치를 행함일까? 이것은 분명 말년의 공자의 삶에 대한 괴로운 변명이다. 그러나 그것은 동시에 동아시아 문명권의 뜻 있는 선비들에게 정치에 초연하여 문화적 가치에 삶을 헌신할 수 있게 만든 위대한 초탈의 언사였던 것이다(김용옥, 도올 논어 2, p.213).

2. 권력

1) 권한과 권력

(1) 권한

권한(authority)이란 조직목표의 달성을 위하여 과업이 잘 진행되게 할 수 있는 권리(right to act), 혹은 다른 사람에게 과업을 잘 수행하도록 명령할 수 있는 권리(right to command others to act)이다. 이 같은 권한의 정의에 있어 가정 중요한 용어는 '권리(權利)' 라는 말이다. 이는 우리의 모든 상황에서 합법성(정당성)을 구체화해 주고 있는 용어이다. 그런 의미에서 권한은 명령하는 권리이며, 복종시키는 힘이다.

그리고 권한은 조직 내에서의 직위(one' position)와 관련된 개념인 것이다. 그래서 각 관리직위에는 그 직위의 서열이나 명칭에 따라 재직자가 얻게 되는 구체적이고 고유한 권리가 내재해 있다. 그리고 이 같은 권리는 그 직위의 재직자 개인과는 직접적으로 관계가 없다. 즉, 권한은 직위에 내재되어 있기 때문에, "국왕이 서거하였다(King is dead); 국왕만세(long live the king)"와 같은 표현은 권한의 개념을 잘 설명해 주고 있다. 또한 권리(right)도 직위에 내재해 있기 때문에, 어떤 직위에 취임 즉시, 그 직위에 수반되는 권한을 부여받게 되는 것이다. 물론 그 직위의 재직자가 그 직위를 사퇴하게 되면 그 권리는 상실되는 것이다.

한편 여러분이 미래의 관리자 위치에 서게 되면 직위(무)상의 권한만이 아니라 이를 보완하는 개인적 권한(지식, 경험, 도덕적 가치관, 리더십 등)이 절대로 필요하다. 직위상 주어진 권력을 권한위양설이라 하고 개인적 능력에 의해 다른 사람이 그 능력을 받아들여져 생긴 권력을 권한수용설이라고 한다.

권한 행사에는 책임이 따르고 책임은 권한의 필연적인 결과이므로 양자는 분리되어 생각할 수 없으며 그 크기는 같아야 하므로 이를 "권한과 책임의 균등화 원칙"이라고도 한다.

또한 권한은 행동을 취할 권리(right)와 제반자원을 활용할 권리를, 관리자가 의사결정을 하고 조직을 대신해서 행동을 위한 권리를, 명령을 내리고 업적 또는 복종을 요구하고 행동을 취하고 최종적인 의사결정을 하는 권리 또는 권력(power)을 의미하며, 조직목표의 달성을 위해 과업이 잘 수행되게 할 수 있는 권리, 혹은 다른 사람에게 과업을 잘 수행토록 명령할 수 있는 권리라고 정의되기도 한다.

(2) 권력

① 권력(power)이란?

권력은 행사자가 자신의 자원 · 힘 · 지식을 바탕으로 타인에게 영향력을 행사하거나, 타인의 행위에 적용을 할 수 있는 능력을 말한다. 이에 반해 권한(authority)이란 행사자가 사용할 수 있는 권력 중의 하나인 합법적 권력(legitimate power)을 말한다.

권력이란 영향을 미치기 위한 리더의 잠재력(leader's influence potential)이다. 다시 말해서 권력이란 리더로 하여금 다른 사람들을 그의 지시에 순종하게 하거나 다른 사람들에게 영향을 미칠 수 있게 하는 수단인 것이다.

경영자들은 이러한 권력을 가짐으로써 타인에게 영향력을 행사하여 조직의 목표를 달성하기 위한 제반활동을 관리할 수 있다. 따라서 권력은 리더십의 핵이며 바탕이다. 권력이 없다면 리더십이 존재할 수 없다. 리더와 비리더를 구분하게 만드는 것은 리더가 타인들에 영향력을 행사할 수 있는 능력, 즉 권력을 가졌느냐의 여부이다. 경영자는 하급자들로부터 자발적이든 비자발적이든 복종을 얻기 위해 공식적인 권한을 사용하겠지만, 리더는 자발적인 지지를 끌어내기 위해 설득이나 회유의 방식으로 비공식적 권력에 의존할 수도 있다. 경영자는 리더가 되어야 성공할 수 있다.

② 권력의 원천

프렌취와 레이븐(J.R.P. French, Jr. & B. Raven)은 개인권력(individual power)을 지위권력(position power)과 개인적 권력(personal power)으로 구분하고 지위권력의 원천으로서 각각 보상적 · 강제적 · 합리적 권력을 개인적 권력의 원천으로서 준거적 권력과 전문적 권력을 제시하였다. 이를 구체적으로 설명하고

자 한다.

■ 보상적 권력(reward power)

보상적 권력은 권력의 근원으로써 타인에게 보상을 해줄 수 있는 자원과 능력을 가진 경우를 지칭한다. 조직적 맥락에서 관리자는 봉급인상, 승진, 업무할당, 더 많은 책임감 부여, 새로운 설비의 제공, 칭찬, 충고나 조언, 부하직원들에 대한 호감 등과 같은 잠재적 보상물을 갖고 있다. 이러한 권력의 목표는 이와 같은 보상을 가치있게 하는 것이다.

■ 강제적 권력(coercive power)

강제적 권력은 긍정적인 보상을 부여할 능력을 가진 보상적 권력과는 달리 공포와 두려움에 기반한다. 이 권력을 가진 사람은 타인에게 처벌을 가하거나 불쾌한 결과를 가져올 능력을 가진다. 이는 최소한 타인에게 처벌이나 좋지 않은 결과를 얻을 수 있다는 위협을 느끼게 한다. 조직적 맥락에서 부하직원을 해고하거나 징계할 때 또는 봉급을 제한할 때 등의 권력을 의미한다.

■ 합법적 권력(legitimate power)

합법적 권력은 행위자가 자신에게 미치는 어떠한 영향이 합법적이라고 가치부여하고 내면화할 때 발생한다. 이들은 스스로 이 권력을 수용할 의무를 느낀다. 이렇게 본다면 이 합법적 권력은 앞에서 논의한 권위와 유사한 개념이 되며 보상적 권력, 강제적 권력과도 연결된다.

■ 준거적 권력(referent power)

준거적 권력은 권력을 갖지 않은 사람이 권력을 장악한 집단과 스스로를 동일시하려는 욕구에서 도출되며 권력 수행자에 대한 개인적 충성심을 동반한다. 이것은 권력을 가진 사람들이 매력적이거나 바람직한 자원 또는 인간적 특성을 가졌다고 생각하기 때문에 그 개인의 권력을 인정하는 것이다.

■ 전문적 권력(expert power)

전문적 권력은 제한된 영역에서 전문능력을 가진 경우를 의미한다. 이 권력은 앞의 네 가지 권력보다 더 권력대상자의 인식에 훨씬 더 의존한다. 즉, 권력수행자는 믿을 만하고, 적합하고, 능력 있다고 인정되어야만 한다. 이러한 전문 분야

그림 4-1 권력의 근원과 권력과정

권력의 근원	권력과정	권력대상자 요인	권력수행자 조건
• 보상적 권력 • 강제적 권력 (수단-목적 통제)	순응	처벌보다 상을 선호	지배
• 준거적 권력 • (매력)	동일시	권력수행자와 자기만족의 우호적	독특성
• 전문적 권력 • 합법적 권력 (신뢰성)	순응	가치내면화로 권력수행자와 일치감 형성	존경

에 대한 신뢰성(credibility), 적합성(relevance), 유용성(usefulness)은 권력수행자가 특정 지식을 가지고 있다는 것을 확실히 보이고 증명해야 형성될 수 있다.

이상으로 권력의 근원에 대하여 살펴보았다. 보상적 권력과 강제적 권력, 그리고 합법적 권력은 구조적 차원의 권력이라 할 수 있고, 전문적 권력과 준거적 권력은 개인적 차원의 권력이라 할 수 있다. 이들은 서로 분리되기보다는 상호 연관되어 있다. 예를 들어, 강제적 권력이 많은 사람이 준거적 권력을 적게 갖거나, 합법적 권력이 많은 사람이 동시에 보상적 권력이나 강제적 권력을 가질 수 있다. 또한 시기와 상황에 따라 권력의 근원이 달라질 수도 있다.

③ 권력과 리더십의 관계

권력과 유사한 개념으로서 영향력(influence)이 있다. 영향력도 권력처럼 구성원의 행동을 변화시키는 능력이 있다.

알렌과 포터(Allen & Porter)는 영향력을 개인 또는 집단이 의도된 효과를 낳기 위해 조직이 기대하는 과정이라고 한다. 권력과 영향력이라는 용어가 혼용되어 양자를 개념상으로 뚜렷이 구분하는 것이 어려우나 권력보다는 영향력이 보다 광범위하게 사용되고 있는 개념이며, 권력과는 달리, 영향력은 다른 사람의 행위뿐 아니라 심리적이고 주관적인 만족에도 영향을 미치는 것이라고 구분할 수 있다. 그러나 영향력은 권력보다 우회적이고 간접적인 방법을 사용하는 경향이 있다. 결국, 권력은 그것을 행사하는 사람의 입장에서는 목표를 달성하는 데 영향력보다는 더 직접적이고, 쉽고 편한 방법을 사용하는 것이다.

권력은 다른 사람의 행동을 조정하거나 변화시킬 수 있는 능력인데, 이것이 반드시 합법적(legitimate)인 속성을 지닌 것은 아니다. 비합법적인 강제력(coercion)도 권력에 포함된다.

- 권위주의적 리더십 – 강제적, 보상적 권력
- 카리스마적 리더십– 준거적, 전문적 권력
- 민주적 리더십 – 합법적 권력

④ 사회화된 권력과 개인화된 권력

권력의 기반(base of power)과 관련되어 사회화된 권력과 개인화된 권력으로 구분하는 학자들이 있나. 이 개념은 구성원이 권력을 인정하는 데 있어서 출발점이 되기 때문에 중요한 의미를 지닌다.

사회화된 권력(socialized power)은 건설적인 조직의 목표를 달성하기 위한 방향으로 행사되는 권력을 말한다. 예를 들면, 고객만족을 높이기 위해 경영자가 일련의 조치를 취하는 데 있어서 권력을 획득하고 행사한다면 그것은 사회화된 권력이라고 할 수 있다. 이에 비해서, 개인화된 권력(personalized power)은 권력자 개인의 편의와 이익을 위해서 권력을 행사하는 것을 말한다. 예를 들면, 최고경영자가 자신의 사저를 개수하는 데 회사 직원을 대대적으로 동원하고 회사의 장비를 멋대로 사용하도록 한다면 이것은 개인화된 권력을 행사하는 것이다. 조직내 권력 행사는 사회화된 권력행사가 바람직한 것이지만, 개인화된 권력행사로 인해 조직내 갈등을 빚는 사례를 우리는 주변에서 자주 볼 수 있다.

| 표 4-1 | 권한과 권력

차이의 기반(基盤)	권한	권력
정의	권리(right)	능력(ability)
근거	직위	개인적 특성
목표	전체의 이익	개인 또는 집단의 이익
집행자	관리자	리더
행동준거(準據)	준수(遵守)	의존(依存)

2) 임파워먼트

(1) 임파워먼트의 정의

① 사전적 의미

임파워는 사전적으로 "파워 또는 권한을 주다"는 뜻 이외에 'enabling'과 같은 뜻으로 정의되고 있는데, 여기서 'enabling'이란 단순히 권한을 주는 것과는 달리 자신의 능력에 대한 강한 자신감과 신념을 갖도록 지원해주는 것을 의미한다.

'empower'란 단어를 살펴보면 'empower'란 'em'의 접두어에 'power'를 혼합시킨 단어로서 어원에 따라 이 단어를 풀이하면 "파워를 부여한다"로 해석되는데 empower의 통용되는 사전적인 의미는 크게 두 가지로 나누어진다.

첫 번째 임파워의 의미는 "법률상…에게 권한을 부여하다, …할 권력을 위임하다"의 뜻으로 파워를 권한, 권력의 의미로 해석하였다. 두 번째 의미는 "…할 능력(자격)을 부여하다, …하도록 하다, …할 것을 …에게 허용하다"는 뜻으로 파워를 능력의 의미로 해석하였다.

② 관계구조적인 의미

먼저, 관계구조적 측면에서 본 임파워먼트는 조직구성원에게 활력을 불어넣기 위한 권한부여, 조직내의 일정한 권한배분이다.

이는 위에서 살펴본 임파워먼트의 첫 번째 사전적 의미로서, 파워를 Zero-Sum적으로 접근하여 해석한 것이다. 즉, 임파워먼트란 조직구성원을 힘있게 하기 위해 권한을 조직구성원에게 부여하는 과정 또는 조직내의 일정한 권한을 배분하거나 법적인 파워를 조직구성원에게 배분하는 과정으로 해석한 것이다. 이는 조직내에 정해져 있는 범위 안에 있는 권한을 알맞은 사람에게 적절히 배분하여 그 사람이 업무를 수행하는 데 힘있게 해줌과 동시에 하위구성원들이 권한이 부여된 사람에게 순종함으로써 조직목표를 성취하려 하는 것이다. 즉, 적절한 파워 이동을 통한 파워의 균형을 꾀하는 과정이다.

따라서 자연스럽게 임파워먼트의 연구는 목표에 의한 관리, 품질서클, 목표설정 등과 같이 조직을 효과적으로 운영하기 위해 권한을 적절히 배분하는 방법을 모색하는 데 연구의 초점을 두었다. 그러나 과거 권한배분의 의미로 통용되었던 임파워먼트는 1970년 이후 심리학자들이 파워의 의미를 동기부여적 관점에서 접근함으로써 임파워먼트를 심리학적 측면에서 파악하기 시작하였다.

③ 동기부여적인 의미

그 다음으로 동기부여적 측면에서의 임파워먼트는 "…을 할 수 있다는 신념"이 형성되는 과정이라 할 수 있다. 즉, 임파워먼트에 대해 단지 권한위양에만 초점을 두지 않고, 개인의 심리과정에도 초점을 두었다.

1 자신감(self-efficacy) -자기효능감

동기부여적 측면에서의 임파워먼트는 부하의 능력의 초점을 신념에 둔 것으로 조식구성원의 노력-수행-기대 또는 긍정적인 개개인의 자신감에 대한 마음의 상태를 증대시키는 것으로 "할 수 있는 신념(belief of enabling)"을 부여하는 과정으로 표현될 수 있다.

한편, Conger와 Kanungo(1988)은 임파워먼트란 "과업에 대한 자신감(self-efficacy)으로 구성원은 과업을 부여받은 것이 아니라 그들 스스로 그들의 일을 수행하기 위하여 스스로 노력하게 되고 또 일을 수행하게 되는 것이다"라고 하고 있다. 따라서 임파워먼트를 'enabling'의 뜻으로 사용하면 단순히 상사의 입장에서 주는 것뿐 아니라 부하의 입장에서 받는 것도 포함되어 있기 때문에 부하가 임파워먼트 됐다는 것을 알 수 있다. 즉, 상사의 입장에서 임파워먼트시킨다는 것은 부하로 하여금 자신의 능력에 대한 자신감(self-efficacy)을 가질 수 있도록 하는 행동을 의미하며, 부하의 입장에서는 임파워먼트되었다는 것은 부하가 자신의 능력에 대한 강한 자신감과 신념을 갖게 됨을 뜻한다.

2 내적 직무 동기(intrinsic task motivation)

Thomas와 Velthouse(1990)는 "임파워먼트의 인지적 요소로서 과업수행에 대한 자신감(self-efficacy)을 '내적 직무동기'로 확장시켜 임파워먼트는 권한을 부여하는 것이 아니라 더 나아가 개개인의 역량(capacity)과 에너지를 극대화시키는 것이다"라고 언급했다. 또한 이들은 3가지 측면에서 기존 임파워먼트의 개념을 동기부여 개념으로 확장시켰는데 그 내용을 보면 다음과 같다. 첫째, Conger와 Kanungo(1988)가 임파워먼트를 자신감(self-efficacy)으로 언급했다면 이들은 내적 과업동기를 임파워먼트라고 하였다. 둘째, 과업수행자신감을 4가지 과업측정, 즉 영향력(impact),

능력(competence), 의미감(meaningfulness), 선택(choice)으로 세분화시켰으며, 세 번째로는 구성원이 과업을 측정하고 인지적으로 해석하는 과정에서의 동기부여적 지각상태를 강조하고 있다. 또한 Spreitzer(1995, 1996)는 심리학적 측면에서의 임파워먼트를 구분하였는데, 내적 직무동기, 즉 직무에 대해 느끼는 역할 영향력(impact), 역할수행능력(competence), 역할의미감(meaningfulness), 자기결단력(self-determination)의 정도를 증진시키는 과정으로 파악하였다. Spreitzer(1995)가 제시한 임파워먼트의 개념을 보면, 각 개인이 직무수행시나 기타 생활전반에 걸쳐 지향하는 4가지 인지적 개념으로써 나타낼 수 있다.

■ 역할의미감

자신의 이상과 기준에 비추어 판단된 작업목표가 얼마나 가치가 있는가를 나타내는 것으로 직무상의 자신의 역할과 개인의 신념, 가치관, 행위상의 합의가 요구된다.

■ 역할수행능력

능력, 자신감으로 숙련된 자신의 기술로서 수행할 수 있다는 자신의 능력에 대한 믿음이나 신념을 말하며, 이는 모든 면에서의 유능감이 적용되기도 하며, 특히 직무나 자신의 역할상에서의 신념 등을 의미한다.

■ 역할영향력

각 개인이 직무운영상의 결과들이나 전략수립, 관리상에 영향을 줄 수 있다고 믿는 정도를 말하며 영향력은 만성화된 무력감과 상반된 개념이라고 할 수 있다.

■ 자기결단력

개인의 능력이 숙달된 상황에서 개인이 행동을 규제하고 독자적으로 선택을 할 수 있는 개인의 감각을 의미한다.

Shaw(1992)는 행동능력의 심리적 측면에서 임파워먼트를 언급했는데, 심리적 측면에서의 행동능력이란 문제가 발생한 경우 이를 신속하고 적극적으로 해결할 수 있고, 지나친 노력의 낭비를 하지 않으며, 상사의 도움 없이 이를 해결할 수 있다고 느끼는 정도를 의미하는 것으로 임파워먼트를 저해하는 요인들을 제거함으로써, 행동능력을 강화시킨다고 설명하고 있다. 따라서 그가 주장한 임파워먼트란 심리적 행동능력을 증진시키는 과정으로 볼 수 있다.

Empowerment

Em(안의) + Power(힘)

Empower :
- 내부의 능력을 발휘시킴
- 유능하게 함
- 능력을 제공함
- 잠재능력을 가능하게 함
- 능력을 확대시킴

가상 우리에게 힘을 주는 말
→ 자네가 알아서 하게!

토 | 의 | 과 | 제

가정이나 학교에서 당신에게 Empowerment를 받았던 사례를 하나씩 들고 토의하라.
① 가정 :
② 학교 :

(2) 임파워먼트는 왜 중요한가?

임파워먼트에 대한 최근의 관심증대는 임파워먼트가 내포하고 있는 개념의 효과성 때문이기보다는 다른 쪽에 현실적이고 우선적인 이유가 있다. 즉, 기업의 내적 · 외적 변화에서 경쟁력을 지니기 위해서는 기업의 구조개편이 불가피하고, 이 구조개편은 탄력적 조직을 위한 개편방법으로 흔히 조직내 의사결정단계의 축소를 고려하고, 계층수의 감소는 결과적으로 관리대상 인원수(통제폭)의 증가를 초래하며, 그런 상황에서는 임파워먼트 없이는 효율적 관리가 힘들게 된 것이다. 임파워먼트는 관리적 차원에서 필요한 요소이기 때문이다.

더 나아가 조직의 세부 내용들이 고객/환경지향적이 되려면 진정 자율경영이 이루어져야 하며, 이 자율경영이 가능하려면 임파워먼트가 실제로 현장에서 일어나야 한다. 즉, 임파워된 구성원들이어야 자율적/능동적으로 자신의 일에 임하고,

| 표 4-2 | 임파워먼트의 현실적 필요성

조직의 flat화	⇒ 계층의 수 감소 ⇒ 관리대상수(통제폭)의 증가	임파워먼트의 필요성 증대
팀제 도입	⇒ 관리자의 역할변화 필요 + ⇒ 구성원 능력증대, 구성원간 관계변화 필요	
추가 :	⇒ 고객 · 환경지향적 탄력적 조직이 필요 ⇒ 자율경영이 필요	⇒ 임파워먼트가 필요

자료 : 박원우, 임파워먼트 실천 매뉴얼, 시그마컨설팅그룹, 1998, p.44.

나아가 그러한 구성원들로 인해서 조직이 고객/환경지향성을 지니며 탄력적으로 움직일 수 있는 것이다(박원우; 1998, Kanter; 1983)는 글로벌 경쟁이 격화되고 환경변화가 가속화되면서 구성원들이 더욱 강한 몰입과 위험의 수용 등을 촉진할 필요성이 크게 대두되었기 때문에 자율경영의 중요성을 강조하였다. 즉, 조직이 급변하는 환경에 적응할 수 있으려면 상부의 조언이나 허락 없이도 능동적으로 상황에 적극적으로 대응할 수 있는 역량을 가진 사람들을 필요로 하는데 임파워먼트는 그러한 능력을 갖추도록 하는 데 기여하는 개념이라고 할 수 있다. 사실상 Empowerment 없이는 효율적 관리가 어렵다고 할 수 있다.

(3) 무엇이 우리에게 Empowerment를 주는가?

그린리프(R.K. Greenleaf)는 임파워먼트를 다음과 같이 공식화하였다.

$$\text{Empowerment} = \text{Autonomy} \times \text{Direction} \times \text{Support}$$

즉, 임파워먼트(권한확대)의 강도는 부하에게 허용되는 자율성의 정도, 상 · 하급자간 추진방향의 합치성 정도, 상급자의 후원정도에 비례한다는 것이다.

킬만(R.H. Kilmann)은 모름지기 경영자는 'Empowering Leader'가 되어야 한다는 것을 강조하며 리더의 Empowerment 역할을 다음과 같이 정리하고 있다.

- 부하의 의사결정 참여를 통한 empowerment
- 자율관리팀의 구성과 활동을 통한 empowerment

- 경청과 인정을 통한 empowerment
- 교육과 재훈련을 통한 empowerment
- 인센티브 제공을 통한 empowerment
- 고용보장을 통한 empowerment
- 조직구조의 간소화(tall조직에서 flat조직으로 이행)를 통한 empowerment
- 중간관리자 역할의 재인식을 통한 empowerment
- 관료제적 요소의 제거를 통한 empowerment

토 | 의 | 과 | 제

1. 변화의 시내에 Empowerment 없이는 효율적인 관리가 힘들다고 하는 말에 대해 기술하고 토의하라.
2. 효과성과 효율성에 대해 고찰하고 Empowerment와의 관계를 기술하고 토의하라.

(4) Empowerment의 사례

사례

상급자 위주의 조직구조 개선

지금 소개하고자 하는 회사는 오스트레일리아에 있는 한 금융서비스 회사다. 새로 부임한 사장은 위기의식도 높게 조성해 놓았고, 고위급으로 구성된 혁신지도부도 만들어 놓았으며, 이 지도부로 하여금 고객서비스를 최상의 목표로 회사가 나아갈 새로운 방향을 찾아내도록 독려도 하였다.

기본 개념은 단순했다. 단지 오스트레일리아 내에서만 시장 점유율을 올릴 것이 아니라 전 아시아에 걸쳐 새로 부상하는 시장에서도 성공적으로 경쟁할 수 있는 능력을 개발하자는 것이다. 이 새로운 비전을 모든 직원에게 성공적으로 전파시킨 결과 그들은 회사가 제대로 가고 있다고 믿게 되었다. 최고경영층은 경영혁신을 위한 여러 조치들에 대해 직원들이 열렬하게 지지하는 것을 보고 경영혁신 과정에서 가장 어려운 고비는 넘겼다고 생각하게 되었고, 이 때문에 지도층의 모든 사람들이 주의를 다른 곳으로 돌려버리는 잘못을 저지르게 되었다.

24개월이 지나 실망하고 화가 난 고위관리자들은 도대체 무엇이 잘못되었는지 알아보려 하였다. 그들은 나름대로 최선을 다했다고 생각하고 있었기 때문이다. 전 지역을 돌아다니며 고객들을 방문하고 고객만족도를 측정하는 새로운 방법도 만들었으며, 고객서비스를 강조하는 사내 강연과 함께 외부 컨설턴트의 도움으로 시장요구에 더 적합한 제품이나 서비스를 만드는 노력도 했다. 하지만 무슨 이유인지 한때 아주 열성적이었던 사람들이 소기의 목적을 달성하지 못하고 있었다.

사례

생산부서장에 권한부여(현대종합목재)

기업의 생산현장에도 자율경영의 바람이 불기 시작했다. 현대종합목재 용인공장.

리바트 브랜드 가구를 생산하는 이곳은 지난 4월부터 관리 · 운영체계가 완전히 바뀌었다. 생산계획을 세우는 것부터 안전 · 품질관리는 물론 인사 · 조직관리, 운영예산 편성까지 공장내 모든 업무를 생산현장에 몸담고 있는 사람들이 스스로 결정하라는 회사의 방침이 결정된 것이다. 주어진 틀 속에서 물건만 만들기만 했던 생산현장에 혁신의 바람이 분 것이다. 생산직 중 최고 직위인 기원을 중심으로 3개 생산부서의 직계장들에게 막중한 권한과 책임이 부여되었다.

이들은 매일 아침 회의를 열어 기간별 생산계획과 이에 따른 인력활용방안을 비롯해 현장에서 일어날 수 있는 세세한 사항까지 논의한다. 얼마 전에는 주문이 밀린 특판부쪽에 생산량을 늘리기 위해 15명의 인력을 재배치하는 문제를 협의해 해결하기도 했다.

개인별 근태관리는 물론 인사권도 직계장에게 이양되었다. 자재 소요량 산출부터 재고관리까지 생산의 전분야도 생산현장에서 관리해야 한다. 이 모든 업무가 이전에는 사무직에서 하던 업무다. 실제 생산현장관리를 하던 사무직은 이 제도를 도입한 후 7명에서 3명으로 줄었고 지금은 과장급 1명만이 남아 측면지원하고 있는데 이 인력도 12월에 철수하게 된다. 현대종합목재가 이처럼 현장 자율경영을 도입하게 된 것은 2년전부터 추진해 온 의식개혁운동이 본궤도에 올랐다고 판단했기 때문이다. 생산직 인력 중 3분의 1 이상인 96명이 일본 현지연수를 다녀오기도 했다.

자율경영의 효과는 원가절감 등 가시적 측면뿐만 아니라 노사화합에도 절대적인 영향을 미쳤다. "이전에는 모든 결정이 위에서 내려오니까 잘못되면 회사탓만 하면 그만이었습니다. 그러나 지금은 우리가 결정한 문제에 대해선 우리가 책임을 져야 합니다. 당연히 낭비요인이 없어지고 회사의 상황도 이해하게 되었습니다."

생산 1부 책임자인 이기원 계장은 "생산라인 일선직원들도 선배인 직계장이 결정한 사항이다 보니 잘 따라주고 불만도 자연스럽게 표현한다"고 말한다.

허리를 굽히지 않고 일을 할 수 있도록 리프트를 설치한 것도 현장의 의견을 수렴한 결과이고 작업라인이 불합리하다는 지적이 나오면 그날 밤으로 배치를 바꾸기도 했다.

"너는 사무직, 나는 생산직이라는 의식이 잠재되어 있는 게 사실입니다. 바람직한 노사관계와 기업혁신을 위해서는 현장의 변화가 가장 중요하다고 생각했기 때문에 현장자율 경영제를 과감하게 도입했습니다."

음용기 사장은 "첫 시도였기 때문에 우려도 있었지만 이젠 동종업계 뿐만 아니라 현대그룹 계열사에서도 사례를 배우기 위해 찾아오고 있다"고 말했다.

(자료 : 매일경제신문, 1997년 9월 4일)

3. 위민(爲民) 위국(爲國)

나라의 제시책을 추진함에 있어서 항상 민(民)과 국가(國家)가 나란히 이익이 되는 것은 천하의 제일 좋은 것이다. 그러므로 이 정책은 우선 위민위국(爲民爲國)사상이라고 부르기로 하고 그것의 구체적 내용과 본질이 어떠한 것인가를 살펴보기로 한다.

1) 이이(李珥)의 사상(思想)[1)]

(1) 생애

율곡은 중종 31년(1536) 12월 26일에 강을 외가에서 출생하였다. 당시의 거유 퇴계 이황보다는 35년 후생이다. 관향은 덕수, 이름은 이, 자는 숙헌(淑獻)이고 율곡은 그의 호이다. 본향은 파주 율곡, 모부인은 바로 유명한 신사임당(申師任堂)이다. 그는 어릴 때부터 지극히 총명하여 3~4세에 말과 문자를 함께 배우기 시작하였다고 한다.

16세에 모부인 사임당의 상(喪)을 당하여 애통망극하더니 3년의 상을 벗던 이듬해(19세)에 갑자기 집을 떠나 금강산에 들어갔다. 율곡은 산문(山門)에서 승려들과 교유하며, 혹은 경을 논하고 혹은 선(禪)을 공부하기도 하였다. 이 시기의 연구가 후일 그의 철학을 대성하는 데 큰 도움이 되고 또한 이채를 발하게 되었던 것이다. 그러나 그는 1년을 넘지 못하여 산문을 등지고 속세로 돌아와 다시 유교 성현의 학에 뜻을 굳히었다. 23세 때 이퇴계를 방문하여 도(道)를 물은 후 더욱 느낀 바가 많았다. 당시 퇴계는 58세의 노대가로서 젊은 율곡과의 대화를 통하여 그 재능과 학문의 방향을 충분히 인식하였던 모양으로 그의 문인 조목에게 주는 서간에 율곡에 대해 "그 사람이 명상(明爽)하여 설렵함이 많고 오학(유학)에 뜻하고 있으니 후생가외(後生可畏)라는 전성(前聖)의 말이 나를 속이지 아니한다"고 하였다.

---

1) 박이정, 인성론, 인성교육교재편찬위원회, 2004, pp.264~270.

퇴계를 방문하고 오던 해(23세) 겨울에 별시(別試)에서 「천도책(天道策)」이란 명논문을 써서 고시관을 놀라게 했다 함은 매우 유명한 이야기다. 29세에 문과에 장원하고 이 해 호조정랑을 첫 벼슬로 하여 해마다 승진, 내외의 여러 중요한 직책을 역임하여 병조 및 이조판서에 이르렀다. 선조 17년(1584) 정월 16일에 별세하였는데 그의 나이 불과 49세였다. 시호는 문성(文成)이고, 숙종 8년에 문묘에 종사되었다.

(2) 사 상

공맹(孔孟)의 근본사상이 '수기치인(修己治人)' 에 있는 만큼 율곡도 수기치인을 유장의 사명과 본령으로 인식하고 학문의 근본으로 삼았다. 그리하여 형이상학적인 성리 철학에 있어 연구하는 한편, 형이하학적인 실용(實用) · 실사(實事)의 대해서도 진지한 검토와 연구를 거듭하여 도학자로서 뿐만 아니라 경세가로서도 뛰어났다. 율곡은 왕도 정치를 이상으로 하여 정치가로서는 중종 시대의 도학정치가인 조정암을 추앙하고 학자로서의 이퇴계를 숭배하였다. 특히 퇴계에게는 친히 도를 물은 일이 있었고 직 · 간접으로 그의 자극과 영향을 받음이 많았다.

율곡은 청소년 시대로부터 성현의 학에 뜻을 세워 행동 규율을 유학에 맞도록 수양을 쌓을 만큼 퍽 규범적이었다. 그래서 가정에서는 '가훈' 을 지어 집안 사람들을 훈계하는 한편 화기(和氣)에 넘치는 생활을 하였고, 향촌 사회를 위해서는 청주목사로 있을 때에 '서원향약' 을 짓고, 해주 관찰사로 있을 때에는 '해주향약' 을 제작하여 선치(善治)를 베풀었다.

경세가로서의 율곡의 이상과 목표는 철인정치, 즉 인의(仁義)를 중심으로 한 왕도정치를 실현케 하려는 데 있었다. 그의 철학에 의하면 백성은 군주를 위해서 존재하는 것이 아니라 도리어 군주가 백성을 위해서 존재하는 것이다. 율곡도 왕도의 정치는 임금이 백성의 부모라는 마음을 가지고 백성의 힘을 펴주고 백성의 산업을 넉넉케 하여 그 본연의 신심을 보존하는 것이라 하였다.

백성을 나라의 근본이라 하여 그들을 사랑하고 그들을 본위로 하는 정치가, 즉 왕도정치라고 하였다. 이것을 민본주의 정치라 할 수 있다. 따라서 이 왕도에 있어 백성의 의사와 여론을 중시함은 더 말할 나위도 없다. 율곡도 이러한 사상에 의거하여 임금은 백성을 위하여 전략하는 동시에 일반 신민의 언론을 자유롭게 하여 그들의 의견과 방책을 널리 청취할 것을 주장하였다. 율곡은 어느 왕조이고 간에 중엽에 이르면 인심이 해이하여 점차로 쇠퇴하여 가는 것이 보통이라면서 순환론적 사관으로 당시의 현실을 파악하였다. 조선도 건국 2백년 중쇠기(中衰期)에 당하여 백폐(白弊)가 쌓여 있으므로 이때야말로 발분하여 혁신의 치를 행하지 아니하면 오직 패망을 기다릴 뿐이라는 것이다. 그리하여 율곡은 당면한 현실문제, 즉 기강 · 민생 · 재정 · 국방 기타 사회문제에 대하여 일일이 검토하고 분석하여, 최후 돌아갈 때까지 자기의 포부와 그 실천을 주장하였다. 그 당면 문제에 대한 원칙 문제에 대하여는 두 가지를 주장하였다. 하나는 개인이나 국가가 부력(富力)을 확보하지 않고는 생활을 유지할 수 없다는 '경제론적 원칙' 이고 또 하나는 각 시대에는 가 시대의 소의(所宜 : 理念)와 소상(所尙 : 價値觀)이 있으므로 비록 조종(組宗)이래의 구규(舊規) · 구법(舊法)이라도 시대에 적당하지 못한 것은 이를 개혁하지 아니하면 아니 되겠다는 '개혁변법주의(改革變法主義)의 이론' 이었다. 율곡은 이러한 근본 원칙이 허용되지 않는 한에는 시폐(時弊)를 바로잡을 길이 전혀 없다고 생각하였다.

선조 3년(1570) 그는 세폐를 논하는 '의진시폐소' 중에서 백성은 식(食)에 의존하고 나라는 백성에 의존하니 식(食)이 없으면 백성이 없고 백성이 없으면 나라가 없게 되는 것은 필연의 이치라 하고 동왕 12년(1579) 대사간으로서 료원(僚員)과 함께 왕에게 올린 상차(上箚) 중에도, 백성이 소천(所天 ; 食)을 잃고 나라가 의지할 바가 없으니 생재(生財)와 활민(活民)이 당금(當今)의 최급무라 하여 경제 · 민생의 문제를 강조하였다.

그는 부력확보(富力確保) · 폐법개정(弊法改正), 이 두 원칙을 중심으로 모든 현실 문제을 해결하려 하였다. 율곡은 그의 「동호문답」에서 시폐가 가장 심하다고 생각하는 5개 항목을 들어 시정하기를 촉구하였으니 첫째 '일족절린(一族切隣)의 폐', 둘째 '진상번중(進上煩重)의 폐', 셋째 '공물방납(貢物防納)의 폐', 넷째 '역사불균(役事不均)의 폐', 다섯째 '이서주구(吏胥誅求)의 폐' 이었다. 그 중에서도 민생에게 큰 고질이 되는 것은 공물방납(貢物防納)과 일족질린(一族切隣)의 폐이었다. 공물은 원래 전세 외에 따로 지방민으로부터 징수하는 일종의 토산 현물세로, 원래는 지방민이 직접 관에 공납하던 것인데, 어느 사이에 중간 대리제가 생기어 간교한 서리(胥吏)들이 백물(百物)을 사비(私備)해 가지고 중간에서 백성의 현물 납부를 가로막고 자기네가 대납한 후 과중한 대가를 민간에 강제 징수하게 되었다. 이것이 이른바 공물 방제이고, 이로 인하여 중간 관리의 협잡과 이에 따르는 민폐는 이루 말할 수 없었다. 공물방납제에 대한 시책으로 미대납법(米代納法)을 적용하여 널리 실시할 것을 제의하였다.

그 다음 일족질린은 일종의 연대 책임제로, 공세(貢稅) · 신역(身役) 등의 의무자가 의무를 이행하지 않고 타처로 도피하면, 그의 가까운 족친이나 이웃이 대신하여 책임을 부담하는 제도니, 역시 폐법 중의 폐법이었다. 그는 이것이 망국의 악법으로 여기어 단연 이를 폐지하여 민생을 도찬에서 구출할 것을 역설하였다.

이와 같이 민생을 해치는 폐단에 대한 개혁을 주장함과 동시에 율곡은 적극적이고 추구적인 시책으로 국방 문제 및 재정 문제에 관하여 상소하였다. 그 중에 가장 대표적이고 체계적인 것은 선조 16년(1583)에 왕에게 올린 유명한 「계미육조계(癸未六條啓)」이다. 육조(六條)의 항목은 첫째 임현능(任賢能), 둘째 양군민(養軍民), 셋째 족재용(足財用), 넷째 고반병(固潘屛), 다섯째 비전마(備戰馬), 여섯째 명교화(明教化)이다.

이 중에서도 양군민(養軍民)에서 양병(養兵)을 하자면 양민(養民)으로서 근본을 삼는다. 먼저 양민하지 않고 양병할 수 없다. 지금은 민력이 이미 다하여 조련할 군사와 먹을 양식조차 없으니, 만일 대적이 쳐들어온다면 비록 지자(知者)라도 어찌 할 수 없다. 각종 군사의 명목은 있으나 役의 경중이 고르지 못하여 쉬는 자는 약간 확보할 수 있으나 고역자(苦役者)는 도피하고, 도피하면 연대 책임제로 일족 내지 한 마을에까지 미쳐 촌락이 텅 비는 상대가 된다. 이에 대한 대책으로는 현재(賢才)를 택하여 일국(一局)을 설치하고 병적을 일임하여 역의 경중을 고사(考査), 그 역을 균일하게 하고, 군사로 도망한 지 3년이 지나거든 다시 한정(閑丁)을 뽑아 보충하게 하며, 각종 군사에게는 반드시 보(保)(현역자의 복무 비용을 미포(米布)로 부담하는 자)를 갖게 하되, 족징(族徵)의 환(患)을 없애 주면 군민의 힘이 펴게 될 것이다. 다시 말해서 '족징 · 인징'과 같은 폐정을 개혁하지 못하면 한 나라의 백성이 모두 도망하고 한 나라 전토가 모두 황폐하고야 말 것이라고 하였다. 또 군사 십만을 양성하여 교대제로 경성을 번수(番守)케 해야 한다고 하였다. 그렇지 않으면 10년을 지나지 못하여 토붕와해(土崩瓦解)의 화가 있으리라고 하였다. 그러나 선종의 무반응한 태도는 물론, 기타 사류들의 지지도 얻지 못하고 말았다.

율곡의 자기 정책에 대한 확신과 우국 애민의 역성은 과연 이와 같았다. 아니 도리어 현실에 대한 실망과 정과 비애의 표현이었다고도 느껴진다.

2) 김육(金堉)의 사상(思想)

(1) 생 애

김육은 17세기 우리나라의 저명한 관인학자로서 이론과 실천을 겸비한 훌륭한 행정가이자 경륜가이다. 김육은 선조 3년(1580) 7월 14일 서울에서 태어나 효종 9년(1658) 9월 4일 남부 회현방에서 세상을 떠났다.

김육은 관계에 발을 들여놓은 지 얼마 안 되어서 음성 현감(陰城縣監)으로 부임하였는데 음성(陰城)은 충주(忠州)·음죽(陰竹)·죽산(竹山)의 접경에 있는 조그만 현(縣)으로 크기는 겨우 2면뿐이었다. 충주가 40여 면임에 비하여 너무도 작은 고을이었다. 이 작은 고을에는 수년 동안 민호(民戶)의 7.8할이 유망(流亡)해 버렸고, 소조(蕭條)한 촌락과 황무지가 된 벌판에 남은 사람들은 기아와 질병에 찌들어 있었다. 이들을 살뜰히 보살펴 주어도 모자랄 지경인데 여기에 또 공납과 부역의 징발이 계속되었고, 게다가 독촉하는 공문이 빗발치듯이 날아들었다.

현감(縣監)이 공문대로 봉행(奉行)하면 민은 힘이 빠져서 고목처럼 되고, 그것을 좀 완화하면 상사(上司)의 독촉이 성화(星火)처럼 급하므로 실로 어찌할 바를 모르겠기에 잠곡은 궐군(闕軍)의 수와 진전(陳田)의 결복(結卜)을 면제해 줄 것과 나아가 충주 소속의 석우(石隅)일대를 음성으로 속하게 하여 줄 것을 건의하였다. 음성의 지방면적과 인구를 늘림으로써, 첫째 음성 백성의 부담을 조금 완화시킬 수 있고, 둘째 종래 충주 토호들에 의해 은폐되었던 석우 일대의 민호를 적출, 파악할 수 있다는 것이었다. 그렇게 함으로써 소민(小民)이 안정되고 국가도 크게 유익하게 될 것이라 여겼다. 즉, 김육은 국가를 공고히 하는 길은 민을 안정시키는 것이 그 근본으로, 민이 안정되면 국가도 안정된다는 것이다.

(2) 사 상

김육의 '민국양익론(民國兩益論)'을 구체적으로 살펴보기로 하자.

음성현에 있어서 김육의 건의는 민의 부담을 줄이는 쪽에 역점을 두었으며 '안민위본(安民爲本)'이라 하여 언뜻 보면 국가보다 민을 우위에 두는 것 같기도 하다. 그러나 그는 민의 부담을 줄이려는 자신의 본의에 의해 "국가 군포(軍布)의 긴급함이나 세입의 중요성을 생각하지 않으려는 것은 아니다. 그렇지만 이 한 현의 시폐(時弊)로 팔도 사정을 미루어 통찰하여 족징(族徵)인징(鄰徵)을 없애고 유망민이 고토(故土)에 환집(還集)하여 인구가 늘어나고 전야(田野)가 개간된다면 군(軍)의 보충이 무엇이 어려우며 재용(財用)이 어찌 부족하겠는가"라고 하여 자신은 오직 국가를 위하고 임금을 위하여 이런 의견을 말하는 것뿐이고 다른 마음이 없다고 하였다. 다시 말해서 민의 부담을 줄이는 것이 민을 특별히 사랑해서가 아니고 그렇게 함으로써 결과적으로 국가를 위하고 임금을 위하게 된다는 것이다.

그러면서도 김육은 민과 국가를 나란히 들어 그 이해를 말할 때에는 민의 이익을 더 중요시한 것 같다. 이러한 점은 영남의 이속(移粟)조치에 대한 반대 의견을 말하면서 이 이속 조치가 민에게 이로운가 아니면 국가에 이로운가를 먼저 묻고, 국가에 이롭게 하려면 반드시 민에 해롭게 될 것인데, 민이 달가워하지 않는 것을 국가가 강행하는 것은 선왕(善王)의 일이 아니라고 한 예에서 볼 수 있다. 조신(朝臣)들의 반대를 받아들이지 않은 임금은 '안민지도(安民之道)'와 '납간지미(納諫之美)'를 동시에 상실하는 것이라고 부언(附言)하기도 하였다. 김육의 '안민지도'는 민과 국가간에 이해가 상반될 경우에 민을 위하여 국가가 양보해야 한다는 것이다.

원래 '여민쟁리(與民爭利)'는 유교적 왕도주의(王道主義)에서 매우 못마땅하게 여겨왔던 것이지만 잠곡의 '안민지도'는 더욱 그것을 배제하려 했던 것이다. '안민지도'는 무엇보다 민의 부담을 줄이는 것이지만 그러기 위해서는 먼저 국가에 대한 부담을 균등화해야 한다는 것이다. 김육은 지금까지 제민(濟民), 즉 평민층에게만 유달리 부과했던 수포(收佈)를 공경대부(公卿大夫)의 자제로부터 품관(品官), 교생(校生), 서얼류(庶孼類)에 이르기까지 직(職)과 역(役)이 있는 자 가운데 독질(篤疾)이 있는 자와 지극히 가난한 자를 제외한 모든 국민이 사회 신분상의 차별 없이 21세 이상 50세까지 균등히 부담해야 한다고 하였다. 이와 같이 부담의 균등화를 통하여 국가의 근본인 민을 편안하게 함으로써 국가의 토대가 굳어진다는 것이다.

그는 당시 추포금지령(麤佈禁止令)을 반대하면서 민심에 순응해야만 국가의 정령이 시행되는 것이니 만약 모든 것을 법으로 억눌러 마구 채찍을 가한다면 소동만 일으킬 뿐 끝내 달성되지 않는다고 하였다. 방천(防川)에서와 같이 물길을 잘 이용해서 막아야지 그렇지 않으면 언제고 둑은 터지고 만다고 비유하기도 하였다. 김육은 민이 원하는 것이면 국가가 다 들어 주어야 한다고 하였으며, 양호 지방(兩湖地方)에 대동법의 확대 시행을 주장할 때에도 그 논리에서 시작하였다.

김육은 민이 하고자 하는 바는 하늘도 반드시 청종(聽從)하는 법이니 인군(人君)은 천도(天道)를 체행(體行)할 처지에서 민지(民志)를 순응하지 않을 수 없는 것이라고 하며, 지금 양호(兩湖)에 있어서 대동법의 실시는 민정이 다 원하지만 오직 수령들이 원하지 않아 실현되지 않고 있는데, 이 지방의 민은 몇 백만이고 수령은 불과 50여 명이니, 몇 백만의 민이 원하는 것을 50여 명의 수령 때문에 시행하지 않아서야 되겠느냐고 하였다. 여기서 인군(人君)은 곧 국가를 의미하는 것이며, 따라서 국가는 민이 하고자 하는 바를 언제든지 따라야 한다는 것이다. 그러나 여기서 유의할 점은 김육이 이와 같이 민의 이익을 앞세운다 하여 국가의 이익을 뒤로 미루어 두는 것은 결코 아니하는 것이다. 그가 필생의 사업으로 애썼던 대동법이 바로 그러한 취지에서 나온 것이다. 대동법은 역(役)은 균등하게 하고 민은 편리하게 하여 구시(救時)의 양책(良策)이 될 것이니, 이 법이 곧 '안민익국지도(安民益國之道)' 라는 것이다. 위에서 말한 '안민지도(安民之道)' 에 '익국(益國)' 이라는 두 자가 더 들어가는 것이다.

대동법 다음으로 중요한 그의 화폐 유통책에 있어서도 그의 용전(用錢)의 주장은 다른 뜻이 있는 것이 아니라, "국가 재정을 넉넉히 하고 민의 생활에 편리를 제공하기 위함"이라는 것이다.

이리하여 '민국양익론(民國兩益論)' 을 자기의 본령(本領)으로 항상 표방한 김육은 관인 학자로서 자신의 심경과 처지를 다음과 같이 말한 적이 있다. 즉, 그의 평생 일심(一心)이 국가도 위하고 민도 위하여 촌성(寸誠)을 다 하려고 했지만, 시세와 인심을 헤아리지 않고 오직 소신을 실천에 옮겨 보려 한 것은 천식(淺識)과 단견(短見)에서 온 것이라고 자탄하였다. 국가도 위하고 민을 위하는 김육의 정치적 자세는 대동법과 행전책을 통하여 민에게 이롭고 국가에도 득이 될 수 있었기 때문이다. 그러므로 '민국양익론' 은 허언이 아니었다.

그의 민국양익론은 만년에 접어들수록 입지점이 더욱 선명해진다. 위에서 살펴본 바에 의하면 그는 민이 국가의 근본임을 되풀이해서 말하고 민과 국가를 나란히 들어 그 이해가 상반될 때에는 국가가 양보해야 한다고 할 정도로, 그는 '민국양익론' 에서 보다 민쪽에 역점을 두었다. 그런데 만년에 대신이 뒤에 논조를 보면 민을 중시함에는 변함이 없다고 보여지지만 차차 그 말의 뉘앙스가 달라져 감을 느낄 수 있다. 다시 말하면 민쪽에서 국가쪽으로 전회(轉廻)하는 것으로 여겨지는 것이다. 그가 우의정으로 있을 때, 유교 경전의 민본주의적 어구들을 나열하고 그것으로 국가의 토대를 튼튼하게 하고자 한다고 하여 모든 것을 국가의 토대를 튼튼하게 하는 데에 귀착하였다.

또 삼남지방의 징조(徵調)에 관해서는, 삼남에 대한 거듭된 수탈로 민생이 얼마나 비참한 처지에 빠져 있는가에 대해서는 상세한 언급이 없고 오직 기근에 빠진 백성이 놀라서 이산(離散)하게 되면 국가가 국가로서 존립할 수 없게 된다고 했을 뿐이다. 여기서도 그의 의식의 핵심은 기근에 빠진 백성에 있는 것이 아니라 국가가 국가로서 존립할 수 없다는 데 있었다. 그는 세상 사람들이 모든 재이(災異)가 천(天)에서 나온다고 말하지만 그런 것이 아니고 인간에게서 나온다고 말하고, 지금 가외자(可畏者)가 셋이 있는데 천(天)과 적(敵)과 민(民)이 그것이며 셋 중에서 가장 두려운 것이 민이라고 하였다.

그런데 그가 민을 두려워한다는 것은 무슨 뜻일까? 그리고 천(天)보다도 적국(敵國)보다도 민(民)이 제일 두렵다고 한 것은 무슨 까닭일까? 그것은 분명 민(民)의 편에 서서 생각하는 것이 아니라 국가 쪽에 서서 생각하기 때문이다.

우리는 두 가지 주목할 만한 사실을 발견할 수 있다. 하나는 산림 출신(山林出身)학자로 조야(朝野)의 대로(大老)가 된 송시열(宋時熱)의 대의론(大義論)에 바탕을 둔 북벌론이고, 다른 하나는 김육의 구체적 경제 시책이다. 송시열의 북벌론은 남한산성의 국치(國恥)를 환기하여 국민의 적개심을 고조시킴으로써 내부의 온갖 모순을 대외적 발산으로 해소 무마시키는 동시에 실질적으로 배부의 문제를 개선해 나감으로써 모순을 줄이는 동시에 민중의 폭발적 반항을 막아보자는 것이다. 양자(兩者)는 서로 지향하는 바가 달랐기 때문에 처음부터 적지 않은 마찰이 있었다. 산당(山黨)과 한당(漢黨)의 대립이 그것이다. 그러나 양자의 출발은 달랐지만 그 귀취는 같았다. 현상의 유지, 즉 당시의 집권 체제 옹호에 있어서는 마찬가지였다. 그렇기 때문에 산당과 한당의 대립은 그 뒤 곧 타협을 짓고 말았던 것이다.

이러한 관점에서 보면, 김육의 '민국양익론'은 그 한계가 드러난다. 앞서 말했듯이 그의 초기의 주장은 비교적 민중을 새롭게 인식하고 민에 역점을 두는 것 같았지만 만년에 접어들수록 국가 쪽으로 전회하는 것이 그의 말에서도 나타나고 있는 것이다.

3) 정약용의 사상[2)]

(1) 1표 2서(一表二書)

① 경세유표(經世遺表)

다산의 저서가 500권이 넘는 방대한 분량임은 이미 잘 알려져 있다. 그 중에서 세상을 경륜할 방책이라 일컬어지는 대표적인 저작으로 일표이서(一表二書)를 거론하는 것도 보편화되고 있다.

그렇다면 「경세유표(經世遺表)」, 「목민심서(牧民心書)」, 「흠흠신서(欽欽新書)」 중 주저를 고른다면 어떤 책일까? 이에 대한 논의는 확정할 수 없다. 법과 제도를 고치고 바꾸어 나라를 새롭게 만들자던 유표, 현행법의 테두리 안에서라도 우리 백성들을 제대로 살 수 있게 해주기 위해 저작했다는 심서, 재판에서 억울한 사람이 없기를 바라서 저술했다는 신서, 어느 것 하나 세상을 경륜하는 데 필수적이지 않는 것이 없어, 세 책 모두 경중을 가릴 수 없이 중요한 책이다.

「경세유표」는 애초에 「방례초본(邦禮艸本)」이라고 명명했다가 뒷날 경세유표로 이름을 바꾸었다. 다산 자신은 예(禮)란 법(法)의 상위 개념이니, 방례(邦禮)란 국법(國法)의 다른 이름으로 여길 수 있다고 했다. 초본이란 앞으로 수정하고 손질해야 할 필요가 없지 않을 것이라는 겸손의 의미가 담겨져 있다고 보면 된다.

경세(經世)야 나라를 다스린다는 뜻으로 풀이하면 되지만, 유표(遺表)의 의미는 무엇일까? 본디 '표'란 문체의 이름으로 임금이나 나라에 제출하는 정책건의서를 말한다. 세상에 가장 널리 알려진 글로는 제갈공명의 '출사표(出師表)'가 바로 '표'라는 글의 대표일 것이다. 국법을 고치고 바꿀 제안서이지만 죄를 짓고 유배생활하는 사람이라 정책건의서를 제출할 자격이 없는 다산은, 유언(遺言)으로 남겨 죽은 뒤에라도 국가정책에 반영되기를 바라는 뜻으로 '표' 앞에 '유'를 넣어 책의 이름으로 정했던 것이다.

② 흠흠신서(欽欽新書)

다산이 18년 동안의 강진 유배생활을 끝내고 돌아온 이듬해(1819)에 고향집에서 「흠흠신서」 30권 10책의 편찬 저술을 끝마쳤다. 저서의 내용에 대한 구상과 설

---

2) 다산연구회에서 발췌한 내용임.

계는 대체로 유배지에서 정리했던 것인데, 해배 명령이 내려 귀향하는 바람에 끝마치지를 못하고 그때에야 완료했을 것이다.

이 「흠흠신서」가 완성되자, 이른바 그의 일표이서(一表二書)라는 3대 저서가 탄생했는데 이는 역사적 사실이 아닐 수 없다. 「경세유표」, 「목민심서」와 함께 자신의 말대로 세상을 다스릴 방책이 담긴 경세학(經世學)의 대업을 이룩했던 것이다. 그러나 경, 목(經 牧) 두 책에 비교하여 신서는 너무 알려지지 않은 책이 되고 말았다. 어떤 내용임을 알지 못해도 경, 목 두 책은 이름이라도 널리 알려졌으나 흠흠신서는 이름조차 묻혀있으니 너무도 안타까운 일이 아닐 수 없다.

다산은 그 책의 저작 목적으로 '기기무원앙(冀其無寃枉)' 이라고 하여 검찰조사나 재판과정에서 억울한 사람이 없기를 바라서 그 책을 저술했다고 하였다. "사람의 목숨은 하늘에 매여 있다. 사목(司牧 : 국왕이나 목민관)은 또 그 사이에서 선량한 사람은 보호해주고 죄지은 사람은 붙잡아 죽이니, 이는 명백한 하늘의 권한이다"라고 하여, 그런 큰 권한이 올바르게 행사되어 억울한 백성이 없도록 하려고 책을 지었다는 것이다.

「흠흠신서」의 흠흠(欽欽)이란 중국의 고전으로도 높은 명성이 있는 「서경(書經)」이라는 책에 있는 '흠재흠재(欽哉欽哉)' 라는 구절에서 따온 말이다. 사람이 하늘의 권한을 대신하여 사형도 시키고 징역도 살리는데, 함부로 처리해서는 안되니 조사나 재판과정에서 정말로 신중하고 조심스럽게 처리해야 한다는 의미의 '공경스러울 흠(欽)' 의 글자를 반복하여 그 의미를 강조하는 내용이다.

고대의 경서에 나오는 수준 높은 구절들을 인용하여 사람의 목숨에 관계되는 내용들을 열거하고, 한 치의 어김없이 지혜와 능력을 다하고 정성을 다해서 범죄자를 처리하도록 하는 형사사건 처리의 귀감이 될 내용들의 종합이다. 사람이 사는 세상이란 예나 이제나 큰 차이가 없는 것인지, 어김없이 들어있는 내용의 하나가 형사사건에서의 뇌물의 문제였다. '무전유죄', '유전무죄' 라는 요즘의 말을 확인해주듯이, 다산은 '옥화강앙' 이라는 고전의 구절을 인용한다.

'옥화' 란 재판에서의 뇌물을 말하고 '강앙' 이란 재앙이 내린다는 뜻이다. 죄 있는 사람을 뇌물로 풀어주거나, 죄 없는 사람을 뇌물이 없다고 해서 벌을 준다면 하늘이 재앙을 내린다는 것이다. 공정한 재판이 이룩되기를 한 없이 바라던 옛사람들의 뜻이자 다산의 뜻이었다. 다산은 귀양지이던 강진에서 사람의 목숨이 걸린 재판에서 하나같이 뇌물에 의해서 재판의 결과가 나오는 것을 보았다면서 깨끗하고 맑은 재판의 결과를 본적이 없다고까지 극언을 했다.

「흠흠신서」의 내용에는 다산의 인도주의적 정신이 모든 글에 배어있고, 인명을 존중하고 인권을 높이 여기는 내용들로 점철되어 있으나, 재판에서 뇌물을 받으면 하늘이 재앙을 내린다는 구절은 두고두고 음미할 만한 내용이 아닐 수 없다.

③ 목민심서(牧民心書)

18년의 오랜 귀양살이, 생각하면 얼마나 서러운 세월이었을까? 그렇게 서럽게 살아가면서도 다산은 한 번도 직설적으로 서럽고 고달프다는 말을 한 적이 없다. 반대로 "하늘이 나에게 겨를을 주었다. 이제야 겨를을 얻었다"라고 기쁜 듯 이 책을 읽고 저술을 하면서 서러움과 고통을 거뜬히 이겨냈다. 그러나 다산의 글 횡간에는 인류의 대열에 끼지도 못하는 중죄인인 자신의 아픔이 곳곳에 스며있다. 우리가 너무도 잘 아는 「목민심서」라는 책제목에 그의 한과 서러움이 절실하게 담겨 있다.

'목민' 이야 백성을 보살펴주고 보호해 주며 편안하게 돌봐준다는 뜻이 글자대로 내포되어 있으나, '심서(心書)' 라는 두 글자에 바로 그 안타까움이 서려 있다. "'심서' 라고 말하는 것은 무슨 까닭인가. 백성들을 편하게 보살펴 주려는 마음은 있으나 몸소 실행할 수는 없다. 때문에 마음만 있는 책(心書)이라 이름 한 것이다(其謂之心書者何 有牧民之心而不可以行於躬也 是以名之)."

마음으로만 생각하고 실제로는 실행할 수 없다는 데에 다산의 비애가 깔려 있다. 그만한 학식과 실행능력을 지닌 분이 정말로 목민의 도를 제대로 펼 수 있는 형편이 되었다면 얼마나 좋은 세상이 되었을까? 36세에 황해도 곡산(谷山)부사가 되어 그렇게 멋지게 고을을 다스렸던 경험까지 있던 다산은 생각만 지녔지 할 수 없는 형편이던 자신의 처지가 얼마나 안타까웠을까. 호랑이나 승냥이로부터 양(羊)들이 편안하게 살도록 하기 위해 제거해준다는 목(牧)이라는 글자 뜻도 다산 자신이 내린 정의였다.

48권이라는 방대한 분량의 책, 민족의 이름으로 자랑할 수 있는 「목민심서」라는 책의 이름에는 그러한 서러운 사연이 담겨 있음을 말하였다. 미처 실행에 옮기지 못했던 '심서' 를 우리 현대인들이 실생활에서 실행해 보면 어떨까?

(2) 염(廉)사상

① 정치(政治)의 비결(秘訣)

> 청렴하지 않고서는 정치인이 될 수 없다(不廉而能牧者未之有也).

정치란 바르게 함(正)이요 고르게 함(均)이라고 다산은 정의한다. 물론 공자(孔子)가 설파한 논리를 종합해서 내린 결론임은 말할 필요도 없다. 공자는 정치란 바르게 함이라고 말하고는 가난을 물리치는 것도 정치가 할 일임을 또 언급한다. 그러면서 가난보다 더 무서운 것은 분배의 불균등이라고 말했으니 바르게 하고 고르게 함이 정치가 할 일임에는 의심의 여지가 없는 것이다.

그렇다면 어떻게 해야 바르게 되고 고르게 될까? 다산은 여섯 글자의 비결을 제시한다. 어떤 고을의 원님이 고을을 제대로 다스릴 계책을 묻자 목욕제계하고 오면 가르쳐주겠다면서 세 글자를 가르쳐주고 나머지 세 글자도 또 다시 목욕제계하고 온 뒤에야 가르쳐 주었던 여섯 글자는 모두 염(廉)이라는 글자였다.

첫째 글자의 청렴염자는 재물에 사용하고 둘째는 색(色)에 사용하며 셋째는 직위(職位)에 사용하라고 말한다. 일체의 뇌물은 철저히 배격하고 성생활에 청렴하고 직권은 절대로 남용하지 말라는 뜻이었다. 그리고 나머지 세 염(廉)이라는 글자의 효과를 설명한다. 청렴한 공직자라야 투명한 행정을 펼 수 있고 청렴해야만 공무원으로서의 권위가 서고 청렴해야만 강직한 공직자 생활을 할 수 있다고 결론을 내린다. 그러면서 여섯 글자의 염(廉)만이 정치를 잘 하는 비결이라고 또 강조한다. 진실로 청렴하고도 되지 않는 일은 있을 수 없다는 것이다. 세상에 복잡한 일이 정치인데, 청렴만으로 반드시 해결될 수 없는 일이 많겠지만 청렴하기만 하다면 해결된다고 주장한 것은 그만큼 청렴이 중요함을 강조한 내용일 수도 있다.

② 청렴의 등급

75세로 세상을 마쳤던 다산의 꿈과 이상은 정말로 크고 원대했다. 그러나 그의 꿈과 이상을 네 글자로 압축하면 '희희호호'라는 요순시대를 실현함이었다. 식색

(食色)의 욕심으로 가득 찬 인류 전체를 깨끗하고 청렴하게 하는 일에는 절망감이 앞설 때도 많았다. 그래서 또 압축한 계책은 바로 공무원들만이라도 청렴한 행위를 하면 된다는 꿈을 잃지 않았다.

다산의 나이 17세이던 겨울, 중형(仲兄)이던 정약전의 나이는 21세였다. 아버지가 전라도의 화순현감으로 재직하던 때여서 두 형제는 화순읍의 북쪽 5리 지점에 있는 동림사(東林寺)라는 절간에서 40일 동안 독서에 몰두한 적이 있다. 형은 「서경(書經)」을 읽고 다산은 「맹자(孟子)」를 읽었다고 한다. "얼음물로 세수를 하고 이를 닦으며 눈 내리는 밤, 잠을 이루지 못하고 이야기를 나누었는데, 요순군민(堯舜君民)에 관한 내용이었다"라는 글에서 보이듯 두 형제는 요순세상을 한번 만들자고 결의했다는 내용을 실토하기도 했다.

다산은 어린 17세 소년시절부터 73세의 나이로 「서경」에 관한 연구서를 마무리할 때까지, 자나깨나 요순 세상을 이룩하자는 뜻을 버리지 못하고 있었다. 「서경」의 내용이야말로 요순시대의 정치철학이자 유교철학의 핵심인 태평세상을 이룩하려는 이상의 극점이었다. 요순세상의 실행을 위한 방법론이 다름 아닌 「목민심서」였다. 관리들의 청렴성 회복이 이상세계로 가는 첩경이라고 여기고, 다산은 청렴의 방법론을 세세히 기술했다.

그의 희망은 1등급의 청렴을 원했으나 그것이 어려우면, 2등급, 아니면 3등급의 청렴이라도 좋기만 하다고 후퇴하기도 했다. 눈 내리는 산사의 깊은 밤, 잠을 이루지 못하고 어리고 젊은 두 형제가 꿈꿨던 그 청렴, 그것이 왜 그렇게도 중요할까? 1등급이 아니고 3등급이라도 좋다던 다산의 염원은 너무도 절실했다. 목이 타도록 바랐던 청렴! 가슴이 쓰리도록 간절한 소원이었다.

「목민심서」의 큰 항목은 12편인데, 각 편마다 6조씩이니 도합 72조항이다.

어느 조항인들 값이 높고 중요하지 않으리오마는, 핵심 중에도 핵심은 두 번째 편의 두 번째 조항인 '청심(淸心)' 이라는 부분이다. 결론부터 먼저 말하면, 공직자들이 청렴한 마음을 지니고 그대로 실천에 옮기면 세상은 밝아지고 깨끗해진다는 것이다. 조금 더 부연하면 청렴은 모든 선(善)의 원천이며 모든 덕(德)의 근본이라는 것이다(廉者萬善之源 諸德之根).

공자(孔子)는 "어진 이는 인에 편안하고 지혜로운 사람은 인을 이롭게 한다(仁者安仁知者利仁)"고 했으나, 다산은 "청렴한 사람은 청렴을 편안히 여기고 지혜로운 사람은 청렴을 이롭게 여긴다"고 해석을 확대했다. 청렴하면 만 가지 문제가 모두 해결된다고 생각한 이상주의자 다산은 지고지선(至高至善)의 청렴을 요구하는데 까지 이르고 있다.

첫째 등급의 청렴은 어떤 경우일까?

"청렴에는 세 등급이 있다. 최상의 것은 봉급 이외에는 아무 것도 먹지 않으며, 먹다가 남은 것은 역시 가지고 집에 돌아가지 않으며, 벼슬을 그만두고 집으로 돌아가는 날에는 한 필의 말로 조촐하게 가는 것이다"라고 했다. 다산의 욕심은 그렇게 무서운 정도였다.

둘째 등급을 보자. "봉급 외에 명분이 바른 것은 먹고 바르지 않은 것은 먹지 않으며, 먹고 남은 것은 집으로 보낸다"는 것이다. 이 정도만 되어도 호호(好好)라는 것을 알 것이다.

세 번째의 최하위 등급은 조금 복잡하다. "무릇 이미 규례(規例)로 되어 있는 것이라면 비록 명분이 바르지 않더라도 먹지만 규례로 되어 있지 않은 것은 먹지 않으며, 시골의 벼슬을 팔지 않으며 재난에 구휼하는 물품을 훔쳐먹거나 곡식을 번롱(翻弄)하지 않으며, 재판과정에서 죄와 벌을 돈으로 사고 팔지 않으며 세금을 더 부과하여 나머지를 착복하지 않는다"하여 범죄행위를 하지만 않아도 청백리에 들어간다고 했다. '청심' 의 관리, 청백한 공무원, 정말로 멀고 먼 우리의 이상이다.

큰 욕심을 품은 다산의 수준을 만족시킬 청백리되기는 쉽지 않다. 다만 예전 같으면 청백리 대접을 받지 못할 3등급도 당시에는 찾아보기 어려웠으므로, 다산은 그들을 청백리로 인정해준 것이다. 탐관오리가 판을 치고, 썩어 문드러진 세상에는 그런 정도도 청백리라 말할 수 있다니 다산이 백보 양보한 셈이다.

"제1등급의 청렴이 진실로 좋지만, 능히 그렇게 할 수 없다면, 제2등급의 수준이어도 좋다. 이른바 최하의 등급인 3위의 경우는 옛날에야 반드시 팽(烹)당하는 형(刑)을 당할 것이니 선을 좋아하고 악을 부끄럽게 여기는 사람은 결코 그렇게 하지 않을 것이다"라고 경고를 했다.

그러면서도 다산은 청렴을 방해하는 세 가지에 대한 설명을 자세히 열거한다. '술 · 계집 · 재물' 이라는 세 가지의 유혹 때문에 청렴하다는 소리를 듣기 어렵다는 것이다. 요즘으로 계집이라는 단어는 어폐가 있고 '색(色)' 이라고 해서 남녀 모두에게 해당되도록 해석하면 뜻이 통한다고 보겠다. 하얀 도포를 입고 부임한 벼슬아치가 어쩌다가 쥐꼬리만한 뇌물에 유혹되어 그 도포에 먹물이 조금이라도 스미면 그 도포는 더러워져 씻을 수가 없다는 표현으로, 깨끗하고 청렴한 벼슬아치가 되라고 권하기도 했다.

예전의 이야기이다. 이승만 정권은 '사바사바' 란 말이 유행어가 되었던 썩고 부패한 정권이었다. 그때 외무부 장관을 지낸 변영태라는 분은, 해외 출장을 다녀와 남은 여비는 반드시 국고에 반납했다는 이야기가 전해진다. 만약 그것이 사실이라면 대단한 청백리임에 분명하다. 지금 우리 주변에도 그러한 공무원이 반드시 있을 것이다. 다만 그 숫자가 많지 않은 게 문제일 뿐이다. 그런 분들을 찾아내 세상에 알리고, 본인은 물론 그 자녀들에게도 큰 혜택을 주는 제도를 도입했으면 좋겠다.

③ 희희호호(熙熙皞皞)

다산은 정말로 이상이 높고 꿈이 컸던 분이었다. 마치 공자(孔子)가 주공(周公) 같은 성인(聖人) 정치가를 본받아 요순(堯舜)의 이상세계를 이룩하려던 성도의 큰 꿈을 지녔던 분이라고나 할까. 공자나 맹자(孟子), 안회(顔回)와 같은 초기의 유교주의자들은 입만 열면 요순시대의 찬란한 세상을 이룩하자는 주장을 폈다.

요순시대, 도대체 이떤 세상이었기에 유교정치의 종국적인 목표가 요순시대의 실현이었을까? 다산은 공자의 말씀을 빌려 아주 쉽고 간단하게 요순시대의 이상사회를 풀이했다. 공자는 요순의 다스림을 '희희호호' 로 표현했는데 종전의 유학자들은 '희희' 란 순박함이요, '호호' 란 한가롭고 담박함이라고 하여, 순수함과 한가로움을 요순의 다스림으로 해석했던 것이다.

다산은 이러한 잘못된 해석에 깜짝 놀라면서 통렬하게 비판한다. 요순이 순박하고 한가롭게 통치를 했다면 어떻게 인류가 염원하던 이상사회가 이룩될 수 있었겠느냐는 것이다. 인간이란 태초에 태어날 때부터 모두가 식욕(食慾)이나 색욕(色慾)을 지니고 있게 마련이어서 많은 뿌리나 덩굴이 얽히듯 온통 악습으로 얽혀 있는 것인데, 통치자가 순담(淳淡 : 순수하고 담박함)하게 있으면 저절로 평화로운 세상이 되어질 이유가 있겠느냐는 주장이었다.

다산은 확고히 주장했다. 덕(德)과 법으로, 제도로 철두철미하게 다스려도 어려운데, 저절로 평화로운 사회가 온다고 여긴다면, 큰일이라는 것이다. '희희' 는 밝다(明)의 뜻이요, '호호' 는 희다(白)의 뜻이라고 다산은 풀이했다.

따라서 희희호호는 어둡고 음습한 곳이 없도록 밝고 환하여 털끝만큼의 악이나 더러움도 숨길 수 없는 세상이라고 했다. 그러면서 "밤이 낮과 같은 세상(夜如晝

之世)”이 바로 요순시대라고 주장했다.

“밤이 낮과 같은 세상!” 밝고 깨끗하고 환하고 투명하여 불의 · 부정 · 비리 · 부패라고는 어디 서식할 빈틈하나 없는 세상, 그런 세상을 만들어야 되겠다고, 어떻게 해야 그러한 세상이 올 것인가를 밤낮으로 골똘히 생각하던 다산의 일생, 너무도 위대했다. 그러나 다산이 세상을 떠난 지 언제인데, 아직도 세상은 이 모양 이 꼴일까?

깨끗하고 투명한 것이라고는 존재할 빈틈 하나 없는 세상, 그래도 절망적이지는 않다. 아직도 다산의 말씀이 살아 있어 우리에게 희망을 주고 미래에 대한 꿈을 버리지 않게 하고 있다. 저절로 태평하고 평화로운 태화(太和)의 시대는 오지 않으니, ‘희희호호’ 한 세상의 도래를 원한다면 부지런하고 열심히 일하고 노력하면서 깨끗한 세상을 만드는 일에 모두가 동참하는 길밖에 없다는 것이다.

밝고 환한 태양이 온 누리를 비추고 있어야 한다. 환한 태양 아래 어디 악이나 더러움이 숨을 곳이 있겠는가? 하늘 우러러 한 점 부끄럼 없는 세상이 희희호호한 세상이다. 열심히 일하여 일한 대가로만 대접을 받는 세상이 요순시대이다.

요순시대의 훌륭했던 신하(臣下)들인 고요(皐陶) · 익(益) · 직(稷) 등은 임금 앞에서 자신들이 행했던 정사(政事)를 밝고 투명하게 고해바칠 수 있었다. 한 점 숨김없이 낱낱이 고해바쳐도 칭찬만 받지 문책을 당하지 않도록 철저하고 빈틈없이 공무를 집행했다. 옛날의 신하는 지금으로는 공직자들이다. 유리 그릇 안에서 일하느라 일거수일투족이 모두에게 공개된 상태로 공무를 집행하고도 칭찬만 받을 수 있는 세상이 바로 요순시대라고 다산은 분명히 말했다.

“다산으로 깨끗한 세상을”이라는 구호는 공자와 다산이 그렇게도 추구했던 희희호호한 세상, 바로 그것이다. 티끌 하나의 “악과 더러움을 숨길 틈이 없이 밝고 환한 세상”, 우리가 모두 일어서서 직접 행동으로 옮기면서 그런 세상을 만들어가야 한다. 그래야 이제라도 다산의 꿈이 실현되지 않을까?

밝고 환하여 숨거나 감출 곳이 없는 세상, 그런 세상을 그렇게도 원했던 다산이었기에, 그런 세상이 올 수 있는 방법을 가장 열심히 연구했다. 깨끗하고 밝은 세상이 오려면 우선 공직자들이 청렴결백해야 한다고 했다. 어떻게 하는 행위가 청렴결백한 행위인가는 그의 대저 「목민심서」에 조목조목 자세하게 저술해 놓았다.

모든 국민이 청렴결백하다면 바로 요순의 세상이지만, 요순의 세상으로 가기 위해서라도 공직자만은 정말로 청렴결백해야 한다는 것이 다산의 뜻이었다. 어둡거나 음습한 곳이 없어 차떼기도 못하고, 뇌물이나 부정한 재물을 거래할 곳이 없도록 밝고 환한 세상을 그렇게도 바랬던 다산이 그립다. 오늘의 우리 세상은 도처에 음습하고 어두운 곳이 너무나 많다.

다산은 일에 부족하고 모자람이 있더라도, 청렴하기만 하다면 공직자의 첫째임무는 완료했다고 여겼다. 청렴만 하다면 아무리 높고 무거운 직책도 마음대로 수행할 수 있다고 생각해, "청렴이야말로 공직자의 본무(本務)다(廉者牧之本務)"라고 선언했다. 청렴하지 않는 공직자란 그 존재 자체가 없다는 것이다.

지금도 세상에는 정말로 뛰어난 청백리들이 많을 것이다. 그러나 악화가 양화를 구축한다고, 청렴한 공직자들이 큰 소리를 치지 못하고, 참으로 청렴하다가는 승진도 못하여 언제나 하급관료로 머무르다 끝나는 수가 너무도 잦은 것이 오늘의 현실이다.

청렴한 공직자만이 승승장구 승진하고, 그런 사람들이 마음놓고 일하며 그 공직사회의 주체가 되는 세상이 바로 '희희호호' 한 세상이 아닐까? 조선시대의 초기만 해도 '청백리' 라는 명칭만큼 명예로운 호칭이 없었고, 그의 후손들까지 세상에서 크게 대접받기도 하였다. 부패와 비리가 없는 깨끗한 세상, 그러한 세상을 그리워하다 보니, 오늘따라 다산 선생이 너욱 그립다.

요즘 「목민심서」가 새롭게 화제의 대상에 올라있다. 사회주의 나라에서도 가장 깨끗하고 청렴했던 지도자이자 혁명가의 한 사람이 베트남의 호치민이었다. 자본주의 세상의 부패와 비리가 싫어서 탄생한 제도가 사회주의 세상인데, 사회주의 지도자로서 가장 청렴한 지도자라면 온 세상에서 가장 깨끗하고 청렴한 지도자로 간주할 수 있다.

호치민은 결혼하여 처자가 생기면 아무래도 사욕(私慾)이 생기고, 사욕이 일어나면 부패할 수밖에 없다고 여겼다. 그래서 그는 결혼을 거부하고 일생을 독신으로 살면서 식민지 국가이던 자신의 조국과 결혼하여, 그 조국의 해방투쟁에 앞장섰다. 프랑스로부터 독립을 쟁취한 베트남은 남북으로 분단되는 운명을 맞았다. 호치민은 또다시 통일조국의 건설에 온 몸을 바쳐, 세계에서 가장 부자이고 힘이 세다는 미국과 싸우는 월남전을 이끌어, 끝내는 조국의 해방과 통일을 달성한 '베트남의 아버지' 가 되었다.

그런 호치민의 사상과 철학이 어디서 나왔을까가 세상의 관심거리였는데, 그 호치민의 머리맡에는 바로 「목민심서」가 항상 놓여 있었다는 것이다. 책이 닳도록

「목민심서」를 읽고 또 읽었다는 호치민은 한시(漢詩)도 뛰어나게 잘 지을 정도로 한문에 밝은 분이었다. 목민심서를 읽는데 그치지 않고 그 책을 지은 다산 선생을 너무도 존경하여서, 다산의 제삿날까지 알아내서 해마다 제사를 극진하게 모시기도 했다는 것이다.

전설로만 전하던 요순시대의 '희희호호' 한 세상은 바로 우리가 사는 이 시대에 호치민에 의하여 나타났는데, 그 밑바탕에 다산과 「목민심서」가 있었다니 얼마나 희한한 일인가? 우리 국민들은 별로 알아주지도 않고 그 책을 읽지도 않는데, 이국의 혁명가이자 철저한 청백리가 그렇게 애독했다니 우리 국민들, 자랑스럽기에 앞서, 조금은 부끄럽지 않는가. 정말이다. 깨끗한 세상을 원한다면, '희희호호' 한 이상세계가 그립다면, 이제라도 목민심서를 읽고, 그 가르침을 실행에 옮겨야 한다.

호치민은 평생토록 혼자 살면서, 고향을 절대로 밝히지 않았다고 한다. 특히 월남전에서 미국을 이기고 통일 베트남의 집권자가 된 이후로는 절대로 고향이야기는 꺼내지 않았다는 것이다. 누군가가 그 이유를 물었더니, 죽음에 임박해서야 자신의 고향을 밝히면서, 애초부터 고향이 어디인지 알려졌다면, 고향 사람들의 수많은 청탁이 들어올 텐데, 인정상 고향 분들의 청탁을 어떻게 거절할 수가 있었겠느냐고 답하더란 것이다. 가족이다, 친척이다, 고향사람이다, 동문이다라는 이유로 숱한 비행과 비리가 저질러져 세상은 갈수록 부패해지는데, 이런 때에 호치민을 배우고 다산을 배워야 할 때라는 생각이 든다.

베트남의 위대한 지도자 호치민은 「목민심서」를 읽고 조국의 해방과 통일을 이룩했는데, 목민심서의 종주국인 이 나라에서는 왜 그러한 지도자가 나오지 않을까? 백성을 주인으로 모시고, 그들의 편의와 이익만을 위해서 관리들은 노력해야 하고, 호랑이나 승냥이로부터 어린양을 보호하듯이 무도한 토호들이나 힘센 폭력배들로부터 백성들을 보호하는 일이 관리들의 임무라고 갈파했던 목민심서-지금이 바로 그런 다산을 소재로 텔레비전의 드라마도 만들고 영화도 만들어 그의 사상을 전 국민에게 보급시켜야 할 때이다.

투명하고 깨끗한 세상, 우리 모두가 바라는 세상이 아닌가? 그런 세상을 염원했던 다산의 이상이 서려있고, 공자나 맹자, 호치민의 이상도 서려있는 고전중의 고전인 「목민심서」! 그런 사상을 모든 국민이 알도록 하자는 생각이 그렇게 나쁠 이유는 없다. 교과서에도 넣고 공무원 시험에도 출제하자는 주장 역시 국가의 백년대계를 생각하면 시급하고도 중요한 과제라고 생각된다.

④ 무위이치(無爲而治)

예수의 말씀과 뜻이 담긴 '바이블'이라 하는 성서(聖書)는 인류가 가장 많이 읽는 책으로 알려진 지 오래이다. 성인의 말씀은 그렇게 중요하다. 아마 성서 다음으로 세상에서 널리 읽힌 책은 공자의 「논어」일 것이다. 공자의 말씀과 뜻이 담긴 책이기 때문일 것이다.

"경(經)이란 세상을 교화하는 근본이요 풍속을 이끄는 원천이다"라고 다산은 정의(定義)했다. 그래서 만약 "선비들이 경을 해석함에 잘못이 있으면 온 세상이 화(禍)를 당하고 후세에까지 해독이 미친다"라고 경고했다. 정말로 옳은 다산의 말씀이다.

나산이 가장 분노하면서 격렬히 비판한 경의 잘못된 해석은 「논어」의 '무위이치'라는 구절이다. 통치자는 하는 일 없이 가만히 권좌에 앉아 있어도 나라가 잘 다스려진다라고 해석하는 대목이다. 어떻게 그런 일이 있을 수 있겠느냐는 다산의 반문에는 격한 분노까지 서려 있다. 역시 실학자다운 면모이다.

순(舜)임금은 천하에서 가장 어질다는 22명의 탁월한 인재들을 골라 가장 적합한 직책을 맡겨 열심히 일하도록 온갖 독려를 다 했다. 사람 한 사람을 골라 쓰려면 몇 밤을 새우며, 온갖 어진 이들의 자문을 받아 적시적소에 인재들을 제대로 배치한 후, 감시만 잘 하면 나라는 제대로 다스려졌기에, 요순의 세상이 되었다. 바로 그 점을 찬양하기 위해서, 공자가 "순임금은 하는 일 없이도 세상이 잘 다스려졌도다"라고 했는데 그런 뜻을 모르고 통치자는 가만히 앉아 있어도 나라가 다스려진다고 경을 해석하면 되겠느냐는 것이다.

그렇다. 사람을 제대로 골라, 가장 적합한 직책에 배치하지 않으면서 놀고만 있다면 되겠는가. 그래서 경의 해석을 잘 해야 한다는 것입니다. 인재등용이 그렇게도 중요함을 다시 인식하게 한다.

⑤ 인재(人才) 등용

통치자의 가장 큰 덕목(德目)의 하나는 가장 적합한 인재를 가장 합당한 자리에서 일하도록 만드는 일이다. 그래서 옛날부터 "인사는 만사다"라고 말해지는 것이다. 나라가 올바르게 다스려지고 살기 좋은 세상을 만들기 위해 온갖 정성을 다 기울였던 다산이야말로 인재등용 정책에 높은 관심을 기울이면서 기회있을 때마다 그 문제를 언급했다.

어떻게 해야 인재를 제대로 발탁하여 등용시킬 것인가? 인재를 키우는 일에 역점을 두었던 다산, 제대로 활용하는 문제에도 소홀히 한 적이 없었다. 더구나 평등사상에 투철했던 다산이었기에 인재등용에 가장 심혈을 기울인 대목은 신분과 지역성의 탈피를 맨 먼저 거론했다. 어떤 신분의 출신이냐는 절대로 묻지 말고, 인재라면 높이 발탁하여 등용하라는 것입니다. 절대로 출신지역을 따지지 말고 능력만을 따져서 적시적소(適時適所)에 활용해야 한다고 했다.

다산은 중국의 인재정책을 자세히 거론한다. 천민출신, 서얼출신 등 어떤 경우도 가리지 않고 그들의 인격과 능력만 인정되면 아무리 높은 벼슬도 주저함 없이 등용하던 중국제도를 부러워했다. 요즘처럼 지역이 문제이고, 학벌이 문제이며 코드까지 문제 삼는 때이기에 더욱 다산의 주장이 절실하게 느껴진다. 어느 학교, 어느 지방이 왜 문제가 되는가? 송나라 때의 위대한 경세가(經世家)이자 철학자였던 강절(康節) 소옹(邵雍)은 3형제가 모두 성씨가 달랐어도 그 신분에 구애받지 않고 존경받는 위치에 올랐다고 다산은 주장한다.

"인사가 망사(亡事)"라는 말을 자주 한다. 다산의 「인재책(人才策)」은 지도자들이 꼭 읽어야 할 필독서이다.

나는 그저 백성일뿐

고건(高建) 전 총리에게 호가 있다는 것이 알려진 것은 최근의 일이다.

그가 정치적 현안 등과 관련해서는 시종 침묵으로 일관하고 있으면서도 모 경제지 기자와 만난 자리에서 "내가 고문으로 있는 다산연구소로부터 얼마 전 우민(又民 또는 于民)이라는 호를 받은 것이 큰 기쁨이다"고 밝힌 데서 비롯됐다.

우민(又民)은 "다시 또 백성일 뿐이다"라는 그의 인생관과 정치철학을 담고 있다.

그가 약관 30대에 최연소 전남지사를 지내고 1980년 5월 청와대 비서실 정무제2수석비서관으로 근무할 당시, 5 · 17 군사쿠데타가 나자 과감히 사표를 내고 처음 공직을 떠난 이후 그로부터 24년 동안 일곱 번 공직의 부름을 받아 관(官)과 민(民) 사이를 오갔으나 그때마다 "관직에 있을 때는 공복이요 물러나면 역시 민초(民草)일 뿐이다는 생각을 버린 적이 없다"고 회고한다. 그가 우민(又民)이라는 호에 집착하는 이유다.

그러나 다산학자 등이 권장하는 또 다른 우민(于民)은 우민(又民)과는 그 의미를 달리한다. 우민(于民)의 우(于)는 여러 가지 뜻을 갖고 있다. '~을 향하여 나아가다' 라는 뜻도 있지만 '넓고 크다' 는 뜻도 있으며 '취하다, 구하다' 는 의미도 있다.

또 '~과 같다', '~에게', '~으로부터' 의 뜻도 있어 우민(于民)은 스스로가 민초이면서 '민중에 의한', '민중을 위한', '민중과 함께 하는' 사람임을 강조한다.

우민(又民)이 소박한 의미에서의 겸양과 절제를 지향하는 인생관을 나타낸 것이라면 우민(于民)은 민중과 함께 한다는 보다 적극적인 의미를 담고 있다.

고건 전 총리 하면 으레 따라붙는 수식어가 있다. '행정의 달인' 이니 '미스터 클린' 등이 그것이다. 그리고 그렇게 관운이 좋을 수 있느냐는 시샘 어린 부러움도뒤따른다. 그러나 '그가 바로 그' 일 수 있는 것은 능력이나 관운만은 아니다.

지성(至誠) 수분(守分) 절제(節制)라는 처절한 자기와의 싸움이 있었기 때문이다. 그가 공직생활을 시작할 때 아버지께서 내려주셨다는 공직삼계(公職三戒)는 널리 알려진 얘기다. "누구 사람이라고 낙인찍히지 말라", "남의 돈을 받지 말라", "술 잘 먹는다고 소문내지 말라"가 그 것이다. 그는 아버지와의 약속을 지키기 위해 최선을 다했고 적어도 첫 번째와 두 번째 계명은 지켰다고 자부한다.

이를 위해 그는 지성감천(至誠感天)까지는 아니더라도 지성감민(至誠感民)이어야 참다운 공직자가 될 수 있다고 다짐했고 다산 선생의 목민심서가 가르치는 지자이렴(知者利廉)을 마음에 새겨 그 계율을 지켜냈던 것이다.

그의 호가 우민(又民 또는 于民)인 것은 결코 작위적인 산물이거나 그 결과가 아니다. 그런데도 그는 둘 중 하나를 선뜻 선택하지 못하고 있다. "나를 알고 나에게 이렇게 살기를 기대하는 많은 사람들의 뜻에 따르겠다"는 것이다.

뒤늦게 호를 갖겠다고 이를 받아들인 것이 온고(溫故)라면 그 결정을 네티즌들에게 묻는 것은 지신(知新)이 아니겠느냐며 웃는다.

우리가 그의 호와 관련해서 정치적 함의(含意), 운운하는 것은 무의미하다. 참다운 어른, 어른다운 어른을 찾아보기 어려운 세상에서 그가 앞으로, 어디에서, 무엇을 하든 우리는 그가 우민이기를 바라고 싶다.

– 다산 연구회에서 –

4) 삼강오륜(三綱五倫)

유교의 도덕이 제 바탕이 되는 세 가지의 분류인 강(綱)은 임금과 신화, 어버이와 자식, 남편과 아내 사이에 마땅히 지켜야 할 도리로서, 곧 군위신강(君爲臣

綱)·부위자강(父者臣綱)·부위부강(夫爲婦綱)을 말한다. 오륜(五倫)은 사람이 지켜야 할 다섯 가지 도리, 곧 부자유친(父子有親)·군신유의(君臣有義)·부부유별(夫婦有別)·장유유서(長幼有序)·붕우유신(朋友有信)을 말한다.

삼강이란 임금은 신하의 본이 되는 것이고 아버지는 자식의 본이 되는 것이고 남편은 아내의 본이 되는 것이다.

三綱 君爲臣綱 父爲子綱 夫爲婦綱
삼강 군위신강 부위자강 부위부강

여기에서 강(綱)은 본(本)으로 해석되며 모범이 되다는 뜻이다.

군위신강(君爲臣綱)이란 임금된 자는 임금으로서의 모든 행동을 올바르게 함으로써 신하들에게 본을 보여야 된다는 것이다. 임금의 행동이 공명정대해야 신하들은 그 임금을 존경하게 되고 또 그 행동을 본받아서 어진 신하가 되며 따라서 군신 관계의 질서가 확립되고 정사가 밝으며 나라가 잘 다스려지는 것이다.

부위자강(父爲子綱)이란 아버지가 행동을 올바르게 가짐으로써 자식에게 모범이 되어야 한다는 것이다. 아버지의 행동이 정도를 걸을 때 자식이 그 아버지를 존경하며 그 아버지를 본받아서 착한 사람이 되고 따라서 부자관계의 질서가 확립되고 가정이 원만하여 번영을 이룩한다.

부위부강(夫爲婦綱)이란 남편이 행동을 올바르게 함으로써 아내의 모범이 되어야 한다는 것이다. 남편의 행동이 정당하고 성실할 때 아내는 그 남편을 존경하고 본받아서 어진 아내가 되는 것이다.

다섯 가지 가르침의 조목은, 아버지와 자식 사이에는 친함이 있어야 하며, 임금과 신하 사이에는 의리가 있어야 하며, 남편과 아내 사이에는 분별이 있어야 하며, 어른과 어린이 사이에는 차례가 있어야 하며, 친구 사이에는 믿음이 있어야 할지니라.

性理書 云 五敎之目 父子有親 君臣有義 夫婦有別 長幼有序 朋友有信
성리서 운 오교지목 부자유친 군신유의 부부유별 장유유서 붕우유신이 오교, 즉 오륜의 가르침은 삼강(三綱)과 함께 유교의 근간을 이루는 도덕률이다. 그리고 이조 오 백년을 거쳐 오늘에 이르기까지 우리에게 뿌리깊게 그 영향력을 행사해 온 삶의 교훈이기도 하다.

여기에서 부자유친(父子有親)은 아버지는 자식을 사랑해서 이끌어주고 자식은 어버이를 공경해서 받드는 부자관계의 확립을 말한다. 부자 사이의 친애함을 역설적으로 사용해 아들을 교육시킨 황희(黃喜) 정승의 다음과 같은 이야기는 새겨들을 만 한다.

어느 날 황희는 아버지의 훈계를 듣지 않고 주색에 빠진 아들이 집으로 돌아오는 것을 보고 의관을 갖추고 문 밖으로 나가 아들을 공손히 맞아들였다. 깜짝 놀란 아들이 허둥지둥 연유를 묻자 황희는 "아비 말을 듣지 않는데 어찌 내 집안 사람이라 하겠는가. 집안 사람이 아닌 나그네가 집에 찾아오면 이를 맞는 주인이 인사를 차리지 않아서야 어찌 예의라 이르겠느냐"하고 정중하게 대답했다.

부자간에는 주객 사이와는 달리 친애의 정이 있음을 들어 아들의 잘못을 완곡하게 지적하는 모습이 황희 정승의 면모답다. 오륜에서 가장 먼저 등장한 지킬 도리가 부모와 자식간에는 친헤야 한다는 것이다. 조선시대 부는 엄하고 모는 자(慈)를 상징하던 때이지만 부자유친을 제일 앞에 둔 것은 인륜에서 가장 주요한 관계이기 때문이다.

그 다음 임금과 신하 사이에는 의(義)가 있어야 함을 강조한 것이 군신유의(君臣有義)의 도덕률이다. 주역 귀매괘(歸昧卦)에 '월기망(月機望)' 이라는 말이 나온다. 그늘이 빛을 받는 것이 달이 햇빛을 받는 것과 같다는 의미로, 신하가 오직 임금을 위해 충성을 다해야 함을 이르는 말이다. 유가에서 이 '군신유의' 는 정치의 기본 틀을 이루는 중요한 사상이었다.

부부유별(夫婦有別)이란 남편과 아내 사이에 분별이 있어야 함을 이르는 말이다. 부부가 있는 뒤에 부자가 있고 부자지간이 있은 뒤에 군신 상하가 있어 예의란 것을 차리게 된다. 그러므로 부부는 인륜의 근본인 동시에 국가의 안정이나 혼란에 관계되지 않음이 없다. 이렇듯 중요한 관계에 분별이 없어서는 안 된다는 것은 오늘날에도 필히 적용되는 가르침이 아닐 수 없다.

예부터 백발 노인이 무거운 짐을 지고 길가는 모습이 눈에 띄지 않아야 태평성대라고 했다. 젊은 사람들이 노인을 공경할 줄 알아야 한다는 가르침이 바로 장유유서(長幼有序)이다.

그 다음으로 붕우유신(朋友有信)이 있다. 벗 사이에는 믿음이 있어야 한다는 말이다. "아버지는 보배이고 형제는 위로가 되나 벗은 그 양쪽"이라는 말이 있다. 이렇듯 소중한 관계에서 가장 필요한 것이야말로 믿음이 아니겠는가.

모든 가치관이 뒤바뀌고 혼란한 오늘날과 같은 세태에서 이 오륜의 가르침이야말로 더욱 절실한 것이 아닐까 여겨진다.

토 | 의 | 과 | 제

1. 정치인들이 존경받지 못하는 이유에 대해서 토론해 보자.
2. 권력이란 좋은 것인가? 나쁜 것인가?
3. 정치의 근본 뜻은?

PART
5

平평 天천 下하

1. 비전
2. 성공
3. 중용

大學의 가르침

무엇을 위해 사는가?

천하란 방국에 대한 총국가(總國家)를 말하는 것이고, 평(平)이란 평안케 한다는 것이다. 다시 말해서 통일국가를 태평케 함을 말한다. 그 길은 치국에 있다 하였다. 그 평천하의 길은 치국과 제가의 법이 기본이 됨은 더 말할 필요도 없다. 그래서 다음과 같이 말하고 있다.

이른바 천하를 화평케 하는 것이 자기의 나라를 다스리는 데 달려 있다고 하는 것은, 윗자리에 있는 사람이 늙은이를 늙은이로 모시면 백성들 사이에 효성스러운 기풍이 일어나고, 윗자리에 있는 사람이 연장자를 연장자로 받들면 백성들 사이에 우애하는 기풍이 일어나고, 윗자리에 있는 사람이 고아를 긍휼히 여기면 백성들이 배반하지 않는다. 그런 까닭에 군자는 혈구지도를 갖게 되는 것이다.

所謂平天下在治其國者, 上老老而民興孝, 上長長而民興弟,
上恤孤而民不倍, 是以君子有絜矩之道也.

소위평천하재치기국자, 상노노이민흥효, 상장장이민흥제,
상휼고이민불배, 시이군자유혈구지도야.

즉, 임금이 노인 섬기는 도리를 다할 때 백성들이 이것을 본받아 자기의 부모에게 효양(孝養)의 도를 다하게 될 것이고, 또 임금이 장자를 대하는 도리를 다할 때 백성들이 이를 본받아 형제의 도를 다할 것이고, 또 임금이 불쌍한 사람들을 긍휼히 여길 때 백성들 역시 민풍(民風)이 중후하게 되어 감히 임금께 배반하는 일이 없을 것이다. 또 대학은 백성의 마음을 깊이 헤아려 치자(治者)의 마음으로 삼을 것을 말하고 있다.

군자는 백성의 부모이니 백성이 좋아하는 것을 좋아하고, 백성이 싫어하는 것을 싫어하는 것을 내 또한 싫어하느니 이것이 백성의 어버이인 것이다.

君子民之父母, 民之所好好之, 民之所惡惡之, 此之謂民之父母
군자민지부모, 민지소호호지, 민지소오오지, 차지위민지부모

임금을 섬기기를 어버이 섬기듯이 하고, 웃사람 섬기기를 형을 섬기듯이 하며, 친구 대하기를 자기 집 식구같이 하고, 아전을 대접하기를 자기 집 노복과 같이 하고, 백성을 사랑하기를 아내와 자식 사랑하듯 하고, 나라일 처리하는 것을 집안일 하는 것과 같이 한 후에야 능히 최선을 다했다고 할 수 있을 것이니라.
만약 털끝만큼이라도 다하지 못한 점이 있다면 모두가 내 마음에 다하지 못한 것이 있기 때문이다.

事君 如事親 事長官 如事兄 與同僚 如家人 待羣吏 如奴僕 愛百姓 如妻子 處官事 如家事然後 能盡吾之心 如有毫末不至 皆吾心 有所未盡也.
사군 여사친 사장관 여사형 여동료 여가인 대군리 여노복 애백성 여처자
처관사 여가사연후 능진오지심 여유호말부지 개오심 유소미진야.

하고 있다. 대학의 사상에 의하면 덕이 있으면 백성이 귀복하며, 백성이 있으면 토지가 있고, 토지가 있으면 여기에 자연히 재(財)가 있게 되니 요는 덕이 그 중 근본임을 말한 것이다. 이르기를 "덕은 근본되는 것이고 재물은 말단적인 것"이다. "근본되는 것을 밖으로 돌리고 말단적인 것을 안으로 돌리면 백성들은 서로 다투게 되고 서로 빼앗는 짓을 하게 된다(德者本也, 財者末也, 外本內末, 爭民施奪)"라고 하였다. 이것이 제대로 될 때 이른바 왕도(王道)의 바른 길이 열리고 그렇지 못할 때 소위 패도(覇道), 즉 공리주의에 빠지고 마는 것이다. 근대 세계정치의 극도의 혼란은 그 근본원인을 고찰해 보면 덕과 재의 본말이 뒤바뀌어 재본덕말(財本德末)이 되어 오직 재만을 숭상하는 데에 그 원인이 있지 않나 생각된다.

또 대학에서는 인재등용의 중요성과 여기에 따른 군자의 마음가짐을 다

음과 같이 말하였다.

입신함에는 의(義)로움이 있으니 효도가 그 근본이 되고 상사(喪祀)에는 예도가 있으니 슬퍼함이 그 근본이 되고, 싸움터에는 질서가 있으니 용맹이 그 근본이 되고, 나라를 다스리는 데는 방법이 있으니 농사가 그 근본이 되고, 나라를 보존하는 데는 도리가 있으니 대를 잇는 것이 그 근본이 되고, 재물을 만드는 데는 때가 있으니 노력이 그 근본이 되느니라.

– 공자 –

子曰, 立身有義而孝爲本 喪祀有禮而哀爲本 戰陳有列而勇爲本
治政有理而農爲本 居國有道而飼爲本 生財有時而力爲本.
자왈, 입신유의이효위본 상사유례이애위본 전진유렬이용위본
치정유리이농위본 거국유도이사위본 생재유시이력위본.

"현량한 인재를 보고서도 등용하지 못하고 등용했다 해도 그를 앞에 내세워 주지 못하는 것은 태만이다. 나쁜 사람을 보고서도 물리치지 못하고, 물리쳤다 해도 아주 멀리 하지 못하는 것은 역시 과실이다. 남이 싫어하는 것을 좋아하고, 남이 좋아하는 것은 싫어하는 것은 사람의 본성에 위배되는 것이라 할 것이니, 재앙이 반드시 그 자신에게 닥쳐올 것이다. 그러므로 군자에게는 그 길을 잃게 된다."

見賢而不能, 而不能先, 命也. 見不善而不能, 而不能過也. 好人之所好, 是謂拂人之性, 必夫身. 是故君子有大道, 必忠信以得之, 而先之.
견현이불능, 이불능선, 명야. 견불선이불능, 이불능과야. 호인지소호,
시위불인지성, 필부신, 시고군자유대도, 필충신이득지, 이선지.

이와 같이 현재(賢材)를 등용하고 불선을 물리치고 만백성이 좋아하는 바를 나도 좋아하고, 그들이 싫어하는 바를 나도 싫어하는 국민위주의 정치를 할 것을 주장하였으며, 그러기 위해서는 군자의 대도를 걸어 충신(忠信)을 다할 것이며 교만과 거짓이 있어서는 안 된다는 것이다. 이밖에도 평천하의 조항에는 이(利)보다 의(義)를 중히 해야 한다는 것도 강조되어 있다.

결론적으로 말해서, 평천하의 도는 혈구의 도를 따라 인(仁)을 행하고 성학십도(聖學十圖)의 경(敬)사상을 실천함으로써 천하의 백성으로 하여금 안정을 얻게 하며 각자의 생을 성공할 수 있도록 하자는 데 그 뜻이 있는 것이다. 제가(齊家)가 리더십의 미시적 접근이었다면 치국(治國)은 리더십의 거시적 접근이라고 말할 수 있다. 리더십이론은 제가 · 치국에서 가장 많이 활용된다. 평천하는 이상(理想)이며 우리의 귀착점이다.

공자의 평천하는 총방국의 태평을 이야기 했지만 오늘날에는 글로벌 시대이며 다문화사회이고 다양한 사회로 이루어진 세상이 되어 평천하의 의미 또한 현대 감각으로 수정되어야 한다고 본다. 무엇보다도 평천하는 대학의 도(道)의 귀결점인 지어지선에 있다. 지선(至善)에 이르기 위해서는 국제적으로 화해하고 다문화의 소통이 이루어지는 공동선의 실천으로 자신을 시켜내는 중용(中庸)의 도(道)에 이르는 노력이 요구되는 시대이다.

그리고 미래의 리더와 리더십에의 도전을 위해 우리 역사상 인(仁)과 충(忠) 그리고 경(敬)의 실천을 보인 리더들의 리더십을 소개함으로 해서 리더십발전에 도움이 되고자 한다.

1. 비 전

1) 비전이란?

비전은 보는 것과 관계가 있는 말이다. 보긴 보되 있는 물체를 단순히 보는 것이 아니라 보이지 않는 미래를 볼 수 있는 능력이다. 우리나라 말로 꿈, 환상, 이상, 상상, 전망, 묵시 등의 뜻으로 번역하기도 하지만 여기에서는 비전을 '선견력(先見力)'이라고 번역함이 옳을 것이다. 비전이니 꿈이니 하는 것은 열망할 수 있는 미래의 그림이다. 그것은 당신이 현재, 상상력을 통해서 갈망하는 미래의 상태를 창조해 내는 능력이다. 과학자, 작곡가, 화가, 예언자, 현자들은 보통 사람들과 달랐다. 보는 눈이 달랐다. 비전을 소중히 하는 사람, 높은 이상을 가슴속에 품고 있는 사람은 언젠가는 그 꿈을 성취할 것이다.

현상계가 보이지 않는 것들에 의해 유지되듯이, 인간은 그 숱한 억압과 죄악 속에서도 의롭게 꿈을 간직하고 있는 사람들의 비전에서 에너지를 공급받는 것이다. 그래서 꿈꾸는 사람들은 이 세상의 구원자들이다.

큰 강도 처음에는 작은 개울에서 시작된다. 가장 위대한 업적도 처음에는 하나의 꿈에 불과했다. 참나무는 도토리 속에서 잠잔다. 새들은 알 속에서 기다린다. 그리고 영혼의 가장 고결한 비전 속에는 천사가 깨어나려고 움직이고 있는 것이다. 꿈은 현실의 묘목이다.

세상의 모든 훌륭한 수천 가지의 활동들은 꿈에 의해서 탄생되었다. 세상의 수많은 단체들은 꿈을 가진 사람들의 신비한 느낌의 결과로 태어났다. 비전과 꿈은 사람들을 연합하게 하고 움직이게 하는 동력이다. 비전을 함께 나누어 갖는다는 것은 비전의 현실화를 보고자 하는 그 열망을 나누는 것이다.

모든 비전을 품은 자들(visionaries)은 장기적인 계획을 마음속에 품고 있다. 그들은 목적의식이 있으며 도달해야 할 목표가 있다. 비전은 처음에는 매우 모호한 상태로 나타난다. 그러나 시간이 갈수록 매우 명료해진다. 세상을 깜짝 놀라게 하겠다던 히딩크는 한국축구의 꿈을 실현시켜 주었다.

비전이 없는 자는 나약하며 실의에 빠지기 쉽다. 왜냐하면 초점 없는 인생을 살기 때문이다. 그는 아무리 좋은 환경이나 여건 속에서도 만족을 모르고 회의에 빠진다. 비전은 인간활동의 원동력이다. 이것을 상실하면 개인이나 단체가 유지되고 발전될 수 없다.

노동자나 가난한 자 그리고 만년 졸병에 머물러 있는 사람들은 지금 당장에는 아무 희망이 없어 보인다. 그러나 더 나은 미래, 품위 있는 인격, 아름다운 세계를 생각하면 그도 생생한 활동력을 얻게 되고 그 꿈이 그를 사로잡아 행동하게 한다. 철의 왕 카네기는 젊은 날 철도노동자였다.

당신의 비전과 이상 그리고 생각에 따라 당신은 타락하기도, 정지상태에 머무르기도 아니면 높이 올라가기도 할 것이다. 당신은 자신을 좌우하는 욕망만큼 작아지고, 당신을 이끄는 열망만큼 위대해질 것이다.

생각이 얕고 무지하고 사상적으로 게으르며 피상적인 것만 보는 사람들은 요행이나 운수, 재수 등을 이야기한다. 그들은 위인들이 꿈을 이루기 위해 겪었던 시련, 실패, 투쟁을 보지 못한다. 위인들의 신념, 끈기, 열정 등을 결코 알지 못한다.

정치가가 비전을 잃으면 백성들이 그를 따르지 않는다. 기업가가 비전이 없으면 그 기업체는 유지, 존속, 발전을 할 수 없다. 성직자가 비전이 없으면 그는 눈앞의 일들에만 급급한 현실주의자가 되어 버린다. 부모의 제일의 책임은 자녀들의 가능성을 발견해서 꿈을 심어 주는 일이다. 선생님의 책임도 이와 같다. 그런 의미에서 지도자는 예언자이어야 한다.

가난한 자의 특징의 하나는 보다 나은 미래를 바라보는 비전이 없는 것이다. 비전은 방향, 질서 또는 목표를 위한 열정을 탄생시킨다. 그것은 무목적, 혼돈, 무법을 추방시킨다. 비전은 모든 장애물을 극복하는 동력이 된다. 인생의 앞길이 흐리고 침침하고 답답한 것은 내 운명이 나쁘거나 내 앞에 가로놓인 장애물 때문이 아니라 우리 자신 속에 미래에 대한 명확한 환상과 뚜렷한 목표가 없기 때문이다.

(1) 뜻을 세워라

공자께서 말씀하셨다.

"나는 15세 때에 학문에 뜻을 두었고, 30세가 되어 자신의 입장을 가졌고, 40세 때에 확신을 얻었고, 50세가 되어서 천명을 알았으며, 60세가 되어 남의 말이 순수하게 들렸고, 70세가 되자 마음이 하고자 하는 대로 행동하여도 도에 벗어나

子曰, 吾十有五而志于學, 三十而立, 四十而不惑, 五十而知天命, 六十而耳順, 七十而從心所欲不踰矩.

자왈, 오십유오이지우학, 삼십이립, 사십이불혹, 오십이지천명, 육십이이순, 칠십이종심소욕불유구.

지 않게 되었다."

■ 語義

- 十有五(십유오) : 15세
- 志于學(지우학) : 인생에 눈 뜨고 세계관의 탐구에 자주적으로 뜻을 둠. 지(志)는 매우 중요하다는 의미, 공자의 삶의 최초의 자각을 의미하며, 배움을 향하는 지각이다.
- 而立(이립) : 자기입장을 가짐. 입(立)이란 부모와 친지의 도움이 없이, 자력으로 선다는 것이다. 사상과 행동에 제나름의 기반을 가짐. 공자가 천하적 세계관에 도달함을 말함.
- 不惑(불혹) : 40년의 체험과 지식을 쌓아 자기가 지닌 세계관의 올바름에 자신을 가짐. 가치판단의 기준이 확고해짐. "지자는 미혹하지 않는다(知者不惑)"라고 하였다. 불혹은 곧 주체성의 확립이다.
- 知天命(지천명) : '지천명(知天命)' 은 공자가 자신의 역사적 사명을 이룩한 데 대한 만족과 체념의 말이다. '나' 라는 개체의 철저한 부정 위에서 성립하는 보편적 가치의 세계에 대한 확신인 것이다.
- 耳順(이순) : 남의 의견을 순수하게 들음. 50세가 되어 천명을 안 것은 실은 자신이 역사적 존재임을 자각한 것이다. 그것은 다른 사람의 존재도 역시 역사적 의의를 가짐을 이해한 것이다. 극언하면, 공자는 이성적으로는 천하적 세계관에서까지 해방된 것이다. 무엇을 다투고 무엇을 걱정하겠는가? "지자는 미혹하지 않는다(知者不惑)"에 이어, "인자는 걱정하지 않는다(仁者不憂)" 라고 하였다.

  또 "하늘을 원망하지도 않고 사람을 탓하지도 않는다(不怨天, 不尤人)"라고 하였다. 이순은 우리말로 그냥 귀가 순해진다는 말로써 감정적 순화이다.

• 從心所欲 不踰矩(종심소욕 불유구) : 남에게 지지 않으려는 오기나 명예에 대한 욕심이 없어진 것은 아니다. 그러나 공자는 자신이 확고하게 천하적 세계관에 투철함을 깨달았다. 단적으로는 고전의 세계와 일체가 되어 있는 자신을 객관시하는 경지에 도달한 것이다. 그는 이미 고전(古典)의 마음을 자기 마음으로 하고 있다.

자기 마음을 좇아 읽고 생각하는 것이 고전의 세계에서 벗어나지 않는다는 데 대한 확신이 있고 안심이 된다. 지천명(知天命)으로부터 20년, 이순(耳順)으로부터 10년, 정신의 편력을 거쳐서 이제 70세, 공자가 이 경지에 도달했다는 것은 존귀한 것으로서 찬미할 수가 있겠다.

종심소욕(從心所欲)은 마음이 욕(欲)하는 바를 따른다. 불유구(不踰矩)의 유(踰)는 '넘는다', '건넌다'의 뜻, 구(矩)는 기억자 모양의 곡척, 불유구는 법도에 어긋나지 않는다. 즉 진정한 길서의 기준을 넘어가지 않는다는 뜻이다.

내 마음의 원하는 바를 따라가도 조금도 법도에서 어긋남이 없는 경지를 말한다.

(2) 소년들이여, 야망을 가져라(Boys, be ambitious!)

이 말은 미국 동부 뉴잉글랜드 지방에 널리 퍼져 있는 말이다. 어떤 사람이 현대의 위대한 사람들의 출신을 조사해 보았는데 미국 뉴잉글랜드 지방에서 가장 많이 나왔다고 한다. 그 이유는 그 지방에 있는 "Boys, be ambitious!" 정신이 충만해 있어서 그 정신적 환경의 영향 때문이라는 것이다. 청교도들이 미국 동부에 정착하면서 자녀들에게 애용한 말이 "소년들이여, 야망을 가져라"라는 말이었다고 한다. 아이들이 말썽을 저질러도 욕이나 악담을 하는 것이 아니라 "Boys, be ambitious!"라고 격려하여 그 아이들이 꿈과 비전을 고상하게 가지도록 했다고 한다.

우리들은 자녀들에게 열심히 공부하라고 강조한다. 우리의 자녀 교육열은 대단하다. 그러나 우리 자녀들에게 크고 고상한 꿈을 가지라고 격려하는 것이 우선적인 일이 되어야 할 것이다. 아인슈타인은 "지성보다 중요한 것은 꿈이다"라고 말했다.

"Boys, be ambitious!"의 뜻을 생각해 보자.

Boy는 결코 소년에 한하지 않는다. 앞날의 희망에 매진하고 있는 사람은 모두가 소년이다. 야망을 가지고 있는 한 그는 영원한 청년이다. 청년이란 단어가 아름다운 것은 "청년은 다시 시작할 수 있기 때문이다"고 철학자는 말했다. ambition은 야심 혹은 대망으로 번역한다. 사람은 우선 큰 희망을 갖는 편이 낫다.

뉴잉글랜드 지방에서 태어난 에머슨은 "네 수레를 별에다 매어라(Hitch your wheels to the star)"라는 말을 했는데, 이 뜻은 희망을 높이 가지라는 말을 시적으로 표시한 것이다. 우리는 각각 여러 가지 별을 자기의 수레에 잡아매어 야망을 이루어야 한다. 별은 자기가 목표로 하는 이상이다. 자기의 별, 즉 자기의 이상을 발견하는 것이 중요하다. 과학자가 되고자 하는 사람은 과학의 어떤 구체적 분야의 별을 자기 수레에 매고 그것을 계속 끌어당겨야 한다. 모든 분야에서 위대한 성취를 하고자 하는 사람은 이와 같은 태도를 가져야 한다.

노벨상을 가장 많이 받은 민족은 유태인이다. 그들의 자녀교육 방식은 다른 민족에 비해서 아주 특이하다. 그 일례로 유태인 어머니들은 자녀들에게 어려서부터 옛날 위대한 선조들의 이야기를 들려주어 그들이 가졌던 야망과 꿈을 품도록 교육한다고 한다.

큰 야망을 품은 자는 현실에 너무 집착하지 않는다. 손해가 좀 나도 참는다. 뜻대로 되지 않는다고 안달하지 않는다. 굴욕적인 일도 참는다. 시시한 작은 일에 집념하지 않는다. 당신의 꿈이 너무 시시하고 작지 않은가? 보다 웅대한 포부를 품자. 위대한 사람은 비전을 우선 자기 마음속에 심고, 남에게 나누어주고, 함께 실현하는 사람이다.

링컨은 노예해방의 비전을, 케네디는 인간의 달 착륙의 꿈을 품었다. 그는 그 비전을 국민들과 나누었다. 그리고 그것을 실현해 나갔다. 세종대왕은 한글창안의 꿈을, 이순신 장군은 거북선 발명의 꿈을 가졌다. 그들은 그 꿈을 품었을 뿐 아니라 실현시켰다. 꿈은 처음에는 극히 미미하게 보이지만 나중에는 거대한 모습으로 나타난다.

꿈을 심는 사람들은 세상의 구원자들이다. 큰 꿈은 전염성이 강해서 다른 사람들에게 전파된다. 링컨 대통령의 노예해방의 꿈이 그 후 100년이 지나 마틴 루터 킹 목사에게 전수되었다. 1963년 8월 워싱턴 대행진 때 마틴 루터 킹의 유명한 설교 "I have a dream(나는 꿈을 가지고 있다)"는 지금도 많은 사람의 마음속에서 꿈으로 자라고 있다.

"우리 흑인들 앞에 곤경은 첩첩이 겹쳐 있다. 그러나 꿈을 버리지 말자. 언젠가는 미시시피주까지도 자유와 정의의 오아시스가 될 것이다. 꿈을 품자. 알라바마주에서도 흑인과 백인의 아이들이 손에 손을 잡고 놀게 될 날이 올 것이다. 이 꿈만 가진다면 미국에 번져 있는 불협화음이 형제애의 아름다운 교향곡으로 바뀔 날이 올 것이다. 함께 기도하고, 함께 감옥에 갇히고, 함께 종을 울리자. 우리의 꿈은 반드시 성취될 것이다."

그는 아깝게도 일찍 죽었으나 그의 꿈은 사라지지 않아 전 미국 국민의 가슴속에 물결치고 있다.

나라를 잃고 암담하기만 했던 일제 초기에 우리 선배들은 자유해방의 비전을 가졌다. "아! 신천지가 눈앞에 전개되도다!" 이 기미 독립선언문의 한 구절에서 그들의 비전을 잘 볼 수 있다. 그 비전은 8 · 15광복과 함께 실현되었다.

고통스럽고 불가능하게 보이는 상황에서도 꿈을 심는 사람은 언젠가는 그 열매를 거둘 것이다.

평생의 계획은 어릴 때에 있고 일 년의 계획은 봄에 있으며 하루의 계획은 새벽에 있나니, 어렸을 때 배우지 않으면 늙어서 아는 바가 없고, 봄에 밭을 갈지 않으면 가을에 바랄 바가 없으며 새벽에 일어나지 않으면 그 날은 할 일이 없느니라.

– 공자 삼계도(三計圖) –

孔子三計圖 云, 一生之計 在於幼 一年之計 在於春 一日之計 在於寅
幼而不學 老無所知 春若不耕 秋無所望 寅若不起 日無所辦.

공자삼계도 운 일생지계 재어유 일년지계 재어춘 일일지계 재어인
유이불학 노무소지 춘약불경 추무소망 인약불기 일무소관.

2) 비전을 억압하는 조건들

(1) 자아상(self-image)의 결여

자기 자신의 건전한 상을 갖지 못하는 것은 인격이 미성숙하다는 표시이다. 자기 자신의 건전한 상을 가지지 못하면 자기연민에 빠진다. 그는 바보 얼간이다.

6 · 25 때 충남 금산에서 북괴군에게 포로가 된 미국의 딘 장군은 3년 동안 포

로생활을 하며 갖은 고초를 당하면서도 끝까지 견뎌내 드디어 석방되었다. 3년 동안 그를 지탱해 준 힘에 대해서 그는 "나는 나 자신을 결코 유감스럽게 생각지 않았다. 그 점이 바로 3년간 나를 지탱해 주었다"라고 말했다.

올바른 자아상을 가지지 못한 사람은 자기 자신에 대해 스스로 부정적인 단정을 내린다. 예를 들면, "나는 영어를 못한다", "나에게는 그림 그리는 소질이 없다", "나는 비사교적이다", "나는 둔하다", "나는 초라한 한국인이다", "나는 너무 나이를 많이 먹었다", "나는 빽이 없다" 등등이다. 이와 같이 자기 자신이 자기에게 딱지를 붙이면 삶은 늘 정지상태에 있고 새로운 경험을 받아들이지 못하게 된다.

건전한 자아상은 인격의 기본인 동시에 비전을 갖는 데 기초가 되는 요소이다.

(2) 책임성의 결여

책임성이 결여된 사람은 흔히 그 책임을 남이나 외부에 돌린다. 잘 사는 것은 제 탓, 못사는 것은 조상 탓이라는 속담이 여실히 말해 주듯 사람은 자기 스스로 책임을 지지 않으려 한다.

창녀 500명을 대상으로 설문조사를 해보았는데, 자기가 지금의 처지가 된 것이 누구에게 원인이 있다고 생각하느냐의 질문에 모두 다른 사람이나 환경에 원인을 돌리고 자기 자신의 책임이라고 대답한 사람은 없었다. 핀란드 헬싱키에는 마지막 창녀동상이 있다. 핀란드 법으로 성매매 금지법을 만들지 않았다. 핀란드 여성들이 스스로 권위를 찾아 꿋꿋하게 선 것이다. 얼마나 장한가? 책임의식의 결여는 남을 비난하는 것으로 발전된다. 즉 "누가 나를 이 지경으로 만들었지?", "무엇이 날 이 지경으로 만들었지?"라고 한다. 이런 비난은 매우 무익한 것이다.

나 자신은 책임 있는 존재이며 미래는 전적으로 나의 태도에 달려 있다는 생각을 갖는 것이 비전을 발전시키는 데 중요하다.

(3) 고정된 안목

"우물 안의 개구리"란 속담이 있다. 경험과 시야가 좁다는 것을 일컫는 말이다. 우리는 안목과 경험이 제한되어 있어서 우리가 보는 것만큼, 또한 경험한 것만큼밖에 보지를 못한다.

그러나 비전을 가진 사람은 이런 고정관념을 넘어 거룩한 상상력을 통해 보통 사람이 보는 것보다 훨씬 멀리, 그리고 훨씬 깊게 볼 수 있다. 장사에 경험이 많은 사람은 그 방면에 눈이 밝다. 지식이 있는 사람들은 무식한 사람이 보지 못하는 것을 많이 볼 수 있다. 미술가는 남이 보지 못하는 아름다움을 분명히 볼 수 있다.

우리는 생각보다 훨씬 아름답고 신비한 가능성의 세계에 살고 있다. 마음의 눈을 뜨고 사물을 바라보는 자는 무한한 가능성을 발견해 내고 감탄과 희열을 느낀다.

깊이 생각할 수 있는 사고력의 부족과 경험의 부족으로 우리는 고정된 안목을 벗어나기 힘들게 된다. 따라서 올바른 목표설정을 하는 데 큰 애로점을 가지고 있는 것이다. 당신은 지금 계속하고 있는 일보다 훨씬 더 큰 일을 수행하도록 태어났으며 실제로 할 수 있다. 당신은 당신의 한계성을 초월할 수 있다. 고정된 안목과 작은 마음을 버려라.

"나는 당신이 항상 최상의 것과 최선의 것을 깨달을 수 있기를 바란다."

(4) 과거에 집착하는 것

과거는 시효가 지난 감정이라고 한다. 시효가 지난 약, 시효가 지난 문서는 효력을 발생할 수 없다. 그런데 우리의 과거는 기억 속에 남아있다. 그것을 잠재의식이란 형태로 보관하고 있다.

과거는 우리에게 용기를 주기도 하고 좌절감을 주기도 한다. 그런데 그것을 절대시할 때 우리의 생은 발전을 중지한다. 실패의 경험을 기억하고 새날을 향해 용기를 잃는 사람이 있는가 하면 성공의 경험을 절대시함으로써 새 상황에 적응할 수 없게 되는 사람도 있다.

미국의 아브라함 링컨 대통령은 다음과 같이 말하였다. "어떤 때에도 적용할 수 있는 정책 같은 것은 나에게는 없다. 나는 단지 때와 경우에 따라서 가장 적당하다고 생각되는 일을 시도했을 뿐이다." 그렇다고 원칙이나 규칙이 필요 없다는 것은 아니다. 다만 그것이 변화하는 상황에 대처하는 데 너무 무력한 것이 될 때에는 거기에 집착하지 말라는 뜻이다. 리더십이론에 상황이론의 중요성을 상기하면서 링컨 대통령의 말을 음미해 보자.

한 이집트인이 한국에 와서 이런 말을 하는 것을 들었다. 조상들은 이미 3500여 년 전에 거대한 피라미드를 만들었는데 그 후손들은 자기 선조들이 이루어 놓은 그 석조물에만 눈을 고정시키고 미래를 위해 도전을 하지 않아서 오늘날 이집트는 후진국 신세를 면치 못하고 있다는 것이다. 피라미드로 인해 전세계 사람들로부터 관광수입을 얻고 재미를 보고 살았지만 그것도 오래 갈 수 없다는 것이다. 왜냐하면 최근에 그 피라미드들이 붕괴되기 시작하기 때문이다.

어떤 교수가 다음과 같이 말하였다. 미국 사람들이 과제지향적(task oriented)인 데 반하여 우리 한국인들은 존재지향적(being oriented)이라는 것이다. 미국인들은 앞으로 해야 할 과제에 집착하니까 진취적이다. 그러나 우리는 과거에 내가 무엇을 했으며, 어느 지역에서 태어났으며, 어떤 학교를 나왔고, 가문이 어떻다는 식으로 자기 자신의 존재에 집착하니까 진취적인 정신이 없다는 것이다. 과거는 현재나 미래에 새로운 통찰력과 교훈을 줄 때만 유용하다고 생각한다. 우리나라에 많은 문제 중에 3연(三緣)을 드는 사람들이 많다. 학연 · 지연 · 혈연이 정계나 재계에 그리고 학계에 만연해 있다. 이 또한 존재지향적 태도를 말해준다.

(5) 성공의 환상

성공은 신기루와 같다. 성공은 변덕스런 여신이다. 조금만 성공을 해도 크게 성공한 줄로 착각하는 것이 더 큰 비전을 볼 수 없게 하는 장애물이다. 또한 성공했기 때문에 허탈감을 느끼는 사람이 많다. 자기가 목표했던 바가 달성되었을 때 이런 것들을 얻기 위해 과연 내가 시간과 돈과 노력을 들여야 했는가라는 생각에 사로잡히게 될 경우가 많다. 객관적으로 볼 때는 하나의 성공이요 성취라고 생각하는 것도 그것을 이룬 사람에게 만족감과 성취감, 보람을 주지 못한다면 좌절감이 생길 수밖에 없다.

이럴 경우는 스스로에게 다음 두 가지 질문을 해 보아야 한다.

• 내가 설정했던 목표가 참다운 비전에 근거했던 것인가?

• 내가 달성한 목표가 더 큰 목표를 위한 단계임을 망각하고 있지 않는가?

모든 비전이 옳다고는 볼 수 없다. 잘못된 비전도 많기 때문이다. 히틀러와 링컨은 모두 그들이 19세 때 큰 비전을 가졌다. 히틀러는 자기 욕심과 교만으로부터 유럽과 전세계 정복의 꿈을 꾸었고, 링컨은 인류애로부터 노예해방의 꿈을 꾸었다. 전자는 그릇된 꿈이고, 후자는 올바른 꿈이다. 자기만을 위한 꿈은 그것이 아무리 거창하다 해도 건전하지 못하다.

인생을 경주와 등산으로 비유하기도 한다. 죤 듀이가 90회의 생일을 며칠 앞둔 한 모임에서 한 젊은 제자가 그의 생의 철학에 관해 수준 낮은 의견을 부지중에 말했다.

"생의 동기란 무엇입니까? 당신을 어디로 이끕니까?" 하고 물었다.

"생의 동기를 갖는다는 것은 당신으로 하여금 산에 오를 수 있게 한다는 것이요." 존 듀이가 재빨리 대답했다.

그 제자는 또 질문했다. "등산이요? 그렇게 하는 것의 이점은 무엇인가요?"

그 노학자는 말하기를, "당신이 올라갈 다른 산을 보는 것이지요. 당신은 내려와서 그 다음 산을 오를 것이오. 그리고는 또다시 다음 산을 보고 다시 오를 것이오."

듀이는 다시 강조하기를, "당신이 오를 다른 산을 보기 위해 산에 오르는 것에 더 이상 흥미가 없을 때, 당신 생은 끝나고 마는 것이오." 과연 인생을 달관한 노학자다운 대답이었다.

3) 비전에의 도전

인생의 앞길에는 장애물과 실패가 가로놓여 있기 마련이다. 우리가 이것들을 어떻게 처리해 나가느냐 하는 태도와 기술이 비전을 실현시키는 데 큰 관건이 된다.

생에 있어서 일시적인 후퇴가 죄가 되는 것은 아니다. 후퇴 없는 전진은 없기 때문이다. 전쟁에 있어서 무조건 전진만 하는 것은 능사가 아니다. 인생의 길에도 어떤 때는 후퇴해야 하고 어떤 때는 돌아가야 한다. 그러나 모든 후퇴나 선회가 다 전진을 위한 것은 되지 않는다. 경우에 따라서는 후퇴가 우리의 패망을 초래할 수 있다. 문제는 일보 후퇴한 뒤 우리가 앞에 놓인 난관을 어떻게 보느냐에 달려 있다. 난관을 어떻게 보느냐 하는 시각의 차이가 모든 것을 결정한다.

자기가 종종 실패했다는 느낌을 가질 때가 있을 것이다. 중요한 것은 그 실패와 자기의 가치관을 동일하게 생각지 말아야 하는 것이다. 어떤 일에 실패하는 것은 인간으로서 실패하는 것이 아니라 단지 어느 특정 시기에 특정한 노력에 성공하지 못했을 뿐인 것이다.

전등을 발명하려고 노력하는 동안에 토마스 에디슨과 그의 연구실 동료들은 많은 어려움과 실패를 맛보았다. 동료들은 거듭되는 실패를 참을 수 없어서 어느 날

에디슨에게 실패를 인정하고 이 일을 포기하도록 권했다. 에디슨은 그때 "우리는 실패한 것만은 아니다. 이제 우리는 효과가 없는 수백 가지의 일들을 알게 되었다. 따라서 우리는 그만큼 올바른 대답에 더 가까이 와 있다"라고 말했다. 그는 실패를 성공을 위한 기회로 바라보았기에 위대한 발명가가 되었다.

케네디 대통령은 인간의 미덕 중에서 가장 위대한 미덕은 '용기'라고 했다. 용기를 잃으면 모든 것을 잃는다는 말이 있다. '칠전팔기', "하늘이 무너져도 솟아날 구멍이 있다", "호랑이에게 물려가도 정신만 차리면 산다"는 말이 있다. 환경에 구애되지 않는 '초연한 의지', '전천후의 신념'을 갖는 것이 중요하다.

다음의 시는 실망했을 때 용기를 주는 좋은 시이다.

꿈

하나의 깨어진 꿈은
모든 꿈의 마지막이 아니다.
하나의 부서진 희망은
모든 희망의 마지막이 아니다.
폭풍우와 비바람 너머로
별들은 빛나고 있으니
그대의 성곽들이 무너져 내릴지라도
그래도 다시 성곽짓기를 계획하라.
비록 많은 꿈이 재난에 무너져 내리며
고통과 상한 마음이
세월의 물결에서 그대를 넘어뜨릴지라도
그래도 신앙에 매어달려라.
그리고 그대의 눈물에서
새로운 교훈을 배우기를 힘쓰라.

– 에드가 게스트 –

비전을 갖는 것만으로는 충분하지 않다. 비전은 하나의 이상이다. 이를 실현하기 위해서는 도전해야 한다. 그리고 믿음과 소망과 사랑을 바쳐야 한다.

신대륙을 발견한 콜럼버스(A.D. 1446~1506)는 30세가 넘으면서 생각하기 시작했다. 끝없이 머나먼 대서양의 저편에는 미지의 세계가 있을 것이라고 믿었다. 그는 무모한 짓이라고 생각되는 대망을 품고 그 실현을 계획하였다. 그는 많은 난관에 부딪쳤다.

그는 여러 곳을 다니며 원조를 청했으나 공상가나 망상가라는 조소를 받고 미친놈 취급을 받았다. 만일 그의 가슴속에 강철과 같은 의지가 없었다면 그는 항해계획을 포기했을 것이다. 그는 항해에 필요한 자금을 마련할 때까지 여러 나라를 돌아다니며 설득하는 데 18년간을 고생했다. 인내를 거듭하여 비로소 성공했다. 그는 3척의 배를 이끌고 스페인을 떠났다. 그는 출범한 후에도 선원들로부터 많은 장애, 반란, 불신을 받았지만 성공을 거두었다.

그의 항해일시에는 이렇게 기록되어 있었다. "참기 힘들었지만 참았노라. 견디기 힘들었지만 견디었노라"라고. 그때 그의 나이는 58세였다. 그는 나이 같은 것 때문에 이상을 포기하지 않았고 따라서 대업을 이룰 수가 있었다.

자동차 왕이라고 불리우는 헨리 포드(1863~1947)는 가정환경이 불우하여 초등학교도 제대로 나오지 못했다. 그러나 그는 사물을 꿰뚫어 보는 관찰력과 세심한 주의력을 가지고 있었다. 어느 날 말이 끄는 마차를 보고 곰곰이 생각하더니 "나는 말(馬) 없는 차를 만들겠다"고 말했다. 그는 이 비전을 마음속에 품었다.

그는 한번 세운 이 이상을 굽히지 않고 열심히 연구하고 노력해서 드디어 말(馬) 없는 차, 즉 자동차를 만들어냈다. 또한 그는 포드자동차회사를 설립하여 자동차를 대량 생산해 냄으로써 대재벌이 되었다. 미국 디트로이트시에는 포드기념관이 있는데 그 안에는 포드와 그의 아내의 사진이 걸려 있고 그 사진 아래에는 다음과 같은 글이 쓰여 있다.

"포드는 꿈꾸는 자이고 그의 아내는 믿음의 사람이다."

우리도 꿈꾸는 자, 믿음의 사람이라고 불리워질 수 있다면!

비전은 미래에 이루어질 사건이다. 그 비전이 웅대할수록 시간과 노력이 더욱 더 요청된다. 비전은 잘 보호해야 한다. 비전을 잘 지켜 주는 방패는 믿음이다. 믿음이 없는 자는 초조하고 불안하며 비전의 성취를 의심하기 때문에 비전을 유지하지 못한다.

비전은 분명한 모습으로부터 보여줘야 한다. 희망은 등불과 같아서 비전의 모습을 늘 분명하게 비춰 준다. 희망 없는 사람은 절망 속에 갇혀서 비전의 빛을 보지 못한다.

비전은 늘 신성해야 한다. 비전을 늘 새롭게 하고 거룩하게 만드는 것은 사랑이다. 이기주의나 증오의 노예가 되어 있는 사람은 신성한 비전을 가질 수 없다. 1900년 전에 신학자에 문필가였던 바울은 영원히 간직할 세 가지를 말했다.

"믿음과 희망과 사랑, 그 중에 제일은 사랑이다."

사랑

사랑은 오래 참습니다.
사랑은 친절합니다.
사랑은 시기하지 않습니다.
사랑은 교만하지 않습니다.
사랑은 무례하지 않습니다.
사랑은 사욕을 품지 않습니다.
사람은 성을 내지 않습니다.
사랑은 앙심을 품지 않습니다.
사랑은 불의를 보고 기뻐하지 아니하고
진리를 보고 기뻐합니다.
사랑은 모든 것을 덮어주고
모든 것을 믿고
모든 것을 바라고
모든 것을 견디어 냅니다.

– 고린도 전서 13장 4절~7절 –

위의 '사랑' 이라는 말을 '나는' 이라고 고쳐서 똑똑하게 낭독한다. 그리고 조용히 눈을 감고 그 느낌을 음미해 본다.

2. 성공

무엇이 성공인가?

자주 그리고 많이 웃는 것
현명한 이에게 존경을 받고 아이들에게서 사랑을 받는 것
정직한 비평가의 찬사를 듣고 친구의 배반을 참아내는 것
아름다움을 식별할 줄 알며 다른 사람에게서 최선의 것을 발견하는 것
건강한 아이를 낳든 한때기의 정원을 가꾸든
사회 환경을 개선하든 자기가 태어나기 전보다
세상을 조금이라도 살기 좋은 곳으로 만들어 놓고 떠나는 것
자신이 한때 이곳에 살았음으로 해서 단 한 사람의 인생이라도 행복해 지는 것
이것이 진정한 성공이다.

– Ralph Waldo Emerson –

1) 성공의 의미

성공의 의미는 사회적 잣대보다는 개인적 잣대로 잴 수 있는 개념이다. 어떤 사람의 척도(잣대)로 볼 때는 전혀 성공했다고 볼 수 없을지라도 그 사람 자신이 성공했다고 믿는다면 그는 성공한 사람이다. 성공은 사회적 잣대로 잴 수 있는 객관적인 면도 있긴 하지만 어떻든 성공은 개인적 잣대로 잴 수 있는 주관적인 면이 더 강하다. 역사적으로 보면 다른 사람으로부터는 실패했다고 보이지만 본인 자신은 실패했다고 생각하지 않는 사람이 있다. 본인의 성공과 실패의 기준과 다른 사람의 그것과 크게 다를 수 있기 때문이다. 그래서 성공은 다양한 의미와 내용을 포함하는 개념이다.

무엇보다 성공이란 인생에서 얻고자 함을 얻음이요, 승부에서 승리함이라 할 수 있으며 개별적인 전투에서 이기는 것이라기보다는 전쟁에서 이기는 것이며 궁극적인 목적을 달성함이다. 이렇게 보면 성공은 출세(出世)와 같은 개념이다. 출

세(=자기의지로 다시 태어나는 삶)는 바로 어떤 의미로든지 성공이라고 할 수 있다. 그래서 성공이란 만들어지는 것이다. 돈(물질)을 목표로 한 사람은 돈을 목표한 만큼 얻었을 때 성공했다고 할 것이며, 지위와 명예 그리고 권력을 목표로 한 사람이 이들을 얻게 되면 성공했다고 할 것이다. 이렇게 성공을 정의한다면 사회적으로 비난을 받아도 목표를 달성하면 개인적으로는 성공이 될 수 있다. 목적을 위해 수단과 방법을 가리지 않고 얻은 결과만으로 성공이 될 수 있다고 할 수 있다. 진정 이것이 성공이라면 성공이란 참 별 것이 아닐 수 있다.

대학의 가르침에서도 평천하(平天下)의 법으로써 덕(德)을 근본으로 하고 재(財)를 뒤로 할 것을 말하고 이(利)보다는 의(義)를 중히 여겨야 한다고 강조한다. 개인의 성공이 사회에 영향력을 가질 때 공헌(donation)이 된다. 이것이 공동의 성공이며 대학에서 가르치는 사회적 공업이다.

리치디 보스는 성공은 인생의 행복을 위한 과정이지 목적이 아니라고 했다. 행복에 이르는 성공만이 참다운 성공이다는 뜻이다. 그래서 성공은 행복이라는 목적을 위한 수단이라고 할 수 있다. 그리고 성공은 어느 하나의 완성일 뿐 영원할 것은 아니다. 악법에 의해 죽은 소크라테스도 "악법도 법이다"라고 하고 죽었다. 그는 실패자로 보이지만 정말로 실패자일까? 십자가에 못 박혀 돌아가신 예수는 자기에게 못을 박은 사람들을 용서해 주시도록 하느님께 부탁하며 인간의 눈으로는 비참하고 어리석게 죽었지만 정말 어리석은 실패의 죽음이었을까?

한편 돈이나 권력 · 지위 · 명예 그리고 일에는 목표를 달성하여 사회적으로 성공했지만 영원한 실패자로 인생을 살아가게 된 경우도 많다. 그래서 성공이 행복으로 가는 과정일 때만이 완전한 성공이라고 할 수 있다. 또한 성공은 물질적인 면보다는 인간관계에서 성공할 때 값진 성공이 된다. 목표를 달성하면 성공했다고 하지만 그 목표를 달성하기 위해 인간관계에서 나쁜 관계를 갖게 되면 성공의 의미가 없게 된다. 좋은 인간관계를 지닌 사람이 그렇지 않은 사람보다 성공의 확률이 높다는 연구는 많다. 진정으로 성공하기 위해서는 인간관계에서 호평 받는 좋은 인간관계를 형성하는 것이라고 본다.

"행복은 소유가 아니라 인간관계에 있다"는 내가 가장 좋아하는 말이다. 사람은 사람이 도와야 성공할 수 있다. 행복도 사람에 의해서 얻어지는 행복이 가장 값진 행복이다. 물질에 의해서 얻어지는 것은 행복이 아니라 만족일 뿐이다. 이것은 만족의 요건이 사라지면 불만족만 늘어나게 된다.

그 사람을 그대는 가졌는가?

만리길 나서는 날
처자를 내맡기며
맘 놓고 갈 만한 사람
그 사람을 그대는 가졌는가.

온 세상 다 나를 버려
마음이 외로울 때에도
"저만이야" 하고 믿어지는
그 사람을 그대는 가졌는가.

탔던 배 꺼지는 시간
구명대 서로 사양하며
"너만은 제발 살아다오"할
그 사람을 그대는 가졌는가.

불의의 사형장에서
"다 죽어도 너희 세상 빛을 위해
저만은 살려두거라" 일러줄
그 사람을 그대는 가졌는가.
잊지 못할 이 세상을 떠나려 할 때
"저 하나 있으니" 하며
빙긋이 웃고 눈을 감을
그 사람을 그대는 가졌는가.

온 세상의 찬성보다도
"아니" 하고 가만히 머리 흔들
그 한 얼굴 생각에
알뜰한 유혹을 물리치게 되는
그 사람을 그대는 가졌는가.

-함석헌-

2) 성공의 특성

프룬츠와 사비니[1]는 오늘날 인생에서 그리고 직장에서 성공하기를 바라는 사람에게 다음과 같은 성공의 특성을 날마다 실천할 것을 권고한다.

- 비판을 수용하라. 타인으로부터의 비판을 수용하는 일을 배우고 더 나은 사람이 되도록 활용하라. 나에 대한 그들의 생각(평가)이 옳을 수 있음을 겸허하게 수용할 필요가 있다.
- 두려워 수동적이 되지 말고 자신에 대한 책임을 지면서 능동적이 되라. 인간에겐 ① 무엇이 일어나도록 만드는 사람 ② 무엇이 일어날지를 지켜보는 사람 ③ 무엇이 일어나면 두려워하는 사람 등의 세 가지 유형이 있는데 언제나 ①이 되라.
- 의사소통기법을 배워라.
  효과적인 인간관계에서의 핵심적인 요소는 의사소통이기 때문이다.
- 변화에 마음의 문을 열어 놓아라.
  변화는 인생의 한 사실(fact)이고 과정의 한 부분이고 또한 인생의 한 부분이다.
  따라서 변화를 수용하고 그것을 극복하라. 변화에 대한 두려움을 극복하라.
  모든 성공은 변화를 동반하기 때문이다.
- 협조적인 태도를 보여주라.
  타인에 대한 협조는 조직과 자신의 목적에 필수적이고 불가결한 것이다.
  타인을 협조하는 일을 학습하라. 당신의 성공은 그에 의존한다.
- 긍정적인 시야(전망)를 가져라.
  부정주의(부정적 태도)는 부정주의(negativism)를 낳고 불만과 낮은 사기를 낳고 결국은 조직에 해롭다. 긍정적이고 자신을 신뢰하라.
- 현실을 받아 들이라.
  어떤 것은 바꿀 수 있고 어떤 것은 결코 바꿀 수 없다.
- 기회를 얻는 일에 두려워 말라.
  성공하는 사람은 인생을 계산된 위험의 연속으로 본다. 어려움의 상황에 직면하면 자신을 증명할 기회로 생각하라.

---

1) G.L. Frunzi & P.E. Savini, *Human Relations*, South-Western, 1991.
이한검 외, 인간관계 관리, 형설출판사, 2004, pp.17~18.

- 감정이입(empathy)을 하라.
  자신을 다른 사람의 입장에 서서 생각하기를 배우라.
  다른 사람의 문제를 그의 관점에 서서 이해함이 중요하다.
- 자신의 신분(나이)에 알맞게 처신하라. 자신과 타인에게 정직하라.
  현재와 미래의 당신에 대한 자부심을 가져라.
- 현재의 자신에 머무르지 말고 자신을 발전적인 모습으로 바꾸어라.
  진정으로 성공을 원한다면 얼마나 많은 시간과 노력과 에너지가 필요한가를 따져 보고 필요한 만큼 최대한 자신을 투자하라. 바꿀 것은 많으나 특히 인간관계에서 바꾸어라.
- 인간관계 문제의 해결을 기다리지 말고 찾아라.
  인간관계는 행동지향적이다. 자신의 행동으로 해결하라.
- 자신과 타인에 대한 신뢰감을 가져라.
  당신과 다른 사람이 서로 신뢰하면 신뢰감은 자연적인 산물이 된다.
- 범인(凡人)이 되려 하지 말라. 둘째를 최선으로 생각하지 말라. 그냥 그대로 아무렇게나 지내려 하지 말고 정상(頂上)을 향해 높이 날으려고 노력하라.

3) 성공의 열쇠

「천국의 열쇠」라는 책이 있다. 내가 한창 신앙심에 불타 있을 때 내 신앙심을 업그레이드(upgrade)해 준 책이다. '성공의 열쇠'가 여러분을 성공에 이르는 길로 인도할 수 있길 기원한다.

진정한 성공은 성공=행복이라는 공식이다.

성공이 행복이 되지 못하면 성공하지 않은 것만 못하게 된다. 이런 의미에서 성공의 열쇠는 사람과의 관계, 즉 인간관계에 있다함은 누구도 부정하지 못할 것이다. 그럼, 인간관계를 좋게 하기 위해서는 어떻게 해야 하는가? 여기에는 가장 기본이 되는 두 가지가 있다. 첫째는 "자신을 먼저 바꾸는 일"이고 두 번째는 "사랑을 실천"하는 일이다.

(1) 자신의 변화

나는 리더십 교육에서 가장 중요한 것이 수신(修身)이라고 강조해 왔다. 자신을 지키지 못하면서 다른 사람에게 이래라 저래라 하면 누가 따르겠는가? 자신이 올바른 방향을 가지 못하면서 다른 사람에게 따르라고 하면 누가 따라오겠는가? 그래서 수신이 리더십에 있어서 가장 중요한 요소이다. 리더십 교육을 한다는 사람들이 입으로만 가르치려 하는 것을 보면서 안타까움을 금할 수 없다.

자신을 먼저 바꾸어라. 왜 자신을 먼저 바꾸어야 하느냐고 따져 묻는 사람에게는 아무리 설명을 해도 소용이 없다. 그래서 웨스트 민스터 사원에 묻힌 어느 성공회 주교의 묘비를 소개하는 것으로 설명을 대신한다. 이 글을 읽고도 자신의 변화가 먼저인 것을 인식하지 못한 사람은 영원히 변화될 수 없다.

어느 주교의 후회

내가 한창 젊었을 때 나는 세상을 변화시키겠다는 꿈을 가졌었다.

그 후 나이가 들고 세상을 좀 알았을 때 나는 세상이 변하지 않으리란 것을 알고 내 포부를 좀 좁혀서 내가 살고 있는 나라를 변화시키겠다고 결심했다.

그러나 그것은 역시 불가능한 일이었다.

황혼의 나이가 되었을 때 나는 마지막 시도로 나의 가족을 변화시키겠다고 마음먹었지만, 아무도 변화하지 않았다.

이제 죽음을 눈앞에 둔 지금 자리에 누운 채 나는 깨달았다.

만약 내가 내 자신부터 먼저 변화시켰더라면 그것을 보고 내 가족이 변화되었을 것을…

또한 내 나라가 더 살기 좋은 곳으로 변화되었을 것이며 그리고 누가 아는가 세상까지도 변화되었을지…

아울러 소크라테스도 "세상을 변화시키려는 사람이 있거든 먼저 자신부터 변화시키라"고 했다. 20세기 세계를 움직인 100인에 선정된 빌 게이츠(마이크로소프트사 회장)는 「성공하는 사람에게는 이유가 있다」에서 인생이 빛나가는 데는 그럴 수 밖에 없는 충분한 이유가 있다. 즉, 성공과 실패 그리고 행복과 불행에 대한 공통적인 이유는 자신의 문제로써 자신을 먼저 변화하느냐 않느냐에 달려 있다고 한다.

너와 나의 차이가 네 탓과 내 탓의 차이를 만들고, 너로부터의 변화와 나로부터의 변화가 만들어 내는 결과는 전무(全無=nothing)와 전부(全部=all)의 차이가 된다.

무엇보다 "내가 먼저 바뀌어야 한다." 내가 나를 관리하지 못하면 남이 나를 관리한다. 남에게 관리를 받는 비참함을 생각하기 어려우면 '법정관리기업'의 모습을 생각해 보라. 자기 회사를 자기가 관리하지 못하면 법원이 관리하게 된다는 것을 잊어서는 안 될 것이다.

사람은 누구나 남을 변화시키고자 하는 욕구가 있다. 자신이 먼저 변화한다는 것은 쉬운 일이 아니다. 그런데 언제나 성공하려면 쉬운 일만 찾아서 해서는 성공할 수 없다. 쉬운 일이 아닌 것에 성공의 열쇠가 있다. 옛날에는 마음을 바꿀 수 있으나 신체유형을 바꿀 수 없다고 받아들였다. 그런데 요즘은 마음은 바꾸려 하지 않고 조금만 틀어진 얼굴은 아주 뜯어 고치려 한다. 진정 바꾸어야 할 것이 무엇인가를 인식해야 한다.

그럼 언제 바꾸는 것이 좋은가? 지금 시작하자. 늦었다고 생각한 순간이 가장 빠른 때(나카지마 가오루)라는 말이 있다. 시간은 나를 기다려 주지 않는다. 내가 그 시간을 활용해야 한다. 시간은 사실 실체가 없다. 실체가 있다면 남겨두었다가 쓸 수도 있어야 한다. 그렇지만 시간을 남겨둘 수 있는가! 지금 즉시(right now) 해야 한다.

인생에서 가장 중요한 때는 언제인가? 라는 질문에 가장 중요한 때는 지금이며, 인생에서 가장 중요한 사람은 누구냐는 질문에 지금 당신이 만나는 사람이며, 인생에서 가장 중요한 일은 무슨 일이냐는 질문에 지금 만나는 사람에게 도움(善)을 주는 일이라고 톨스토이는 말한다. 그렇게 할 때 당신은 좋은 인간관계를 형성하고 유지하며 성공으로 이끌고 그 성공은 당신의 행복으로 이어질 것이다.

(2) 사랑의 실천

성공의 두 번째 요소는 사랑의 실천이다. 자신의 변화를 통해 좋은 인간관계를 형성하고 사랑을 실천함으로써 좋은 인간관계는 지속적으로 유지된다.

사랑의 본질은 동사다. 그래서 사랑은 행동으로 해야 한다. 그래서 어떤 사람은 사랑의 본질은 "나누는 것"이라고 한다. 먹을 것이 없어 죽은 사람보다 사랑 없어 죽은 사람이 더 많다고 한다. 사랑을 줄 수 없는 사람은 없고 사랑을 받아야 할 필요가 없는 완전한 사람도 없다. 그래서 사랑은 주는 것이라고 하고 받는 것보다 주는 것이 더 아름답다고 한다.

사랑은 메아리현상이기 때문에 주면 받는다. 그것도 다 주면 다 받는다. 그런데 조금만 챙기면 상대방은 더 많이 챙기는 것이 사랑이다. 「탈무드」는 남에게 뭔가 해 줄 때는 "거기서 전부를 거는 것이 중요하다"고 가르친다.

사랑은 동사이기 때문에 "사랑한다는 말보다는 상대방이 사랑받고 있다고 느끼게 해 주라"고 돈보스코는 말했다. 사랑받고 있다고 느끼지 않을 때 사랑한다는 말을 들으면 의심이 생기게 된다. 사랑은 그런 것이다.

시인 한용운 스님은 「사랑의 존재」라는 시(詩)에서 "사랑을 사랑이라고 하면 벌써 그것은 사랑이 아닙니다. 사랑을 이름지을 만한 말이나 글이 어디 있습니까?" 라고 시작한다. 논어(論語)에도 같은 논리가 있다. 도가도(道可道) 비상도(非常道)가 그것이다. 일반적인 해석은 "도는 도라고 하면 이미 도가 아니다"는 것이다. 이 뜻은 사랑과 대비하여 충분히 이해할 수 있다. 그러나 사랑에도 그러하지만 도(道)에서도 애매함이 남는다. 그래서 도가도(道可道) 비상도((非常道)는 "도는 도라고 할 수 있으나(can) 항상 도라고 할 필요는 없다(need not)"고 함이 훨씬 명료하게 의미전달이 된다. 사랑도 마찬가지이다. "사랑은 사랑이라고 할 수는 있으나 항상 사랑이라고 할 필요는 없다"는 것이다. 사랑의 본질이 동사이기 때문이다.

이제 남은 것은 사랑의 실천이다. 사랑의 실천지침은 다음과 같다.[2)]

첫째, 사랑받기보다는 사랑하라.

빅토르 위고는 삶에서 최대의 행복은 우리가 사랑받고 있다는 확신이라고 했다. 벤자민 플랭클린은 "무엇이든지 주는 것이 받는 것보다 나으며, 주는 것은 빛이 나고 받는 것은 녹이 쓴다"고 했다. 그런데 많은 삶들은 사랑을 '하기' 보다는 '받기' 를 좋아한다, 사랑은 물리법칙과는 달리 줄수록 솟아나는 것이고 주면 줄수록 줄 것이 더 많아지는 성질의 것이어서 줄려고 노력하지 않으면 아무 것도 줄 수 없고 받을 수도 없다. 이것이 사랑의 법칙이다.

둘째, 자신이 먼저 다른 사람을 사랑하라.

사랑은 메아리와 같아서 주는 대로 받는다. 사랑의 황금률은 진실한 사랑을 주

---

2) 이한검 외, 인간관계 관리, 형설출판사, 2004, pp.139~145.

면 진실한 사랑을 되돌려 받고 사랑을 많이 주면 많이 돌려 받는다. 자신이 받고자 하는 사랑을 내가 먼저 주어야 한다.

셋째, 자기 자신을 먼저 사랑하라.

자기 자신을 사랑하라는 말은 자기사랑에 충만한 사람이 진정으로 타인을 사랑할 줄 안다는 뜻이지 결코 자기도취(narcissism)를 의미하는 것은 아니다. 스스로를 사랑하지 않는 사람이 다른 사람을 사랑할 수 없을 뿐만 아니라 사랑한다고 하면 그것은 위선일 가능성이 높다. 다른 사람을 사랑하기 위해서는 자신을 먼저 사랑해야 한다. 철학자 니체도 "자신을 사랑해야 다른 사람을 사랑할 수 있다"고 말한다.

넷째, 사랑한다고 표현하라.

헤르만 헤세는 "삶에서 가장 아름다운 것, 가장 깊은 것, 가장 감미로운 것은 실제로 표현할 수 없다"고 했다. 마치 앞에서 논의한 도가도(道可道) 비상도(非常道)처럼. 그래서 "사랑은 눈으로 보지 않고 마음으로 본다(셰익스피어)"고 하였나보다. 그러나 "제대로 사랑하기 위해서는 사랑을 보여주는 것이 중요하다"고 말한 도스토예프스키의 말이 더 의미가 있다고 본다. 오스카 헴머 스타인은 '사랑은'이라는 시에서 "사랑은 표현하기 전에는 사랑이 아니다"고 한다.

사랑은

종은 누가 그걸 울리기 전에는 종이 아니다.
노래는 누가 그걸 부르기 전에는 노래가 아니다.
당신의 마음속에 있는 사랑도
한쪽으로 치워놓아선 안 된다.
사랑은 주기 전에는 사랑이 아니니까

– 오스카 햄머 스타인–

다섯째, 조건 없는 사랑을 하라.

사랑이라는 말에는 어떤 다른 의미가 끼여들어서는 안 된다. 오직 사랑에는 부모자식간 부부간 · 형제간 그리고 이웃간의 사랑은 있을 수 있지만 본질은 한결같다. 사랑은 사랑이기 때문이다. 그런데 사람들은 사랑에 조건을 붙인다. 그래서 무조건적 사랑이니 조건적 사랑이니 하는 단어를 만들어 낸다. 그것은 사랑이 아니다. 사랑을 모르는 사람들이 만들어 낸 단어일 뿐이다. 사랑은 장사하는 물건이 아니다. 그런데 자칫 사랑을 한다면서 기대나 조건을 걸고 그것이 돌아오지 않으면 크게 실망한다. 이것은 장사꾼의 마음이다.

3. 중용[3)]

1) 중용(中庸)에 얽힌 이야기

중용은 자사(子思)가 지었다고 전해진다. 사기(史記)의 공자세가(孔子世家)에 의하면 공자가 이(鯉)를 낳으니 자를 백어(伯漁)라 하였다. 이(鯉)는 나이 50에 공자보다 앞에 죽었다. 백어가 가(伋)를 낳으니 가의 자가 자사(子思)이다. 중용이 그의 저술이라고 하는데 학자들은 거의 의심하지 않는다.

중용도 원래 대학(大學)과 마찬가지로 예기 중의 1편이었다. 뒤에 송의 재옹(戴顒)이 이것을 예기에서 따로 떼어 중용전(中庸傳) 2편을 만들었는데 이 책은 오늘날 전하지 않는다. 그 뒤 양(梁)의 무제(武帝)에 와서 중용을 존신(尊信)하여 중용강소(中庸講梳)를 지은 바 있으나 역시 오늘에 전하지 않는다. 그 후 송나라 사미광(司尾光)이 중용광의(中庸廣義)를 지었고, 이정자(李程子)가 논어 · 맹자 · 대학과 나란히 사서(四書)의 하나로 다루게 되어 주목을 받게 되었고, 특히 주자(朱子)가 중용장구(中庸章句)를 지으면서부터 널리 세상에 알려지게 되었다.

2) 중용의 근본사상

자사(子思)가 중용을 지은 것은 노자(老子)는 천지자연(天地自然)의 도에서 무

---

3) 김시준 역해, 대학 · 중용, 혜원출판사, pp.98~100 참조.

위염담(無爲恬淡)의 도덕을 이끌어 낸 데 반해 공자(孔子)는 주로 형이하(形而下)의 일을 대상으로 하여 일상생활의 인륜의 교(教)를 설명하고 있었기 때문에 그 사상이 노장(老莊)에 비해서 어딘가 심원치 못한 흠이 있다고 보아 자자는 여기에 대항하여 공장의 교(教)에 하나의 심원한 기초를 세우고자 독자적 철학을 창조하였다. 이것이 바로 중용의 사상이다.

중용은 한마디로 천인일관의 이치를 설명하였고 성(誠)의 도를 밝힌 것이라고 할 수 있다. 즉, 나의 성(性)은 우주의 본체인 성(誠)의 표현이요 이것이 바로 또 하나의 소우주라고 생각하였다. 중용의 의미에 대해서 한나라의 정현(鄭玄)은 중화의 용(用), 즉 유용성이라 해석하였고 송의 주자는 중(中)은 불편(不偏), 용(庸)은 불역(不易)이라 해석하였다. 또 당의 안사고(顔師古)는 중용은 "천인의 관계, 즉 하늘과 사람과의 사이의 심오한 원리를 설명한 것이다"라고 주장하였다.

자사에 의하면 천(天)과 인(人)은 합하여 하나가 된다고 보고 도덕의 근원을 하늘에 두었다. 그러기에 천도는 바로 인도라 하였고 만물의 근본원리는 성(誠)이라 하였으며, 이에 인간의 성(誠)과 만물의 원리인 성(誠)과 연결하여 인도, 즉 천도론을 주장하였다. 그러므로 자사의 근본사상은 우주의 본체이면서 동시에 인간의 본체가 되는 성(誠)에 있다고 할 수 있다. 그럼 성(誠)의 개념은 무엇인지 살펴볼 필요가 있다.

자사에 의하면 성(誠)이란 천지의 법칙이므로 '시작도 없고 끝도 없으며(無始無綜)" 항구불변한 것이다. 즉 "지극한 정성은 멈춤이 없다. 멈추지 않으면 곧 영원하고, 영원하면 곧 징험된다. 징험되면 곧 유원해지고 유원해지면 곧 넓고 두터워지고 넓고 두터워지면 곧 높고 밝아진다(至誠無息, 不息則久, 久則徵 徵則悠遠, 悠遠則博厚 博厚則高明)"라고 한 것은 이를 말해 준다.

성은 우주간의 원리이기 때문에 이는 바로 인간과 만물의 본성이 된다고 하는 것이다. "정성이라는 것은 만물의 처음이요 겉이니 정성이 아니라면 만물은 없는 것이다(誠者物之始終 不誠無物)"라고 하였고 또 "오직 천하의 지극한 정성이라야 그의 성을 다할 수 있다. 그의 성을 다할 수 있으면 곧 사람의 성을 다할 수 있고 사람의 성을 다할 수 있으면 곧 만물의 성을 다할 수 있고 만물의 성을 다 할 수 있으면 곧 하늘과 땅의 화육을 도울 수 있게 될 것이고 하늘과 땅의 화육을 도울 수 있게 되면 하늘과 땅과 더불어 함께 참여할 수 있게 된다(唯天下至誠 爲能盡其性 能盡其性 則能盡人之性, 能盡人之性 則能盡物之性, 能盡物之性 則可以贊天地

之化育 可以贊天地之化育, 則可以與天地參矣)"라고 하였다. 이는 물아일체(物我一體), 천인합일(天人合一)의 계기를 도파한 것이라고 하겠다.

성(誠)이란 완전히 자족자성(自足自成)하며 무성무취(無聲無臭)하여 지각할 수 없는 것이다. "성이라는 것은 스스로 이루는 것이요 도는 스스로 가제되는 것이다(誠者自成也, 而道自道也)"라 하였고, "하늘이 하는 일에는 소리도 없고 냄새도 없다(上天載者, 無聲無臭, 至矣)"라 한 것이 곧 그것이다. 다섯째로 성(誠)이란 인계(人計)에 있어서 도가 된다는 것이다. 즉, "정성이라는 것은 하늘의 도요, 정성되게 하는 것은 사람의 도이다(誠者天之道也, 誠之者人之道也)"라고 한 것이 바로 그것이다.

결론적으로 말해서, 성(誠)이란 하늘의 도인 동시에 사람의 도가 되는 것이다. 바꾸어 말하면 일면에 있어서 자연계의 원리인 동시에 일면으로는 도덕계의 원리가 되는 것이다.

3) 중용의 윤리사상 – 도(道)와 중용(中庸)

하늘이 명한 것은 성(性)이라 하고, 성을 따르는 것을 조라고 하고 도를 닦는 것을 교(教)라고 한다.

도라는 것은 잠시도 떠날 수 없는 것이니, 떠날 수 있다면 도가 아니니라. 그러므로 군자는 보이지 않는 바를 조심하고 삼가며, 들려지지 않는 바를 두려워한다.

숨은 것보다 더 잘 드러나는 것은 없으며, 미세한 것보다 더 잘 나타나는 것은 없다. 그러므로 군자는 홀로 있을 때 삼가는 것이다. 희 · 노 · 애 · 락이 나타나지 않은 것을 중(中)이라 하고, 나타나서 모두 절(節)에 맞는 것을 화(和)라 한다. 중이라는 것은 천하의 대본이고 화라는 것은 천하의 달도(達道)이다. 중과 화에 이르게 하면 천지가 자리잡히고 만물이 자라게 되는 것이다.

天命之謂性 率性之謂道 修道之謂教 道也者 不可須臾離也 可離 非道也
是故 君子 戒愼乎其所不睹 恐懼乎其所不聞
莫見乎隱 莫顯乎微 故 君子愼其獨也 喜怒哀樂之未發 謂之中 發而皆中節 謂之和
中也者 天下之大本也 和也者 天下之達道也 致中和 天地位焉 萬物育焉

천명지위성 솔성지위도 수도지위교 도야자 불가수유리야 가리 비도야
시고 군자 계신호기소부도 공구호기소불문
막현호은 막현호미 고 군자신기독야 희노애락지미발 위지중 발이개중절 위지화
중야자 천하지대본야 화야자 천하지달도야 치중화 천지위언 만물육언

■ 성(性)

성(性)이란 중용의 설에 의하면 천부의 성(誠)을 말한다. 즉, '천명지위성(天命之謂性)'이라 하였다. 즉, 물(物)의 본성을 말한다. 따라서 인간이나 만물은 처지의 원리인 성(誠)을 그 본성으로 하고 있다고 말해도 좋을 것이다. 그러므로 성(性)을 쫓아 활동하는 것은 바로 도에 합하는 것이니 도덕이란 이 성(性)을 실현하는 일에 불과하다.

자사의 이른바 성(性)은 송유(宋儒)와 같이 기질과 본연으로 이분해서 본 것은 아니었으나, 이들 선천적인 경험 이상의 것으로 해석한 점은 공장의 견해를 초월하고 있다고 보겠다.

■ 도(道)

성(性)에 쫓는 것을 도라고 한다(率性之謂道). 솔성(率性)은 성(性)이 동하는 대로 쫓는다는 말이다.

무릇 성(性)이란 성(誠)의 발현이며, 그 중에 깊이 천리천도(天理天道)를 갖추고 있는 것이므로, 여기에 쫓아 그 본래의 명을 행한다고 할 때, 여기에 자연히 인도를 행해지게 될 것이기 때문이다. 중용의 사상에 의하면 성(誠)은 윤리도덕일체의 연원(淵源)이기 때문에, 도덕은 곧 이것을 몸에 체득하고 행함을 말하는 것이다. 그러므로 이 성(誠)이 인간에게 나타날 때 성(性)으로 나타난다. 따라서 성(誠)의 현현(顯現)인 성(性)에 따라 행동하고 행위하는 것이 바로 도(道)가 되는 것이다.

다만 한 가지 천도(天道)와 인도(人道)는 어떻게 다른가에 주의해야 되겠다. 즉,

'성자천지도(誠者天之道)'와 '성지자인지도(誠之者人之道)'의 차별점이다. 천지도(天之道), 즉 성(誠)은 만물에 편통(遍通)하는 천리천칙(天理天則)으로 광의의 도라고 본다. 인도는 협의의 도로서 이는 자기의 마음을 성(誠)되게 해서 비로소 얻어지는 것이다. 자사에 의하면 사람에게는 인욕이 있어서 생지안행(生知安行)의 성인이 아닌 이상, 이 마음을 성되게 노력하지 않으면 절로 되는 것은 아니라고 보는 것이다. 천도와 인도의 구분이 여기에 있다.

■ 교(教)

교는 도를 닦는 일이다(修道之謂教). 주자의 주석에 따르면 도는 객관적인 존재가 된다. 왜냐하면 예악형정(禮樂形政) 따위를 말하게 되기 때문이다. 물론 객관적인 이 도가 성(性), 즉 본성과 다른 것은 아니다. 말하자면 그의 객관적 현현이라는 말이다. 그래서 교(教)란 도를 수득하여 품절(品節)하는 일이다.

4) 중용과 그리스 정신

어떤 것을 가지고 중용이라고 하는가? 공자께서는 다음과 같이 해석을 하고 있다.

자공(子貢)이 물었다. "자장(子張)과 자하(子夏) 중 누가 더 현명합니까?" 공자께서 대답하셨다. "자장은 지나치고 자하는 미치지 못한다." 자공이 다시 물었다. "그렇다면 자장이 낫다는 말씀이십니까?" 공자께서 말씀하셨다. "지나친 것은 미치지 못하는 것과 같다."

자로(子路)가 물었다. "가르침을 들으면 그것을 곧 행하여야 합니까?" 공자께서 대답하셨다. "부형이 계신데 어떻게 가르침을 들었다고 그것을 바로 행하겠느냐?" 다시 염유(冉有)가 물었다. "가르침을 들으면 그것을 곧 행해야 합니까?" 이번에는 공자께서 "들었으면 곧 그것을 행하라"고 말씀하셨다. 이에 공서화(公西華)가 말하였다. "자로가 들으면 곧 그것을 행하여야 합니까하고 물었을 적에는, 선생님께서 부형이 계신다고 대답하시고, 염유가 들으면 곧 그것을 행하여야 합니까하고 물었을 적에는 선생님께서는 들었으면 곧 그것을 행하라고 말씀하셨습니다. 저는 영문을 모르겠으므로 감히 여쭈어 보는 것입니다." 공자께서 대답하셨다. “염유는 소극적이어서 그를 밀어 준 것이고, 자로는 남보다 두 몫은 적극적이어서 그를 물러서게 한 것이다.”

중(中)이란 치우치지도 않고 기울어지지도 않는다는 뜻이며, 용(庸)이란 용(庸)의 뜻도 되고, 혹은 영원불변한 도(道)의 뜻도 된다. 중용(中庸)이라는 말은 곧 중(中)의 응용이나 또는 중(中)의 영원불변하는 도리를 뜻하는 것이라 하겠다. 중(中)이란 양극단(兩極端)의 중간에 위치하는 것이므로, 상대적인 양극단이 있어야만 뒤에 중(中)이 있는 위치와 중(中)의 도리를 드러내 보일 수 있는 것이다. 그래서 공자는 여러 가지 문제를 처리함에 있어서 반드시 먼저 그 문제의 상대적인 양극단에 대하여 자세히 물어본 다음 그것을 근거로 하여 지나치거나 미치지 못하여 합당하지 못함을 밝혀주고, 그리고 나서야 중용의 준칙이란 어떤 것인가를 지적하고 있는 것이다.

Nothing Excess

델피 아폴로(Delphi Apollo) 신전에 쓰여진 글씨이다. 이것이 바로 그리스의 정신이다. “넘침도 모자람도 없어라”는 의미이다. Nothing Excess가 현재를 살아가는 우리에게 주는 의미는 무엇인가? 우리에게 무엇을 가르쳐 주고 있는가?

> 어느 날 Zeus의 머리가 깨질 듯 아파 왔다. Zeus가 말했다. “내 머리에서 뭔가 태어날 것 같다. 아마 아기가 나올 것 같다. 도끼로 내 머리를 깨라.
> 흔들림 없이 흔들림 없이 정확하게…”
> Zeus의 머리에서 단세포분열이 일어나고 있었던 것이다.
> 드디어 지혜의 여신이 나왔다.

지혜는 흔들리지 않는 곳에서 나온다. 여러분은 지금 무엇에 흔들리고 있는가?

Nothing Excess, 중용을 한마디로 표현한 말이다. 지금까지 우리가 중용에 얽힌 이야기와 중용에 도(道)와 사상(思想)을 섭렵해 보았지만 한마디로 표현하기는 정말 어렵다. 내가 수 년 동안 중용을 가르치고 그 중요성을 주장해 왔지만 항상 마음 한 구석이 비어있는 것은 한마디로 무어라 전할까? 였다. 그런데 성지 순례차 그리스에 갔었을 때 델피 아폴로(Delphi Apollo) 신전에 쓰여진 Nothing Excess를 보는 순간 가슴이 벅차고 날을 것 같은 기분이었다. 아! 이것이었구나.

중용이 의미하는 현대적 가르침은 "넘치지 마라", "흔들리지 마라"이다. 분수를 모르고 넘치는 사람들에게 중심이 없이 흔들리는 사람들에게 넘어서는 안될 선을 넘지 말도록 가르쳐 주고 있다.

5) 중용(中庸)은 원칙이다

왜 중용이 원칙인가? 원칙이란 심오하고 근본적인 진리이고 전통적인 진리이며, 또 보편적인 공통분모이며 표준이다. 원칙이란 우리의 인생을 정확성, 일관성, 아름다움 그리고 능력과 같은 여러 가닥의 실로 만든 니트이다.

우리는 원칙들을 무시하는 경향이 있는 사람들과 함께 살지만, 원칙은 사람들의 의견이나 사회적 관행보다 훨씬 더 우위에 있음을 알기 때문에 안심할 수 있다. 지나온 수천년간의 세월 속에서도 원칙은 항상 사필귀정(事必歸正)이었다. 그러나 더욱 중요한 것은 자신의 경험을 통하여 우리의 인생에서 이 같은 원칙들에 관한 진리를 확인할 수 있어야 한다는 것이다.

우리가 전지전능하지 않으므로 올바른 원칙들에 대한 우리들의 지식과 이해는 제한을 받는다. 이 같은 제한은 자신의 진짜 본성에 대한 이해부족, 우리 주위의 세계에 대한 무지, 올바른 원칙과 부합하지 않는 유행적인 아이디어와 이론들 때문이다. 이 같은 유행적인 아이디어들은 한때 받아들여지겠지만, 오랫동안 지속되지 못한다. 그 이유는 이것들이 바로 잘못된 기초 위에 세워졌기 때문이다.

우리의 원칙들에 대한 지식과 이해는 제한받고 있지만, 그 제한된 영역을 넓혀갈 수는 있다. 우리들 자신이 성장하면서 깨달은 사실, 즉 우리는 더 많이 배울수록 세상을 보는 렌즈의 초점을 더 정확하게 맞출 수 있다는 점을 확신하기 때문에 올바른 원칙의 파악에도 똑같은 이치를 적용하면 된다. 원칙이란 변하지 않는다. 사실 변화하는 것은 원칙에 대한 우리의 이해이다. 원칙중심의 생활에 동반되는 지혜와 지침은 삶의 정확한 지도, 즉 사실에 대해 과거와 현재를 정확하게 파악하고 미래를 예측할 수 있는 능력에서 나오는 것이다. 만일 우리가 올바른 지도를 가지고 있다면 우리가 가고 싶어하는 곳과 또 그곳에 도달하는 방법을 분명히 제시할 수 있다.

우리가 이러한 지도의 정확한 정보를 이용하여 의사결정을 하게 되면 실천이 용이할 뿐만 아니라 더 좋고 의미 있는 실천이 된다. 원칙중심의 생활을 하게 되면 자아의식, 지식, 그리고 주체성과 같은 개인적인 역량을 갖게 된다. 이 같은 것들은 다른 사람의 태도, 반응, 그리고 행동에 의해 제한을 받지 않으며 나아가 많은 주변상황과 환경이 미치는 영향력에 대해서는 다른 사람들과는 달리 구속되지 않는다.

우리는 자신의 행동을 자유롭게 선택할 수 있다. 그러나 이 같은 행동들이 가져오는 결과에 대해서는 선택할 수 없다. 즉, 교통신호에 대한 위반을 하는 것은 나의 선택이지만 이 위반에 대한 결과는 원칙이 지배하는 것과 같다.

원칙은 항상 자연법칙에 따른 결과를 수반한다. 우리가 원칙에 입각하여 산다면 긍정적인 결과를 얻게 된다. 중력의 법칙을 모르는 사람은 없을 것이다. 공을 위로 던지면 아래로 떨어진다. 그것은 자연의 법칙이자 원칙이다. 물리적 세계를 지배하는 원칙이 있는 것처럼, 인간세계를 지배하는 원칙도 있다. 원칙은 미국사람 따로 한국사람 따로가 아니다. 원칙은 내 것이 다르고 다른 사람 것이 또 다른 것이 아니다. 토론해서 결정할 것도 아니다. 모든 사람에게, 부자나 가난한 사람 모두에게, 왕이나 농부, 남자나 여자 모두에게 공정하게 적용되는 것이 원칙이다. 원칙은 돈주고 살 수도 없고 돈 받고 팔 수도 없다. 원칙을 가지면 성공할 것이요, 원칙을 깨면 실패할 것이다. 이렇게 간단한 것이 원칙이다.

> 정직은 원칙이다. 봉사는 원칙이다. 사랑은 원칙이다. 열심히 노력하는 것은 원칙이다. 존경, 감사, 겸손, 공정함, 성실, 충실, 책임, 이런 것들이 원칙이다.

원칙을 알아보는 것은 어려운 일이 아니다. 나침반의 바늘이 언제나 북쪽을 가리키고 있는 것과 마찬가지로, 우리의 마음도 무엇이 진짜 원칙인지 알고 있기 때문이다.

원칙은 성별이나 재산, 용모를 가리지도 않는다. 원칙중심의 삶은 우리의 삶을 제대로 세울 수 있는 가장 안정적이고, 움직이지 않고, 흔들리지 않는 기초이다.

우리 모두에겐 최소한 한 두 가지 원칙이 필요하다.

원칙중심적인 삶이 얼마나 좋은 것인지 쉽게 이해가 가지 않는다면 그 반대의 삶을 생각해 보면 된다. 부정직하고, 게으르고, 재물을 탐하고, 감사할 줄 모르고, 이기적이고, 증오하는 삶을 생각해 보자.

그런 삶에서는 좋은 결과가 생기지 않을 것 같다. 여러분 생각은 어떠한지…

원칙을 우선에 두는 것이 다른 모든 원칙을 더 잘 실천할 수 있는 비결이라는 사실은 참 역설적이다. 봉사와 존경과 사랑의 원칙을 가지고 살다 보면 친구도 더 많이 사귀게 되고 남자친구나 여자친구와의 사이도 상당히 안정적일 가능성이 높다. 또한 원칙을 우선에 두는 삶은 좋은 성격을 가진 인물이 되는 비결이다.

오늘 당장 삶의 중심이나 패러다임을 결정하자. 지금 처해 있는 상황이 어떻든지 "내 원칙이 뭐였더라?"라고 물어보자. 문제가 생길 때마다 그 문제를 해결할 수 있는 원칙에는 무엇이 있을지 생각해 보자.

고단한 삶에 지쳐 있다면 '균형'이라는 원칙을 가져 보는 것도 좋을 것이다. 아무도 우리를 믿어 주지 않는다면 '정직'이라는 원칙이 해결해 줄 것이다.

원칙이 불분명한 리더는 어디를 향하고 있는지도 명확하게 판단할 수 없다. 원칙이 분명하지 않다는 것은 리더가 정직하지 않다거나 진지하지 못하기 때문이 아니다. 이것은 그들의 독선적인 의사결정 태도와 협소한 관점에서 비롯된다. 원칙이 없는 리더들은 견해를 자주 수정하고, 바람에 쉽게 흔들리는 존재이다. 그리고 상대방에게 요구할 것이 있으면 매우 친절하게 대하다가도 한순간 태도가 돌변하여 무시하는 발언을 일삼는 사람들이다. 이들은 반발행동에서 영원히 벗어나지 못한다.

원칙이 없는 리더는 깊이 생각하지 않고 그저 들은 대로 행동한다. 머릿속에 가장 먼저 떠오르는 생각을 이야기하고, 서류를 책상 위에 잔뜩 깔아놓고는 전화통화에만 열중하며, 다른 사람의 문제에 대해서는 거들떠보지도 않는다. 이들은 팀원들을 교묘하게 이용하며 그럴듯한 말로 자신을 포장한다. 그리고 책임을 져야 할 발언은 일체 삼가며, 관리효율 및 이해에 대한 짧은 지식으로 교묘하게 자신의 지위를 유지한다. 이들은 원칙보다는 사리(私利)를 추구하는 존재들이다.

차세대 리더는 원칙을 상세하게 연구하여 자신만의 원칙을 수립한다. 이 원칙은 매분, 매시간 활동의 지침으로 작용한다. 팀원들과 관련된 모든 의사결정, 그들을 향한 행동 등 모든 활동의 바탕에는 원칙이 자리한다. 리더의 원칙은 많은 훌륭한 리더들의 그것과 유사하다. 개방성, 정직성, 책임의식, 협력, 긍정적 태도, 후원, 팀원 우선정책, 수익지향성 등등. 또한 이런 원칙들은 수신(修身), 제가(齊家), 치국(治國), 평천하(平天下)에 작용한다.

원칙이 있어야 한다

우리가 살고 있는 세계에는
분명한 우주적인 법칙이 있습니다.
이것은 생태계의 생명의 법칙이고
생존원칙이며 자연법칙입니다
문제는 인간의 제한된 시각 때문에
그 법칙의 실체를 파악치 못할 뿐입니다.
지금 이 사회에는 이 불변의 법칙에
도전하려는 우매함을 드러내는 무리가 너무 많습니다.
우리 누구도 결코 우주법칙이나 자연원칙을 파괴할 수 없습니다.
다만 이 법칙들을 어김으로써
자신을 파괴하고 있을 뿐입니다.
이 법칙은 모든 문명사회의 근본이었을 뿐 아니라
인류를 지탱해온 뿌리입니다.
이 원칙과 법칙의 순응과정을 아는 것이
행복이고 성공이고 지혜입니다.
이 원칙들은 영구불변의 가치를 갖는 인간행동의 지침입니다.
이 원칙은 논쟁할 여지가 전혀 없는 것입니다.
이 원칙에 가까워지면 그 삶은 행복하고 성공적인 것이고
멀어지면 불행이고 혼란입니다.
원칙이 있는 세상, 원칙이 있는 사회가 되어야 합니다.

– 한국일보 연재칼럼 전가화 목사 –

중용(中庸)의 똥

모든 일에는 원인과 결과가 있다. 과정이 좋으면 반드시 결과는 좋게 마련이다. 이렇게 매사가 결과가 좋다면 분명히 성공하게 된다. 똥(便)이 바로 그렇다. 똥은 먹은 것과 소화과정의 결과이다. 그래서 매일 똥이 좋으면 건강하게 된다.

그럼 좋은 똥은 어떤 똥인가? 바로 중용(中庸)의 똥이다. 즉, 중용을 지키면 그 결과로 좋은 똥을 싸게 되는 것을 말한다. 그럼 나쁜 똥이란? 변비와 설사를 말한다. 이제 중용과 같은 훌륭한 말씀에 하필이면 똥을 연관해서 설명하는지에 대해 정리해 보고자 한다.

중용(中庸)의 똥은, 첫째 냄새(smell)가 좋아야 한다. 둘째, 색깔(color)이 황색이어야 한다. 셋째, 농도(density)가 너무 단단해도 너무 묽어도 안 된다. 넷째, 모양(shape)이 떡국을 만드는 대떡과 같이 분명한 모양을 갖추어야 한다. 다섯째, 기분(feeling of empty)이 좋아야 한다. 그럼 왜 이러한 똥을 중용의 똥이라고 했는가? 이는 우리가 음식에 대한 중용을 지킨 결과이기 때문이다.

중용(中庸)은 공자님의 손자 자사가 공자님의 말씀 중에서 인간(人間)이 지켜야 할 도리에 대한 내용을 정리한 사서삼경(四書三經) 중의 하나이다. 나는 대학에서 학생들에게 공자님의 대학(大學)과 중용(中庸)을 가르쳐왔다. 그런데 대학보다 어려운 것이 중용이었다. 중용을 한마디로 정리해 가르치는 것이 매우 난해하였다. 그러던 차에 그리스에 여행을 갔다. 나는 그곳에서 델피 아폴로(Delphi Apolo)신전에 쓰여진 'Nothing excess'라는 글을 발견하고 가슴이 울렁거렸다. 내 머리에 번쩍하며 깨우침을 주는 그 글은 그리스의 정신이었다. 그런데 그 글은 바로 중용이었다. Nothing excess-넘침도 모자람도 나쁘다. 그러나 넘침이 더 나쁘다-즉, 넘치지 마라는 뜻이다.

중용을 한마디로 표현할 수 없었던 고민스러움, 아니 누구도 표현하기 어려운 뜻을 'Nothing excess'-넘치지 마라-는 글이 해결해준 셈이다. 중용을 따른다는 것은 매사에 넘치지 않는 지혜인 것이다.

맛있는 음식을 보고도 중용을 지킨다는 것은 다른 어떤 일에서도 그렇게 해낼 수 있는 능력을 가지게 된다. 왜냐하면 인간의 욕구 중 가장 기본적인 욕구, 즉 가장 강력한 욕구가 생리적인 욕구이다. 그 중에서도 음식에 대한 욕구가 가장 강하다. 그래서 음식을 절제했다는 것은 그냥 다이어트에 성공했다는 것으로 끝나는 것이 아니라 다른 일에서도 성공할 수 있는 인내심을 기르게 되기 때문이다.

공자님께서 사람이 가장 지켜야 할 도리를 중용이라고 하였음을 상기하자. 여기에 건강도 성공도 있다.

- 이강옥, 「사랑방 신문」 컬럼, 2003. 9. 9. -

금단의 사과

토 | 의 | 과 | 제

1. 금단의 사과가 오늘날 우리에게 주는 의미는 무엇인가?
2. 중용의 참뜻에 대해 도론하시오.
3. 지어지선(至於止善)을 생각하면 떠오르는 느낌은?

PART 6

인물탐구

1. 슈바이처 박사
2. 테레사 수녀
3. 유일한 박사
4. 도산 안창호
5. 이순신 장군

溫故而知新

1. 슈바이처 박사

(1) 태어난 배경

알베르트 슈바이처는 1875년 1월 14일 알자스의 카이젤부르그에서 태어나 권스바흐에서 자랐고 1965년 9월 4일 아프리카 람바라네에서 영면하였다.

슈바이처는 "나에게 천부적인 재질 같은 것은 없었다. 굳이 있다면 음악의 재능 정도이었다"라고 쓴 적이 있다.

슈바이처는 5살 때에 목사였던 부친으로부터 피아노를 배웠다. 그 피아노는 외할아버지가 아버지께 준 것이었는데, 이 외할아버지도 역시 목사이면서 파이프오르간의 열렬한 연구가였다. 슈바이처의 음악의 재능은 외할아버지로부터 물려받은 것이었다. 권스바하의 목사관과 교회, 파이프 오르간과 함께 그는 진실과 선과 아름다움을 배우며 성장했던 것이다.

(2) 성장과정에서 우리에게 귀감이 되거나 본받을 만한 사례

두 번의 세계대전을 아프리카에서 경험한 슈바이처는 병원경영에 어려움을 겪었다. 슈바이처는 3년에 한 번 꼴로 유럽으로 돌아와 연주회를 열어서 번 돈과 저서의 인세, 강연으로 받은 돈으로 약품과 의약재료를 사 모았고, 기부금을 받아 병원을 운영하였다. 흑인환자에게는 원칙적으로 치료비를 받지 않았다.

그는 생명 존중의 마음으로 평생을 아프리카 오지에 몸을 던졌다. 위대한 인류의 봉사자는 음악가(그는 여덟 살 때부터 연주해온 솜씨로 이십대에 이미 파이프오르가니스트로서 이름을 떨침)로서, 철학자로서의 명성을 뒤로 하고 세속인의 행복도 잊고, 모든 것을 오직 아프리카 흑인들의 구원에 바쳤다.

아프리카 흑인들이 의사가 없어 고통을 당한다는 말을 듣고 의학 공부를 한 뒤,

아프리카의 가봉 공화국에 있는 랑바레네에 가서 병원을 짓고 전도 활동을 하면서 원주민을 위해 봉사하였다. 1952년에 노벨 평화상을 받아 그 상금으로 나환자촌을 세웠다.

(3) 원칙과 가치관은 무엇인가?

서른 살까지는 학문과 예술을 위해 살고 그 후에는 인류에 직접 봉사하겠다는 뜻을 세웠다. 그리고 예수의 말씀 중에서 "누구든지 제 목숨을 구하고자 하면 잃을 것이요, 누구든지 나의 복음을 위해 제 목숨을 잃으면 구하리다"란 구절이 그에게 깊은 의미와 깨달음을 주었다고 한다.

아프리카에 의사가 없어 흑인들이 전혀 의료 혜택을 받지 못한 채 고통받는 사실을 알게 된 슈바이처는 의사가 된 후 적도 아프리카로 가서 봉사하겠다는 그러한 계획을 세웠다.

그리고 슈바이처는 그러한 원칙과 가치관을 가지고 30세부터 8년간 의학을 공부하고 의사의 길로 들어선다. 8년간의 의학공부를 마친 후 슈바이처는 아프리카 가봉 공화국에 있는 랑바레네에 정착하고 의료 봉사활동을 벌이게 된다.

또, 슈바이처를 이끈 원칙과 가치관으로는 정신적 도대라 할 수 있는 생명외경사상이 있다. 슈바이처가 자신의 전 생애를 의료 봉사활동에 바칠 수 있었던 것은 '생명외경사상' 을 생의 철학으로 삼고 있었기 때문이다. 생명외경사상이란 말 그대로 모든 살아있는 존재의 존엄성을 인정하고 존중한다는 것이다. 슈바이처는 항상 "내가 나 자신을 존중하는 만큼 다른 모든 사람을 존중하고 인정하기 위해 항상 자신을 채찍질하고 노력해야 한다. 또한 자신의 삶을 긍정적으로 바라보며 항상 열정적으로 살아가야 한다"고 말해 왔다.

(4) 성공요인은 무엇인가?

성공요인으로 슈바이처 부인의 내조를 들 수 있을 것 같다. 헬레네는 아프리카의 원주민들을 위한 간호사이자, 슈바이처의 아내로서 평생 동안 헌신적인 봉사자로 살았다. 동물 한 마리도 어여삐 여기는 이러한 마음과 자비는 그의 고매한 인류애로 연결되어 한 성공의 요인이 되었던 것 같다. 그에게는 먼저 뚜렷한 가치관이 있었다. 그것은 자기 인생의 30세까지는 학문과 예술을 위해 살고 그 후에는 사람들에게 봉사하는 삶을 살기로 결심했다.

또 하나의 요인으로 자기가 결심한 일을 실천에 옮길 수 있는 실천력이라 할 수 있다. 그 위대한 봉사자는 음악가로서 철학자로서의 명성을 뒤로 하고 주위의 반대를 무릅쓰고 세속인의 행복도 잊고 모든 것을 오직 아프리카 흑인들의 구원에 바쳤다.

마지막으로 그의 인격이라 할 수 있다. 모든 생명을 소중히 여기는 마음을 가지고 성실하게 아프리카에서 흑인들을 돌보는 것을 보아 알 수 있다. 그리고 1952년에 노벨상을 탔을 때도 상금전액을 모두 나병환자를 위해서 나환자촌을 세웠다.

(5) 업적은 무엇인가?

21세가 되던 해 그는 인생의 길을 정했다. 9년 동안 과학, 음악, 신학을 공부한 다음 봉사활동을 벌이기로 마음을 먹은 것이다. 그는 뜻한 대로 30세에 유명한 신학 작가, 풍금연주자, 바하 음악의 전문가가 됐다. 1905년 그는 의술로 선교활동을 하기로 결심했다. 그는 1905~1913년까지 스트라스부르그대학에서 의학을 공부했다. 돈도 열심히 모아 1913년에는 아프리카의 프랑스령 지방에 병원을 세웠다. 그는 그 병원에서 수많은 아프리카인들을 치료했다.

1955년 영국의 엘리자베스 2세 여왕은 그에게 영광스러운 '메리트 훈장' 을 내렸다.

제1차 세계대전 후 알자스가 프랑스령(領)이 되었으므로 프랑스 국적을 취득하였다. 스트라스부르그대학에서 신학과 철학을 공부하고 졸업 후에는 목사와 대학 강사로, 그리고 어려서부터 천부적 재질을 보인 파이프오르간 연주가로 활약하였다. 그 사이에 「음악가 · 시인 요한 제바스티안 바흐 : Johan Sebastien Bach : le musician-pole(1905)」「예수전(傳) 연구사」 등을 발표하였다.

1928년에는 괴테상(賞)을 수상하고, 1951에 아카데미프랑세즈 회원이 되었으며, 1952년에는 노벨평화상을 수상하였는데, 그는 노벨상의 상금으로 나환자촌(癩患者村)을 세웠다. 1960년에 프랑스령 적도아프리카가 독립하여 가봉공화국이 되었으나 흑인들의 그에 대한 경외(敬畏)의 마음은 변함이 없어, 새로 창설된 적도성십자훈장(赤道星十字勳章)으로 감사의 뜻을 표하였다.

(6) 포괄적인 표현

後世人들이 그 사람을 어떻게 평가하는가?

그는 오늘날 인류애의 화신으로 추앙받고 있다. 그리고, 우리에게 보람찬 삶의 자세를 보여 주는 산 교훈이 되고 있다. 우리는 원시림 속의 미개인들이 무지와 싸우는 슈바이처 박사의 끈질긴 인내와 넘쳐흐르는 인류애 그리고 봉사정신을 찾아볼 수 있다.

그는 불타는 그리스도의 사상에서 정든 고국과 모든 명예를 헌신짝 같이 버리고 불우한 아프리카 흑인들에게 복음을 전하는 동시에 의료의 혜택을 주는 사랑의 사도로서 원시림 속에서 생애를 마쳤던 것이다. 굳이 히포크라테스 선서를 인용하지 않더라도, 어려운 이들의 곁에서, 의사로서 나누는 삶을 산 슈바이처는 정말 대단한 사람이고 역사 속의 의료인으로 존경받기에 충분하다.

토 | 의 | 과 | 제

1. 슈바이처 박사에게서 우리가 배워야 할 사항에 대해 토의하고 기술하라.
2. 나에게 어떤 의미가 있었는가?

2. 테레사 수녀

(1) 태어난 배경

마더 테레사는 1910년 8월 26일 구 유고슬라비아의 마케도니아에 있는 스코프예에서 태어났다. 마케도니아의 수도인 스코프예의 당시 인구는 2만 5천여명이었다. 마더 테레사는 아버지 니콜라 보야주와 어머니 드라나필의 3남매 중 막내딸로 태어났으며, 양친은 모두 알바니아인이었다.

마더 테레사는 태어난 다음날 세례를 받고 아그네스 곤자라는 이름을 받았다. 아그네스 곤자가 태어났을 때 위로는 6살난 장녀 아가타가 있었고 3살난 오빠 라

자르가 있었다. 아그네스가 태어나고 자란 마케도니아는 알렉산더 대왕의 마케도니아 왕국이래 오랫동안 갈등과 분쟁의 땅이 되어왔다.

(2) 성장과정에서 우리에게 귀감이 되거나 본받을 만한 사례

마더 테레사는 신앙적이고 어려운 이들을 도울 줄 아는 가정에서 자라났다. 그녀의 어머니 드라나는 정기적으로 음식과 돈을 가지고 가난한 사람들을 찾아갔다. 그때마다 어머니와 함께 다닌 것은 아그네스 곤자였다. 이처럼 아그네스는 신앙심 깊은 어머니가 가난한 사람들을 돕는 것을 보고 자랐다. 그리스도에 대한 사랑 속에서 자녀들을 지극한 정성으로 키웠던 어머니는 테레사의 정신적 성장에 커다란 영향을 주었다. 테레사는 "어머니는 하느님을 사랑하는 것과 이웃 사랑하는 것을 가르쳐 주셨습니다"라고 말했다고 한다. 아버지 또한 자애로우면서도 엄격한 분이었다. 그는 늘 "너희가 누구의 자녀인지 결코 잊어서는 안 된다"고 가르쳤다. 어머니는 불우한 이웃을 돌보아야 한다는 것을 자녀들에게 스스로 보여주는 한편, 어떠한 낭비도 용납해서는 안 된다는 근검절약정신을 가르쳤다. 아버지 니콜라도 어머니의 이웃사랑을 전폭적으로 지지하여 어머니가 이웃을 돕는 데 부족하지 않도록 지원해 주었다.

(3) 그 사람이 가진 원칙과 가치(관)

테레사에겐 하느님을 사랑하고, 사람을 사랑하는 것, 허물어진 나병환자의 손에 입맞추며 악취 나는 그들의 몸을 씻어주고 죽어 가는 환자를 끌어안아 주는 '사랑' 이 마더 테레사의 원칙이자 가치관, 그리고 절대적 진리이다. 또한 마더 테레사는 낙태를 반대하고 혐오하는 생각만은 흔들림이 없었고, 여러 강연에서 평화를 파괴하는 것은 전쟁만이 아니라 임신중절도 분명히 그 하나라도 강조했으며 낙태를 소리 없는 '전쟁' 이라고 비판했다.

(4) 성공요인은 무엇인가?

테레사 수녀는 모든 일에 있어서 자신의 가치관에 따라 선택하여 그 일을 성실히 수행해 나갔다. 또한 가난한 사람, 아픈 사람, 버림받은 사람, 아무도 원하지 않는 사람들의 말을 잘 들어주었고, 그리스도를 섬기듯이 그들을 사랑하고 그들에게 봉사했다.

마더 테레사는 어떤 일을 할 때나 그 일에 따르는 대가를 바라지 않았고, 그 대가를 받았을 경우에는 그 상금을 굶주린 사람에게 먹을 것을 주거나 아픈 사람에게 치료를 해주는 데 사용했고, 가난하고 고통당하는 사람의 입장에서 서서 가난을 대했다.

그녀의 진리에 대한 줄기찬 사랑과 열정, 가난하고 고통 당하는 사람들에 대한 많은 사랑, 굳은 의지와 적극적인 실천, 동기의 순수성과 자기 희생, 부드러움, 특히 말보다는 행동으로 진리를 실천하고 증명했다는 점…이 모든 것이 그녀의 성공요인이라고 말할 수 있다.

(5) 업적은 무엇인가?

마더 테레사는 생전에 많은 일을 했다. 가난한 어린이들에게 학교를 열어주었고, 매일 늘어나는 환자들을 위해서 무료진료소, 나병 순회진료소 등을 열었다. '사랑의 선교회'를 만들었으며 칼리 신전의 순례자 숙박소 건물을 빌려 '죽어가는 사람들의 집(니르말 흐리다이),' 버림받은 어린이들을 돌보기 위한 '어린이들의 집(시슈 브하반), 교도소로부터 구출된 소녀들의 집 '산디 딘' 등 많은 집을 열었다.

마더 테레사는 수많은 상을 받았다. 1962년에 인도 공화국 기념일에 파드마 슈리 상의 수상자가 되었는데, 외국인에게 이처럼 권위있는 상이 주어진 것은 처음이라고 한다. 1970년에는 많은 상을 받았는데, 그 중 교황 요한 23세 평화상과 조셉 P. 케네디 2세 재단이 주는 상을 꼽을 수 있다. 1972년에는 국제이해에 기여한 공로로 네루상, 1973년에는 템플턴상, 1976년에는 '지구의 평화상'과 '가톨릭 이인종간 협의회상'을, 1979년에는 '발잔' 상을 받았다. 또한 1979년 스웨덴의 노벨상 위원회는 유엔 아동의 해를 맞아 노벨 평화상을 마더 테레사에게 주었다. 그 후로도 그녀는 많은 명예 박사학위와 훈장도 받았다.

(6) 후세인들이 그 사람을 어떻게 평가하며, 그렇게 표현하는 이유

사람들은 마더 테레사를 '살아있는 성인', '캘커타의 성인', '가난한 사람의 어머니' 등 여러 표현으로 불렀다. '사랑의 심장(마음)과 철의 의지를 가진 사람'이라고도 했고, '움직일 수 없는 신앙을 가진 사람'이라고 했다. 오직 성인만이 살 수 있는 거룩한 삶을 살았기 때문이다. 그러나 뭐라고 부르든 마더 테레사가 사람들에게 준 가장 큰 이미지는 역시 '사랑'과 '성스러움'일 것이다. 깊은 고뇌로 주름진 인자한 모습이 말해 주듯이 '자애로운 사람', 자신의 존재를 바쳐 '사랑을 실천하는 사람' 그리고 '거룩한 사람'이라는 이미지이다.

토 | 의 | 과 | 제

1. 테레사 수녀님의 삶 속에서 우리가 배워야 할 사항에 대해 토의하고 기술하라.
2. 나에게 어떤 의미가 있는가?

3. 유일한 박사

(1) 태어난 배경

유일한 박사는 동학혁명, 갑오경장, 청일전쟁 등으로 나라 안팎이 급격한 변화의 소용돌이로 치닫고 있던 1896년 평양에서 8남매 가운데 맏아들로 태어났다.

유일한의 아버지 유기연은 일찍이 서양문물을 받아들여 당시에 이미 재봉틀 대리점을 운영했다. 그는 한일합방이 되자 가족을 이끌고 북간도로 건너가 독립당의 재정적 후원을 맡는 등 항일 독립운동에 참여했다.

유기연은 "유능한 사람들을 외국에서 교육시켜야 나라가 바로 설 수 있다"는 당시의 개화독립론에 영향을 받은데다 그가 다니던 교회선교사가 적극적으로 권유하자 1904년 아홉 살밖에 되지 않은 유일한을 귀국하는 미국인 선교사에 맡겨 버린다.

미국에 건너간 유일한은 선교사의 연고지인 네브래스카에서 고등학교까지 마친 뒤 미시간 대학에서 법학을 전공한다.

(2) 귀감이 되거나 본받을 만한 사례

그가 대학재학 중 일어난 3 · 1 독립운동은 그의 생애를 결정하는 중요한 계기가 되었다. 경술국치 이후 대한민국민회를 중심으로 뭉쳐 있던 재미동포들은 국내에서 3 · 1운동이 벌어지자 한달 뒤인 4월 14일부터 3일동안 필라델피아에서 '한인자유대회' 를 열어 국내의 독립운동에 호응하고 나섰다.

스물 다섯 살의 유일한은 이때 이승만, 서재필, 조병옥, 임병직 등과 함께 대회에 주도적으로 참석해 정부와 국민의 관계, 정부의 형태와 행정내용 등 한국민이 정부를 가지게 되면 나라와 민족을 위해 해야 할 일을 담은 '한국 국민의 목적과 열망을 설명하는 결의문' 을 대표로 낭독한다.

그는 창업을 하여 돈을 모았으며 자기만의 경영원칙을 세운 뒤 그 원칙을 끝까지 관철시켰는데, 이것이 유한양행의 기업이미지와 그의 전 재산 사회환원이라는 결과를 만들어 냈다.

그의 가장 중요한 원칙은 "기업은 나라와 민족의 것이고 국민의 소유"라는 것이었다. 미국에서 나라 없는 설움을 겪어야 했던 그는 "나라와 민족이 없이는 기업은 물론 개인의 존재도 무가치하다"는 것을 경험을 통해 뼈서리게 느꼈기 때문이다. 이 원칙은 철저한 자진 납세, 국가정책에의 석극 협조로 구체화됐으며 소유, 경영의 분리와 기업이윤의 사회환원이라는 선구적 행동을 낳게 했다.

기업이 국민의 소유라는 그의 생각은 회사 공개와 종업원지주제 도입으로 구체화시켰으며 마침내는 경영 권한을 함께 일해왔던 후배에게 맡기고 전 재산의 유한재단 기증으로 끝을 맺는다.

(3) 국가관, 사회관, 기업관

유 박사의 기업이념은 "정성스럽게 좋은 상품을 만들어 국가와 동포에 봉사하고, 정직 · 성실하고 양심적인 인재를 양성 · 배출하며, 기업이익은 첫째는 기업을 키워 일자리를 만들고, 둘째는 정직하게 납세하며, 셋째는 그리고 남은 것은 기업을 키워 준 사회에 환원한다"는 것이다.

유 박사의 기업관을 한마디로 한다면, 구성원의 '공동운명체' 라는 것이다. 즉, "기업에 종사하는 모든 사람은 기업활동을 통한 하나의 공동운명체이다"라는 상호 유기적 결합체로서의 기업관을 가졌다고 볼 수 있다.

(4) 성공요인

- 정직, 성실, 신용, 근면
- 합리적 기업경영
- 민족과 국가에 최대의 봉사정신과 참 기업가 정신

(5) 업 적

유 박사는 이미 생전에 유한양행의 총 주식의 40%를 각종 공익재단에 기증하였고, 남은 개인의 소유 주식을 하나도 남기기 않고 기증한 것이었다. 그는 자신의 말처럼 "이윤의 추구는 기업성장을 위한 필수선행조건이지만 기업가 개인의 부귀영화를 위한 수단이 될 수는 없다"는 생각을 그대로 실행을 옮겼던 것이다.

(6) 포괄적인 표현

유일한 박사가 '신상,' '청지기' 등의 별명을 갖고 있듯이 정직 · 성실 · 신용 · 근면 · 합리적 기업경영에 의해 경제 발전에 기여한 전형적인 기업가의 한 사람이라고 볼 수 있으며, 또한 민족과 국가에 최대의 봉사정신과 참 기업가 정신을 남기고 간 위대한 자수성가형 기업가라고 할 수 있다.

토 | 의 | 과 | 제

1. 유일한 박사로부터 우리가 배워야 할 사항에 대해 토의하고 기술하라.
2. 나에게 어떤 의미가 있는가?

4. 도산 안창호

(1) 태어난 배경

1878년 11월 9일 평안남도 대동강 하류 도로성에서 안흥국의 3남으로 태어나, 1938년 3월 10일 서울대 부속병원에서 서거하기까지 만 59년 4개월의 파란만장의 삶을 살았다. 어릴 때 할아버지로부터 한문을 배웠고 서당의 선배인 필대은에게서 신사조를 전수받았다.

19세의 청년 도산은 독립협회에 가입하고, 독립협회의 판서지부를 조직하였으며, 평양에서 만민 공동회를 개최하여 탁월한 웅변으로 명성을 알렸다. 그는 국민 계몽과 교육을 위해 21세 때 점진학교, 30세 때 대성학교, 47세 때 중국 남경에 동명학원을 설립했다.

그는 뛰어난 조직가로 1907년 29세 때 비밀결사 조직인 신민회를 결성하여 구국 운동을 전개하였으며, 1909년에 청년학우회, 1912년 대한인 국민회, 1913년에 흥사단, 1928년에 한국독립당을 조직하였다.

그는 30세가 되던 1908년 평양, 서울, 대구에 태극서관을 세울 것을 계획하고 국민 문화 향상을 위한 노력도 게을리 하지 않았다.

또한 평양 마산동에 도자기 회사를 설립하여 산업을 일으키는 운동에 모범을 보이기도 했다.

(2) 성장과정에서 우리의 귀감이 되거나 본받을 만한 사례

첫째로 도산은 일생에 세 개의 학교를 세웠던 위대한 교육자다. 그가 설립한 세 학교의 이름, 즉 '점진(漸進)학교, 대성(大成)학교, 동명(東明)학원' 은 깊은 의미를 갖는다. 쉬지 않고 꾸준히 노력하여(점진) 대성하는 인물, 대성하는 민족이 되어 아시아를 밝히는 동방의 밝은 등불(동명)이 되자는 뜻이다.

둘째로 감동적인 열변(熱辯)으로 만인의 심금(心琴)을 울렸던 뛰어난 웅변가였다. 웅변은 도산이 그의 사상을 전파하고 독립운동을 하는 데 놀라운 무기였다. 도산 이전에 도산만한 웅변이 없었고, 도산 이후에 도산만한 웅변이 아직 나오지 않았다. 웅변은 위대한 인격의 산물이다.

셋째로 역사의 눈서리, 비바람을 맞으며 59년 4개월의 생애를 민족독립(民族獨立)과 국권회복(國權回復)의 숭고한 제단 앞에 바친 혁명적 정치가였다. "나는 밥을 먹어도 한국의 독립을 위해서 했고, 잠을 자도 한국의 독립을 위해서 했다. 내 목숨이 붙어 있는 한 나는 독립운동을 하겠다"라고 외친 말씀 속에 도산의 뜨거운 민족혼(民族魂)과 애국심이 약동한다. 그는 애국자의 본보기였다.

넷째로 도산은 탁월한 문필가(文筆家)였다. 1925년 「동아일보」와 흥사단의 기관지인 「동광(東光)」에 발표한 「갑자논설(甲子論說)」과 「동포에게 고하는 글」은 도산의 민족 경륜(經綸) 과 사회개혁사상(社會改革思想)을 논한 위대한 문장이다. 이 글은 독일의 애국적 철학자 피히테의 「독일국민에게 고한다」에 견줄 만한 卓論이다.

다섯째로 도산은 훌륭한 사상가였다. 학자가 되기는 쉽다. 그러나 사상가가 되기는 참으로 어렵다. 한말에 독립운동에 헌신한 애국자는 많지만 사상가라고 일컬을 수 있는 분은 오직 도산밖에 없다.

끝으로 도산은 지성일관(至誠一貫)의 수양인(修養人)이었다.

(3) 가치관

첫째는 정직, 둘째는 무실역행, 셋째는 근엄 즉 절제, 넷째는 솔선궁행으로 요약할 수 있다.

(4) 성공요인

島山 安昌浩 선생은 국토를 지극히 사랑했다. 그는 나라가 국민과 국토와 주권으로 구성된다는 것을 강조했을 뿐만 아니라. 국토인 '한반도' 를 바로 조국 그 자체로 생각하여 나라 사랑을 '한반도' 에 대한 사랑으로 표현하기도 했다.

(5) 업적과 극복과정

도산 선생은 우리나라 근대 민족운동의 큰 지도자이면 뛰어난 민족주의 사상가였다.

그는 우리 겨레가 일제의 침략과 지배 아래 고통받고 있을 때 위기에 처한 나라를 지키고 또 독립을 되찾기 위한 구국 독립운동에 앞장섰다. 그는 한말에 독립협회에 가담해 활동했고, 미국에서 공립협회(共立協會)를 조직해 지도했으며, 다시 국내로 돌아와서는 비밀결사인 신민회(新民會)를 조직해 애국지사들의 구국운동을 뒤에서 총지휘했다.

합병을 눈앞에 두고 망명을 떠난 그는 1910년대에는 미국에서 대한인국민회(大韓人國民會)를 이끌었고 흥사단을 조직했다. 이어 3 · 1운동이 일어나자 중국에 건너간 그는 임시정부의 기초를 확립하고 국민대표회(國民代表會)를 여는 데 힘썼으며, 한국독립당(韓國獨立黨)을 만들었다.

1931년 일제가 만주를 침략하자 본격적인 반일 투쟁을 위해 한국(韓國) 대일전선통일동맹(對日戰線統一同盟)을 결성하려고 노력하던 중, 그는 불행히도 이듬해 일제 경찰에 체포당해 국내에 끌려오게 되었다. 국내에서 두 차례의 옥고를 치른 끝에 그는 결국 해방을 보지 못하고 세상을 떠났다.

(6) 후세인들이 어떻게 평가하는가?

첫째, 도산은 위대한 문장가요 웅변가였다. 그가 남긴 발은 일백년 세월이 흐른 오늘에도 구구절절 우리의 심금을 울린다. "죽더라도 거짓이 없어라"는 그의 절규는 당시보다도 오히려 오늘의 국민의식개혁에 절실히 요구되는 경구(驚句)로 생각된다.

둘째, 도산은 이론가가 아닌 실천주의자였다. 같은 시기에 미국으로 망명한 이승만, 서재필 등이 명문대학에서 공부를 하고 박사학위를 받고 비교적 윤택한 생활을 하며 정치, 외교면에서의 활동을 하고 있을 때에 도산 선생은 샌프란시스코와 로스앤젤레스를 오가며 그곳의 빈곤한 한민 교포들에게 글을 가르치고 경제적 도움을 주었다.

셋째, 도산은 흥사단 입단문답의 예문에서 우리는 힘이 없어서 나라가 망하였으니 나라를 흥하게 하려면 힘을 길러야 한다고 했다. 그리고 그 힘이란 건전한 인격과 인격간의 단결이라고 했다.

토 | 의 | 과 | 제

1. 도산 안창호 선생의 삶 속에서 우리가 배워야 할 사항에 대해 토의하고 기술하라.
2. 나에게 어떤 의미가 있는가?

5. 이순신 장군

(1) 태어난 배경

충무공의 휘(諱)는 순신(舜臣)이고, 자는 여해(汝諧)이며, 성은 이씨이고, 본은 덕수(德水)인데, 충무는 1643년(인조 21년) 공이 순국후 내린 공의 시호(諡號)이다.

공은 1545년 3월 8일(음력) 한성부건천동(서울 인현동)에서 부친 덕연군 이정의 사형제 중 셋째 아들로 태어났다. 공의 모친 초계(草溪) 변씨의 꿈에 시부(媤父)가 나타나 말씀하시기를 "이 아이는 반드시 귀인이 될 것이니 이름을 순신이라고 하라"고 한 이조(異兆)가 있어서 선공이 그대로 명명을 했던 것이다. 이순신의 집안은 증조부까지 벼슬을 하였으나 조부와 아버지는 벼슬을 하지 못했으며 경제적으로 많이 어려운 형편에서 자랐다. 하지만 이순신은 어려서부터 아이들 사이에서 골목대장 역할을 할 정도로 적극적이고 영특했던 것을 알 수 있다.

(2) 성장과정에서 우리에게 귀감이 되거나 본받을 만한 사례는 무엇인가?

① 정여립 역옥사건

이순신은 이런 역모사건에 휘말려 죽을 수도 있으나 자신의 죽음에 두려워하지 않고 불의를 보면 참지 못했고 자신의 뜻을 굽히지 않았다.

② "죽고자 하면 살 것이요, 살고자 한다면 죽을 것이다"

무슨 일에서든지 일을 도모함에 있어 목숨을 걸고 한다면 반드시 좋은 결과가 나타난다는 뜻으로 이순신의 성격을 단적으로 나타낸 말이다.

③ 유비무환의 자세

이순신의 전라 좌수사 시절에 자신의 지역에 군기를 세우고 병력 동원을 원활히 하고 거북선이라는 그 당시에는 생각지도 못할 획기적인 무기를 만듦으로써 다가오는 왜란에 대비할 수 있었다.

(3) 원칙과 가치

① 원 칙

첫째, "대장부 세상에 태어나 나라에서 써주면 죽음으로 충성할 것이요, 써주지 않으면 밭을 갈며 살리라." 선조시대 이순신의 말이다. 이 한마디는 그의 원칙과 성격 등을 단적으로 보여준다. 출세에 연연하지 않으며, 무엇보다도 충을 우선시 한다는 것을 알게 한다. 자신을 써줄 때까지 기다릴 줄도 아는 사람이다. 그래서 그는 남보다 늦은 32세가 되어서야 무과에 등제했다.

둘째, 어떠한 경우라도 불의와 타협하지 않는다. 소년시절부터 같은 동리(洞里)에서 자라온 유서애(柳西厓)는 그의 초인적인 능력을 일찍이 알아 왔는데, 그때에 전랑(銓郎, 정부의 인사관)이었던 이율곡이 서애를 통하여 상면을 청하였으나 "우리는 종친이라 당연히 만나야 하지만 전랑으로 있을 때에는 만날 수 없다"고 거절하였으니 이는 그의 청렴함을 단적으로 말해주는 것이다.

② 가치관

첫째, 대장부라는 것은 제일 중요한 것을 '충' 이라고 보고 "장부로 태어나 나라가 날 버릴지언정 나는 나라를 위해 죽겠다"는 그야말로 살신성인의 굳은 절개를 가지고 있었다.

둘째, 그 당시는 당쟁이 난무하고 향음과 잘못된 간언이 판을 치던 시절이었다. 그렇지만 이순신은 그에도 아랑곳하지 않고 큰길만을 고집했다.'

(4) 성공요인

첫째, 굳은 의지, '나라에 충성' 이라는 뚜렷한 목표를 가졌다.

둘째 ,리더로서의 도덕성과 큰 것을 보는 눈을 가졌다.

어렸을 때부터 특출 났던 무공을 게을리 하지 않고 갈고 닦음으로써 자신의 능력을 쌓아나갔으며 무공 말고도 장군으로서 도덕성을 겸비하여 주위의 부하 장졸들에게 인과 덕으로서 다스려 존경을 받았다.

셋째, 솔선수범과 강한 카리스마이다.

싸움에 있어서는 자신이 앞장서 나섰고 그러므로 그 모습이 주위에 힘을 불어넣어 주었다. 강압과 질타성의 리더가 아닌 과감한 행동으로서 모범을 보임으로써 리더의 큰 요건 중 하나인 카리스마를 갖추었다.

넷째, 긍정적 사고와 자신감이다.

일본의 대군에도 기죽지 않고 적은 수의 병력에도 이기고자 하는 마음만 있다면 언제든지 싸워서 이길 수 있다는 자신감을 가졌다.

다섯째, 유비무환의 자세와 부하들을 존중하는 것이다.

임진왜란이 일어나기 바로 전 해(1591년)에 장차 왜적이 쳐들어 올 것을 직감하여 조정에서의 분당에 의한 의견대립을 무시하고 자신의 권한과 범위 내에서 전쟁 준비에 들어갔다. 좌수영 관할 아래 모든 장정의 군사훈련과 장비를 점검하고 우리 역사상 가장 훌륭한 무기였던 거북선을 만들고, 군량을 확보하고 지형과 지세를 숙지했다.

(5) 업적은 무엇인가(극복과 성공)?

첫째, 이순신 장군의 최고의 업적은 무엇보다도 위기에 처한 나라를 구했다는 것이다. 임진왜란에서 정묘재란(1597년)으로 이어지는 전쟁을 끝내는 결정적 원인을 제공해 우리나라 국민과 국토가 더이상 피폐해지지 않았다는 것이다.

둘째, 군인으로서 뛰어난 전략 전술로 군인의 본보기가 되었다는 것을 들 수 있다.

군인이란 싸워서 이겨야 하는 것이다. 이런 점에서 볼 때 이순신 장군은 23전 23승이라는 믿을 수 없는 기록으로 세계전쟁사에 길이 남는 기록을 세웠다. 1907년 막강한 러시아 극동함대와 싸워 이김으로써 전 세계를 놀라게 한 일본의 야마토 제독은 주위에서 그를 이순신 제독과 같은 위인이라고 칭송하자 이에 "나의 공로를 영국의 넬슨 제독에 비교하는 것은 받아들일 수 있으나 이순신 제독의 업적에는 따라갈 수 없다"고 대답하였다고 한다.

셋째, 세계 최초의 철갑선 제조이다.

거북선에 비치된 각종 화포의 수는 처음의 14문으로부터 뒤에 가서는 70문에 이르렀다. 또 승조원은 130여 명이었으며 돛을 사용하지 않고 노를 저어 가는 속력은 약 6노트 정도였다. 거북선의 강점은 방어와 공격, 두 가지 면에서 뚜렷하게 나타났다. 즉, 방어면에서 있어서는 선체 윗 부분은 상개판을 덮고 철갑을 입혔기 때문에 적이 뱃전을 뛰어 넘어 근접 백병전을 벌리지 못하여 당시의 화포로는 부수기 어려웠다. 또 공격면에서 보면 선체가 단단하여 충돌 파괴력이 강하며 자체로 막강한 화력을 갖추고 있었다는 점이다.

(6) 포괄적인 표현(후세인들의 표현)

유별난 청렴결백뿐만 아니라 겸허한 마음가짐에 따른 유비무환의 자세, 솔선수범과 인간애에 바탕을 둔 리더십, 용기와 결단, 거북선 개발과 같은 창의성, 철저한 기록정신, 뛰어난 정보활용능력과 전략 등은 오늘날 우리가 경제전쟁에서 이기기 위해 꼭 필요한 요소를 지닌 분으로 '성웅' 칭호를 받는다.

토 | 의 | 과 | 제

1. 이순신 장군의 역사에서 우리가 배워야 할 사항에 대해 토의하고 기술하라.
2. 나에게 어떤 의미가 있는가?

참고문헌

[국문]

거해스님, 깨달음의 길, 담마간다, 1997.

구본형, 그대 스스로를 고용하라, 김영사, 2001.

김민아, 리더십 77가지 이야기, 민중출판사, 1998.

김성국, 조직과 인간행동, 명경사, 1999.

김수환, 우리가 서로 사랑한다는 것, 도서출판 사람과 사람, 2000.

김시준 역해, 중용 · 대학, 혜원출판사, 1994.

김용옥, 노자와 21세기 上, 下, 통나무, 2000.

김정빈, 마음 다스리는 법, 물병자리, 1999.

김종재, 현대 인간관계론, 박영사, 1996.

김흥언 신부, 살아있는 피리, 계성출판사, 1990.

데이비드 피리맨톨 저, 김광수 역, 21세기 리더, 뜨락, 1999.

라마나 마하리쉬 저, 이호준 역, 나는 누구인가, 청하출판사, 2000.

매일경제신문편, 디지털 지식혁명, 매일경제신문사, 2000.

박광량 · 손태원, 학습조직의 5가지 수련, 21세기 북스, 1999.

박성철, 소중한 오늘을 위하여, 움직이는 책, 1999.

박연호, 현대인간관계론, 박영사, 2000.

박일봉 편역, 논어, 육문사, 1997.

박준본, 예화 중심의 리더십, 박영사, 1997.

박치정, 지도자와 리더십, 삼경문학사, 2000.

배리 포스너 저, 송경근 역, 리더 불변의 원칙 5, 한국언론자료간행회, 1998.

범선균 역해, 맹자, 혜원출판사, 1997.

블레인리 저, 장성민 역, 지도력의 원칙, 김영사, 1999.

삭티거웨인 저, 박윤정 역, 그렇다고 생각하면 진짜 그렇게 된다, 도솔출판사, 2000.

성공전략연구소 역, 데일 카네기 코스 매뉴얼, 성공전략연구소, 1999.

수잔 루즈마스키 외 저, 홍기원 역, 가치중심의 리더십, 학지사, 1999.

스튜어드 루빈 외 1저, 최영순 역, 카네기 리더십, 성공전략 연구소, 1999.

스튜어트 루빈 외 1저, 최영순 역, 카네기 인간관계, 성공전략연구소, 1999.

스류어트 루빈 외 1저, 최영순 역, 카네기 연설법, 성공전략연구소, 1999.
스티븐K. 스코트 저, 김명 역, 세계에서 가장 성공한 사람들의 15가지 비밀, 정보나라, 1999.
스티븐 로빈스 저, 김남현 역, 조직행동, 경운사, 1998.
스티븐 코비 저, 김경섭 외 역, 성공하는 사람들의 7가지 습관, 김영사, 1994.
스티븐 코비 저, 2000년 새로운 리더, 혜윰, 1999.
신환선, 27인의 리더십을 배우자, 도서출판 물푸레, 1999.
안병욱, 후회 없이 살아라, 자유문학사, 1998.
안병욱, 아름다운 창조, 삼육출판사, 1970.
안상기, 제3의 리더십, 행림출판사, 1996.
앨빈 토플러 저, 이계행 역, 권력이동, 한국경제신문사, 1990.
여성한국사회연구소, 가족과 한국사회, 2003.
옥미조, 고쳐쓰는 유언장, 현범사, 1990.
유영만, 지식 경제시대의 학습조직, 고도컨설팅그룹, 1995.
윤승봉 · 장승권 열린 시대 열린 경영, 삼성경제연구소, 1996.
이강옥, 건강을 지키는 사랑의 손 上 · 下, 보림출판사, 1996.
이강옥, 성공하는 대학생을 위한 7가지 습관 매뉴얼, 보림, 한국리더십센터, 1999.
이강옥, 인체경영학, 삶과 꿈, 1998.
이민정, 이 시대를 사는 따뜻한 부모들의 이야기, 김영사, 1997.
이성연, 대화의 기법, 조선대학교 출판부, 1999.
이영재, 리더십 110의 법칙, 경영자료사, 2000.
이한검 외, 인간관계 관리, 형설출판사, 2004.
인성교육교재 편찬위원회, 인성론, 도서출판 박이정, 2004.
임창희, 조직행동, 학현사, 1999.
정경섭, 인간관계론, 법운사, 1990.
존 코터 저, 김완석 외 역, 마스시타의 리더십, 노보컨설팅, 1997.
진옥 스님, 그대 그대는 낮아서 높습니다, 도서출판 나라, 1999.
차종은 편저, 손해봐도 차라리 원칙을 지킨다, 도서출판 강, 1999.
찰스 만쓰 외 저, 정일재 역, 수퍼리더십, 21세기북스, 1995.
최해진, 대한경영학회 논문집 제 6 호, 1997.
차동엽 신부, 바보존, 2011.
토마스 고든 외 저, 김인자 역, 부모 역할 배워지는 것인가, 한국심리상담연구소, 1994.
피터 셍게 외 저, 박광량 · 손태원 역, 학습조직의 5가지 수련, 21세기 북스, 1996.
피터 셍거 저, 손태원 외 15인 역, 학습조직이 이론과 실제, 삼성경제연구소, 1996.
필립 체스터필드 저, 권오갑 역, 내 아들아 너는 인생을 이렇게 살아라, 을유문화사, 1982.
한인수, 조직행위론, 명경사, 1996.
황병국 역해, 명심보감, 혜원출판사, 1999.

[영문]

Anderson L.R., Toward a Two-Track Model of Leadership Training: Suggestions from Self-Monitoring Theory, *Small Group Research*, Nay 1990, pp.147~167.

Bartlett, K., Twins Study: Influence of Genes Surprise some, *Lincoln Journal and Star*, Oct. 1981.

Bass B.M., Kruse J. and Alexander R.A., Male Managers, Attitudes Towards Working Women, *American Behavioral Scientist*, vol.15, 1971, pp.221~236.

Bass B.M.(1990), *Handbook of leadership*, 3rd ed.(New York: The Free Press).

Blake R.R. and Mouton J.S., Corporate Excellence through Grid Organizational Development(Houston; Gulf Publishing, 1968).

Cattel, R.B., Personality Pinned Down Psychology Today, July, 1973. pp.40~46.

Chandler A.D., *The Visible Hand The Managerial Revolution* in *American Business Cambridge*, Massachusetts: Harvard University Press, 1997.

DuBrin A.J., *Fundamentals of Organizational Behavior: An Apporach*, Cincinnatis South-Western College Publishing, 1997, p.46.

Eagly and Karau. S.J., Gender and the Emergence of Leaders: *Journal of Personality and Social Psychology*, May 1991, pp.685~710.

Eagoy A.H., Karau. S.J., and Johnson B.T., Gender and Leadership Style among School Principles : A Meta Analysis, *Educational Administration Quarterly*, February 1992, pp.76~102.

Fiedler F.E., A *Theory of Leadership Effectiveness* (New York: McGraw-Hill, 1967).

Fisher K., Leading Self-Directed Teams: *A Guide to Developing New Team Leadership Skills* (McCraw-Hill, 1995).

Fleishmann E.A., Harris. E.F., Patterns of Leadership Behavior Related to Employee, Grievance and Turnover, *Personal Psychology,* Vol.15, 1962, pp.45~53.

French J.R.P., A Formall Theory of Social Power, *Psychology Review*, Vol.63, pp.181~194.

French R.P. & Raven. B., *The Base of Social Power*, in D. Cartwright(ed), Studies in Social Power, University of Michigan.

Friedman M. and Roseman R., *Type A Behavior and Your Heart* (N.Y: Knopf, Alfred).

Frohman M., Nothing Kills Teams Ⅲ-Prepared Leaders, Industry Week, October 2, 1995, pp.72~76.

George J.M.(1991), Time Structure and Purpose as Mediator of Work-Life

Linkages, *Journal of Applied Social Psychology*, 21, pp.296~314.

Goodson, J.T., McGee G.W. and Cashman J.F., *Situational Leadership Theory*, Group and Organization Studies, December 1989, pp.446~461.

Greenbere J.(1996), Forgive Me, I'm New: There Experimental De Monstrations of the Effects of Attempts to Excuse Poor Performance, *Organizational Behavior and Human Decision Processes*, May, pp.165~178.

Harris, *I'm OK-You're OK : A Practical Guide to Transational Analysis*, New York: Harper and Row, 1969.

Hersey P. and Blanchard K.H., *Management of Organizational Behavior Utilizing Human Resources*, 4th ed.(Englewood Cliffs, New Jesey: Prentice-Hall, Inc., 1982).

House R.J., A Path-Goal Theory of Leader Effectiveness, *Administrative Science Quarterly*, September 1971, pp.321~338.

House R.J. and Mitchell T.R., Path-Goal Theory of Leadership, *Journal of Contemporary Business*, Autumn, 1974, p.86.

Keller R.I., A Longitudinall Assessment of Manageriall Grid Seminar Training Program, *Group and Organizational Studies*, Vol.3, 1978, pp.343~355.

Larson L.L., Larson Hant J.G. and Osborn R.N., The Great Hi-Hi Leader Behavior Myth: A Lesson from Ocam's Razor, *Academy of Management Journal*, Vol.19, 1976, pp.628~641.

Kelley R.E., In Praise of Followers, *Harvard Business Review*, November December 1988, pp.142~148.

Hollander E.P., *Leadership Quarterly*, Spring 1992, pp.43~54.

Kinicki A.J., Hom P.W., Trost. M.T. and Wade. K.J., Effects of Category Prototypes on Performance-Rating Accuracy, *Journal of Applied Psychology*, June 1995, pp.354~370.

Kotter J.P.(1990), What Leaders Really Do? *Harvard Business Review*, May-June, p.54.

Landman J. and Melvin M.(1983), Social Cognition: Some Historicall and Theoreticall Perspectives, in Berkowitz J. Advances in Experimental Social Psychology, Vol.16(New York : Academic Press).

Lawler E.E. & Porter L.W.(1967), The Effect of Performance on Job Satisfaction, *Industrial Relations*, Oct., pp.20~28.

Lewin K., Lippit. R. and R. White, Patterns of Aggressive Behavior in Experimentally Created Social Climates, *Journal of Social Psychology* No.10. 1989, pp.271~288.

Likert R., An Emerging Theory of Organization Leadership and Management, in L.P.B. Bass, ed., Leadership and Interpersonal Behavior (New York: Holt, Rinehart & Winston, 1961), pp.290~309.

Lindell M. and Rosenqvist. G., Is There a Third Management Style? *The Finnish Journal of Business Economics*, Vol.3, 1992, pp.171~198.

Lindell M. and Rosenqvist G., Management Behavior Dimensions and Development Orientation, *Leadership Quarterly*, Winter 1992, pp.358~377.

Lindsley D.H., Brass D.J. and Thomas J.B.(1995), Efficacy-Performance Spirals: A Multi-level Perspective, *Academy of Management Review*, vol.20, pp.645~678.

Luthans F.(1989), *Organizational Behavior*, 5th ed.(New York: McGraw-Hill), p.170.

Manz. C.C. and Sims. H. P., Super leadership: *Berkley Books*, 1989.

March J.G.(1996), Continuity and Change in Theories of Organizationall Action, *Administrative Science Quarterly*, June, pp.278~287.

Margerison C. and Glube R., Leadership Decision-Making: An Empirical Test of The Vroom and Yetton Model, *Journal of Management Studies*, February 1976, pp.45~55.

Mates B.T.(1978), Some Boundary Considerations in the Application of Motivation Models, *Academy of Management Review*, pp.51~52.

Meyer J.P. & Allen N.J.(1991), A Three component Conceptualization of Organizationall Commitment, *Human Resource Management Review*: 1, pp.61~89.

Mintzberg H.(1973), *The Nature of Managerial Work*, New York: Harper and Row.

Mowday R.T., Steers R.M. & Porter, L.W.(1979), The Measure of Organizational Commitment, *Journal of Vocational Behavior* 14.

Newstrom J.W. & Davis K., *Organizational behavior*, 8th. ed., New York: Mcgraw-Hill, 1989.

Redmond M.R., Munford M.D. and Teach R., Putting Creativity to work: Effects of Leader Behavior on Subordinate Creativity, *Organizational Behavior and Human Decision Processes*, June 1993, pp.120~150.

Robbins S.P.(1974), *Managing Organizational Conflict*; A Nontraditional Approach (Englewood Cliffs, New Jersey: Prentice-Hall), p.23.

Robbins S.P.(1998), *Organizational Behavior*, 8th ed., N.J: Prentice-Hall, p.437.

Robbins S.P.(1998), *Organizational Behavior: Concepts Controvesies and Applications*, 8th ed., Englewood Cliffs: Prentice-Hall, Inc.

Rokeach M., *The Nature of Human Values*, New York: Free Press, 1973.

Scanlon B. and Keys J.B.(1979), *Managerial and Organizational behavior* (New York, John Wiley and Sons, p.89.

Schein E.H.(1970), *Organization Psychology*, 2nd ed.(Englewood Cliffs, New Jersey: Prentice-Hall), p.9.

Schein E.H, *Organizational Psychology*, 1985, p.132.

Schermerhorn Jr., Hunt, J.G. & Asborn, R.N.(1985), *Managing Organizationall Behavior*, 2nd, ed., New York: John Wiley & Sons.

Senge P.M., The Fifth Discipline(New York: Doubleday, 1990); J.W. Slocum, Jr., M. McGill, and D.T. Lei, The New Learning Strategy: Anytime, Anything, Any where, *Organizational Dynamics*, Autumn 1994, pp.33~47.

Spears L.C., Reflections on Leadership: How R.K., Greenleaf's Theory of Servant Leadership Influenced Today's Top Management Thinkers (New York; John Wiley and Sons, 1995).

Staw B.M. and Bass J.(1985), Stability in the Midst of Change: A Dispositionall Approach to Job Attitudes, *Journal of Applied Psychology*, August, pp.469~480.

Steers R.M. and Porter L.W.(1979), *Motivation and Work Behavior* 2nd ed.(NY: McCraw-Hill), pp.6~7.

Stogdill R.M., *Handbook of leadership* (New York: Free Press, 1974).

Stogdill R.M., and N.P. Coady, Preference of Vocational Students for Different Styles of Supervisory Behavior, *Psychology* No.23, 1970, pp.309~312.

Stogdill R.M.(1974), *Handbook of leadership*: A Survey of the literature(New York: Free Press), p.259.

Tannbaum and Schmidt, W.H., How to Choose a Leadership Pattern, *Harvard Business Review*, Vol.36, 1958, pp.95~101.

Vroom V.H. and P.W. Yetton, *Leadership and Decision-Making* (Pittsburgh: University of Pittsburgh Press, 1973).

Zaleznik A.(1986), Excepts from Managers and Leaders: Are they Different? *Harvard Business Review*, May-June, p.54.

찾아보기

ㅂ

ㅅ

ㅇ

ㅊ

ㅋ

ㅌ

ㅍ

ㅎ

| 저자소개 |

이강옥

1974년 법정대학 졸
1978년 조선대 대학원 경영학 석사
1992년 한양대 대학원 경영학 박사
1993년 미 콜로라도 주립대 교환교수
경영경제연구소장(1996~1997)
한국인사조직학회 부회장(1997)
광주 · 전남 인사 · 조직학회 회장(1997)
한국 인사 · 조직학회부회장(1998)
조선대학교 경상대학 학장(1998~2000)
한국중소기업학회 부회장(2000~2002)
조선대학교 경영대학원 원장(2009~2010)
명예교수
전남지방노동위원회 조정담당 공익위원
기아자동차발전자문위원
대한경영학회 부회장
현) 조선대학교 경상대하 명예교수

[저서 및 논문]

건강을 지키는 사랑의 손(보림)
인체경영학(삶과 꿈)
성공하는 대학생을 위한 7가지 습관매뉴얼(한국리더십센터)
21C 리더십의 새로운 패러다임(무역경영사)
비즈니스 커뮤니케이션 입문(보림)
소프트 노사관계론(청람)

大學 리더십

2011년 8월 30일 1판 1쇄 발행
2021년 2월 20일 1판 4쇄 발행

저 자 | 이강옥
발행인 | 이수영
발행처 | 도서출판 청람
서울시 마포구 독막로 288(대흥동, 세양상가 109호)
전 화 | 02)3272-2601~2
팩 스 | 02)3272-2603
이메일 | crbooks@daum.net
홈페이지 | www.crbooks.co.kr
등 록 | 2000년 8월 26일 제6-0509호

ISBN 978-89-5972-215-0 93320 [정가 20,000원]